Wolfgang Oppenheimer
DER BANKIER DES KÖNIGS

Wolfgang Oppenheimer

DER BANKIER
DES KÖNIGS

Jacques Necker – Finanzminister
am Vorabend der Revolution

Signum

»Alles Vergängliche
Ist nur ein Gleichnis;
Das Unzulängliche,
Hier wird's Ereignis.«

Chorus mysticus aus
J. W. von Goethe, Faust, II. Teil

© 1988 by Deutsche Verlags-Anstalt GmbH, Stuttgart
unter dem Titel NECKER, Finanzminister am Vorabend d. Franz. Revolution

© 2006 by Signum Verlag in der Herbig Verlagsbuchhandlung GmbH, München
Alle Rechte vorbehalten
Schutzumschlag: Wolfgang Heinzel
Schutzumschlagmotiv: akg-images, Berlin
Satz: Fotosatz Völkl, Türkenfeld
Druck und Binden: Ueberreuter Buchproduktion, Korneuburg
Printed in Austria
ISBN 3-7766-8018-0
ISBN 978-3-7766-8018-8 (ab 1. Januar 2007)

Inhalt

Vorwort
von Professor Jean-François Bergier

Der Financier und die Bastille
Eine Biographie über Jacques Necker

Juli 1789: Die Revolution erschüttert Frankreich. In Paris ist das
Überschäumen der Leidenschaften zu einer Alltagserscheinung geworden: Ein Funke nur, und es kommt zum Flächenbrand. In Versailles haben sich die Vertreter des Volkes zur verfassunggebenden
Nationalversammlung erklärt; damit ist der Untergang der absoluten Monarchie besiegelt. Der König zögert, wie es seinem Charakter entspricht, aber das beharrliche Drängen seiner Umgebung läßt
ihn Gegenmaßnahmen ergreifen. So entläßt er seinen Finanzminister Jacques Necker, einen entschiedenen Befürworter liberaler
Reformen. Diese Entscheidung läßt den Funken überspringen:
Necker wird am 11. Juli verabschiedet, und sobald sich die Nach
richt verbreitet hat, bricht in Paris der Aufruhr los; zwei Tage später wird die Bastille für immer zum Symbol für den Sieg des Volkes.
Auf dieses Ereignis findet der König am folgenden Tag nur eine Antwort: Neckers Wiedereinsetzung.
   Wie hat dieser Genfer, ein Ausländer also, von bescheidenem
bürgerlichem Stand und Protestant obendrein – wenn auch gegen
seinen Willen – zum Auslöser dieses symbolhaften Ereignisses werden können? Wie hat dieser Bankangestellte seine Finanzbegabung
und sein politisches Genie dem wohl absolutistischsten und am we-

7

nigsten aufgeklärten Monarchen aufdrängen können? Und welches
einzigartige Charisma hat ihn in einer gewissen Weise zum Türsteher der Revolution werden lassen?

Ein kluger Pragmatiker

Die Ausstrahlung Genfs und der Einfluß einiger seiner Bürger auf
den revolutionären Umsturz sind bekannt. Rousseau war der *maître
i penser* der neuerungswilligen Geister gewesen, selbst wenn man
heute weiß, daß die Führer der Revolution seine Schriften kaum gelesen hatten. Mirabeau hat den Stab seiner Mitarbeiter, die für ihn
seine Reden und Pamphlete zu Papier brachten, in Genf rekrutiert.

Jacques Necker war weder ein Intellektueller noch ein Idealist.
Und noch weniger ein Volkstribun. Er war ein erfolgreicher Geld-
experte, ein Mann der Tat, der lieber im Hintergrund wirkte. Ein
Pragmatiker, der, ohne es verhindern zu können, in einen Sturm geriet, zu dessen Entfachung er maßgeblich beigetragen hatte und den
er nun vergeblich einzudämmen versuchte. Er besaß aber genügend
Scharfsinn oder politischen Instinkt, um sich beizeiten zurückzuziehen und an den Ufern des Genfer Sees in Begleitung seiner bald
ebenso berühmten Tochter Germaine, der Gattin de Staels, friedlichere Tage zu verbringen.

Diese sehr starke Persönlichkeit, von den Zeitumständen jedoch
zu einer zweideutigen Figur gemacht, beschäftigt immer noch Historiker und teilt sie. Die jakobinische Tradition hat ihm lange Zeit
seinen Pragmatismus ohne Ideal, einen Reformismus ohne Kühn-
heit, sein doppeldeutiges Spiel vorgehalten. Heute schätzt man dagegen seine liberalen Ideen, die im Kern etwas von dem enthalten,
was unsere abendländische Welt und ihre Ökonomie belebt. Lange
Zeit verkannt und sogar verachtet, stößt Necker heutzutage wieder
auf Interesse und wohlwollende Beurteilung.

Einen Eindruck davon vermittelt das Buch des Schweizer Schrift-
stellers *Wolfgang Oppenheimer*. Es handelt sich dabei nicht nur um

die erste Biographie über Necker (dessen Vater aus Preußen stammte) in deutscher Sprache, sondern auch um einen originellen Essay, der sowohl in die Grundlagenliteratur über diese historische Persönlichkeit als auch in jene über die Ursprünge der Französischen Revolution eingehen wird. Der Charme der Schreibweise verbindet sich darin mit der Gelehrsamkeit des Autors. W. Oppenheimer ergänzt seine umfangreiche Aufarbeitung der Sekundärliteratur durch eine Auswertung teilweise unveröffentlichter Quellen. Auf dieser Grundlage bietet er dem Leser zur selben Zeit eine chronologische Darstellung und ein nuanciertes Porträt wie auch eine kompetente Analyse der Finanzgrundsätze, welche Necker in die Tat umzusetzen versuchte.

Steiler Aufstieg

Die biographische Schilderung folgt dem klassischen Muster. Es werden die drei Abschnitte im Leben Neckers (1732–1804) zur Darstellung gebracht: jene erste Etappe der Ausbildung zum Finanzfachmann durch eine einfache Lehre in Genf und später in Paris; seine Etablierung als Bankier in der französischen Hauptstadt; seine Eheschließung (1764) mit Suzanne Curchod, einer aus der Waadtländer Landschaft gebürtigen Pfarrerstochter, die es ausgezeichnet verstand, im Dienste der Karriere ihres Gatten Salon in Paris zu führen.

Der zweite Lebensabschnitt ist den Staatsangelegenheiten vorbehalten: hier vollzieht der junge und brillante Bankier in den 1770er Jahren den Einstieg in die Politik; hier erfolgen auch der Aufstieg zur Stellung des Finanzministers (1777) und die erste Entlassung (1781) – Resultat seiner zuwenig konventionellen Politik –, dann die Wiedereinsetzung im August 1788. Als Finanzminister fiel ihm dann eine Schlüsselrolle bei der Einberufung der Generalstände von 1789 und während der revolutionären Ereignisse dieses Sommers zu. Er wurde zum Idol und Hoffnungsträger der Bürger von Paris, bald danach jedoch den Jakobinern zum Dorn im Auge, wie er es früher schon in dem Kreis um die Königin gewesen war. Es folgen schließlich die verzweifelten Bemühungen, einer Situation Herr zu werden, in der sich dem Minister mehr und mehr die Einsicht aufdrängte:»Rien ne va plus.« Er demissioniert, diesmal von sich aus, und verläßt am 4. September 1790 überstürzt Frankreich. Die letzten Jahre seines Lebens verbringt Necker in Coppet, von seinem riesigen angesammelten Vermögen lebend, als enttäuschter, aber klarsehender Beobachter der Ereignisse.

Sympathie des Biographen

Das hier von W. Oppenheimer gezeichnete Bild Neckers bringt die Sympathie, ja vor allem die Faszination an den Tag, die sein Held auf den Autor ausübt. Hier liegt ein Porträt vor, dem es keineswegs an kritischen Untertönen mangelt, mit denen der Autor etwa den kalten Ehrgeiz und den zugleich arroganten, zaghaften und egozentrischen Charakter seiner Hauptfigur beschreibt. Seine Sympathie gebührt vor allem dem außergewöhnlichen und oft ergreifenden Schicksal jenes Mannes, der zum planmäßig vorgehenden Architekten seiner eigenen Karriere und eben auch seines Scheiterns wurde. Seine Faszination gilt aber ganz dem Finanzgenie Neckers. Denn W. Oppenheimer ist weniger ein Historiker – aus reinem Vergnügen – als ausgebildeter und praxiserprobter Ökonom.

Die besten Passagen, die neuesten und nützlichsten sind die, in denen Oppenheimer den Zustand der königlichen Finanzen am Vorabend der Revolution, die Finanzkonzeption Neckers und seine Tätigkeit an der Spitze seines Ministeriums darstellt. Hervorzuheben sind auch jene Seiten, auf denen der Autor die »revolutionärsten« Schriften von Necker kommentiert, so beispielsweise seine Denkschrift an den König, die er im März 1781 veröffentlicht hat. Diese Denkschrift war eine tiefgehende Abhandlung über die öffentlichen Finanzen, deren Bedeutung indirekt bis in unsere Tage spürbar bleibt, seine Zeitgenossen allerdings vor den Kopf stieß. Necker plädierte darin für Transparenz im Staatshaushalt, um das Vertrauen der Steuerzahler und vor allem der Staatsgläubigen zu stärken. Im gleichen Zug verurteilt er das festgefügte System der Verpachtung von Staatseinkünften und setzt sich für die Errichtung einer Notenbank ein. Mit der Gründung der »Banque de France« wird diese Idee unter Bonaparte auch bald Gestalt annehmen.

Sicher nimmt W. Oppenheimer nicht für sich in Anspruch, alle Rätsel dieser Persönlichkeit zu lösen, die zu den einflussreichsten, aber auch am schwierigsten zu umreißenden gehört unter denen, die im Mittelpunkt standen zwischen Ancien régime und der Revolution und die zwei gegensätzliche politische Überzeugungen vertraten. Auf jeden Fall ist es dem Autor gelungen, uns für diese Gegensätzlichkeit zu sensibilisieren: die eines Mannes, der noch ganz von den Werten und Vorurteilen der aristokratischen Gesellschaft geprägt war, dessen Genie ihm den Zugang zu dieser Welt gerade im Augenblick ihres Untergangs öffnete und der dennoch von bahnbrechenden Ideen zur Gestaltung des Gemeinwesens erfüllt war; von Ideen nämlich, deren Gültigkeit er aufzuzeigen verstand und die er nur unvollständig verwirklichen konnte, da es für sie zu spät oder doch viel zu früh war.

11

Einleitung

Zu den bemerkenswertesten Gestalten der französischen Geschichte gehört Jacques Necker, der Finanzminister Ludwigs XVI. Verschiedene Gründe rechtfertigen diese Feststellung: der ungewöhnliche Erfolg des jungen Bankiers, der ihn zu einem der reichsten Männer des Landes machte, sein bedeutendes Renommee als Verfasser wegweisender finanz- und verwaltungspolitischer Werke, sein Aufstieg zum Finanzminister, wozu er als Ausländer bürgerlicher und protestantischer Herkunft in keiner Weise prädestiniert war, sein Sturz, seine Wiederkehr und zuletzt das Exil am Ufer des Genfer Sees, in seiner alten Heimat.

Als Geburtshelfer des Liberalismus steht Necker an der Türschwelle des modernen Staates, ja man kann ihn als Schwellenhüter des politischen Systems bezeichnen, das sich seit der Französischen Revolution in den meisten Ländern der westlichen Welt herausgebildet hat.

Als Jacques Necker 1732 in Genf geboren wurde, war die Rhônestadt eine unabhängige Republik, eine Bastion des protestantischen Glaubens, mit Bern verbündet, aber gleichzeitig durch Handel und Wandel mit Frankreich eng verbunden und vom kritischen Geist der Aufklärung bald stark beeinflußt. König Ludwig XV., damals noch »le bien aimé«, der Vielgeliebte, genannt, der seit 1723 die Regierung ausübte und insgesamt 51 Jahre in Frankreich herrschte, fast so lang wie sein Urgroßvater Ludwig XIV., dessen Amtszeit 54 Jahre gedauert hatte, war der Souverän des großen Nachbarlandes, das Genf umgab. Diesen äußeren Anzeichen von Stabilität zum Trotz begann jedoch in der zweiten Hälfte des 18. Jahrhunderts der Niedergang der französischen Monarchie. Als dann Ludwig XVI. im Jahre 1774 den Thron bestieg, hatte er die besten Absichten, durch Reformen die Unzufriedenheit des französischen Volkes zu beheben. Von der Ernennung des Oberintendanten Turgot zum Finanzminister, der in hohem Ansehen stand, erhoffte sich der König eine Sanierung der zerrütteten Verhältnisse des französischen Staates. Doch selbst Turgot, Lieblingsschüler des Arztes Dr. Quesnay[1], des Begründers der physiokratischen Lehre[2], konnte sich trotz seiner unbestreitbaren Fähigkeiten und Anfangserfolge gegenüber seinen Neidern am Hof nicht durchsetzen. So fand schließlich die Berufung Neckers unter dem Druck der Finanznot statt, die weder Turgot noch sein kurzlebiger Nachfolger Ogier de Clugny beseitigen konnten.

Neckers erste Amtszeit, die von 1776 bis 1781 dauerte, fiel in die Zeit der amerikanischen Unabhängigkeitserklärung und des darauffolgenden Ausbruchs des englisch-französischen Krieges. Statt sich in vordringlichem Maße mit den wirtschaftlichen und sozialen Reformen befassen zu können, die in den Clubs, in den Salons und in der Presse verlangt wurden, mußte der neuernannte Minister für die Kriegsfinanzierung sorgen. Gleichzeitig stieß er auf Widerstände und Intrigen des Hofes, der die königliche Freigebigkeit trotz des Krieges und der notwendigen Reformen unvermindert ausnützte. Dabei erwies sich die Führungsschwäche Ludwigs XVI., der die Gefahr der Verschwendung zwar erkannte, aber nicht einzudämmen vermochte, als besonders fatal. Der hohe Adel, der nach dem Verlust seiner früheren Herrschaftsrechte auf die ihm verbliebenen Privilegien pochte, die ihm ein sorgloses Leben ermöglichten, leistete den Reformabsichten teils offenen, teils heimlichen Widerstand. Zwar trug die Bauernschaft die Hauptlasten des Staates, doch war es zuerst das aufsteigende Bürgertum, das sich der ungerechten Lastenverteilung bewußt wurde, diese jedoch nur anerkennen wollte, wenn ihm die Teilhabe an den wirtschaftlich relevanten Entscheidungen und an den politischen Rechten gestattet würde. Necker, der nicht zuletzt als Repräsentant des Bürgertums immer nachhaltiger auf die Durchsetzung dieser Reformen drängte, scheiterte am Widerstand des Adels und an dem Umstand, daß ihm Sitz und Stimme im höchsten Entscheidungsgremium, dem königlichen Staatsrat, verwehrt blieben. 1781 nahm er seinen Abschied. In den folgenden Jahren verschärften sich die Gegensätze zwischen den Ständen immer mehr, als sich zeigte, daß die Reformen auf die lange Bank geschoben wurden.

Es mußte sehr schlecht um Frankreich stehen, wenn selbst das Königshaus 1788 keine andere Rettung sah als den neuerlichen Ruf nach Necker, der mächtig und unwiderstehlich erklang, wie der Ruf nach dem Meister. Necker wurde vom Volk mit einem Sturm der Begeisterung begrüßt, aber der Sturm, der ihn zu seinem hohen Amt zurückführte, sollte bald einem Orkan weichen, der nicht nur alle trockenen Blätter und morschen Äste abriß, sondern die ältesten Eichen entwurzelte und ein Feuer entzündete, das die menschlichen Behausungen und die Menschen selbst verwüstete. Auf Sturm standen die Zeichen und nicht mehr auf Reformen, als die tosenden Menschenmassen am 14. Juli 1789 die berüchtigte Bastille, das Gefängnis von Paris, stürmten. Das konnte Necker nicht verstehen, der als erfahrener Bankier und Verwaltungsfachmann gewohnt war, seine Maßnahmen vorsichtig vorzubereiten und behutsam abzuwickeln. Man kann das Jahr 1789 als Wendepunkt bezeichnen, wobei es dahingestellt bleiben mag, welches das entscheidendere Datum war: der 5. Mai, der Tag, an dem die Generalstände zusammentraten und die alleinige Souveränität des Königs beendeten, der 14. Juli, der Sturm auf die Bastille, an dem sich die Volksmassen des Herrschaftswechsels bewußt wurden, oder der 4. August, an dem die Menschenrechte proklamiert wurden. Alle drei Ereignisse erschütterten freilich die Grundlagen des französischen Staates: Es ging nicht mehr um eine Finanz-, sondern um eine Autoritätskrise. Necker, der sich durch seine Geschicklichkeit zunächst als »Finanzmagier«, dann auch als Ratgeber des Königs unentbehrlich gemacht hatte, war der neuen Lage nicht gewachsen. Im Brausen des

Aufstandes versagte seine Rhetorik. Es versagten aber auch seine
ökonomischen Rezepte, denn beim Sturz des Ancien régime hatten
die Assignaten[3], welche die Inflation auslösten, noch vernichtendere Auswirkungen als die Guillotine.[4] Vermutlich brachen gerade sie
Necker das Genick.

Als 1790 aus den Generalstaaten eine konstituierende Versammlung hervorging, die die Rechte der Regierung in unerträglicher
Weise einschränkte, zog Necker im letzten Moment die einzig mögliche Konsequenz, die ihm das Leben rettete: Er wählte das Exil.
Im Schloß von Coppet, am Ufer des Genfer Sees, waren ihm noch
14 Jahre vergönnt, von welchen er vier Jahre mit seiner Gemahlin Suzanne und zehn weitere Jahre zum größten Teil mit seiner
Tochter Germaine de Staël verbrachte, die inzwischen berühmter
war als er selbst. Beim Tode Neckers im Jahre 1804 stand Napoleon
im Zenit seiner meteorhaften Laufbahn. Es war wohl unvermeidlich, daß sich die beiden feindlich gegenüberstanden, denn der stolze Kaiser wollte von den liberalen Lehren des alten Finanzministers
ebensowenig wissen wie von den Demarchen seiner Tochter, die unter der Verbannung aus Paris viel stärker litt als ihr Vater, dessen Ehrgeiz in Resignation mündete. Dieser suchte in Coppet nach dem
tieferen Sinn der Veränderungen, die im Laufe einer einzigen Generation die politischen und wirtschaftlichen Verhältnisse, ja die
geistige Struktur Frankreichs von Grund auf gewandelt hatten. Das
Welken der bourbonischen Lilien, der Aufbruch der Massen unter
den Klängen der Marseillaise, der Marschtritt der Armeen Napoleons, all das Auf und Nieder der Geschichte verlangte in seinen
Augen nach Erklärung und Deutung.

Mit der Feststellung der Fakten war es nicht getan. Viel wichtiger, aber auch schwieriger erschien die Bewertung der vielgestaltigen Vorgänge. Da fiel sogar einem Mann wie Necker, der gewohnt
war, Bilanz zu ziehen, die Orientierung schwer. Wie weit war das
Sehnen nach Freiheit, Gleichheit und Brüderlichkeit berechtigt, wie
weit durchführbar? Konnten solche Idealvorstellungen gleichzeitig

15

realisiert werden? Wo lagen ihre Grenzen? Andere, ebenso wesentliche Ideale wie Autorität, Ordnung und Tradition mußten geschützt werden. Gerade in Frankreich versagten die Methoden des Pragmatismus, des tastenden, schrittweisen Vorgehens, die Necker bevorzugte und die in England zu einem langsamen Übergang von der absoluten zur konstitutionellen Monarchie geführt hatten. Frankreich mit seiner Vorliebe für abstrakte Prinzipien rief nach radikalen Entscheidungen, nach Abschaffung einer veralteten, ungerechten Ordnung, nach einem Bruch mit der Vergangenheit.

Es ist erstaunlich, daß ein Mann, dem seine Wahlheimat Frankreich Legionen von Büchern, von leichtfertigen Pamphleten bis hin zu dickleibigen wissenschaftlichen Werken, widmete, der im übrigen auch im englischen Sprachbereich den ihm gebührenden Platz gefunden hat, in der deutschsprachigen Geschichtsschreibung praktisch totgeschwiegen wurde.[5] Dabei fehlten Jacques Necker gewiß nicht die Attribute der Berühmtheit, welche ihn zeitweise auf den Altar abgöttischer Verehrung, auf die Kanzel des Verkünders letzter wirtschaftlicher Wahrheit und schließlich auf den schwankenden Thron der politischen Popularität setzten. Mit Verwunderung verfolgt man die einzigartige Karriere dieses Mannes, die Story eines Selfmademans, der es vom Banklehrling zum Finanzminister des mächtigsten Landes Europas gebracht hatte. Aber nicht nur seine finanzielle Geschicklichkeit, seine schriftstellerische und seine politische Aktivität stellten Necker in den Mittelpunkt seiner Zeit, sondern gleichfalls die Frauen, die ihn umgaben: seine Gattin, die den Altar errichtet hatte, auf dem er verehrt wurde, bis ihn die Revolution davon verstieß, seine Tochter Germaine de Staël, die ihren Vater im literarischen Ansehen und im Lebensstil weit übertraf, und auf der anderen Seite seine Gegenspielerinnen, die französische Königin Marie Antoinette und manche weniger bekannte Dame der hochadeligen Hofgesellschaft.

Was waren die Gründe dafür, daß eine Persönlichkeit vom Rang Neckers keinen Platz in der deutschsprachigen Literatur gefunden hat? Lag es an der Bevorzugung jener dramatischen Gestalten, die in hohem Maße die Phantasie von Dichtern und Lesern anregten, wie etwa Marat, Danton, Robespierre und Napoleon? Oder daran, daß ein Bankier bis ins 20. Jahrhundert kein Interesse bei der breiten Leserschaft fand? Andererseits, haben nicht wenigstens Samuel Bernard und Gabriel Julien Ouvrard auch deutsche Biographen und Historiker ernsthaft beschäftigt? Hat man Necker totgeschwiegen, weil behauptet wurde, daß er im Grunde genommen ein Scharlatan gewesen sei, der es nicht verdiente, gründlich studiert zu werden? Und das Seltsamste: Selbst in den letzten Jahrzehnten, als die kleinsten Genfer Winkel ausgelotet wurden, hat die deutschsprachige Wirtschaftshistorie den größten Genfer Bankier, die sonderbarste Gestalt jener Finanzoligarchie entweder wissentlich ignoriert oder leichtfertig übersehen. Das liegt wohl zum Hauptteil am Fehlen geeigneter Quellen, denn sogar der beste heutige Kenner der Bankgeschichte des 18. Jahrhunderts im frankophonen Raum, Herbert Lüthy[6], konnte über Necker nur relativ wenig Neues sagen.

Es wäre hinzuzufügen, daß nach dem Schicksalsjahr 1789 der Genfer Bankier von so vielen und unter sich zerstrittenen Parteien angegriffen und meist verleumdet wurde, daß er schließlich nicht nur als Scharlatan, sondern als Staatsfeind Frankreichs, als Vorkämpfer der Französischen Revolution, ja sogar als Totengräber Ludwigs XVI. und seiner Familie galt. Nicht besser erging es ihm jedoch im Urteil der republikanischen Seite. Als sich die französischen Historiker mit Louis Blanc, Jaurès, Michelet und dann mit Aulard[7] den Nachvollzug der großen Revolution zur Aufgabe setzten, da sahen sie in Necker kaum mehr als einen unterwürfigen Diener, ja oft nur einen gemeinen Knecht des Royalismus, bezichtigten ihn der Unfähigkeit und lasteten ihm die Schuld am namenlosen Elend an, das am Ende des Ancien régime stand. Lediglich Taine vermied es, sich das sichere Urteil des Geschichtsphilosophen durch den Überschwang der Gefühle trüben zu lassen. So scheint hier zunächst das Schiller-Zitat zuzutreffen:

17

»Von der Parteien Haß und Gunst verwirrt,
schwankt sein Charakterbild in der Geschichte.«

Allein, bei näherer Betrachtung zeigt sich, daß es keinerlei Parallele zwischen Wallenstein und Necker gibt. Während die Dramatik Wallensteins Dichter und Biographen von jeher faszinierte, blieb Neckers Persönlichkeit verschwommen und blaß. Es gibt allerdings Zeiten, in denen sogar die Mittelmäßigkeit zu großer Bedeutung gelangt. Als Gegenpol zu einem überschuldeten Hof und einem intriganten Adel, die ihr Prestige verspielt hatten, erhielt der Bourgeois, der solide Bankier, der in der Gestalt des Biedermannes auftritt, seine große Chance. Die damals stattfindende Ausweitung der Kreditwirtschaft und die Abhängigkeit des Staates vom Kreditgeber machten sich seine Glaubwürdigkeit und sein persönliches Ansehen zunutze. Die Tatsache, daß Necker nicht nur durch seinen finanziellen Erfolg, sondern durch manche gute Idee bekannt geworden war, wurde von seinen Anhängern genutzt, um ihn zu einer Galionsfigur, zum Genie emporzustilisieren. Necker sagte selbst zu Ludwig XVI., daß er nicht der richtige Mann für den König wäre, wenn ein Richelieu oder ein Mazarin gebraucht würden. Das erklärt in unfreiwilliger Weise, weshalb sein Porträt, das gewollt reservierte Porträt des Bankiers, oft farblos wirkt. Das Auf und Nieder, das die Weltgeschichte kennzeichnet und zu einem dauernden Wechsel der flüchtigen Erscheinungen führt, wies jedoch Jacques Necker eine Rolle zu, die von großer Tragweite war, wenn ihr auch die Dramatik fehlte, die die Revolutionshelden, die wir nannten und die sich leicht vermehren ließen, in den Vordergrund und in das Rampenlicht des allgemeinen Interesses rückten. Gerade im Kontrast zur Dramatik seiner Zeit bildet die bürgerliche Erscheinung, das bewußt biedermännische Gehabe Neckers das Charakteristikum seines Erfolges und liefert somit den Schlüssel zu seinem Verständnis.

Der Schwanengesang des
Ancien régime

Wer heute vor der Vielfalt der französischen Kunstwerke des 18. Jahrhunderts steht, wird von deren Schönheit und Glanz fast geblendet: die großartigen Schlösser Versailles, Belvédère, Trianon, St. Germain, die stilvollen privaten Bauten, darunter viele Meisterwerke großer Architekten wie Blondel und Ledoux, das Porzellan von Sèvres, die Gemälde von Boucher, Fragonard und Watteau, die Skulpturen von Pigalle, um nur einige Beispiele aus der bildenden Kunst zu nennen. Die Pracht der Schlösser, aber ebenso die Perfektion der Kleinkunst, die Sessel, Sekretäre, Tische, die Intarsien und Stukkaturen, die Uhren, Schmuckstücke und Dosen, sie bilden eine ausgewogene Verbindung von Phantasie und Handarbeit, einen Höhepunkt der Kulturgeschichte, in der natürlich auch die Literatur und die Musik einen glanzvollen Platz einnehmen. Der Betrachter fühlt sich in verzauberte Schlösser versetzt, fern aller Außenwelt, völlig im Bann der Kunst. Mit diesen Gefühlen schwangen aber in alter Zeit außer der Bewunderung einer elitären Kunst noch andere Motive mit, denn die Absonderung wurde nicht nur als schön, sondern auch als nützlich empfunden: Sie bot Schutz gegen eine gefährliche und feindliche Umwelt. Es ging um die Abgeschlossenheit der Privilegierten, den Rückzug in die Alkoven, den Egoismus der Besitzenden.

Welcher Entwicklung bedurfte es, damit im letzten Jahrzehnt des 18. Jahrhunderts, während der Spätblüte der französischen Kultur, eine uralte Ordnung jählings gestürzt und umgeworfen wurde?

Eine erste Antwort fällt nicht schwer: Der Bau war innerlich morsch, trotz der glänzenden Fassade. Die Bausteine blieben zwar erhalten, aber das Holz, aus dem die Dächer und die Böden geschnitten waren, brach krachend auseinander. Schwieriger ist es, die Frage zu beantworten, warum die große Revolution in Frankreich gerade im Jahre 1789 ausbrach. War nicht Frankreich das an Bevölkerung und Bodenschätzen reichste Land Europas? Man darf dabei »Bevölkerung« und »Bodenschätze« nicht in einem rein quantitativen Sinn verstehen, Bevölkerung nicht als Masse, sondern als geformten Körper mit durchgebildeten sozialen Strukturen, und die Bodenschätze nicht als riesiges Reservoir von Korn, Kohle und Eisen, sondern auch hier im Sinne einer gelenkten, ausgewogenen Produktion landwirtschaftlicher und mineralischer Güter. Frankreichs Bevölkerung von nahezu 25 Millionen Menschen setzte sich aus einer kleinen geistigen Elite, aus einem wohlhabenden Bürgertum und aus der großen Masse der bäuerlichen Bevölkerung zusammen. Dabei geht es hier nicht um historische oder juristische Trennungslinien, wie etwa die Dreiteilung nach Ständen, Kirche, Adel und Bürgertum, sondern um die Bevölkerungsstruktur. Es zeigt sich, daß Frankreich eine zahlreiche und für die damalige Zeit relativ kultivierte Bevölkerung hatte, trotz des gravierenden Aderlasses durch die Hegemonialkriege Ludwigs XIV. und durch die verheerende Verschwendung, die unter Ludwig XV. und Ludwig XVI. betrieben wurde.

Selbstverständlich bestanden gewaltige soziale Unterschiede. Die daraus entstehenden Spannungen entluden sich zunächst nicht, sondern wurden vom Aufstieg der Fürstentümer und der Nationalstaaten im Zeitalter des Absolutismus, das auf den Dreißigjährigen Krieg folgte, überdeckt und verdrängt. Wirtschaftlich fand im 17. Jahrhundert ein Abstieg statt, mit Ausnahme des Überseehandels und des Textilgewerbes. Erst nach Abschluß des Spanischen Erbfolgekrieges (1714) kam ein Wiederaufschwung in Gang, der ganz Europa erfaßte und der es als seltsam erscheinen läßt, daß die große Revolution gerade in Frankreich ausbrach, das auf einer hohen Stu-

20

fe seiner Entwicklung stand. Alexis de Tocqueville, der weitblickende Historiker und frühe Analytiker gesamtgesellschaftlicher Zusammenhänge, der schon zu seiner Zeit die künftige Vormachtstellung Amerikas und Rußlands klar erkannte, sah den merkwürdigen Vorgang, daß die große Revolution in einem der reichsten Länder Europas ausbrach, und folgerte daraus, daß mit zunehmendem materiellen Reichtum auch die rechtlichen und sozialen Ansprüche ansteigen. Mit der Entwicklung des Volksbewußtseins, des Standesbewußtseins und des Selbstbewußtseins wuchsen die Forderungen entsprechend der eigenen wirtschaftlichen Stärke. Es ist ein Vorgang, der uns heute weniger überrascht als früher: Hat sich der Mensch auf eine relativ hohe Lebenshaltung in einer relativ hohen Etage des sozialen Gebäudes eingerichtet, dann will er keinesfalls in einen tieferen Stock ziehen und verlangt nicht nur die Sicherung seiner Behausung, sondern auch die übrigen Rechte, die damit verbunden sind. Es war wohl ein wesentlicher Grund der Französischen Revolution, daß man die Rechte verlangte, welche dem wirtschaftlichen Stand, den man erreicht hatte, entsprachen. Eben an diesem Punkt erfolgte der Zusammenstoß der sozialen Kräfte innerhalb des französischen Gesellschaftsgefüges. Auch das Königshaus wurde, obwohl weder der König noch das Volk es so gewollt hatten, in diese Auseinandersetzung mit einbezogen.

An derartigen Fragen entzündeten sich die großen Geister, die Philosophen, Dichter und Rechtsgelehrten des 18. Jahrhunderts. In überzeugender Weise zeigt der Historiker Hippolyte Taine[1], wie die Französische Revolution nicht so sehr durch wirtschaftliche Not, obwohl diese in manchen Bereichen mitwirkte, sondern vor allem durch die Philosophen Voltaire und Rousseau sowie durch die Enzyklopädisten vorbereitet worden ist. »Les révolutions sont faites, avant d'éclater«[2], sagte Charles Maurras: Die Weichen waren schon lange vor dem Ausbruch gestellt. Man braucht kaum zu betonen, daß Jean-Jacques Rousseau mit seinem »contrat social« der französischen Gesellschaft die stärksten Argumente und eine durchschlagende Schwungkraft gab, um den absoluten Staat in seinen Grundfesten zu erschüttern. »Die soziale Ordnung« – so sagte Rousseau – »entsteht nicht von Natur aus, sondern durch Konventionen.«[3]

Bei diesen Übereinkünften tausche der Mensch seine natürlichen gegen die sogenannten bürgerlichen Rechte[4]: Während bei den Naturrechten des Menschen eigene Kraft diesem seine Grenzen setzt, wird bei den bürgerlichen Rechten der Schutz durch die Gemeinschaft der Menschen garantiert. Statt der naturgegebenen Freiheit wird durch den Gesellschaftsvertrag die moralische und rechtliche Gleichheit errichtet. War der Mensch, wie Rousseau meinte, von Natur aus gut und frei und mit gleichen Rechten geboren, dann mußte man ihm die Erziehung und alsdann die Verfassung gewähren, die seiner Natur entsprachen. Bereits um die Mitte des 18. Jahrhunderts war Rousseaus »Discours sur les sciences et les arts«[5] als Antwort auf die Preisaufgabe der Akademie von Dijon erschienen, »ob die Entfaltung der Wissenschaften und der Künste zur Läuterung der Sitten beitrage«. Diese Untersuchung, ebenso wie Rousseaus »Discours sur l'origine de l'inégalité«[6], bewegte die Gemüter. In dessen Anschauungen von der menschlichen Natur lag gesellschaftskritischer Zündstoff. Es war eigentlich erstaunlich, daß ausgerechnet die verwöhnten, eleganten, oft preziösen Besucher der Pariser Salons einen Dichter feierten, der die Natur verherrlichte, die Rückkehr zum Lande und die Einfachheit der Sitten forderte, diejenigen, die selbst an den Höfen und in den Schlössern den größten Luxus trieben oder wenigstens an deren Glanz teilhatten. Unbewußt spürten diese Menschen vielleicht die Unhaltbarkeit ihrer Situation und fanden, wie jede dekadente Gesellschaft, Vergnügen daran, über sich selbst zu lachen. Rousseau, der Dichter, der die natürlichen Gefühle ansprach und zum Schwingen brachte, entpuppte sich als Prophet des Umbruchs, der dann rascher eintrat, als seinen Bewunderern lieb sein konnte. Tatsächlich wackelte bereits das Fundament, auf dem die Tanzböden gebaut und die artigen Menuette und die anmutigen Pirouetten der Hofgesellschaft getanzt wurden.

Allmählich setzte sich das Bewußtsein durch, daß ein System, in welchem die einen arbeiteten, während die anderen in Saus und Braus davon lebten, zum Untergang verurteilt war. Der Reichtum war nicht auf Arbeit errichtet, sondern wurde durch ein raffiniertes System den Privilegierten zugeführt. Er wurde zur Hauptsache aus der Landwirtschaft, zum kleineren Teil aus Gewerbe und Handel bezogen, aber fast ganz vom Königshaus und vom Adel verbraucht. Die Produzenten gelangten nicht in den Genuß ihrer Erträge, die durch eine Unzahl von Steuern und Abgaben abgeschöpft wurden und den alten Familien, den Grundherren, in Form von Renten, Pensionen und Subsidien zukamen. Kurz zusammengefaßt kann man sagen, daß Frankreich unter dem Ancien régime das war, was man einen Drohnenstaat nennt.

Als besonders empörend empfand man die Steuererhebung, die vorwiegend durch die Steuerpacht erfolgte. Die Pächter (fermiers généraux) mußten schon von Haus aus reich sein, um dem Staat die nötigen Vorschüsse zahlen zu können, durften dann aber zur Entschädigung ihrer Dienste außer ihren festen Bezügen noch reichliche Zinsen und Provisionen auf diese Vorschüsse einkassieren. Dies bedeutete, daß auf alten Besitz neues Geld aufgehäuft wurde. Die zahlreichen Steuern belasteten die Wirtschaft nicht nur durch ihre Höhe, sondern durch die vielen Unsicherheitsfaktoren, weil die komplizierten Steuerbestimmungen kaum zu überblicken waren. Die Physiokraten plädierten daher für die Einführung einer einzigen Steuer, die an der Quelle, nämlich auf den landwirtschaftlichen Reinertrag, zu erheben sei. Nach ihren Lehren war nur der Boden produktiv, während alle übrigen Einkommen aus der Verwandlung der landwirtschaftlichen Güter in Gewerbefabrikate und Dienstleistungen entstanden. In seinem »Tableau économique« zeigte Dr. Quesnay, der Leibarzt der Marquise von Pompadour, König Ludwig XV., wie das Volkseinkommen erworben und verwendet wurde, und begründete dadurch die erste Kreislauftheorie der Wirtschaftswissenschaften. Dabei waren dem Arzt sicher seine Kenntnisse vom menschlichen Blutkreislauf zustatten gekommen. Der Altmeister Quesnay und die Physiokraten erkannten zwar die Gefahren der Vernachlässigung der Landwirtschaft, stützten sich aber ebenso einseitig wie ihre Gegner, die Merkantilisten, auf unzureichende Untersuchungen: Da sie annahmen, daß lediglich die Landwirtschaft produktiv sei, glaubten sie, daß nur aus ihr ein steuerbares Einkommen fließe. Es entging ihnen, im Gegensatz zu den Merkantilisten, die darin richtig sahen, daß andere Zweige der Volkswirtschaft einen rasanten Aufschwung nahmen. Daher verkannten sie die Ungerechtigkeit und Mangelhaftigkeit des bestehenden wie auch des angestrebten Steuersystems. Nimmt man als Beispiel nur die Salzsteuer, vielleicht nicht einmal die drückendste, sicher aber die meistverhaßte aller Steuern, dann kommt bei ihr noch hinzu, daß sie in fast jeder Provinz verschieden angesetzt und organisiert war. Um den daraus folgenden Schmuggel zu unterbinden, waren Hauskontrollen an der Tagesordnung. Außerdem wurde sie teilweise mit Bezugsverpflichtungen gekoppelt. Einige Provinzen sowie zahlreiche Privilegierte hatten sich jedoch »freigekauft«. Um so schwerer lastete die Steuer auf der übrigen Bevölkerung, denn sie mußte mindestens 50 Millionen Livres pro Jahr einbringen und konnte deshalb nicht abgeschafft werden.[7]

Ludwig XIV., der von 1648 bis 1715 die Geschicke Frankreichs bestimmte, begründete und perfektionierte die absolute Monarchie. Seine Zeit war noch tief im religiösen Glauben verwurzelt. Gläubigkeit und Gehorsam bedeuteten Einordnung des Menschen in den göttlichen Plan, waren zugleich Ansporn zur Tat, zum Einsatz, zur Leistung sowie Voraussetzung zu einer Auszeichnung vor Gott und den Menschen. Der Mensch hatte sich Gottes Gnade würdig zu erweisen. Auch das Gottesgnadentum des Fürsten wurzelte im religiösen Gefühl, die fürstliche Geburt war sichtbares Zeichen göttlicher Gnade. Nur aus dieser geistig-seelischen Grundhaltung der

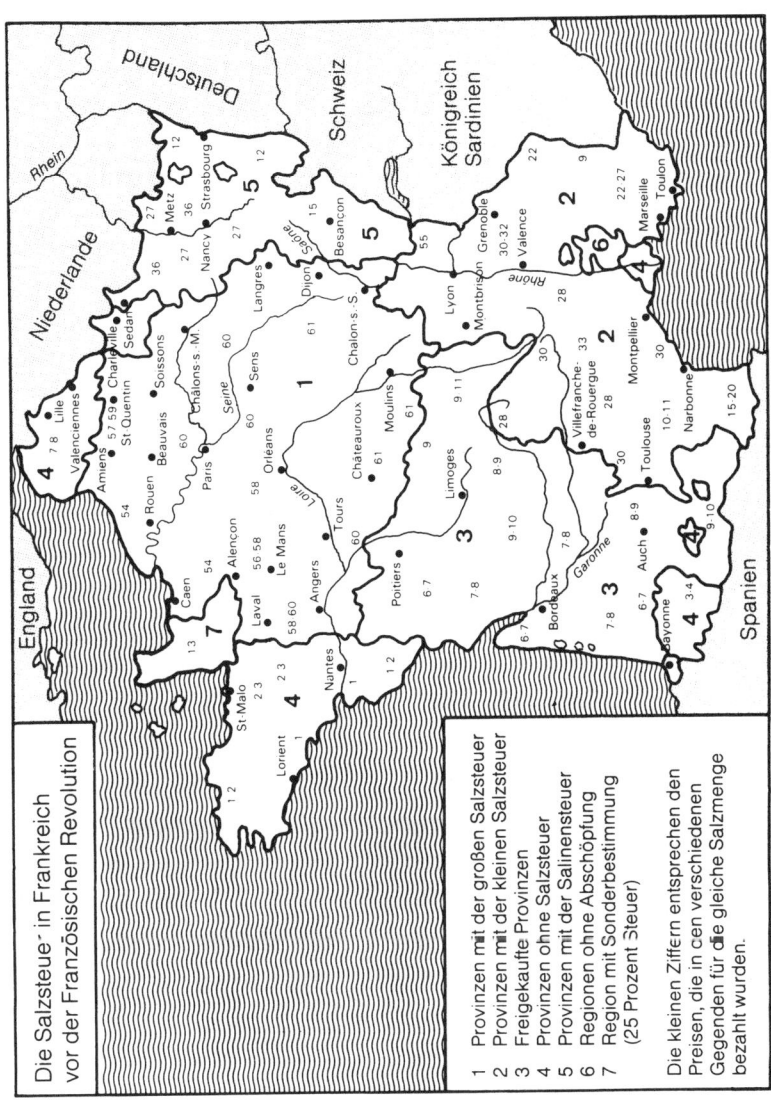

Verteilung der Salzsteuern in Frankreich
Karte von J. F. Bergier

Menschen des 17. Jahrhunderts konnte sich der Absolutismus zu den bekannten Höhen und Tiefen entwickeln. Aber auch fürstliche Autorität bedurfte geeigneter Wirtschaftsbedingungen, um sich zur vollen Souveränität erheben zu können, wobei vor allem der Bedarf an Metallgeld durch die kostspielige Hofhaltung, die zu besoldenden Armeen und das Beamtentum gewaltig gesteigert wurde. Hier bot der Merkantilismus den Fürsten jene wirtschafts- und finanzpolitischen Mittel, durch die sie ihre ehrgeizigen Pläne zu verwirklichen hofften. Eine konsequente Förderung von Handel und Gewerbe zielte auf eine Vermehrung des verfügbaren Metallgeldes ab. Das war für die aufstrebenden Landesfürsten ein wichtiges Mittel, um ihre Machtstellung auszubauen. Außerdem mußten sie sich von den alten feudalen Bindungen lösen und sich zunächst mit den beharrenden Kräften der Stände auseinandersetzen. Es bestand damals jene pyramidenförmige Gesellschaftsstruktur, an deren Spitze sich der Landesherr, dann der Adel entsprechend seiner Rangordnung, das Bürgertum und zuletzt der Bauernstand befanden. Daneben gab es eine Pyramide der geistlichen Hierarchie mit dem Papst an der Spitze.

Alle wirtschaftlichen, politischen und militärischen Mittel dienten Ludwig XIV. dazu, seine persönliche Herrschaft über Frankreich zu festigen. Der sinnfälligste Ausdruck dafür war der Bau des Schlosses Versailles, ein auf 15 000 Hektar ursprünglichen Sumpflandes errichtetes, von einem Heer von Künstlern ausgestaltetes Prachtwerk mit riesigen Parkanlagen, das Ludwig XIV. zum Mittelpunkt seines Landes machte. Versailles war der mit architektonischen Mitteln geformte Wille des Königs, seiner Auffassung von Amt und Selbstverständnis des Monarchen unmißverständliches Ansehen und Geltung zu verschaffen. Hierher wurde der politisch bedeutsamste Teil des Schwertadels gezogen und seinem unmittelbaren Einfluß unterworfen; aber hierher durfte, bis hinab zum einfachen Volk, jedermann kommen, hatten alle Zutritt, die ihre Bitten und Beschwerden vortragen wollten. Im lapidaren Satz »Le Roi gouverne

Ludwig XIV., König von Frankreich

par lui-même«[8], der im Scheitelpunkt des Spiegelsaales von Versailles steht, erhob sich Ludwig XIV. zum Vorbild des absoluten Herrschers. Diese Erhebung des Königs über jedes Maß hinaus enthielt freilich bereits den Ansatz zu seinem tiefen Fall, der dem Sonnenkönig selbst jedoch erspart blieb. Als Louis le Grand 1715 starb, hatten die Bourbonen allerdings den Zenit ihrer Machtstellung bereits überschritten. Der Kompromiß von Rastatt entzog Frankreich einen Teil seiner Einflußzone in Spanien, den Niederlanden und Bayern. Die wirtschaftlichen Folgen der Hegemonialkriege lasteten schwer auf dem verarmten Land. Schließlich trug die Regentschaft des Herzogs von Orléans zum Vertrauensschwund des Ancien régime bei, weil der Finanzskandal John Laws[9] einen langen Schatten auf das ganze Jahrhundert warf.

Ludwig XV., der Urgroßenkel des Sonnenkönigs, regierte von 1722 bis 1774, über 50 Jahre lang, davon die längste Zeit unter dem Einfluß von Günstlingen und Mätressen. Unter den letzteren ragt

Das Schloß Versailles

die Marquise von Pompadour[10] hervor, die 20 Jahre lang als heimliche Herrscherin Frankreichs waltete. Die Geschichtsschreibung fällte trotz ihres hervorragenden künstlerischen Wirkens ein vorwiegend negatives Urteil über diese ungewöhnliche Frau: Sie erscheint in der Rolle der Beherrscherin eines an sich gutmütigen und beliebten Königs, den sie ins Unglück geritten, der Frankreich durch seine extravagante Lebensführung ausgeplündert und durch die Verkommenheit seines Hofes und die Auspressung der Wirtschaft reif gemacht habe für die große Revolution. Es fiel der Pompadour schwer, ihre Position am Hof von Versailles gegen Haß, Neid und Eifersucht zu verteidigen. Auch wenn sie nach außen durch die Autorität des Königs gedeckt und unantastbar blieb, so konnte sie doch nicht verhindern, daß eine Unmenge giftiger Schüttelreime über ihre Herkunft, ihren Aufstieg, ihren Charakter, schlechthin über alles, was sie tat, am Hofe zirkulierte.

Als Beispiel sei hier nur ein einziger, relativ harmloser Vierzeiler zitiert, der die Runde machte, als sie, um ihr Schloß in Ménars zu

besuchen, eine neue, scheinbar wacklige Brücke über die Loire über-
queren mußte:

>>Cet architecte est bien vengé,
Reconnaissez votre ignorance,
Son pont hardi a supporté
Le plus lourd fardeau de France.<<[11]

Die Geschichte der Favoritinnen, die durch geschickte Beeinflussung der Herrscher, die sie liebten, einen maßgeblichen Einfluß ausübten, ist sehr spannend, oft leidenschaftlich und grausam, zumeist
freilich von kurzer Dauer. Daß eine Frau, wie Jeanne-Antoinette
Poisson, die spätere Marquise von Pompadour, diese Rolle nahezu
20 Jahre spielen konnte, zeigt nicht nur, daß sie über ungewöhnliche
Eigenschaften und Fähigkeiten verfügte, sondern daß das Ancien
régime damals bereits in seinem Fundament erschüttert war. Der
Sarkasmus Friedrichs des Großen, den sie durch das >>renversement
des alliances<< (Umkehrung der Bündnisse) im Siebenjährigen Krieg
herausgefordert hatte, konnte ihr nichts anhaben. Es blieb ihr aber
nicht erspart, den Sieg Englands und Preußens, der durch die Frie-
densschlüsse von Hubertusburg und Paris besiegelt wurde, mitzuerleben. Wer weiß, ob nicht die vielen Rückschläge, vor allem aber
die Demütigungen und Kränkungen zum frühzeitigen Tod dieser
im Grunde genommen feinen und sensiblen Frau beigetragen ha
ben, derer sogar Voltaire lobend gedachte?

Ludwig XV. regierte noch weitere zehn Jahre nach dem Tode seiner berühmten Mätresse, die aber bald darauf durch Madame Du
Barry ersetzt wurde, bis der König 1774 das Zeitliche segnete. Trotz
manchen Anstrengungen gelang es nicht, die unerhörte Belastung
des Staates durch die verschwenderische Hofhaltung von Versailles
und durch die übrigen Schlösser abzubauen. Außerdem war der Verlust eines Teils des französischen Kolonialreiches an England für das
Ancien régime von Frankreich sehr abträglich. Die Tagebücher des

29

Ludwig XV., »le bien aimé«, König von Frankreich

Engländers Arthur Young[12], eines der bedeutendsten Zeugen der vorrevolutionären Verhältnisse, der kurz vor 1789 Frankreich bereiste, zeigen, warum Frankreich im Gegensatz zu seinem Heimatland in einer antiquierten agrarischen und sozialen Struktur verharrte. Während England Reformen einleitete und den Parlamentarismus entwickelte, blieb Frankreich im Absolutismus fest verankert.

Als Ludwig XVI. 1774 den Thron der Bourbonen bestieg, besaß er zwar den guten Willen, aber nicht die Kraft, um die als notwendig erkannten Reformen durchzusetzen. Er sollte sich als gutmütiger und verständnisvoller Mensch erweisen, von höfischen Einflüsterungen und Kampagnen leicht beeinflußbar, politisch zwar nicht

30

Ludwig XVI., König von Frankreich

ohne Verstand, doch entscheidungsschwach und ängstlich. Er wußte nie, ob er seinen Ministern, seiner Familie oder dem Hof mehr
Gehör schenken sollte. Seine Politik machte den Eindruck des
Wankelmutes. Obschon jedermann wußte, daß Ludwig XVI. ein
schwacher Monarch war, galt die Revolution von 1789 zunächst
weder seiner Person noch der Institution der Monarchie. Im Gegenteil: König Ludwig XVI. sollte als Befreier des Bürgers aus der
Unterdrückung durch Adel und Klerus, als Verteidiger gegen Steuer-
last und Privilegienwirtschaft auf den Schild des Volkes gehoben
werden. Hierzu bestanden gute Voraussetzungen, hatte doch Ludwig XVI. im Gegensatz zu seinen Vorgängern den Reformkurs nicht
nur als Ziel proklamiert, sondern mit der Ernennung der Reform-

31

minister Turgot und Necker auch tatsächlich eingeleitet.[13] Indes kamen die Reformen viel zu spät. Sowohl für den König wie für Turgot und Necker war es unmöglich, in der kurz bemessenen Zeit die Fehler ihrer Vorgänger auszumerzen, die nicht nur in der Steuerpolitik, sondern in vielen lebenswichtigen Bereichen, wie etwa in der Landwirtschaft, zu üblen Mißständen geführt hatten. Young war schockiert von der Ärmlichkeit der Bauern und ihren Anbaumethoden. Ihm fällt auf, daß mit Ausnahme der Provinzen Normandie, Flandern und Artois überall ein großer Kapitalmangel herrschte,[14] und er stellt vergleichend fest, daß der Kapitalertrag pro Hektar in England um einiges größer war als in Frankreich.

Am 14. Juli 1789 wurde der König durch den Sturm auf die Bastille, das Staatsgefängnis von Paris, überrascht. Ein Bote überbrachte ihm die Hiobsbotschaft, während er auf der Jagd, seinem Hauptvergnügen und Hauptgeschäft, in den Wäldern von Versailles umherpirschte. Über diesen Tag verzeichnet sein Tagebuch, in welches er die Anzahl der erlegten Wildschweine und Hirsche zu notieren pflegte, nichts als das nichtige Wörtchen »rien«. Dann legte er sich zu Bett. Selten wurde ein Ereignis, das zum Umbruch führte und damals das Ancien régime zum Einsturz brachte, so gründlich verkannt wie an jenem Sommertag durch den König von Frankreich.

Necker und Genf

Es muß seit Jahrhunderten ein eigenartig beglückendes Gefühl gewesen sein, aus den dunklen, engen Straßen und Gassen der Genfer Innenstadt hinauszutreten, um die Weite des Genfer Sees und die Majestät der oft noch schneebedeckten Berge zu erschauen. Der gleiche Kontrast zwischen der Abgeschlossenheit der Altstadt und der Großzügigkeit der umliegenden Landschaft, der noch heute beeindruckt, beeinflußte die Bewohner Genfs seit den frühen Zeiten. Dem entspricht parallel dazu ein Wesenszug der Rhônestadt, die sich einerseits eine enge und strenge Verfassung gab und andererseits durch ausgeprägte Weltoffenheit zu großen kommerziellen und politischen Erfolgen gelangte.

Genf besaß jene lebendige Beziehung zwischen dem einzelnen Bürger und seiner politischen Gemeinschaft, die das Geheimnis vieler Stadtstaaten war, die, wie etwa Athen, Florenz und Venedig, über keine große Bevölkerung, aber einen starken Gemeinschaftssinn verfügten. Im Vergleich zu den meisten anderen Stadtstaaten beherrschte Genf jedoch ein nur sehr kleines Territorium. Die Rhônestadt umfaßte von 1541 bis 1803 nie mehr als 28 000 Einwohner, in der ersten Hälfte des 18. Jahrhunderts waren es sogar nur etwa 20 000 Menschen.[1] Unter dem Einfluß der Reformatoren, vor allem Calvins, erlangte Genf eine führende Stelle im geistigen und religiösen Leben Europas und war durch die Aufnahme und Förderung vieler Hugenotten zum »protestantischen Rom« geworden. Der Charakter der Stadt blieb dadurch aber unverändert. Ihre größten Bürger wie etwa Rousseau, Necker, Germaine de Staël, Albert Gal-

33

latin fanden ihren Ruhm im Ausland: ein symptomatischer Vorgang, denn in der Enge und Abgeschlossenheit gedeihen eher kleinliche Eifersucht und Neid als große Persönlichkeiten in der Entfaltung ihrer Fähigkeiten. Nur wenige, wie Horace Bénédict de Saussure und Saladin, gelangten auch in Genf zu großem Erfolg.

Gewichtige Studien wurden der Frage gewidmet, wie sich der harte Moralkodex des Reformators Calvin mit dem angehenden wirtschaftlichen Reichtum der Stadt nicht nur vertrug, sondern ihn sogar befruchten konnte. Sie übten später einen spürbaren Einfluß aus auf die Entwicklung eines Mannes, Jacques Necker, der sich sehr bewußt und konsequent bemühte, ein Beispiel an Tugendhaftigkeit zu sein, und es gleichzeitig verstand, eines der größten Vermögen seiner Zeit zu schaffen. Es ist also kaum ein Zufall, daß Necker die für ihn entscheidenden Voraussetzungen in Genf vorfand, denn innerhalb des französischen Kulturgebietes gab es kaum einen anderen Ort, wo sich derselbe Akteur so gut sowohl auf die Rolle eines Finanzmannes als auch auf die eines Sittenrichters hätte vorbereiten können.

Zwischen Calvin und den großen Erfolgen der Genfer im Ausland lag allerdings ein langer Zeitraum, in welchem die geistliche Herrschaft das Ziel hatte, den »Himmel auf Erden zu errichten«, das »Neue Jerusalem« zu erbauen und nach den Regeln eines »asketischen Kapitalismus« zu leben. Konnte es überhaupt zu einer Auflösung des Dualismus kommen, der den Grundsätzen Calvins innewohnte? War es möglich, die gottgewollte Ordnung mit dem äußeren Erfolg, die Gnadenwahl mit der Werkheiligung zu verbinden? War der materielle Gewinn wirklich gottgefällig? Solche Fragen konnten nur durch einen langen Entwicklungsprozeß, in welchem materieller Wohlstand und aufrichtige Religiosität gleichzeitig wuchsen, auf die Probe gestellt werden. Immerhin gingen von der neuen Sicht der Reformatoren positive Impulse in religiöser und wirtschaftlicher Beziehung aus. Der Ertrag der Arbeit verbesserte sich. Gewinn wurde nicht mehr verpönt, sondern als Zeichen göttlichen Wohlwollens angesehen. Der calvinistische Glaube begünstigte den wirtschaftlichen Fortschritt eines breiten Mittelstandes, getragen vom kleinen Handwerker bis zum risikofreudigen Unternehmer. Der gehobene Mittelstand, das Patriziat, erwies sich als wichtiges Element des Erfolges. Dabei zeichnete sich die Genfer Republik des frühen 18. Jahrhunderts auf mehreren Gebieten besonders aus: bei der Fabrikation von Uhren, beim Bedrucken feiner Baumwollstoffe (»Indiennes«), im Buchdruck und als Finanzplatz, der nur noch von London, Paris und Amsterdam übertroffen und vielleicht von Genua erreicht wurde. Auch der Zwischenhandel blühte, doch fiel seine größte Ausbreitung erst in die zweite Hälfte des 18. Jahrhunderts: Kurz vor der Französischen Revolution wurde die Anzahl der Händler, die mit aller Welt in Verbindung standen, auf über 400 geschätzt. Da Genf keine natürlichen Reichtümer besaß, floß das gesamte Einkommen aus dem Gewerbe, dem Finanzwesen und dem Handel. Als Handelsstadt war es nur mit Lyon, Paris, Amsterdam und Genua vergleichbar. Die Verteilung des Einkommens war allerdings ungleich, fiel doch der Löwenanteil an das Patriziat, das bis zum Ende des 18. Jahrhunderts die Führung des Stadtstaates ausübte.

Calvin selbst förderte diese paternalistische und oligarchische Staatsform. Es war im großen und ganzen, von gewissen Auswüchsen abgesehen, ein gutes Regiment, das einen strengen Moralkodex vertrat und jene Mißstände vermied, die sich fatal in Frankreich aus wirken sollten. Der Aufschwung ist aus der Bevölkerungsentwicklung klar ersichtlich: Die Zahl der Einwohner hatte sich seit Beginn des 17. Jahrhunderts von etwa 13 000 bis auf etwa 20 000 Ende des 18. Jahrhunderts erhöht. Zur Zeit von Neckers Geburt war Genf, vor Basel und Zürich, die bevölkerungsreichste Stadt der heutigen Schweiz. Nicht nur der gestiegene Wohlstand, die besseren hygienischen Verhältnisse und der entsprechende Rückgang der Sterblichkeit, sondern ebenfalls die starke, auf Religionsgründe zurückgehende Einwanderung aus Frankreich und Italien verursachten diesen Bevölkerungsanstieg. Aus der Aufhebung des Edikts von Nantes (1685), das seinerzeit in Frankreich Religionsfreiheit verkündet hatte, zog Genf erhebliche Vorteile. Ludwig XIV. unterwarf das französische Staatsgebiet wiederum der strengen Kontrolle durch die katholische Geistlichkeit, was sich – auch im Zusammenhang mit der Einhaltung des kanonischen Rechts – im wirtschaftlichen Bereich auswirkte. Hierzu gehörte nämlich die Einhaltung des kanonischen Zinsverbots, das zwar aufgelockert und in mancher Hinsicht umgangen wurde, im Privatverkehr aber noch immer Gültigkeit besaß. In der Folge siedelten sich nicht nur viele finanzkräftige Hugenotten in Genf an, sondern es wurden auch manche Geschäfte über die Rhônestadt abgewickelt.

Um die Wende vom 17. zum 18. Jahrhundert führte auch der Spanische Erbfolgekrieg (1701–1714) zur wirtschaftlichen Erstarkung Genfs, das aus der allseitig respektierten Neutralität große Vorteile zog. Die geographische Lage der Stadt brachte es mit sich, daß sowohl der französische Staat wie auch manche Privatinvestoren von den Diensten der gut organisierten und über große Mittel verfügenden Genfer Bankiers Gebrauch machten. Frankreich ging es um die Aufbringung und den Transfer von Kapitalien für seine Armeen in Italien und in Deutschland. Das Hauptgeschäft bestand aber bereits damals in den möglichst sicheren Vermögensanlagen von Privatinvestoren, die durch die Privatbankiers vermittelt wurden. Im 17. Jahrhundert waren es meist Großhändler, die sich zu *merchantbankers* entwickelten. So ging zum Beispiel der reichste Genfer Bankier jener Zeit, Jean Antoine Lullin, aus dem Seidengeschäft hervor.

Als wenig später, im Jahre 1720, der gefährliche Abenteurer John Law den größten Finanzskandal hervorrief, der Europa bis dahin erschüttert hatte, erlitten auch viele Genfer große Verluste; doch die geschicktesten Bankiers, wie etwa Thellusson, spekulierten auf Baisse. Es zeigte sich bereits damals eine überaus enge Finanzverflechtung zwischen Genf und Frankreich. Dennoch bemühte man sich um eine angemessene Risikoverteilung der Kapitalanlagen, indem man nicht nur dazu riet, in französischen, sondern in möglichst gleichen Beträgen in englischen Anleihen zu investieren. Diese weise Voraussicht, die durch das Debakel Laws noch erhärtet wurde, sollte sich später beim großen Krach der französischen Assignaten als besonders wichtig erweisen. Die Genfer Bankiers legten auch Wert auf eine genügende Liquidität. Man kann für diese Zeit zu Recht von »werbendem Kapital«, das heißt von leicht beweglichem Kapital, sprechen, einem Eckpfeiler des frühen Kapitalismus. Indes, auch hier lauerten Gefahren, nämlich in Form der Spekulation in Leibrenten, die aber erst in den Jahren 1770 bis 1789 in vollen Schwung kamen. Die Gefahren, die hierbei auftauchten, liefen allerdings den ursprünglich so soliden und erfolgreichen Grundsätzen der Genfer Bankiers eindeutig zuwider. Es sei schließlich erwähnt, daß die Genfer Händler und Bankiers im 18. Jahrhundert eine ähnliche Rolle spielten wie die Juden im Mittelalter und in der Renaissance, dadurch, daß sie sich oft im Ausland ansiedelten und wirtschaftlich sehr aktive Kolonien bildeten. Die Genfer behielten enge Beziehungen zu ihrer alten Heimat, wohin sie im Alter gern zurückkehrten.

In diesem kurzen Rückblick auf die Genfer Wirtschaftslage des beginnenden 18. Jahrhunderts darf das Baugewerbe nicht fehlen, das zum Wiederaufschwung der Konjunktur wesentlich beigetragen hatte. In den Jahren 1730 bis 1740 entstanden einige Straßenzüge der oberen Stadt mit eleganten Häusern im französischen Stil. Das elegante Patrizierhaus der Familie Lullin de Saussure an der Corraterie, die monumentalen Bauten beim Rathaus, in der heutigen Rue Calvin und Rue des Granges, die nur wenige Jahre vor Neckers Geburt entstanden, vermitteln ein deutliches Bild vom Pariser Einfluß, von der finanziellen Solidität, aber auch vom Geschmack und künstlerischen Sinn des Genfer Bürgertums.

Das Leben der Rhônestadt wurde nicht nur durch die wirtschaftlichen Aktivitäten, sondern gleichfalls durch einen anderen einflußreichen Teil der Bevölkerung geprägt, der sich den geistigen und wissenschaftlichen Aufgaben sowie den freien Berufen zuwandte und Pfarrer, Professoren, Wissenschaftler, Künstler, Ärzte und Juristen umschloß. Neckers Eltern, die erst zu Beginn des 18. Jahrhunderts in Genf ansässig geworden waren, gehörten zu dieser Gruppe. Der Vater, Karl Friedrich Necker, stammte aus Küstrin (Pommern), wo er am 31. Januar 1686 als Sohn eines preußischen Advokaten geboren wurde. Ein Mitglied der Familie Necker, die Ansehen erworben hatte, war später von Friedrich dem Großen in den Adelsstand erhoben worden. Karl Friedrich nutzte die Chance seines Lebens, als er das Landgericht Küstrin, an dem er als Anwalt wirkte, verließ, um die Erziehung des Sohnes des Grafen Bernstorff, eines Ministers des Kurfürsten von Hannover, zu übernehmen. Er begleitete seinen Schüler auf die große Europafahrt, die damals zur Ausbildung junger Adliger gehörte. Nach Aufenthalten in Dresden, Stuttgart, Wien und Genf beendeten Karl Friedrich Necker und der junge Bernstorff ihre Rundreise in England, wo unterdessen der Kurfürst von Hannover 1714 als Georg I. zum König von England gekrönt worden war. Durch die Protektion des Souveräns, der keine neuen Gesichter liebte, behielt Graf Bernstorff einen großen Einfluß am Hofe. Necker verdankte es der Empfehlung des Grafen, daß er bald darauf als Erzieher in den Dienst des Grafen von Bothmar und danach als Sekretär beim General François de Saint-Saphorin, dem englischen Gesandten in Wien, eintreten konnte. Dieser Landedelmann aus dem jetzigen Kanton Waadt, der ursprünglich einer Genfer Familie entstammte, blickte auf einen erstaunlichen Lebenslauf zurück. Aus dem Dienst des Markgrafen von Hessen-Kassel war er nach Wien gelangt, wo ihn der Kaiser zum Vizeadmiral der Donauflottille ernannte, die während der Türkenkriege, vor allem bei der Kampagne von 1716/18, eine wichtige Aufgabe erfüllte. Die Häupter der großen Koalition gegen Ludwig XIV., vor allem der König von Preußen und Prinz Eugen, der mit

Saint-Saphorin persönlich befreundet war, hatten diesen vielseitigen Mann sehr geschätzt. König Georg I. erinnerte sich an dessen besondere Geschicklichkeit und sandte ihn als Botschafter nach Wien. Bei diesem als Soldat und Diplomat gleichermaßen versierten Grandseigneur fand Karl Friedrich Necker Gelegenheit, die große Welt kennenzulernen und wichtige Beziehungen anzuknüpfen. Im Jahre 1722, nach sechsjähriger Tätigkeit in Wien, kehrte Saint-Saphorin auf sein Schloß in Morges, am Ufer des Genfer Sees, zurück. Hat er wohl damals seinem bewährten Sekretär geraten, sich in Genf niederzulassen? War es seiner Empfehlung an den Kleinen Rat zu danken, daß Karl Friedrich so rasch und ohne Unkosten das dortige Bürgerrecht erwarb? Leider fehlt es an einer Dokumentation, doch gilt es als ausgemacht, daß Vater Necker hohe Protektion hatte. Auf Antrag von Saint-Saphorin scheint das englische Parlament eine jährliche Zuwendung von 100 Pfund für die Führung einer Schule ausgesetzt zu haben, wo junge Engländer ihre Studien abschließen konnten, die von Karl Friedrich geleitet wurden. Später erhielt er einen Lehrstuhl für öffentliches und privates deutsches Recht an der Universität von Genf. Nachdem er seine Aufgabe mit Geschick erfüllte, mehrte sich sein Ansehen, und er wurde ziemlich bald in den aristokratischen Kreis des Rates der Zweihundert aufgenommen. Das wenige, was man bei der Unzulänglichkeit der Quellen über die Ursprünge der Familie Necker sagen kann, bezieht sich auf die Broschüre, die der Berliner Studienrat Herrmann im 19. Jahrhundert geschrieben hat.[2]

Diese Eingliederung in die Genfer Gesellschaft war sicher erleichtert worden durch Neckers Heirat mit einer gutsituierten Genferin, Tochter eines früheren Rechtsbeistands der Rhônestadt und Schwester eines Staatsschreibers, der selbst dem Rat der Zweihundert, dem Stadtparlament, angehörte. Jeanne Gautier, am 23. Dezember 1692 geboren, entstammte einer alten Hugenottenfamilie, zu deren Vorfahren auch der bekannte Bankier Jacques Cœur[3] zählte, der im 15. Jahrhundert in Bourges an der Loire zu großem Reichtum gelangte. Schwerer als die Abstammung vom Schatzmeister Karls VII. wog indessen die Tatsache, daß die Mutter Jeannes eine geborene Gallatin war, das heißt einer der bedeutendsten Genfer Familien entstammte. Als Karl Friedrich am 7. Januar 1726 Jeanne Gautier heiratete, waren sie beide keine jungen Leute mehr. Er mit seinen 40 und sie mit ihren 34 Jahren waren ein Paar in reifem Alter. Erst nach vier Jahren kam ihr erster Sohn Louis zur Welt und dann, am 30. September 1732, der zweite Sohn Jacques, der den Namen Necker berühmt machen sollte. Über den Einfluß der Eltern auf die Erziehung der Söhne weiß man zwar wenig, man kann aber einige zuverlässige Elemente aus deren eigener Herkunft und Lebensgestaltung ableiten. Der Vater, gebürtiger Preuße, stand seit seinem Wegzug aus Küstrin im Dienste von Adligen, die dem englischen Einfluß eindeutig verhaftet waren. In ihm verbanden sich preußische Genauigkeit und Gewissenhaftigkeit mit dem typisch englischen Sinn für Gerechtigkeit und freiheitliche Tradition. Die Mutter, ihrerseits von einer alten französischen und protestantischen Familie abstammend, wirkte auf ihren Sohn Jacques durch ihre strenge religiöse Glaubenshaltung. Die Erziehung der Söhne wurde jedoch trotz der starken religiösen Bindung von keinerlei calvinistischer Intoleranz geprägt. Die besondere Fähigkeit Neckers, sei es als Bankier, sei es als Minister, die wirtschaftlichen Zusammenhänge zu erkennen, dürfte in erster Linie mütterliches Erbe gewesen sein. Man darf wohl zusammenfassend sagen, daß die familiären Anlagen, die das Kind Jacques von Haus aus mitbrachte, ebenso wie seine wohl relativ problemlose Jugend ihn stärker bestimmten als der Schulunterricht, der zwar in Genf bereits damals ein beachtliches Niveau hatte, aber doch nur bis zur mittleren Reife dauerte. Es ist aber vor allem bemerkenswert, daß die Berufung zum Ökonomen in der Familie Gallatin, von der Neckers Mutter abstammte, verwurzelt war. Auf Jacques Cœur folgte Necker und einige Zeit später Albert Gallatin, der zunächst 1801 unter Jefferson und 1809 unter Madison zum Finanzminister der Vereinigten Staaten von Amerika aufstieg.

Über die Jugend der beiden Brüder Necker geben weder die Archive noch die Familiengeschichte nähere Auskunft. Selbst die unermüdliche Schriftstellerin Germaine de Staël hüllt sich über dieses Thema in Schweigen, weil für sie das Leben ihres Vaters eigentlich erst mit seinen großen literarischen und politischen Erfolgen begann. Das wenige, was wir wissen, betrifft eher Louis, den älteren Bruder, der durch seine glänzende Begabung und Lebhaftigkeit die größere Aufmerksamkeit erweckte. Er durfte mit 16 Jahren in die Universität eintreten, um Naturwissenschaft zu studieren, hielt es dort aber nicht lange aus und trat schon bald als reisender Erzieher adeliger Söhne in die Fußstapfen seines Vaters.

Warum durfte Jacques, als er 1748 die Schule abschloß, nicht ebenso wie sein älterer Bruder an der Universität studieren? Wiederum auf Vermutungen angewiesen, scheint es, als habe der Vater es als unnötig erachtet, nochmals dieselben Opfer zu bringen, die mit dem Universitätsstudium verbunden waren. Es mag auch die Familienbegabung der Gallatins dabei mitbestimmend gewesen sein. Der große, kräftige, aber eher bedächtig wirkende, schweigsame und etwas linkische Jacques sollte eine Banklehre machen. Nichts schien auf eine außerordentliche Laufbahn hinzuweisen. Aber ein unermüdlicher Fleiß und der eiserne Wille, vorwärtszukommen, standen ihm zu Gebote, außerdem ein Quentchen Glück, das ihm in entscheidenden Momenten zu Hilfe kam.

Dieses Glück erschien ihm erstmals in der Gestalt eines Enkels des provenzalischen Kaufmanns André Vernet, der 1659 die Genfer Bürgerschaft erworben hatte, womit sich die Türen zum Erfolg dieser Familie öffneten. Sein Sohn Jakob, Pfarrer, Professor und später Rektor der Genfer Akademie, war durch seine engen Beziehungen zu Montesquieu und Voltaire berühmt geworden. Dessen jüngster Sohn Isaac, der in Marseille schwunghafte Handelsgeschäfte betrieb,[4] heiratete im Jahre 1737 in Paris die einzige Tochter des erfolgreichen Bankiers Jean-Henri Labhard. Durch seinen Schwiegervater wurde er an den ergiebigen Bankgeschäften beteiligt, die sich aus der Vermögensverwaltung für reiche Engländer und Holländer ergaben, unter denen sich so bedeutende Kunden befanden wie Sir Robert Walpole, der Premierminister Georgs II., und dessen Bruder. Labhard und Vernet schlossen sich 1745 mit Jacques Montz, einem früheren Geschäftsmann in Bayonne, zusammen. Sie gründeten unter dem Namen Labhard, Vernet & Montz ein Bankhaus mit Hauptsitz in Paris und Zweigstelle in Genf. Es gelang Vater Necker durch seine guten Beziehungen zu den Vernets, seinen Sohn 1748 als Lehrling in dieser Zweigstelle unterzubringen, wo Jacques mit dem bescheidenen jährlichen Salär von 600 Livres[5] seine Arbeit begann. In diesem Büro, inmitten von Abrechnungen, Aufstellungen und Auszügen, mag er wohl häufig daran gedacht haben, wie es ihm am besten gelingen würde, seine Stellung zu verbessern. Er schrieb an einen Freund, Jean-Jacques Rilliet[6], daß er, über ein kleines Kapital von 100 Livres verfügend, sich gern an einem Geschäft beteiligen würde. Er könne auch etwas Schmuck zum Verkauf übergeben. Schließlich fügte er noch hinzu:»Schicke mir einen Kurszettel, denn kleine Arbitragen machen mir Spaß.«Wenn wir lesen, daß Necker die Arbitragen als unterhaltend bezeichnete, dann müssen diese Lehrjahre in Genf wohl ziemlich langweilig gewesen sein. Sein Fleiß wurde jedoch belohnt, als er nach zwei harten Jahren unter Verdoppelung seines Salärs an den Hauptsitz der Bank in Paris versetzt wurde.

Diese wenigen Angaben erlauben für die Anfangsjahre Jacques Neckers nur ein sehr unscharfes Bild. Mit Absicht haben sowohl Necker wie Madame de Staël den ersten Abschnitt seiner Laufbahn totgeschwiegen; Necker wollte gegenüber seinen Kunden, im Salon seiner Frau, wie später in der Politik als Finanzmagier, nicht als Banklehrling erscheinen. Germaine de Staël sah in ihrer literarischen Schwärmerei den Vater als Vogel Phoenix, der es fertigbrachte, aus der Asche in die Lüfte aufzusteigen. Alle Hinweise auf kleine Anfänge wurden willentlich und wissentlich getilgt.

Necker als Bankier

Das finanzielle Chaos, in dem sich das Ancien régime während des 18. Jahrhunderts befand, bildete einen günstigen Nährboden für den Aufstieg von Financiers und Bankiers. Ludwig XIV., der Sonnenkönig, hatte nicht nur die von ihm eroberten Gebiete, sondern ganz Frankreich rücksichtslos ausgebeutet, um die Hegemonialkriege führen zu können, die bis an sein Lebensende dauerten. Er hatte auf alle Finanzquellen, die ihm irgend zugänglich waren, zurückgegriffen. In erster Linie schröpfte er die Bauern, wie dies damals allgemein üblich war. Das genügte indes keineswegs. Wenn alle Steuerquellen versiegten, bediente er sich der Finanzleute, die er gerne verdienen ließ, solange sie nur die Löcher stopften, die er in den Staatshaushalt riß, die er aber dann ohne Gewissensbisse einsperrte, wenn sie ihm nicht mehr nützlich waren. Als Beispiel diene die Geschichte des Steuerpächters Nicolas Fouquet, dem der König nicht verzeihen konnte, daß sein berühmtes Schloß Veaux le Vicomte die damaligen königlichen Schlösser an Glanz und Prunk übertraf: Einerseits fühlte sich Ludwig XIV. dadurch erniedrigt, andererseits sagte er sich wohl ganz zutreffend, daß der große Reichtum Fouquets nur zu Lasten der Steuerzahler und somit der nationalen Wirtschaft erworben sein konnte. Auch mochte es bei der Eintreibung der Steuern nicht nur mit rechten Dingen zugegangen sein. Wenige Zeit nach der Einladung, bei welcher Fouquet den Sonnenkönig durch ein riesiges Feuerwerk und ein üppiges Gelage in Erstaunen versetzt hatte, ließ Ludwig XIV. den Steuerpächter kurzerhand verhaften. Im nachfolgenden Prozeß wurde Fouquet wegen Unkorrektheit und Korruption verurteilt, sein Vermögen eingezogen und der einstmals mächtige Mann gezwungen, seinen Lebensabend hinter Kerkermauern zu verbringen. Solange sie in der königlichen Gunst standen, konnten sich die meisten Steuerpächter ihre Taschen füllen, aber nur selten erfreuten sie sich eines ruhigen Schlafes. Diese Unsicherheit kam aus ihrer Doppelrolle als Privatkapitalisten, die einerseits ihre Ämter gekauft hatten, andererseits aber staatliche Beamte waren: Die Steuerintendanten, Kontrolleure, Einnehmer und Schatzmeister verschiedenen Ranges waren Privatleute, denen der Staat die Steuern oder sonstigen Abgaben durch Pacht oder Vertrag verkaufte und die sich dann ihrerseits durch Gewinne selbst »entschädigen« mußten. Lediglich die Verwendung der Einnahmen unterstand den hohen Finanzbeamten. Die Lieferanten des Hofes, der Armee und des Bauwesens waren ebenfalls durch Verträge an den König gebunden. Aus diesen Unternehmern, deren finanzielle Basis in den Steuereinnahmen lag, entwickelten sich die kleinen und großen Financiers, die im Frühkapitalismus eine wichtige Rolle spielten. Werner Sombart wies in seinem Werk »Der moderne Kapitalismus« der neueren Wirtschaftsgeschichte den Weg zur Erschließung dieser Zusammenhänge.

Erst allmählich gelangten die Privatbankiers zu Reichtum und Ansehen. Da sie sich nicht nur an den Hof, sondern auch an Privatkunden wandten, bedurfte es bereits einer fortgeschrittenen Wirtschaftsverfassung für ihre weitverzweigte Tätigkeit. Freizügigkeit der Handelsströme und Geldbewegungen bildeten die Voraussetzung. Der Bankier unterlag keiner zünftigen oder merkantilen Einengung. Er übernahm zwar einen Teil der Aufgaben des Financiers, unterschied sich jedoch dadurch von diesem, daß er nicht ausschließlich für einen Hof arbeitete, sondern sich durch seine meist ausländische Herkunft und religiöse Sonderstellung den behördlichen Beschränkungen entzog. Sein Geschäft wurde kosmopolitisch und universal. Zwar wissen wir über die Anfänge der frühen Bankiers meist nur wenig, da sie – ähnlich den Ursprüngen der Völker

– in Legenden verwoben blieben. Dies gilt zum Beispiel für die ersten
Vertreter so bekannter Bankiersfamilien wie der Medici und der
Fugger und für die meisten Hoffaktoren. Trotzdem hat die jüngste
Wirtschaftsgeschichte bedeutende Fortschritte bei der Erfassung der
großen Handels- und Bankhäuser gemacht. Es steht fest, daß die
Medici, lange bevor sie Bankiers der Päpste, und die Fugger, bevor
sie Bankiers der Habsburger Kaiser wurden, höchst erfolgreiche
Kaufleute gewesen sind. Die sogenannten Hoffaktoren[1] entwickelten sich gleichfalls von Lieferanten zu Bankiers, weil die Höfe nur
auf Kredit kaufen konnten oder wollten. Es wird an späterer Stelle
zu zeigen sein, wie sich Ludwig XV. und Ludwig XVI. vielleicht noch
mehr als ihre Vorgänger auf die Dienste von Bankiers stützen mußten, nicht nur, weil sie ein schweres finanzielles Erbe angetreten hatten, sondern weil es ihnen an der nötigen Autorität und Durchschlagskraft fehlte, um den Stier bei den Hörnern zu packen. Es ist
ein Merkmal der frühkapitalistischen Finanzgeschichte, daß die
Kreditwirtschaft in den Händen von Privatbankiers und nicht, wie
später, im Kraftfeld von großen Privatbanken oder gar öffentlich-
rechtlichen Instituten lag. Hier sei nur kurz darauf hingewiesen, daß
Großbritannien, wo als erste Staatsbank die Bank of England 1694
gegründet wurde, diesbezüglich allen Ländern voranging.

In Frankreich führte hingegen das fatale Experiment des höchst
begabten, aber skrupellosen Abenteurers John Law[2] in den 20er Jahren des 18. Jahrhunderts zu einem Debakel, das bei den seither
ängstlich oder soll man sagen klug gewordenen französischen
Sparern jegliches Vertrauen in ein staatliches Finanzinstitut bis zu
Napoleons Zeiten im Keim erstickte. Law hatte sowohl die Bedeutung des Oberseehandels wie diejenige des Papiergeldes als wirt-
schaftsförderndes Umlaufmittel klar erkannt, aber die Grenzen
mißachtet, die der Wirtschaftsentwicklung der damaligen Zeit gesetzt waren. Die Kreditpyramide, die der kühne schottische Speku-
lant errichtet hatte, brach wie ein Kartenhaus zusammen, das nicht
nur die Träume einiger Großinvestoren, sondern die Existenz zahl-

reicher kleiner Sparer unter sich begrub. Was Wunder, wenn unter diesen Umständen die Genfer Privatbankiers mit ihren weitverzweigten Beziehungen und ihrer soliden Kapitalbasis die einmalige Chance erlangten, einen Großteil des französischen Kreditwesens an sich zu reißen! Im 17. Jahrhundert hatte man sich noch vorwiegend mit dem Geldwechsel und dem Wechseldiskont begnügt, aber zu Beginn des 18. Jahrhunderts kam die Vermögensverwaltung als Hauptsparte des Bankgeschäfts dazu. Namen wie Tronchin[3], der Bankier Voltaires, Mallet[4] und Vernet[5], die den Siegeszug der Genfer Bankiers in Frankreich anführten, berieten sowohl adlige wie bürgerliche Kreise. Sie wandten überaus moderne Gesichtspunkte bei der Risikoverteilung sowohl in geographischer wie in ökonomischer Hinsicht an. Alte Genfer Nachlaßaufstellungen können als anschauliches Beispiel dafür dienen, wie das Vermögen der Kundschaft zwischen England und Frankreich, zwischen Staatsobligationen und Aktien von Handelsunternehmen, wie etwa den Ost- und Westindischen Kompanien, aufgeteilt wurde.

Bleibt jedoch die Frage, wieso es gerade den Genfer Privatbankiers gelang, eine maßgebliche Position im Finanzbereich zu erobern. Sie brachten wohl aus Genf das Rüstzeug mit, dessen es bedurfte, um zu Erfolg zu kommen, nämlich erhebliche flüssige Kapitalien, die erforderlichen Fachkenntnisse und gute internationale Beziehungen. Das hätte indessen nicht ausgereicht, wäre nicht in Frankreich eine Nachfrage nach derartigen finanziellen und personellen Dienstleistungen gewesen, die sich eben außerhalb des katholischen und innerhalb des protestantischen oder jüdischen Glaubensbereiches stärker entfalten konnten. Hier hatte das calvinistische Genf einen guten Trumpf auszuspielen, der von politischen und geographischen Faktoren flankiert wurde. Im 17. und 18. Jahrhundert zählten Lyon und Marseille zu den wichtigsten Handelsplätzen Europas. Gerade dort, relativ nah zu Genf, hatte sich das kommerzielle Geschäft voll entwickelt, das ausgesprochen kapitalhungrig war. Die Genfer Bankiers, durch die politische Lage der mit Bern und Zürich

Jacques Necker

verbündeten Rhônestadt sowie durch die wirtschaftlich modernen Auffassungen Calvins gefördert, widmeten sich gerne der Handelsfinanzierung durch den Wechseldiskont ebenso wie der privaten Vermögensverwaltung.

In einem Land, das einen so großen Binnenmarkt und so viele Bodenschätze aufwies wie Frankreich, zugleich aber auch bis zum Halse in Schulden steckte und mit Steuern belastet war, ging es zunächst darum, die vorhandenen Quellen besser zu erschließen. Die zahlreichen Financiers des 17. und 18. Jahrhunderts hatten zwar eine gewisse Vorarbeit geleistet, aber die unerhörte Verschwendung, die am Hof von Versailles und an vielen Adelssitzen herrschte, rief unentwegt nach neuen Vorschüssen. Der Finanzbedarf konnte nicht durch die Steuerpächter gedeckt, sondern nur durch neue, produktive Wirtschaftszweige befriedigt werden. Hier spielte der weitblickende französische Wirtschaftsminister Colbert[6] eine wichtige Rolle bei der Entwicklung des Handels und Gewerbes seines Landes. Colbert, selbst von hugenottischen Vorfahren abstammend, brauchte die Finanzleute, gleichgültig ob Financiers oder Bankiers, für seine großen Projekte. Er sagte wörtlich,»man müsse den Geschäftsleuten große Gewinne lassen, um einen Kredit bei ihnen aufzubauen, damit sie acht bis zehn Millionen (Livres) in wenigen Tagen aufzubringen vermöchten. Abgesehen davon würde man immer Mittel und Wege finden, ihnen große Steuern aufzuerlegen und dadurch einen Teil (der Gewinne) wieder abzuschöpfen«[7].

Um den Aufstieg Neckers zu verstehen, muß die von Colbert ganz klar erkannte Bedeutung des Binnen- und Außenhandels richtig gewürdigt werden. Der ergiebigste Teil lag dabei im Getreidegeschäft und im Überseehandel, wo man auch die Schlüssel zur Bildung der großen Vermögen der damaligen Zeit finden konnte. Dem Wert nach entsprachen diese Vermögen natürlich noch keineswegs dem adligen Großgrundbesitz, doch vergrößerten sie sich viel rascher als der letztere.

Die Kriegs- und unmittelbaren Nachkriegsjahre eröffneten, wie so oft in der Geschichte, ungeahnte Geschäftsmöglichkeiten, die Necker und Thellusson in vollem Ausmaß nutzten, weil Vernet, der die Abwicklung seiner Handelsgeschäfte betrieb, die Verantwortung für die Banken seinen beiden Juniorpartnern überließ. Obschon er in seinem späteren Leben überaus schreibfreudig war, hinterließ Necker über diese für ihn so wichtige Periode von seiner Ankunft in Paris (1750) bis zu seiner Hochzeit (1764) praktisch keine Notizen. Man darf sogar annehmen, daß er, soweit er solche machte, sie systematisch vernichtete. Später lief gar das Gerücht um, daß in Coppet deshalb der Schornstein so oft rauchte, weil Necker viele seiner Papiere verbrannte. Necker bedeckte seine Anfänge mit dem Mantel der Verschwiegenheit, was ihn zwar als guten Bankier ausweisen mag, aber eine große Erschwerung für seine Biographen bedeutet. Die Erklärung seiner Frau, daß diese Verschwiegenheit aus Bescheidenheit oder gar aus Interesselosigkeit für eine Zeitspanne, an der sie selbst damals noch nicht teilnahm, erfolgt sei, kann jedenfalls nicht wörtlich genommen werden.

Immer wieder tauchen Fragen auf, wie er damals lebte und ob er

wirklich eine tiefe Berufung zum Bankwesen verspürt oder einen
anderen Weg vorgezogen hätte. Das materielle Gelingen war für ihn
nur ein Mittel zum Erfolg und kein Selbstzweck. In seiner Jugend
hatte er übrigens von einer literarischen Laufbahn geträumt und
einige Stücke im Geschmack jener Zeit geschrieben, die aber niemals
aus seinen Schubladen herauskamen. Graf Gorani erzählt in seinen
Memoiren, daß Necker ein Theaterstück an den Schauspieler Pré-
ville gab, der es jedoch nicht annahm, weil er es schlecht gefunden
habe.[8] Er scheint wohl als junger Mann klar erkannt zu haben, daß
seine Begabung mehr auf ökonomischem Gebiet lag und daß eine
literarische Karriere ihn eher ins Armenhaus als auf die Höhe des
Parnaß geführt hätte.

Obwohl es zweifellos eine besonders interessante und kulturell
anregende Zeit war, die Necker um die Mitte des 18. Jahrhunderts
in Paris verbrachte, ließ er sich kaum von den Veranstaltungen und
Vergnügungen ablenken, die die berühmte Metropole zu bieten
hatte.

Kann man sich einen größeren Kontrast vorstellen als das strenge, eintönige, von der Sittenlehre Calvins geprägte Leben in Genf
und das bunte Treiben, den Tanz am Rande des Abgrunds der Pariser Aristokratie? Aber trotz dieses Ambientes ließ sich Necker
durch nichts in seiner Arbeit stören: Zielbewußt steuerte der ernste, eher etwas schwerfällige junge Mann auf den beruflichen Erfolg
zu, eingedenk der Lehren des Altmeisters Calvin, der im materiellen Erfolg zugleich einen Gotteslohn und somit eine Rechtfertigung
des Menschen gesehen hatte. Auch das Problem des kanonischen
Zinsverbots, das die Genfer Reformatoren kannten, löste sich von
selbst, weil für die Entwicklung von Handel und Gewerbe ein Pro-
duktivkredit erforderlich war, der Arbeitsplätze und Gewinn schuf,
was keineswegs unmoralisch sein konnte. Sorgenvolle Gedanken
machte sich Necker, der ein ausgeprägtes Sozialgefühl besaß, über
die große Armut, die auf dem Lande herrschte und die ihm auch in
Paris, wenn man das feine Stadtzentrum verließ, auf Schritt und

Tritt begegnete. Wenn auch teilweise verdeckt durch den vom hohen Adel zur Schau getragenen Luxus, warf doch die große Revolution bereits ihre Schlagschatten voraus.

Neckers Anfänge – das muß hier betont werden – fielen jedoch
in eine Friedenszeit, die einen Wirtschaftsaufschwung förderte.
Ludwig XV. hatte seinen Erzieher, Kardinal Fleury, als leitenden Minister eingesetzt, der schon durch sein hohes Alter allen Experi-
menten abgeneigt war. Fleury betrieb einen gemäßigten Wirt-
schaftskurs und achtete auf die Stabilität der Währung. Eine solche
Entwicklung heilte die Wunden, die während des letzten Jahrzehnts
Ludwigs XIV. und der Regentschaft des Herzogs Philipp von Orléans in den Körper Frankreichs eingebrannt worden waren. Das
Land bedurfte einer langen Atempause, um sich von den gewaltigen Menschenverlusten und wirtschaftlichen Aderlässen zu erholen, die ihm in den ersten Jahrzehnten des 18. Jahrhunderts zugefügt
worden waren. Ludwig XV. hätte Frankreich sogar zu einem gesunden Aufschwung verholfen sowohl durch Fleurys Friedenspolitik
wie durch die Erstarkung von Handel und Gewerbe, mitsamt neuar-
tigen Produkten des hochentwickelten Handwerks, wenn das volkswirtschaftliche Gleichgewicht nicht durch einen unmäßigen Luxus
und eine entsprechende Verschuldung zerstört worden wäre.
Zunächst lief die Verschuldung des Staates allerdings parallel zum
allgemeinen Wachstum, wodurch sie aufgefangen wurde. Außerdem
war der Krise des 17. Jahrhunderts auch auf internationaler Ebene
ein allgemeiner Aufschwung gefolgt. Der Frieden von Utrecht
(1713), der, gefolgt vom Frieden von Rastatt (1714), den Spanischen
Erbfolgekrieg beendete, ermöglichte während einer 30jährigen
Friedensperiode den Wiederaufbau der französischen Handelsflotte und des französischen Überseehandels, speziell nach Ost- und
Westindien, wobei die Ostindische Kompanie für Necker in einem
späteren Lebensabschnitt noch eine wichtige Rolle spielen sollte. Der
internationale Handel wurde belebt durch die steigende Gold- und
Silberproduktion. Spanien als der Hauptlieferant der Edelmetalle,

die es aus seinen Kolonien bezog, hatte damit zunächst seine Kriege finanziert. Dadurch war aber sehr viel Edelmetall außer Landes geflossen, wobei Holland und England zu den Nutznießern gehörten. Später importierten Spanien und Portugal immer mehr Waren, als sie exportierten, wobei die Differenz in Gold und Silber zum großen Teil nach England und Frankreich ging. Unter Ludwig XV. verdoppelte sich der Silbervorrat Frankreichs, während das Gold vorwiegend nach England floß. Es liegt auf der Hand, daß Neckers Bank große Vorteile aus diesen Bewegungen zog, sowohl durch die Zinsen aus den kommerziellen Krediten wie auch durch Kommissionen und Gewinne aus Käufen und Verkäufen fremder Valuten. Bei den Überseewährungen spielte der Silberpiaster eine wichtige Rolle.

Sodann fand unter Ludwig XV. ein Ereignis von grundlegender Bedeutung statt: die Stabilisierung des Geldwertes.[9] Im Jahre 1726 wurde der Gehalt des Silbergeldes neu festgesetzt und von da an, abgesehen von seiner Umbenennung in Francs, bis 1928 beibehalten. Die Livre tournois blieb Recheneinheit; bezahlt wurde mit kleineren Münzen (Goldmünzen, Sous und Deniers für den kleineren Zahlungsverkehr). Es folgte auch eine Neuprägung der Goldmünzen: des Louis »mit Brille«. Ein Louis galt fortan für 24 Livres tournois. Die Niederlande waren mit gutem Beispiel der Neuordnung in England und in Frankreich vorangegangen. In Zeiten der Depression und des Schwundgeldes wußte man jene wichtigen Errungenschaften wieder zu schätzen: die Unverletzlichkeit des Geldwertes und die Selbständigkeit der Währung gegenüber dem Staat. Die wirtschaftliche Stabilität, ebenso wie die zunehmende Liquidität des Kapitalmarktes, bildeten offensichtlich die Voraussetzungen einer erfolgreichen Arbeit der Privatbankiers.

Trotzdem wurden im königlichen Almanach für das Jahr 1750 erst 67 Pariser Privatbanken aufgeführt, davon zwölf heute völlig unbekannte Namen, lediglich acht französische und 47 ausländische, darunter zwölf Genfer Firmen.[10] Die meisten überlebten noch nicht einmal ihre Gründer. Es waren im Grunde genommen noch immer Handelshäuser, die den Binnen- und Außenhandel finanzierten. Paris war noch kein Börsenplatz, der Umsatz von französischen Staatsobligationen – im Ausland noch wenig gefragt – war als Bankbasis ungenügend. Als Handelszentrum trat Paris jedoch in zunehmendem Maße an die Stelle von Lyon, wo sich der Zahlungs- und Kreditverkehr konzentriert hatte. Der große Erfolg der Pariser Banken stellte sich aber erst durch die Aufblähung des Staatskredites ein, womit eine starke Zunahme von Ausgabekommissionen bei deren Plazierung und eine spürbare Steigerung der Zinsen einherging. Hierdurch gelangte neben dem Handelsgeschäft das eigentliche Kreditgeschäft der Privatbankiers in den Vordergrund. An dieser späteren Periode, welche sich an den Siebenjährigen Krieg anschloß, nahm Necker in entscheidender Weise teil.

Zunächst erhielt der junge Jacques Necker durch den Professor Jakob Vernet, Kollege von Jacques' Vater an der Genfer Akademie, einen Platz als Lehrling in der Bank des Bruders Isaac Vernet in Genf und dann im Jahre 1750 als Angestellter in Paris. Aus den Briefen seiner Freunde und aus den Testamentsurkunden seiner Klienten geht eindrücklich hervor, wie beliebt Isaac Vernet bei seiner Umgebung war. Im Testament, in welchem er zum Willensvollstrecker seines Freundes, des Abbé Jean-Jacques Clément Huber, ernannt wurde, vermachte der Abbé dem Bankier Vernet seine Kutsche samt den dazugehörigen Pferden und deren Saumzeug »unter der Bedingung, daß er von der Kutsche den Gebrauch mache, der meiner schon mehrmals vorgebrachten Bitte und der Erfordernis seines Standes entspreche«[11]. Dies veranschaulicht, daß Vernet trotz seines großen Reichtums, der jenen Hubers weit übertraf, seinen einfachen Lebensstil beibehielt. Auch war ihm eine besonders gute Menschenkenntnis zu eigen, denn es sollte sich noch erweisen, wie richtig sein Entscheid war, nicht seinen Neffen Daniel Labhard, der keinen Geschmack an der Sparsamkeit seines Onkels fand, sondern den jungen Necker als Nachfolger seines Schwiegervaters Labhard, der 1753 starb, einzusetzen und an der Bank zu beteiligen. Im Gegensatz zu Vernet hatte dieser einen aufwendigen Lebensstil geführt, eine große Zahl von Hausangestellten beschäftigt und zwei Wohnsitze in Paris und in Bercy besessen. Er hatte dadurch stets über seine Verhältnisse gelebt. Die Trennung zwischen Vernet und seinem Neffen Daniel, die 1755 erfolgte, soll ziemlich stürmisch verlaufen sein. Der hierdurch ermöglichte unaufhaltsame Aufstieg Neckers schien indessen durch seinen Arbeitseifer, seine glänzende Begabung und bisherigen Erfolge vorgezeichnet. So hatte er, was nicht selbstverständlich war, Holländisch gelernt, um die wichtigen Geschäfte in Amsterdam persönlich an Ort und Stelle führen zu können. Die guten Beziehungen zu Holland erlangten denn auch eine besondere Bedeutung für Neckers Karriere. Ein Zufall soll schließlich mitgeholfen haben, Vernets Vertrauen in die Tüchtigkeit des jungen Angestellten zu festigen. Eines Tages, als der Chef abwesend war, habe Necker trotz der Vorbehalte des vorgesetzten Bankbeamten ein holländisches Getreidegeschäft für die Bank Vernet abgeschlossen, das einen erheblichen Gewinn einbrachte. Isaac Vernet, zuerst verärgert über diese Eigenmächtigkeit, sei dann vom frühzeitigen Geschäftssinn seines jungen Mitarbeiters beeindruckt gewesen und habe sich daraufhin vermehrt persönlich seiner angenommen. Wenn auch nicht nachprüfbar, so erscheint diese Anekdote doch durchaus glaubhaft, denn nicht selten sind es gerade Zufälle, die am Beginn einer großen Laufbahn stehen, wobei es vom jeweiligen Betroffenen abhängt, wie er diese günstige Gelegenheit zu nutzen weiß.

Um den Aufstieg Neckers zum erfolgreichen Bankier zu verstehen, seien einige Geschäfte beleuchtet, die damals an eine gut etablierte Privatbank herantraten. Es steht fest, daß sich Vernet schon frühzeitig im Überseehandel betätigte, zuerst in Marseille und dann in Paris. In den 40er Jahren des 18. Jahrhunderts reiste er häufig zwischen den großen Seehäfen Frankreichs und Spaniens, wie Le Havre, La Rochelle, Bayonne und Cadiz, hin und her, um Schiffsbauten und Schiffsladungen zu finanzieren und die Abwicklung der Geschäfte für sich oder im Auftrag anderer Handelsfirmen zu kontrollieren.[12] In jenen Zeiten politischer Spannungen mit England, die schließlich zum Krieg führen sollten, wurden von französischer Seite naturgemäß vor allem der Bau und die Ausrüstung von Schiffen gefördert. Damals konnten Frachtschiffe sehr rasch zu Kriegsschiffen umgerüstet werden, so daß eine starke Handelsflotte zugleich auch von großer militärischer Bedeutung war.

Im Jahr 1749 investierte Vernet, der unabhängig von der Gründung der Bank Labhard & Vernet in Marseille noch die eigene Bank Vernet & Cie. weiterbetrieb,[13] gleich nach dem Friedensschluß von Aachen (1748), der den Krieg der englisch-preußischen Koalition gegen Frankreich beendete, 110 000 Livres zu 13 Prozent in die Ausrüstung des Frachters »Marquise de Pompadour«, wobei der Reeder praktisch das ganze Risiko übernahm und durch Überschreibung der vollen Verfügung über Schiff und Ladung an Vernet sicherstellte. Eine solche Zession war im Reedereigeschäft unüblich, aber vermutlich an andere Geschäfte mit betreffenden Reedern gekoppelt. Die Ladung sollte damals in Martinique abgeholt werden.

Ein anderes Beispiel zeigt Vernet im Jahre 1754, als er einem Händler in Dünkirchen ein Darlehen von 25 000 Livres zu einem Zinssatz von 18 Prozent lieh, diesmal jedoch unter Beteiligung am Seerisiko. Das Schiff »La Minerve« sollte seine Ladung aus San Domingo beziehen.[14] Diese Zinssätze scheinen sehr hoch für jene Zeiten, in denen gute Schuldner nur rund vier Prozent zu entrichten hatten. In diesem Fall aber ging es um die Absicherung des Seerisikos, das sowohl Schiffbruch als auch einen möglichen Überfall durch Piraten, die auch in Friedenszeiten ganze Ladungen kaperten, einschloß. Letzteres war auch der Grund, warum Handelsschiffe mit Kanonen bestückt wurden, was wiederum dazu führte, daß sie im Falle eines Krieges relativ leicht und rasch für militärische Zwecke umgerüstet werden konnten. Die von Vernet finanzierten Schiffe, die zumeist auf die »Zuckerinseln« fuhren, schienen jedoch offensichtlich vom Glück begünstigt, da von schweren Verlusten nichts bekannt ist. Mit zunehmendem Alter scheute Vernet aber das Risiko der Seefrachtfinanzierung und die Strapazen der damit verbundenen Reisen. Er widmete sich allein seiner Bank, die nur noch gelegentlich als Kreditgeberin in solche Geschäfte eintrat. Ein anderer wichtiger Geschäftszweig, an dem die Bank Labhard, Vernet & Cie. und später auch Necker persönlich große Beträge, vielleicht den Hauptteil ihrer Gewinne, verdienten, war der Getreidehandel. Dieser spielte im sozialen, wirtschaftlichen und sogar literarischen Leben des 18. Jahrhunderts eine maßgebliche Rolle. Da das Brot für die breite Masse das Grundnahrungsmittel und manchmal, besonders im Winter, sogar die einzige Nahrung darstellte, bereitete der Getreidepreis jeder Regierung eine beständige Sorge. Der Getreidemangel, ob Folge einer schlechten Ernte, eines Krieges oder anderer Umstände, führte zum Preisanstieg und dadurch zu Unzufriedenheit und zur Gefahr von Unruhen unter der Bevölkerung.[15] Andererseits konnte eine reichliche Ernte oder gar ein Überfluß zum Zusammenbruch der Preise und des Handels führen, gerade bei jenen Händlern, die erhebliche Vorräte angehäuft und somit zugleich eine volkswirtschaftlich nützliche Aufgabe erfüllt hatten. Die Problematik wurde verschärft durch die Vielzahl der Binnenzölle und die hohen Frachtkosten, welche rasche und billige Transporte von einer Provinz zur anderen verhinderten. So konnte die eine Provinz unter Getreidemangel und eine andere gleichzeitig unter Überfluß leiden, ohne daß der Handel einen Ausgleich zwischen Angebot und Nachfrage zu bewirken in der Lage war. Um den Mangel zu verhüten, war der private Getreideexport prinzipiell verboten. In Krisenzeiten griff die Regierung durch kostenlose Getreideverteilung und sogar durch das Verbot des Binnenhandels ein, um hierdurch unerwünschte Hortungen zu unterbinden. Diese Maßnahmen wurden jedoch meist zu spät ergriffen, um genügend wirksam zu sein. So entstand unter dem Einfluß der Physiokraten eine mächtige Strömung, die eine Freigabe des Getreidehandels forderte, weil nach ihrer Meinung nur so das Gleichgewicht zwischen Versorgungsbedarf und Preisen zu bewirken sei. Theoretisch war das sicher zutreffend, aber praktisch noch kaum durchführbar. Als nämlich unter dem Druck der öffentlichen Meinung der Minister Laverdy 1763 den Getreidehandel innerhalb Frankreichs freigab, nützte diese zu früh ergriffene Maßnahme den Spekulanten viel mehr als dem Volke. Den Händlern war es nun gestattet, soviel Getreide, wie sie wollten, von einer Provinz in die andere zu verkaufen. Sie konnten das Getreide auch, ohne es zu transportieren, in einem günstigen Moment kaufen, stapeln und dann verkaufen, wenn die Nachfrage am größten war. Um jedoch erfolgreich spekulieren zu können, bedurfte es erheblicher Kapitalien. Hier fanden Finanzleute und Bankiers, die über eigenes Vermögen und Kundengelder verfügten, ein ergiebiges Feld. Man konnte sich zwar moralisch gegen solche Machenschaften entrüsten, im Grunde genommen wandte der Markt jedoch ganz einfach die noch wenig erprobten Gesetze von Angebot und Nachfrage auf einem lebenswichtigen Sektor an. Sowohl Jacques wie sein Bruder Louis Necker verspürten keine Gewissensbisse, ihre Kapitalien in diese Geschäfte zu stecken, zumal sie wußten, daß andere es genauso machten. Die Bank Labhard & Vernet hatte übrigens eine lange Erfahrung im Getreidegeschäft, weil sie bereits in den Jahren 1745 bis 1749 mit Lieferungen für Rechnung des Königs beauftragt worden war.[16] Vernet und Necker bemühten sich dann weiter um staatliche Aufträge, sei es, daß sie Importe oder Exporte finanzierten, wobei dem Bruder Louis als Agent der Bank in Marseille eine wichtige Bedeutung zukam. Jacques Necker, der sowohl die Freigabe des Getreidehandels 1763/64 wie die Wiedereinführung der Reglementierungen 1770 bis 1772 für seine Zwecke zu nutzen verstand, befaßte sich 1773 in seinem »Eloge de Colbert«, von dem später noch die Rede sein wird, auch theoretisch mit dem Getreidehandel. Als maßvollem Merkantilisten kam es ihm in erster Linie darauf an, den notwendigen Lebensmittelbedarf der Bevölkerung sicherzustellen. Erst nach Erfüllung dieser Voraussetzung wäre ein freier Getreideexport zu erlauben. Neckers Gegner und Neider behaupteten allerdings, es seien weniger diese moralischen Erwägungen gewesen, die ihn gegen den Getreidehandel aufbrachten, als die guten Gewinne, die er zur Zeit der Reglementierung gemacht habe. Beides mag zutreffen und widerspricht sich nicht.

Das Jahr 1756, kurz vor Beginn des Siebenjährigen Krieges, wurde zum Meilenstein im Leben Neckers. Vernet, sein alter Chef, wandelte die Bank in eine Kommanditgesellschaft um, die den beiden Genfer Mitarbeitern, George-Tobie de Thellusson, ein Nachkomme des bekannten Bankiers Isaac Thellusson, sowie Jacques Necker Unterschrift und Beteiligung gewährte. In Ermangelung eines Gesellschaftsvertrags ist die Höhe der Beteiligung nicht genau bekannt, doch wird allgemein angenommen, daß die Juniorpartner je 25 Prozent erhielten. Nach acht Jahren im Bankgeschäft und im Alter von nur 24 Jahren hatte Necker durch seinen Arbeitseifer und seine Zielstrebigkeit eine Position erreicht, die ihn zu einem führenden Pariser Bankier prädestinierte, zumal Isaac Vernet mit seinen 56 Jahren schon ein für damalige Verhältnisse respektables Alter aufwies. Inzwischen wickelte Necker selbst immer mehr eigene Geschäfte ab, wobei nicht mehr zu ermitteln ist, inwieweit solche über die Bank oder parallel dazu geschlossen wurden.

Ein gutes Beispiel, das in seinem Umfang nicht feststeht, manchen Biographen zufolge aber Necker den stolzen Betrag von 1,8 Millionen Livres eingebracht haben soll,[17] bestand in einer großen Spekulation mit französischen Effekten, die sich in kanadischem Besitz befanden. Ende 1762 war im Hinblick auf das baldige Ende des Siebenjährigen Krieges eine geheime Abmachung zwischen Frankreich und England getroffen worden, laut welcher sich Frankreich verpflichtete, die von den französischen Behörden in Kanada während des Krieges emittierten Zahlungsversprechungen in Form von Anweisungen und Wertschriften den Bewohnern Kanadas zum Nennwert zurückzuerstatten. Necker soll durch einen Kontaktmann in diese geheime Abmachung eingeweiht worden sein. Er habe versprochen, das nötige Kapital zum Kauf von Wertschriften, die mit 70 bis 80 Prozent Abschlag gehandelt wurden, einzuschießen und seine Informanten mit einem Drittel des etwaigen Gewinnes zu belohnen. Necker kaufte diese Effekten durch seine Agenten auf, sandte sie nach London, nachdem sie mit Affidavits[18] auf kanadische Bewohner ausgestattet waren, und ließ sie zum Nennwert durch die englische Regierung einkassieren. Diese Bescheinigungen wurden durch Strohmänner erlangt. Offensichtlich verbarg sich hinter dem Biedermann Necker ein gewiegter Geschäftsmann, denn wie sonst hätte er diese Gewinne in Millionenhöhe erzielen können? Das Unternehmen brachte seiner Bank bedeutende Gewinne ein, von denen er jedoch angeblich seinen Informanten keine Anteile auszahlte. Diese hätten ihm nämlich zu Beginn der Operation mitgeteilt, die Unterzeichnung des Geheimabkommens sei durch spanische Einwendungen in Frage gestellt worden. Als sie einige Tage darauf Necker berichteten, die Abmachung sei definitiv zustande gekommen, habe er ihnen gesagt, aufgrund ihrer Mitteilungen hätte er die Wertschriften wieder verkaufen lassen, und zwar mit Verlust. Später hätte es sich jedoch herausgestellt, daß Neckers Ausführungen nur ein fauler Trick gewesen seien, um seine Partner abzuschütteln und den Gewinn allein für sich zu behalten.

Nach den detaillierten Schilderungen mit Namensangaben, die von Auget de Montyon und René Stourm im 19. Jahrhundert veröffentlicht wurden,[19] ist anzunehmen, daß ein wahrer Kern in der Geschichte steckt. Sie wurde jedoch von Neckers Zeitgenossen, die darin eine geschickte Finte des Bankiers sahen, eher belustigt als indigniert zur Kenntnis genommen. Als Montyon diese Geschichte in seinem Buch über die berühmtesten Finanzminister erwähnte, bestürmte ihn Neckers Tochter, Germaine de Staël, diese Behauptungen zurückzuziehen, »faute de quoi elle ne l'aimerait plus«. Es ist verständlich, daß Madame de Staël, die ihren Vater abgöttisch verehrte und selbst eine Hagiographie über ihn schrieb, derartige Berichte unterdrücken wollte.

Nicht solche Gelegenheitsgewinne, sondern die laufenden Erträge wie Zinsen und Kommissionen bildeten jedoch damals wie heute die Basis eines aufstrebenden Bankbetriebs. Dabei handelte es sich in erster Linie um Debitorenzinsen, um die Kommissionen aus der Vermögensverwaltung und Darlehensplazierung sowie um die Gewinne aus dem Wechselgeschäft. Seit 1744 war ein Bankbeamter eigens für das Inkasso von Zinsen und Renten angestellt. Leider liegen keine Abrechnungen über die steigenden Umsätze und Erträge vor, so daß man sich mit der Kundenstatistik begnügen muß: Die Kundenvollmachten erhöhten sich von 140 (1751) auf 167 (1752), 184 (1754), 229 (1756) und 351 (1759). Sie verdoppelten sich also im Laufe weniger Jahre, wobei die holländischen Kunden den Reigen anführten.[20]

Auf der Kundenliste befanden sich zahlreiche prominente Namen. Zu den letzten noch von Isaac Vernet geworbenen Klienten gehörte der Züricher Schatzmeister Jean-Jacques Leu, der kurz zuvor die »Bank« Leu & Cie., Zürich, eine der wenigen heute noch bestehenden Banken aus jener Zeit, als Verwaltungsstelle der Züricher Staatsgelder gegründet hatte. Vernet besaß 1754 die unbegrenzte Vollmacht der Bank Leu für das Inkasso aller Pariser Zahlungsrückstände. Die ersten Auslandsanlagen der Bank Leu erfolgten in England, aber bereits 1755 erwarb sie durch Labhard, Vernet & Cie. für 30420 Livres Obligationen der Post von Paris, im Jahre 1757 6000 Livres der königlichen Lotterie und später, unter Neckers Leitung der Bank, immer größere Posten bis zum Höchstbetrag von 1 132 000 Livres im Jahre 1781. In der ganzen Zeit von 1755 bis 1786 blieben Vernet, Necker und ihre Nachfolger die Pariser Bankiers von Leu & Cie. und der Züricher Bürger, welche infolge der engen Beziehungen zwischen der Züricher und der Pariser Bank als Kunden gewonnen werden konnten.[21] Die Zunahme der Kundenzahl wurde noch gefördert durch die beachtlichen Konditionen, die während des Siebenjährigen Krieges von Frankreich geboten werden mußten. Bereits damals tauchten die Leibrenten auf, die später von Necker in besonderer Weise favorisiert wurden. Nach dem für England und Preußen günstigen Kriegsausgang stieg auch die Zahl der englischen Bankkunden, zu denen so bekannte Namen wie Thomas und Richard Walpole gehörten. England, ebenso wie Holland, von denen sich Necker schon von Haus aus politisch und wirtschaftlich angezogen fühlte, entwickelten sich zu seinen bevorzugten Auslandsstützpunkten.

Suzanne Curchod.
Von Cressier bis Versailles

Als einzige Tochter des reformierten Pfarrers Louis-Antoine Curchod und der gebürtigen Französin Albertine de Nasse erblickte Suzanne Curchod 1738 in Cressier bei Lausanne im Waadtland das Licht der Welt. Niemand in dieser kleinen Dorfgemeinde konnte ahnen, daß sie dazu bestimmt war, dereinst in der großen Welt eine einflußreiche Rolle zu spielen. Fromm erzogen und frühzeitig erbaulichen Schriften zugewandt, wuchs sie in jener lieblichen, von sanften Rebbergen umsäumten Landschaft zu einem frischen, hübschen Mädchen heran. Ihr selbstbewußtes Auftreten verriet zwar »un air villageois«, aber auch eine gewisse Schroffheit des Wesens, die vielleicht aus einer Art sozialem Dünkel entsprang.

Es war klar, daß der dörfliche Kreis trotz der ihr von Haus aus anerzogenen Bescheidenheit auf die Dauer ihren Ambitionen nicht genügte. Die belesene Suzanne mochte das Licht ihrer Bildung nicht immer unter den Scheffel stellen, sondern in feineren und gebildeteren Kreisen leuchten lassen. Sie empfand die Enge des Dorfes Cressier als bedrückend und hatte das Gefühl, zu Höherem berufen zu sein. So wurde sie Mitglied des literarischen Vereins, den die Studenten der Universität Lausanne gegründet hatten. Dort konnte sie unter allerlei Pseudonymen ihre eigenen Dichtungen und sogar einen kleinen Roman vortragen. »La belle Curcho«, wie sie familiär genannt wurde, war ringsum gern gesehen. Es fiel auswärtigen Besuchern jedoch auf, wie gesittet sich die Mitglieder jenes Vereins verhielten. Sie staunten über diese im Vergleich zu Paris, ja sogar zu

Edward Gibbon

manchen Städten der deutschen Schweiz so unverdorbenen Sitten. Zu diesem Verhalten hatte sicher der große Einfluß von Jean-Jacques Rousseau beigetragen, dessen »Julie« aus dem Roman »La Nouvelle Héloise« weite Nachahmung fand. Gerade in der zweiten Hälfte des 18. Jahrhunderts übten die Schriften des gebürtigen Genfers auf das ganze französische Sprachgebiet eine nachhaltige Wirkung aus.

In Lausanne machte Suzanne im Juni 1757 Bekanntschaft mit Edward Gibbon, jenem hochkultivierten, etwas verschrobenen jungen Engländer, der später ein berühmter Gelehrter und Verfasser der »Geschichte des Verfalls des Römischen Reiches« werden sollte. Bei Gibbon verbanden sich ungewöhnliche geistige Fähigkeiten mit einer bemerkenswert unvorteilhaften äußeren Erscheinung. Auf kleinen, dünnen Beinen trug er einen frühzeitig aufgeschwemmten Leib und einen großen Kopf mit sonderbar gedunsenem, unproportioniertem Gesicht. Edward entbrannte in stürmischer Liebe zu Suzanne. Suzanne aber sah in dem witzigen Engländer mehr den sprühenden Geist als den galanten Liebhaber, wäre jedoch durch-

62

aus geneigt gewesen, eine ernsthafte Erklärung des jungen Mannes positiv zu beantworten. Edward verheimlichte seine Liebe nicht, behielt sich aber vor, nach England zurückzufahren, um die Erlaubnis seines Vaters zur Heirat einzuholen, der schließlich ein Veto gegen die Verbindung mit Suzanne einlegte. Der nach langem Schweigen erfolgte, wenig elegante Rückzug Gibbons traf das hübsche, ernste junge Mädchen tief. Sogar Jean-Jacques Rousseau wurde bemüht, um die Beziehung der beiden zu heilen, doch der kauzige Philosoph, der seine eigenen Kinder ins Findelhaus gebracht hatte, lehnte es ab, die Rolle des Ehevermittlers zu spielen.

Nach dem Tode von Suzannes Vater, des Pfarrers von Cressier, mußte das Mädchen ihre kleine Rente durch eigene Arbeit aufbessern. Sie fand eine Stellung als Erzieherin des Sohnes von Madame de Vermenoux, einer reichen, jungen und lebenslustigen Witwe, die sich in Genf niedergelassen hatte, um dort den damals bekannten Modearzt Dr. Tronchin zu konsultieren. Kurz darauf erhielt Suzanne die Chance, Madame de Vermenoux nach Paris zu begleiten. Necker, damals 32 Jahre alt, der die reiche Witwe finanziell beriet, verliebte sich in diese junge hübsche Frau, ohne daß ihm – wahrscheinlich aufgrund seines Mangels an courtoiser Leichtigkeit und Esprit – echte Hoffnungen daraus entstanden wären. Dagegen machte er im Haus der Madame de Vermenoux die Bekanntschaft der Pfarrerstochter aus Cressier, dem waadtländischeu Dorf, das nicht weit vor den Toren seiner Heimatstadt Genf lag. Die beiden verstanden sich gut und sahen sich immer häufiger. Bald entschlossen sie sich zur Heirat, die durch den Pastor der holländischen Gemeinde von Paris, dem einzigen protestantischen Geistlichen, der hierzu berechtigt war, vorgenommen wurde. Am 28. November 1764 begaben sich Jacques Necker und seine Frau zum Notar Jean-Louis Girault, wo sie »nach Genfer Gesetzen und Gebräuchen« einen Ehevertrag miteinander eingingen, in welchem sie die Gütertrennung vereinbarten. Suzanne übergab ihrem Mann eine Mitgift von 12 000 Livres, während Necker ihr im Falle seines Todes eine

Rente von jährlich 10 000 Livres aussetzte. In dem Vertrag hieß es
unter anderem: »In Abweichung von den Pariser Usancen und
allen gegenteiligen Gesetzen und Bräuchen wird es keine Gütergemeinschaft geben«, »der künftige Gemahl kann sein gesamtes gegenwärtiges und zukünftiges Vermögen verkaufen oder beleihen
und wird darüber freie und vollständige Verfügung haben, ... was
von der künftigen Gemahlin ausdrücklich zugestanden wird ...«.

Kurz zuvor hatte Necker von einem früheren Obristen des Schweizerregiments Hallwyl, Franz Joseph von Hallwyl, einen Teil des Hotels von Bouligneux, des sogenannten Hotels von Hallwyl an der
Rue-le-Comte 28 im Quartier Rambuteau in unmittelbarer Nähe
seiner Bank, gemietet. Die Miete betrug 1200 Livres pro Jahr, also
zweimal soviel wie sein ganzes Jahressalär von 1748. Es handelte sich
um eine relativ große Wohnung, in welcher früher schon ein anderer bekannter Genfer Bankier, Isaac Thellusson, bis zu seinem Rücktritt im Jahre 1744 gewohnt hatte.[1] Bei den Motiven für den raschen
Entschluß zur Heirat spielte nicht zuletzt eine kurze Reise der so lieben, aber in der gegebenen Situation etwas unbequemen Madame
de Vermenoux eine gewisse Rolle. Die Brautleute kamen überein,
die junge Dame vor ein Fait accompli zu stellen, da sie sonst Komplikationen befürchteten, die ihre gegenseitige Freundschaft belastet haben würden. Die charmante Witwe machte denn auch gute
Miene zu dieser für sie überraschenden Nachricht, durch die sie
gleichzeitig einen für ihre Verhältnisse zwar etwas spröden Verehrer und eine anhängliche und gewissenhafte Gouvernante verlor.
Die nahe Verbindung zu Madame de Vermenoux veranlaßte sogar
Suzanne zwei Jahre später, als sie ein Kind erwartete, für den Falle,
daß sie bei der Niederkunft stürbe, die Freundin zu bitten, Patin des
Kindes zu werden. Zum Glück erfüllte sich ihre Befürchtung nicht.

Zeitlebens blieb Suzanne ihrem Mann dankbar dafür, daß er sie
aus dem wenig angesehenen Stand einer Gouvernante in den Rang
einer großen Dame emporgehoben hatte. Zwar entwickelte sich zwischen den Eheleuten eine tiefe, warme Beziehung, welche über an-

Suzanne Necker, geb. Curchod

gebotenes Pflichtbewußtsein hinausgehend eine geistige Gemein-
samkeit begründete, doch behielt Suzanne ihren kritischen Sinn, der
sich bisweilen bis zur Ironie, ja zum Sarkasmus steigerte. Durch
ihren Organisationssinn, ihre Genauigkeit und die Abschirmung des
Gatten vor lästigen Pflichten ermöglichte sie Necker, seine Zeit für
seine Arbeit zu reservieren, ohne die Gelegenheiten zu versäumen,
darüber hinaus auf literarischer und später auch politischer Ebene
zu wirken. Hier setzte der Ehrgeiz ein, der die beiden anspornte und
miteinander verband. Suzanne, die ihren Mann sehr rasch erkannte, verstand es, seine Fähigkeiten auf neue Gebiete zu lenken, die
auch ihren ehrgeizigen Zielen entgegenkamen. So fand er außer der
liebevollen Gattin, die sie ohne Zweifel war, eine wertvolle Verbündete, die mit dem gleichen zähen Eifer kämpfte wie er selbst.

In der Korrespondenz zwischen Suzanne und Madame de Bren-
les, die Graf Fedor Golowkin veröffentlichte,[2] befinden sich Passagen, die das Zusammenleben, das Einvernehmen, aber auch die Ehe-
klippen der Neckers anschaulich beleuchten. So heißt es in einem

65

Brief von Suzanne, der einen Tag vor der Eheschließung geschrieben wurde:»… Ich versichere Ihnen (liebe Freundin), daß ich mich selbst als den stärksten Beweis für die persönliche Vorsehung (Gottes) erachte; ich heirate einen Mann, den ich als Engel ansehen würde, wenn seine Anhänglichkeit mir gegenüber nicht seine Schwäche wäre; man nennt ihn Herrn Necker, er ist der Bruder des Professors (Louis); seine Begabungen und seine Vorsicht haben ihm mehr Wertschätzung eingebracht als sein Vermögen, obschon er über ein Einkommen von 25 000 Livres verfügt; mein Haus kann angenehm sein, aber ich werde es nie fern von meinen Freunden genießen können; dieser Vorzug wird mir einige Jahre lang verlorengehen. Können Sie dieses Unglück nicht lindern …«

Etwas später, am 7. November 1765, schrieb Suzanne erneut ihrer Freundin, die im Waadtland wohnte:»… Ich weiß nicht, Madame, ob ich Ihnen sagte, daß ich Gibbon gesehen habe; es hat mich über alle Maßen gefreut, nicht weil mir eine Empfindung für den Mann geblieben wäre, von dem ich glaube, daß er sie nicht verdient; aber weil mein weiblicher Stolz nie einen volleren und echteren Triumph hatte. Er blieb zwei Wochen in Paris, ich sah ihn täglich bei mir; er war mild, schmiegsam, bescheiden, zurückhaltend, ja geradezu scheu geworden; Zeuge der ständigen Zärtlichkeit, des Geistes und der Heiterkeit meines Mannes, ließ er mich erstmals des Reichtums bewußt werden, der mich umgab, den er bewunderte, der mir (jedoch) bisher nur einen eher unangenehmen Eindruck gemacht hatte …«

Interessant ist, daß der Herausgeber Graf Golowkin hierzu das Tagebuch Gibbons[3] zitiert, worin es heißt:»Ich habe in Paris Fräulein Curchod (Madame Necker) gesehen. Es wurde mir von ihr viel Anhänglichkeit, von ihrem Mann viel Höflichkeit erwiesen. Konnte er mich grausamer strafen? Mich jeden Abend zum Souper einzuladen, sich zurückzuziehen und mich mit seiner Frau allein zu lassen? Welche impertinente Selbstsicherheit. Das bedeutet, einen ehemaligen Geliebten als ziemlich unbedeutend zu betrachten. Sie ist schön, wie eh und je, und viel umgänglicher und scheint über sein

Vermögen eher befriedigt als eingebildet zu sein. Ich ereiferte mich in einer vielleicht etwas indiskreten Art und Weise über das Glück eines Fräuleins***. ›Welcher Glücksfall‹, sagte sie mit einem verächtlichen Lächeln, ›nicht mehr als ein Einkommen von 25 000 Livres?‹ Ich lachte, und sie faßte sich sogleich: ›Wie spiele ich mich auf, wenn ich 25 000 Livres Einkommen zu verachten vorgebe, ich, die ich vor knapp einem Jahre 800 Livres als Höhepunkt meiner Hoffnungen ansah.‹«

Es ist amüsant – und für das Bild, das Suzanne von sich und ihrem Mann hatte, entlarvend –, in einem weiteren Brief aus ihren ersten Ehejahren folgendes zu lesen: »Stell dir den schlechtesten Spaßmacher der Weltgeschichte vor, so verzaubert von seiner Überlegenheit, daß er die meinige übersieht; so überzeugt von seiner Sicherheit, daß er immer stolpert; so erfüllt von der Vollkommenheit seiner Begabung, daß er sonst nirgends Vorbilder sucht; niemals von der Kleinlichkeit anderer, sondern nur von seiner eigenen Größe überrascht; sich immer mit seiner Umgebung vergleichend, damit er das Vergnügen hat, nichts Vergleichbares zu finden; geistreiche Leute und Dummköpfe verwechselnd, weil er sich auf einer Anhöhe glaubt, die alles Tiefergelegene gleichstellt; die Dummköpfe jedoch vorzieht, weil sie, wie er sagt, sich stärker von seinem hohen Genie abheben; außerdem ebenso launenhaft wie eine schöne Frau und noch neugieriger obendrein. Ich habe aber Grund zur Annahme, daß die unschuldige Arznei dieses Briefes[4] jene unerträgliche Krankheit für einige Zeit heilen werde.«

Der Brief ist in mancher Beziehung aufschlußreich. Er zeigt bei der jungen Frau eine ironische Seite, die später durch die Last familiärer und offizieller Aufgaben verdeckt wird. Er bestätigt zugleich die Kritik, die von fast allen Zeitgenossen und Biographen Neckers erhoben wird: seine maßlose Selbstgefälligkeit. Suzanne erkannte mit der Zeit, daß ihr Gatte die Anerkennung in gleichem Maße brauchte, wie eine Perle ihre Muschel benötigt. Daher errichtete sie ihm sozusagen einen Tempel, den Musentempel, in dem er verehrt wurde. Wer weiß, ob manche politische Fehler Neckers, die weitreichende Folgen haben sollten, vermieden worden wären, wenn Suzanne den kritischen Stil ihrer früheren Korrespondenz nicht den Lobeshymnen späterer Jahre geopfert hätte? Aber vielleicht brauchte Necker, der sich noch als Emporkömmling in der französischen Gesellschaft empfand, diese Bestätigungen, um sein Selbstbewußtsein hochzuhalten.

Am 22. April 1766 wurde das Ehepaar durch die Geburt ihrer Tochter Anne-Louise-Germaine erfreut, ihres einzigen, man kann aber auch sagen einzigartigen Kindes. Die Schwangerschaft war der Mutter schwergefallen, oft hatte sie sich während dieser Zeit mit ihrem Tod beschäftigt und geistlichen Trost gesucht. Tatsächlich nahm Suzanne ihre Verwurzelung in der reformierten Kirche zeitlebens ernst, vielleicht infolge ihrer Kindheits- und Jugenderinnerungen an das elterliche Pfarrhaus, und schöpfte daraus die Kraft, den künftigen Schicksalsschlägen zu trotzen.

Über die ersten Lebensjahre der Neckers in Paris weiß man nicht viel. Die Stadt beeindruckte zutiefst durch die Großartigkeit ihrer Gebäude und Anlagen, aber näher hinschauen durfte man nicht. Sogar in den prunkvollsten Räumen befanden sich oft Spinnweben und Schmutz, von den meisten Wohnungen ganz zu schweigen. Unsäglicher Lärm und ein allgemeines Durcheinander beeinträchtigten das Leben in der Hauptstadt, und oft verbargen sich Unordnung und Schlamperei hinter dem Glanz der Fassaden. Für die Neckers, gewöhnt an die kleineren, aber relativ sauberen Wohnungen von Genf und dem Waadtland, war dies zwar kein eigenes Problem, denn sie vermochten es, hohe Ansprüche zu befriedigen, aber sie verschlossen die Augen nicht vor den Wohnverhältnissen der Mehrheit der Pariser Familien.

Bereits im Jahre 1767 wurde die Wohnung im Quartier Marais zu klein, so daß die Familie Necker in ein prächtiges Privathaus an der Rue de Cléry umzog. Bald darauf, 1770, aber bot sich schon die Ge-

Vorlesung von »Paul et Virginie« im
Salon Madame Neckers

legenheit, für nur 50 000 Livres das Landhaus des Bankiers Jean-Joseph de Laborde in Saint-Ouen, einem schönen und eleganten Vorort von Paris, zu erwerben. In dieser feinen Gegend nördlich von Paris, befand man sich in der Nachbarschaft vieler adliger Familien, vom Herzog von Nivernais über die berühmten Damen d'Epinay und Houdetot bis zum Marschall und der Marschallin von Luxembourg. Die Familie Necker lebte von 1764 bis 1776 in der Rue de Cléry und in Saint-Ouen, bis der Genfer Bankier französischer Finanzminister wurde und als solcher eine Wohnung in unmittelbarer Nähe des Schlosses von Versailles bezog.

In Paris wollte Suzanne nun nachholen, was ihr das Leben bisher vorenthalten hatte: den persönlichen Kontakt mit namhaften Schriftstellern. Daran war in Paris wahrlich kein Mangel, aber zur erfolgreichen Führung eines Salons bedurfte es nicht nur reichlicher Gelder, sondern auch eines klingenden Namens. Wie konnte sich eine wenig bekannte Außenseiterin erlauben, mit einer Madame de Rambouillet, Madame de Tencin oder Madame Geoffrin in Wettbewerb zu treten? So ließ sie nun in einer Gesellschaft, in der Geld nicht weniger zählte als die Geburt, den Stern ihres Mannes aufleuchten. Ihre eigenen literarischen Ambitionen mußte sie allerdings dabei verdecken, um bei den so empfindlichen Schriftstellern keine Vorurteile zu entfachen. Die Literaten, wie zum Beispiel Marmontel[5], erkannten auch rasch, daß es ihr tatsächlich weder um ihre eigenen noch um deren Arbeiten ging, sondern um ihren Mann, dem all ihre Aufmerksamkeit galt. Marmontel schrieb in seinen Memoiren:»Es war weder für uns noch für sie selbst, daß sie sich soviel Mühe gab, es war für ihren Mann …, um ihn bei uns bekannt zu machen, ihm unser Vertrauen zu erwirken, unser Lob zu sichern, seinen Ruhm zu begründen, das war der Hauptgrund für ihren literarischen Salon«.[6] Sie selbst sah sich als Vestalin dieses Kults.

Die literarischen Salons erfreuten sich in Paris und Versailles seit dem 17. Jahrhundert großer Beliebtheit. Sie fanden bereits durch Madame de Scudéry und durch viele Damen der großen Gesellschaft, besonders dann durch die Marquise von Pompadour, die eifrige Förderin der Künste, einen weiteren Aufschwung. Die behandelten Themen weiteten sich aus. In den letzten Jahrzehnten vor der Französischen Revolution überflügelten allmählich die politischen und wirtschaftlichen Anliegen den literarischen Gesprächsstoff, der sich gerne, wie es dem Stil der Zeit entsprach, in die eleganten Formen von Konversation, Korrespondenzen und Memoiren kleidete. Die berühmte literarische Korrespondenz von Melchior Grimm, einem der bestinformierten Männer Frankreichs, wurde tonangebend für die damalige Zeit. Grimm verstand es meisterhaft, ernste Themen in so angenehme und unterhaltende Formen zu kleiden, daß seine Korrespondenz an allen Höfen und mit der Zeit in allen gebildeten Kreisen Eingang fand.

Man erkennt die Geschicklichkeit Suzannes daran, daß sie sich so geistreiche Leute wie Melchior Grimm und den Abbé Galiani von Anfang an verpflichtete. Melchior Grimm schrieb am Neujahrstag 1770 unter »Bekanntmachungen und Verkündigungen« den folgenden Passus in seine Korrespondenzen: »Schwester Necker teilt mit, daß sie weiterhin jeden Freitagmittag zu Tisch bittet. Die Gemeinde wird hingehen, weil sie auf ihre Person und die ihres Gatten Wert legt; sie wünschte, das gleiche von ihrem Koch sagen zu können!« Auch wenn der Koch nicht immer auf der Höhe der anspruchsvollen Herren war, so schätzte man die Einladungen zum Mittagstisch gerade am Freitag, weil Necker als Calvinist sich an diesem Tag nicht an Magerkost zu halten brauchte.

Der durch seine korpulente Erscheinung wie durch sein Auftreten in jeder Hinsicht gewichtige Hausherr zeigte sich immer am Freitag, manchmal auch zu kleineren Zusammenkünften am Mittwoch, hüllte sich aber meist in diplomatisches Schweigen, das er höchstens dann und wann durch herablassende Bemerkungen unterbrach. Kein Wunder, daß Voltaire, der sich am Anfang eher kritisch über Necker geäußert hatte, ihn »Monsieur de l'Enveloppe« nannte, weil er seine Gedanken oft umständlich verhüllte.

Inzwischen hatte sich Suzannes Salon zu einem beliebten gesellschaftlichen Mittelpunkt entwickelt. Zu ihren Gästen zählten mit Abbé Morellet, Grimm, Marmontel, Abbé Raynal und Abbé Galiani namhafte Vertreter des geistigen Frankreichs, die das gastliche Haus in hellem Glanz erstrahlen ließen. Indirekt trug auch Voltaire zum Erfolg des Hauses bei, Voltaire, der große Geist, der auf Anhieb die eigentliche Schwäche Neckers, seine Hülle, entlarvte: So wie ein feiner Briefumschlag dazu dienen soll, den Inhalt eines Briefes aufzuwerten, so sollte diese Hülle dem begabten, aber keineswegs genialen Denker den Anschein des Außerordentlichen verleihen. Am 1. Mai 1770 schrieb Melchior Grimm in sein Tagebuch: »Am 17. des letzten Monats hat bei Frau Necker eine Versammlung von 17 hochachtbaren Philosophen stattgefunden, in der nach gebührender Anrufung des Heiligen Geistes, reichlichem Essen und viel Gerede über alle möglichen Dinge beschlossen wurde, zu Ehren des Herrn von Voltaire eine Statue zu errichten. Jean-Baptiste Pigalle, der Bildhauer des Königs, welcher der königlichen Akademie für Malerei und Bildhauerkunst angehört, war der achtzehnte; da er aber als bloßer Zeuge für die Beschlüsse der Kammer zugezogen worden war, deren Vorhaben auszuführen er sich bereit erklärt hatte, war er ohne beschließende Stimme. Merkwürdig war, daß der Zufall die geistlichen Pairs ans Ende gesetzt hatte, gerade umgekehrt, als man es sonst bei Pairsversammlungen in Europa beobachtet: was ankündigen schien, daß die Wahl, wenn je eine Umbildung der Kammer stattfände, bei denen beginnen würde, die der Türe am nächsten saßen, falls sie nicht vorzögen, eine Tracht abzulegen, die überhaupt verdächtig geworden ist … Nach der Mahlzeit wurde vorgeschlagen, Herrn von Voltaire ein Standbild zu errichten, und der Beschluß fand einstimmig Beifall.«

Die Subskription für die Kosten des Kunstwerks gab zu viel Arbeit, aber auch zu großer Belustigung Anlaß. Während die Zarin Katharina von Rußland so viel zu spenden bereit war, daß für andere Subskribenten kein Platz verblieben wäre, bat der vorsichtige

Preußenkönig Friedrich der Große zunächst um die Zusendung der Subskriptionsliste, um den geringsten Betrag zeichnen zu können, der es ihm noch gestatten würde, eine gute Figur zu machen. Auf seine Frage, wieviel man geben solle, antwortete Suzanne geschickt: »Votre nom et un écu.«

Suzannes Idee, Voltaire, dem Patriarchen von Ferney, ein Denkmal zu errichten, wurde von allen Berühmtheiten, an die sie sich wandte, begeistert begrüßt. Am meisten ergötzte sich jedoch der Dichterfürst selbst am Eifer seiner Verehrer. Die Bemerkung Grimms, »daß das Standbild mehr zu seiner Unsterblichkeit beitragen werde als alle seine bisherigen Werke«, quittierte Voltaire vermutlich mit einem feinen Lächeln.

73

Einstieg in die Politik

Es war damals vielleicht noch ungewöhnlicher als heute, daß ein Bankier Minister wurde. Einerseits mögen sich Finanzleute im allgemeinen mit den Chancen, die ihr eigener Beruf bietet, begnügen, andererseits ist ihnen der Zugang zu den höheren Ämtern verwehrt, heute meist infolge möglicher Interessenkollisionen, damals in besonderem Maße wegen der strengen gesellschaftlichen Barrieren. Ludwig XIV. hatte zwar mit der Ernennung Colberts die Normen gesprengt, die sonst Persönlichkeiten bürgerlicher Herkunft entgegenstanden, aber im 18. Jahrhundert waren es wieder vorwiegend Adelige und Geistliche, die die wichtigen Ministerien besetzten. Ein ausländischer Bankier benötigte nicht nur besondere Fähigkeiten, sondern auch ein gerüttelt Maß Glück, um an die Staatsspitze zu gelangen.

Beobachtete man Necker in den kleinen Räumen seiner Bank an der Rue Michel Lecomte, wo er mit unermüdlichem Eifer seine Kunden beriet und seine Rechnungen handschriftlich, wie damals üblich, am Stehpult schrieb, so hätte man nie an seinen baldigen Auftritt in Versailles gedacht. Wie war es überhaupt möglich, daß dieser Biedermann, der erst seit relativ kurzer Zeit vom Bankangestellten zum Partner einer Privatbank avanciert war, vom König der ersten Nation Europas zum Minister berufen werden konnte?

Im Jahre 1764 hatten zwei Ereignisse stattgefunden, die für das Leben Neckers von schicksalshafter Bedeutung wurden: seine Eheschließung mit Suzanne Curchod und der Beginn seiner Tätigkeit in der Ostindischen Kompanie. Suzanne hatte, wie wir schon sa-

74

hen, intellektuelle Fähigkeiten und literarische Ambitionen, die über den Durchschnitt der Pfarrerstöchter ihrer Zeit weit hinausragten. Das zeigte sich während ihrer Ausbildung und bestätigte sich anläßlich ihrer Freundschaft mit dem großen Historiker Edward Gibbon. Die Demütigungen, die Suzanne damals erlitten zu haben glaubte, führten zu Minderwertigkeitsgefühlen, die sie nur durch äußere Erfolge auszugleichen vermochte. Mit dem aufstrebenden Necker zog sie das große Los. Sie verstand es mit Geschick, den vielbeschäftigten Mann allmählich von der Bank wegzuziehen und jenen Aufgaben zuzuführen, von denen sie sich Erfüllung und Befriedigung versprach. Der Ehrgeiz, den sie in dieser Richtung entwickelte, fand bei Necker unmittelbare Resonanz. Es ergab sich der gemeinsame Nenner, auf welchem das Ehepaar seinen Lebensweg aufbaute.

Bald darauf erspähte Necker die Gelegenheit, seine Fähigkeiten in den Dienst der Öffentlichkeit zu stellen. Endlich war es soweit, daß er die bisher im Verborgenen brennende Flamme seines Ehrgeizes vor einer breiten Öffentlichkeit aufleuchten lassen konnte. Die französische Ostindische ebenso wie die Westindische Kompanie waren 1664 durch Ludwig XIV. auf Anraten Colberts gegründet worden. Die Ostindische Kompanie erhielt das Handelsmonopol im Indischen Ozean, im Chinesischen und im Roten Meer, während die Westindische Kompanie im Atlantischen Ozean operieren sollte. Die Westindische Kompanie beendete bereits 1674 ihr junges Leben mit einem eklatanten Mißerfolg, weil sie der englischen und der niederländischen Konkurrenz hoffnungslos unterlegen war. Dagegen entwickelte sich die Ostindische Gesellschaft, die sich später nur noch »Indische Compagnie« nannte, zunächst gut, bis sie durch die Erfolge der britischen Seemacht, die aus dem Siebenjährigen Krieg gestärkt hervorging, in finanzielle Bedrängnis geriet. In jenen Jahren trug das Unternehmen einen großen Teil der Unkosten des indischen Krieges und saß bei Friedensabschluß auf einem Defizit von 60 Millionen Livres, ganz abgesehen vom Verfall seiner Flotte, der Plünderung von Lagerhäusern und der Auflösung seiner Kontore. Die illustre Kompanie rief im 100. Jahr ihres Bestehens desperat nach Staatshilfe. Necker, dessen Bank ein Aktienpaket des Unternehmens besaß, verlas in der Generalversammlung einen Bericht, laut welchem ein neuer Geschäftsplan das Weiterbestehen sichern sollte. Ein königliches Dekret ermächtigte die Kompanie, sich auf einer gesunden Basis zu reorganisieren. Es bestätigte den Besitz und die Privilegien unter der Bedingung der Vorlage neuer Statuten und Reglements. Während der folgenden Jahre überlebte die Indische Handelsgesellschaft dank brillanter Finanzmanöver, in denen Necker sein ganzes Geschick ausspielen konnte.

Durch Vermittlung seiner Bank und seiner Londoner Korrespondenten James Bourdieu & Samuel Chollet erhielt die Kompanie ausreichende Kredite, die durch Wechsel auf den Handel mit Indien gedeckt waren. Für diese Vermittlungen empfingen die Bankiers die hohe Kommission von 2,5 Prozent, die sie unter sich teilten. Durch die umfangreichen Geschäfte entstanden große Gewinne. Das raffinierte System gestattete der Bank Thellusson & Necker, ein Monopol als Hausbank der »Indischen Compagnie« zu errichten, eine Position, die von gewissen Publizisten, von denen später noch die Rede sein wird, als skandalös bezeichnet wurde. Geldwechsel zu günstigen Kursen, der Diskont von indischen Wechseln und Lotteriegeschäfte sollten dem sterbenden Unternehmen neue Mittel zuführen. Der aus dem Waadtland stammende Bankier Isaac Panchaud warf Necker vor, die Agonie der Indischen Handelsgesellschaft zu verewigen, um daraus Profit zu ziehen. Bei aller Zurückhaltung gegenüber den Behauptungen eines Konkurrenten darf man wohl sagen, daß das ostindische Geschäft eine Goldgrube für Necker war, während die beabsichtigte Sanierung der Kompanie eigentlich niemals zustande kam. Im Gegenteil – am 14. März 1769 spitzte sich die Lage weiter zu, nachdem die Aktionäre darüber informiert wurden, daß die Verluste wieder auf 18 Millionen Livres aufgelaufen waren. Kurz darauf stellte sich sogar heraus, daß sie

22 Millionen betrugen, obwohl durch die fünf Jahre zuvor erfolgte Reorganisation die Kriegsschäden durch den Staat übernommen worden waren. Im Namen einer Gruppe von Aktionären verlangte Isaac Panchaud die Liquidation des Unternehmens. Necker widersprach. Er machte geltend, daß es sich um ein Staatsunternehmen handle, über das nur der König entscheiden könne. Am 29. März sprach sich die Generalversammlung gegen die Auflösung aus, doch schon kurz darauf kam die böse Überraschung, daß sich das Defizit inzwischen auf 30 Millionen belief. So beschloß man, es wenigstens teilweise durch eine Anleihe abzudecken, eine Rettungsmaßnahme, die gerade bis zur nächsten Fälligkeit ausreichte. Necker stellte erneut die Dienste seiner Bank zur Verfügung und schlug eine Lotterieanleihe vor. Panchaud, dem Konkurrenten feindlich gesinnt, kritisierte die kostspieligen Schachzüge, die das Übel nicht heilen könnten. Nach Ablehnung des Sanierungsplans von Panchaud gewann Necker die Oberhand. Die Lotterieanleihe wurde autorisiert. Allmählich kam die Regierung unter Zugzwang. Sie neigte dazu, die Kompanie aufzuheben, aber das Geschrei der geschädigten Aktionäre mahnte zur Vorsicht. Die öffentliche Meinung stürzte sich begierig auf diese spannende Kontroverse. Um sich zu rechtfertigen, beauftragte der Generalkontrolleur der Finanzen, Maynon d'Invau[1], den bekannten Abbé Morellet, einen Gegner des Monopols, eine Rechtfertigung zur Aufhebung der Kompanie auszuarbeiten. Abbé Morellet, ein angesehener Ökonom und Gast in Neckers Salon, stützte sich auf das reichhaltige Material, das ihm Maynon d'Invau aushändigte. Er bewies aufgrund seiner Zahlen, daß der Betrieb des Unternehmens nicht rentabel sei und daß es zweckmäßig wäre, das verlustreiche Geschäft so rasch wie möglich zu beenden.

Die unglücklichen Aktionäre betrauten nun in ihrer Verzweiflung Necker mit der Verteidigung ihrer Interessen. Der gewandte Bankier führte die Verteidigung mit der Bravour eines Staranwalts. Kaum hatte er den Bericht Morellets gelesen, verwarf er in einer

50seitigen Erwiderung die Thesen des Abbés. Den trockenen Zahlen setzte er die Argumente der Moral und des Patriotismus entgegen. Das Unternehmen sei ein Staatsbetrieb im Dienste Frankreichs. Es wäre ungerecht, ihn zu opfern, ohne die Verluste durch den Staat abdecken zu lassen. Trotz der Höflichkeit des Tons und der Eleganz des Stils feuerte Necker eine Breitseite gegen den Abbé, dem er genügende Kenntnisse einer so schwierigen Verwaltung absprach. Er beanstandete, daß der Bericht erst am Tage vor dem Zusammentritt des Staatsrats erschienen sei, so daß die Aktionäre von ihrem Recht auf Stellungnahme keinen Gebrauch hätten machen können. Das wissentliche Verschweigen gewisser Tatsachen, die Unkenntnis der Buchhaltung, die Willkür der Schlußfolgerungen und vieles andere wird Morellet vorgeworfen. Das Exposé behandle die halbruinierten Aktionäre ungerecht, die sich für den König geopfert hätten. Würden sie aufgrund des Exposés ganz ausgeplündert, fügte Necker hinzu, dann hieße das, mit einem Soldaten nach beendigtem Gefecht über die Nützlichkeit seines Einsatzes zu streiten …

Necker trat als entschiedener Verfechter der Unantastbarkeit des Privateigentums auf. Die öffentliche Ordnung stütze sich auf Gesetze, die wegen menschlicher Schwächen oder Leidenschaften nicht verändert werden dürften. Am 8. August 1769 las er seinen Bericht der Generalversammlung vor, wo er bejubelt und zum Tagesgespräch einer breiten Öffentlichkeit erhoben wurde. Trotzdem löste der Staatsrat, *le Conseil du Roi,* das Privileg der »Indischen Compagnie« am 12. August auf. Das war zwar ein Rückschlag für Necker, verstärkte aber dennoch sein Ansehen. Sein Name wurde bekannt ähnlich dem eines Anwalts, der zwar einen Prozeß verliert, aber durch sein glänzendes Plädoyer berühmt wird. Die Öffentlichkeit staunte, daß ein Finanzmann mit soviel Ehrgeiz zu schreiben verstand. Ebenso erstaunlich schien es, daß Necker und Morellet befreundet blieben, obschon sie wegen ihrer gegensätzlichen Überzeugungen hart aneinandergeraten waren.

Kurz zuvor hatte Necker übrigens eine andere Gelegenheit wahrgenommen, um am französischen Hofe auch offiziell »akkreditiert« zu werden. Im Jahre 1768 war der Resident Cromelin, der Genfer Gesandte, in Paris gestorben. Das Amt eines Residenten war zwar nicht mit Geld, dafür aber mit großem Ansehen verbunden. Der Kleine Rat der Republik Genf trug Necker die Nachfolge an, eine wichtige Position, weil die freie Stadt zu einem guten Teil vom Wohlwollen des französischen Königs als einem der beiden Garantiemächte seiner Unabhängigkeit – Bern war die zweite – abhing.

Necker nahm die ehrenvolle Wahl gerne an, welche seinen bereits ausgezeichneten Beziehungen zum Hofe nur förderlich sein konnte. Gerade damals kam es zu einer kleinen Episode, die zeigt, wie hoch Neckers Ansehen am Hofe gestiegen war. Der Kleine Rat, die Regierung Genfs, bemängelte, daß ihr Resident den französischen König nicht genügend von den einzelnen Problemen der Rhônestadt unterrichte. Necker hatte gesundheitliche Beschwerden vorgeschützt, um nicht zu antworten, daß der König und seine Regierung Wichtigeres zu tun hätten, als diesen Kleinigkeiten nachzugehen. Der Kleine Rat entschied, sein Mitglied Cramer nach Versailles zu schicken, um festzustellen, wie es um Necker stehe, und die Folgen seiner eventuellen Abberufung zu erwägen. Als der französische Premierminister Choiseul[2] durch ein anderes Mitglied, Hennin, von der Kabale hörte, spielte er Necker den Brief mit einem Begleitschreiben zu, in dem er ihm sein volles Vertrauen bezeugte. Er überließ es Necker, den Genfer Boten zu empfangen. Gleichzeitig lehnte er selbst es ab, Cramer zu empfangen. Cramer wurde von Necker freundlich herablassend begrüßt. Als Zeichen des Wunsches der französischen Regierung, den jetzigen Vertreter nicht auszuwechseln, gab er Cramer Choiseuls Brief zu lesen. Cramer, ein routinierter Diplomat, schrieb nach Genf, er habe Necker in ausgezeichneter Gesundheit angetroffen, »il est gros, gras et gai, et, si nous avions eu son portrait au Conseil, jamais je ne serais parti«[3]. Er versuchte nur noch, den diplomatischen Mißerfolg seiner Reise zu kaschieren. Necker unterrichtete daraufhin selbst den Kleinen Rat von der Rückkehr ihres Sendboten, wobei er seine eigenen Verdienste darin hervorhob, daß Cramer nicht schlechter empfangen worden war. Der Rat der Republik machte gute Miene zu diesem Affront, indem er antwortete, er hätte sich nur nach dem Befinden seines Residenten erkundigen wollen. Von nun an hatte Necker freie Bahn in seinem Amt, das er ungestört von kleinlichen Angriffen ausüben konnte.

Choiseul, der den Bankier sehr hoch schätzte, ließ durchblicken, daß es Neckers Stellung nützen würde, wenn seine Geschäfte künftig nicht mehr unter seinem eigenen, sondern unter dem Namen seiner Partner betrieben würden. Daher löste Necker im Jahre 1770 die Kommanditgesellschaft auf und zog sich nach außen hin aus seiner Bank zurück, die nur noch mit Germany & Cie. firmierte. Sein Bruder Louis, der einen Landsitz dieses Namens bei Genf erworben hatte, nannte sich Monsieur de Germany. Unterdessen nahmen die Ereignisse einen unerwarteten Verlauf.

Just am Heiligen Abend, dem 24. Dezember 1770, wurde Choiseul, der raffinierte Höfling und einflußreiche Gönner Neckers, mitsamt seinem Ministerium gestürzt. Sein Einfluß, seit dem Tod der Marquise de Pompadour bereits vermindert, hatte durch nagende Intrigen und durch die verschlechterte Finanzlage einen Tiefpunkt erreicht. Doch hielt auch der neue Finanzintendant, Abbé Terray, der mit eiserner Hand die königlichen Finanzen sanierte, den Genfer Residenten und Bankier in hohem Ansehen. Beim Amtsantritt von Abbé Terray hieß es, man brauche wohl einen guten Pfarrer, um die Finanzen zu sanieren. Er machte diesem Namen auch alle Ehre, denn tatsächlich gelang es ihm, den Staatshaushalt in den letzten Regierungsjahren Ludwigs XV. ins Gleichgewicht zu bringen, wenn auch unter großen Opfern für die Sparer, die schwere Aderlässe erdulden mußten. Bedenkt man aber, daß der Aderlaß zu den wenigen damals bekannten Allheilmitteln gehörte, dann wird es verständlich, daß er nicht nur rücksichtslos angewandt, sondern auch gottergeben hingenommen wurde.

Neckers Bank hatte inzwischen den Höhepunkt ihrer Erfolge erreicht. Man schätzte 1772, als Necker gerade sein 40. Lebensjahr beschloß, sein Vermögen auf sieben bis acht Millionen Livres, einen Betrag, dessen Einkünfte er trotz seines großzügigen Lebensstils kaum verbrauchen konnte. Diese Schätzung ergibt sich aus dem Nachlaßinventar seines Bankpartners, denn zu Lebzeiten wurden Vermögensaufstellungen oder gar Bankbilanzen streng geheimgehalten. Neckers Bankbeteiligung, die zunächst ein Viertel ausgemacht hatte, stieg zwischen 1765 und 1770 auf ein Drittel und betrug am 4. September 1776, als George-Tobie de Thellusson starb, knapp 41 Prozent des Bankkapitals, das sich auf etwa 8,5 Millionen Livres belief.

Das Vermögen Thellussons wurde mit genau 7 108 650 Livres[4] bewertet. Necker, der etwa die Hälfte seines Vermögens in der Bank investiert hatte, verfügte insgesamt über mindestens ebensoviel wie sein Kompagnon, ein für jene Zeit ungeheurer Betrag, der von der öffentlichen Meinung, die schon immer gerne übertrieb, noch vergrößert wurde.

Was bedeutete ein derartiges Vermögen im 18. Jahrhundert? Das Fehlen statistischer Unterlagen und die weitgehende Steuerbefreiung des Adels und der Geistlichkeit führten dazu, daß Vermögensschätzungen aus der damaligen Zeit noch seltener sind als Einkommensangaben. Am besten kennen wir die Pensionen und Zuwendungen an den Hofadel, welche zum Schrecken der Begünstigten im »Livre rouge« (1790) veröffentlicht wurden. Sodann enthalten die Archive eine Menge Zahlen, die teilweise in der wirtschaftshistorischen Literatur verarbeitet worden sind. Hier soll es nur darum gehen, einige Vergleichszahlen zu nennen, die aus den Kreisen des Hochadels, der hohen Justiz und des Finanzwesens stammen.[5] Der reichste Mann Frankreichs war, nach dem König, der Herzog von Orléans, dessen Einnahmen bereits im Jahre 1753 auf drei Millionen Livres geschätzt wurden. Die Größe seines Vermögens ist allerdings nicht festzustellen, weil man keineswegs vom Einkommen auf das Vermögen schließen darf. Viel Grund und Boden lag brach, und auch die Schlösser warfen kein Einkommen ab. Es folgte die Familie Condé, deren Einkünfte im 18. Jahrhundert auf 1,5 Millionen Livres pro Jahr geschätzt wurden, sodann die Familien Conti mit 600 000 Livres, die Herzöge von Chevreuse mit 400 000 und von Gramont mit 300 000 Livres und viele andere mehr. Bei den Justizbeamten übertraf der Parlamentspräsident d'Aligre mit einem Vermögen von sechs bis sieben Millionen seine sämtlichen Kollegen. Sie alle wurden allerdings von den Großfinanciers aus der Zeit Ludwigs XIV. und Ludwigs XV. bei weitem übertroffen, zum Beispiel von Samuel Bernard mit mehr als 30 Millionen, von Le Normand de Tournehem, dem Protektor der Marquise de Pompadour, mit 20 Millionen, oder von dem Waffenlieferanten Pâris de Montmartel, dem man sogar 100 Millionen zuschrieb.

Der Hofadel, von Ludwig XIV. zum Aufenthalt in Versailles gezwungen, mußte jedoch seine Einnahmen durch königliche Pensionen aufbessern, da er sonst dem höfischen Lebensstil nicht entsprechen konnte. Zur Zeit der Königin Marie Antoinette verschafften sich deren Freundinnen und Günstlinge, wie die Prinzessin von Lamballe und die Familie Polignac, enorme Zuwendungen. Der österreichische Gesandte, Graf Mercy-Argenteau, schrieb 1779 an die Kaiserin Maria Theresia:»Seit vier Jahren hat sich die Familie Polignac ohne irgendwelche Verdienste insgesamt zirka 500 000 Livres jährliche Einkünfte verschafft. Alle angesehenen Familien beklagen diese Begünstigungen ...« Aber auch viele Adlige alter Geschlechter bezogen außer ihren eigenen Einkünften erhebliche königliche Renten. So erhielt um die Mitte des 18. Jahrhunderts der Herzog von Toulouse außer seinem Einkommen von 1,7 Millionen eine Rente von 100 000 Livres durch das Schatzamt, der Prinz von Condé sogar eine Rente von 260 000 Livres. Im Jahre 1771[6] empfing der Herzog von Orléans 150 000, der Prinz von Condé 100 000, der Herzog von Bourbon 60 000, die Fürstin von Conti 50 000, die

Prinzessin von Lamballe 50 000, die Herzogin von Bourbon 50 000 Livres, um nur einige der bekanntesten Namen zu nennen. Obwohl die königlichen Gnadenbezeugungen keiner Rechtfertigung bedurften, wurden diese Renten mit den Repräsentationspflichten begründet, denen die hohen Herrschaften zu genügen hatten, wenn sie sich in Versailles oder in anderen Schlössern im Glanze des Königs sonnten. Die Renten und Pensionen nehmen sich aber geradezu gering aus, wenn man sie mit den Aufwendungen vergleicht, die für die Schuldendeckung vieler Verwandter des Königshauses eingesetzt wurden. Hierzu bedurfte es gewaltiger Beträge, so zum Beispiel für den Grafen von Artois 37 Millionen und für den Grafen von Provence 29 Millionen Livres.

Aus diesen Vergleichszahlen geht hervor, daß Jacques Necker zwar über ein großes Vermögen verfügte, aber im Verhältnis zum Hochadel und zu anderen Financiers durchaus kein Krösus war. Seine Verhältnisse hielten sich im Rahmen des Großbürgertums. Selbst Germaine de Staël, die sonst so emsige Schriftstellerin, die im übrigen dafür sorgte, daß die geheimen Papiere, sofern sie Necker nicht schon selbst vernichtet hatte, den Augen der Nachwelt verborgen blieben, schrieb lediglich, daß ihr Vater das Vermögen begründet habe, von dem die ganze Familie leben konnte.

In jenen Jahren, als Abbé Terray die Zügel der Finanzpolitik straffte, bedurfte es anscheinend eines besonderen Beweises von Neckers Loyalität gegenüber dem französischen Staat. So entschloß er sich trotz oder vielleicht gerade wegen des großen Erfolgs seines Bankhauses Germany & Cie., das bereits den Namen seines Bruders trug, sogar die Verwaltung seines Vermögens seiner Frau Suzanne zu übertragen. Suzanne betonte es in ihrer Korrespondenz allerdings fast zu auffällig, um glaubhaft zu wirken. Tatsache ist, daß Necker von dieser Zeit an keine eigenen Geschäfte mehr abwickelte, sondern sich ganz in den Dienst seiner öffentlichen Aufgaben stellte.

Am Ende der Regierungszeit Ludwigs XV. traten die Folgen der während 50 Jahren betriebenen Verschwendung besonders nachteilig hervor. Die Geldknappheit zwang Terray nicht nur zum Bankrott, der auf dem Rücken der Staatsschuldner ausgetragen wurde, sondern zugleich zum Betteln um neue Kredite. So schrieb Abbé Terray im Januar 1772 an das Bankhaus Thellusson & Nekker:»Wir flehen Sie an, uns noch im Laufe des Tages zu helfen. Unterstützen Sie uns mit einem Betrag, den wir dringend benötigen ... die Abreise nach Fontainebleau steht bevor. Die Zeit drängt, und Sie sind unsere einzige Hilfsquelle.«[7] Necker beschaffte die gewünschte Million und machte daraus ein Sprungbrett, indem er sie bereitstellte, ohne im voraus einen Zinssatz oder eine Kommission festzulegen. Er ließ am Ende des Kontrakts nur die folgende Klausel eintragen:»Den Herren Necker & Thellusson soll derjenige Zins und diejenige Kommission für ihren Vorschuß zukommen, welche der Minister für angemessen halten wird.«

Der Vertrag wurde am 11. Januar 1772 von Terray paraphiert.[8] Nach einem Monat lieh Necker der Regierung weitere drei Millionen. Der Vertrag bestimmte:»Der wichtige Dienst, den die Bankiers bei dieser Gelegenheit leisten, wird in angemessener Weise durch den Finanzminister entschädigt, dem sie sich ganz anvertrauen. Am 10. Februar 1772, genehmigt, Terray.«[9]

Das waren außerordentlich geschickte Schachzüge, die Necker nicht zu bereuen hatte, denn die Bankiers konnten den Kredit noch häufig und gerne in der gleichen Form erneuern.

Für Necker, der die Bedeutung der öffentlichen Meinung klar erkannte, setzte das Jahr 1773 einen neuen Meilenstein. Ähnlich wie bei seinem großen und doch so andersartigen Genfer Mitbürger Jean-Jacques Rousseau entschied ein Preisausschreiben über seinen Aufstieg in den Olymp. Durch literarischen Ruhm gelangten beide in das Rampenlicht der Öffentlichkeit. Während die Akademie von Dijon Rousseaus»Discours sur les Sciences et les Arts«[10] auszeichnete, erhielt Necker in Paris den ersten Preis der französischen Akademie für seinen»Éloge de Colbert«. Wenn man auch vergleichend

sagen darf, daß Rousseaus Ideen mehr Originalität und Brisanz enthielten, so ändert dies nichts an der Tatsache, daß sich auch Necker
mit seiner Schrift, allerdings eher in politischer als in literarischer
Hinsicht, als großer Meister entpuppte. Abgesehen von dem glänzenden Plädoyer für Colbert, das keinem Historiker und keinem
Rechtsanwalt besser gelungen wäre, verstand er es, zwischen den
Zeilen seine eigenen politischen Ambitionen zu fördern.

Die Preisschrift ist nicht nur an sich bedeutend, sondern enthält
den Schlüssel zu manchen späteren Aussagen und Entscheidungen
Neckers. Es bot sich hier eine einmalige Gelegenheit für den bisher
nur beruflich bekannten Genfer Bankier, seine allgemeinen und
ganz speziell seine wirtschaftspolitischen Ideen in breiten Kreisen
bekanntzumachen.

Als Necker von der Preisausschreibung hörte, machte er sich unverzüglich an die Arbeit und schrieb innerhalb von drei Monaten,
mit einer für einen Bankier erstaunlichen Gewandtheit, seine Hul-
digung für Jean-Baptiste Colbert, den Finanzminister Ludwigs XIV.
und radikalsten Vertreter des Merkantilismus.

Während die Physiokraten Colbert kritisierten, lehnte Necker deren Einheitssteuer ab, die lediglich die landwirtschaftlichen Einkommen erfassen sollte, weil ausschließlich diese als wirklich aus der
Produktion verdient erachtet wurden. Die doktrinäre Einseitigkeit
der Physiokraten paßte aber schlecht zur Entwicklung der französischen Volkswirtschaft, in welcher sich der Anteil des ländlichen
Einkommens im Verhältnis zum Gewerbe und Handel langsam,
aber unaufhaltsam zurückbildete. Diese Tatsache mußten später sogar manche Physiokraten zugeben, wie etwa der bedeutende Ökonom Dupont de Nemours.

Colbert ging es letzten Endes um die Stärkung des Staates, in dessen Dienst er die Wirtschaft stellte. In diesem Sinne, als erfolgreichen Pragmatiker und unbeschwert von ideologischen Auswüchsen,
kann man ihn als Vater des Merkantilismus bezeichnen. Necker befaßte sich mit dem Leben Colberts nur in wenigen einleitenden Wor-

ten. Er erinnerte lediglich an die bekannten Worte Mazarins, der Colbert bereits mit 29 Jahren zum Staatsrat ernannte und kurz vor seinem Tode zu Ludwig XIV. gesagt haben soll:»Sire, je vous dois tout, mais je crois m'en acquitter en partie, en vous donnant Colbert« (»Sire, ich verdanke Ihnen alles, aber ich glaube, mich eines Teils meiner Schuld zu entledigen, indem ich Ihnen Colbert vermache«). Obwohl es Necker, der ungefähr 100 Jahre später in die Politik einstieg, nicht darum ging, Colbert als Menschen, sondern als großen Verwalter zu preisen, zeichnete er ein auffallend emotional gefärbtes Bild des Ministers von Ludwig XIV. Man kann daraus ablesen, daß sich der Genfer in vielen wichtigen Punkten Colbert zu seinem Vorbild genommen hatte. Manchmal verwischen sich die Grenzen, zum Beispiel, wenn seine Schrift Necker dazu dient, seine eigenen Vorstellungen und Wünsche zu verbreiten. Dies gilt in besonderem Maße dann, wenn das soziale Empfinden angesprochen wird. Hierin übertraf Necker ohne Zweifel Colbert, der zwar in der Praxis durch seine Manufakturgründungen und Steuerreformen Maßnahmen traf, die sich sozial sehr positiv auswirkten, andererseits aber als treuer Beamter seines Königs viel weniger sozialkritisch eingestellt war als etwa Vauban[11], einer seiner berühmtesten Ministerkollegen. Necker bewunderte, daß Colbert Ordnung und Sicherheit in das Finanzwesen gebracht, das heißt Verhältnisse geschaffen hatte, wie sie weder unter Richelieu, der die königliche Autorität erst wieder aufrichten mußte, noch unter Mazarin herrschten, unter dem sich die Favoritenwirtschaft und das Intrigantentum ausgebreitet hatten. Durch seine Ausführungen, die er in späteren Werken erweiterte und vertiefte, gewinnt er ein unbestreitbares Gewicht in der Sozialökonomie. Er betont zunächst die grundlegende Bedeutung des Vertrauens für jede Form des Kreditwesens. Man könnte diesen Hinweis als überflüssige Selbstverständlichkeit betrachten, hätten nicht unzählige Verstöße gegen dieses Fundament der Finanzpolitik zu schweren Krisen und somit zum Beweis der Richtigkeit seiner Ausführungen geführt.

Man braucht nicht lange in seiner Preisschrift zu lesen, um Sätze zu finden, die darauf deuten, daß der Autor nicht nur das Finanzwesen, sondern die Gesamtwirtschaft im Auge hatte. Er sagt, daß Colbert, für den die Steuern nur ein Mittel gewesen seien den Wohlstand der ganzen Gesellschaft zu fördern, es geflissentlich vermieden habe, die königlichen Geldkassen zu Lasten der Volkswirtschaft zu füllen. Er habe die vorhandenen Steuern überprüft, verändert und erheblich gesenkt und habe dies mit so viel Geschicklichkeit und Klugheit getan, daß durch die Verminderung des Bleigewichts, das Landwirtschaft, Gewerbe und Handel belastete, die königlichen Einnahmen sogar ansteigen konnten.

Dieses Zitat ist sehr aufschlußreich. Selbst wenn eine solche Einsicht bei Colbert noch nicht so klar und deutlich vorlag, wie Necker glaubte, so ist sie bezeichnend für dessen eigene, spätere Wirtschaftspolitik. Steuersenkung zur Wirtschaftsankurbelung ist selbst heute noch eine sehr umstrittene Maßnahme. Schon allein die klare Formulierung dieses Postulats, mehrere Jahre bevor Adam Smith durch sein Werk »The wealth of nations« berühmt wurde, zeigt den Weitblick des Konzepts, obwohl zu beachten ist, daß sich Smith relativ wenig mit Steuerfragen befaßte. Necker stellte später eine volkswirtschaftliche Gesamtrechnung auf, in der sowohl die Landwirtschaft wie auch Handel und Gewerbe Platz fanden, aber er stützte sich auf Colbert, der die grundlegenden Fehler seiner Zeit sowohl in der Steuererhebung wie in der Steuerverteilung sah. Es sei Colberts oberster Grundsatz gewesen, die Kraft des Staates zu erhöhen, ohne hierdurch dem Wohlstand des einzelnen zu schaden. In dieser Optik habe auch die Macht und der Glanz des Hofes einen angemessenen Platz gefunden; sie seien notwendig, um den Massen zu imponieren, die nur durch die Sinne urteilten, und um die Autorität des Königs, des Sinnbildes des Staates, zu sichern. Im »Éloge« verwischen sich die Unterschiede zwischen der Einstellung Colberts, der ein Vertreter der absoluten Monarchie war, und den Auffassungen Neckers, der einem aufgeklärten Königtum, wie es in

England bestand, zuneigte. Diese Unterschiede traten aber erst in den späteren Werken Neckers deutlicher hervor. Der im Jahre 1774 erfolgte Regierungsantritt Ludwigs XVI., der später ausführlich besprochen wird, schuf eine neue Ausgangslage, bei welcher Turgot, der erfolgreiche Gouverneur des Limousin, die Schlüsselrolle übernahm. Turgot entpuppte sich als der erste große Reformpolitiker Frankreichs, als ein Minister, der die Privilegienwirtschaft und das Steuersystem des Ancien régime sanieren wollte. Trotz seines guten Willens, seiner großen Intelligenz und Energie konnte er sich allerdings nur knapp zwei Jahre an der Spitze des Finanzministeriums halten, weil er sich durch seine mutigen Maßnahmen zu viele Feinde am Hofe gemacht hatte. Freilich sägten auch Necker und der Abbé Galiani[12] an dem Ast, auf dem er saß. Es war wahrhaft kein bequemer Sessel, auf dem er Platz genommen hatte. Anlaß seines Sturzes war seine liberale Getreidehandelspolitik. Den physiokratischen Lehren treu, hatte Turgot den König nämlich veranlaßt, den Getreidehandel freizugeben. Ungünstige Umstände wie die Mißernte von 1774 machten jedoch die Erwartungen zunichte. Man kann Turgot zu den vielen klugen, aber unglücklichen Staatsmännern zählen, welche die Weltgeschichte abschüttelte. Ein Jahr nach der Mißernte führten Unruhen zum sogenannten Mehlkrieg (guerre des farines), in welchem Märkte geplündert, Protestversammlungen abgehalten, ja die Unruhen sogar bis zum Schloßhof von Versailles vorgetragen wurden. Nachdem sie auf Paris übergriffen, beschloß man, das Brot verbilligt zu zwei Sols abzugeben, wodurch die Ordnung allmählich wiederhergestellt werden konnte. Ausgerechnet während des Mehlkriegs erschien Neckers Schrift »Sur la législation et le commerce des grains« (Über die Gesetzgebung und den Handel mit Getreide). Necker ließ ein Exemplar an Turgot senden, der sehr verärgert reagierte. »Ich habe, Monsieur, ein Exemplar Ihres Werkes, das Sie an meiner Tür abgeben ließen, empfangen. Ich danke für Ihre Aufmerksamkeit. Wenn ich über diesen Gegenstand schreiben und eine andere Ansicht als Sie vertreten wür-

Anne Robert Turgot

de, so hätte ich einen ruhigeren Zeitpunkt abgewartet, in welchem diese Frage nur Personen interessierte, die darüber ohne Leidenschaft urteilen können. Aber über diese, wie über viele andere Punkte, hat jeder seine eigene Denkweise ...«[13] Obschon Neckers Ansichten über den Getreidehandel grundsätzlich festlagen, bevor das Buch erschien, kann nicht geleugnet werden, daß der Zeitpunkt seines Erscheinens Turgots Schwierigkeiten verschärfte.

Während Diderot Neckers Buch »Sur la législation et le commerce des grains« lobte, schrieb Voltaire an seinen Korrespondenten de Vaines: »Wir haben den Blasebalg noch nicht gesehen, den der Genfer Necker gegen den besten Minister gerichtet hat, den Frankreich jemals besaß. Necker wird sich hüten, mir das kleine Machwerk zuzusenden. Er weiß zur Genüge, daß ich seine Ansicht nicht teile ...«[14]

Auch wenn man Neckers Kritik und vor allem seine Kabalen gegen Turgot bedauert, muß man zugeben, daß der frühere Gouverneur des Limousin, der jetzt Frankreichs Finanzen leitete, politisch ungeschickt operierte. Die Öffentlichkeit war nicht ausreichend auf Turgots an sich berechtigte Reformen vorbereitet. Es handelte sich um zwei wichtige Reformedikte: die Abschaffung der Frondienste und die Abschaffung des Korporations- und Zunftwesens. Für beide Dekrete hätten zuerst Übergangsbestimmungen ausgearbeitet werden müssen, denn man konnte nicht über Nacht von der Feudalordnung zum Liberalismus umschalten. So war es kein Wunder, daß allenthalben Opposition gegen Turgot entstand, von den Handwerksmeistern bis zu den Spitzen der Gerichtshöfe. Bereits damals breitete sich eine große Unzufriedenheit aus, genährt durch die unzähligen Salons und Clubs mit ihren unaufhaltsam heftiger und lauter werdenden Diskussionen.

Es kam noch ein weiterer Grund hinzu, weshalb Turgots Aktien fielen. Im Jahre 1776 brach nämlich der amerikanische Unabhängigkeitskrieg aus, der alte Ressentiments gegen England, den Erbfeind Frankreichs, erweckte. Es war bekannt, daß Turgot viel Sympathie für England hegte. Man warf ihm vor, daß seine liberale Handelspolitik England zum Vorteil gereiche. In Erinnerung an die Spekulationen von John Law wurde sogar sein Projekt einer staatlichen Diskontbank durch nationalistische Parolen diskreditiert. Schließlich versetzten Hofintrigen Turgot den Todesstoß. Es war, als ob sich alle großen und kleinen Wellen verschworen hätten, um dem Minister den Boden zu entziehen, auf dem er kurz zuvor noch fest zu stehen schien.

Obwohl die Unzufriedenheit ihrem Höhepunkt zustrebte, bereitete sich Necker im Frühjahr 1776 auf eine Reise nach England vor, zu der ihn seine Frau und seine erst zehnjährige Tochter Germaine begleiten sollten. Eine Reise von Paris nach London war in der damaligen Zeit keine Kleinigkeit. Suzanne, erschöpft vom letzten Umzug, und Germaine, erst seit kurzem von einer Krankheit genesen, sahen der Überfahrt mit gemischten Gefühlen entgegen.

Da die Gründe nicht bekannt sind, die Necker zu seiner Englandreise bewegten, zumal zu einem Zeitpunkt großer Spannungen, währenddessen entscheidende Veränderungen in Frankreich bevorstanden, ist man hier auf Vermutungen angewiesen. So kann es Necker opportun erschienen sein, nach England zu fahren, um zu zeigen, daß er nicht selbst am Sturz Turgots arbeitete, sondern Distanz zum Tagesgeschehen bewahrte. Zum anderen hatte er durch seine früheren Bankagenten, die einflußreichen Financiers Bourdieu und Chollet, einen guten Zugang zu maßgeblichen englischen Kreisen der Politik und Finanzwelt. Er konnte aus eigener Anschauung erfahren, wie sich die französischen Probleme in englischer Sicht präsentierten und welchen Sukkurs er gegebenenfalls aus London erwarten durfte. In manchen Beziehungen waren sich Turgot und Necker übrigens sehr ähnlich: Sie machten keinen Hehl aus ihrer Englandfreundlichkeit. Sogar das Generalrezept ihrer politischen Anstrengungen, die Reformpolitik, konnte sein Etikett »british made« kaum verleugnen – allerdings mit dem Unterschied, daß diese Politik in England seit langer Zeit betrieben wurde. Es ist auch verständlich, daß der Genfer Staatsmann, der ja bereits durch seinen Vater Verbindung zum Hof von Saint James hatte und der sich später, wie kein zweiter, für die Einführung des Zweikammersystems in Frankreich einsetzen sollte, zunächst einmal die alte Lehrmeisterin persönlich aufsuchen wollte, um sich für alle Fälle praktischen Rat zu holen. Necker hatte seine Englandreise seit langem vorbereitet. Bereits 1775 war er in persönliche Beziehung zum englischen Staatsmann Horace Walpole getreten. Man kann einem ausführlichen Artikel der Gräfin Jean de Pange[15] allerlei interessante Einzelheiten über die geheimnisumwitterte Reise entnehmen, obwohl auch diese Autorin den Schleier nicht lüften kann, der Neckers Englandfahrt umgibt.

Am 16. April 1776 begab sich Necker mit seiner Frau und Germaine in Boulogne an Bord des Schiffes, das sie nach England brachte. Suzannes Tagebuch enthält unter diesem Datum eine bewegende Schilderung dieser Überfahrt, die für die Waadtländerin ein großes, aber auch schmerzhaftes Erlebnis war, denn bald wurde sie nicht nur vom Meer, sondern auch von der Seekrankheit geschüttelt. Im sicheren Hafen von Boulogne war sie vertrauensvoll an Bord der Hochseejacht gegangen. »Da ich das Ungeheuer (den Ozean) noch nicht kannte, stieg ich ruhig in das kleine Zimmer hinab, wo ich mich mit meiner Tochter an der Seite auf einer Pritsche niederlegte, ohne andere Aussicht als auf die Holztäfelung der Kajüte. Bei den ersten Bewegungen des Schiffes fühlte ich mein Herz versagen … man veranlaßte uns, wieder an Bord zu gehen, aber mein Zustand erschien mir unerträglich … jeder Schritt, den ich tat, drang vor bis zum Herz … ich war ganz den guten Diensten des Kapitäns und der Matrosen überlassen, trotz meines Widerstrebens, von irgendwelchen Diensten der Menschen abzuhängen. Ihre Hilfsbereitschaft machte sie für mich zu Frauen und ließ mich vergessen, daß ich es war. Ich fühlte nur ihre zarte Aufmerksamkeit und drückte dem Kapitän mehrmals die Hand, als ich am meisten litt und er mir mit unvergleichlichem Geschick beistand. Am Ende war ich gezwungen, die Augen zu schließen, zu schweigen und mich stillzuhalten … Den Lärm, den ich über meinem Kopf hörte und welcher zu Beginn sehr laut war, wurde bald unerträglich. Meine Leute, die ihren Mut herauskehrten und sich über ein uns so neues Schauspiel ergötzten, verstummten plötzlich. Ich merkte, daß sie ebenso unglücklich waren wie wir. Ich hörte nur noch die Geräusche der Schiffsbewegungen und des wogenden Meeres, die sehr genau zu jener unbestimmten Übelkeit paßten, zu jenem Punkt, der den körperlichen und den seelischen Schmerz vereint: so sind alle Schmerzen des Herzens, weil mächtige Schmerzen nicht nur zum Körper gehören scheinen, sondern der Seele auferlegt und von ihr zu bezwingen sind; wir fragten unaufhörlich nach der genauen Zeit; meine Tochter und ich zählten die Minuten. Der Kapitän blickte auf seine Uhr und seufzte. Endlich kam ein kleiner Matrose, uns zu sagen: ›Noch zwei Minuten.‹«

Suzanne schildert sodann das freudige Gefühl, bald anzulegen, gleich darauf aber auch die Angst, als sie die schwankende Schaluppe erspäht, in die sie springen mußte, um zum Festland zu gelangen. »In Dover angekommen, wurde ich durch die Freundlichkeit der Gesichtszüge und die Atmosphäre von Wohlstand und Sauberkeit beeindruckt, die man sogar in den kleinsten Hütten findet; jeder Mann, jede Frau, jeder Gegenstand schien mir auf eine besondere Weise zu gefallen.«

Auch am nächsten Tag, dem 17. April, setzte sie die Eintragung lobenswerter Reiseeindrücke fort: »Am nächsten Morgen fand ich die Gegenden Englands, die ich durchquerte, so gut gepflegt wie den schönsten Garten. Industrie und Landwirtschaft scheinen dieses Land als Tempel ausgesucht zu haben. Die kleinsten Backsteinhäuser, abwechselnd rot und weiß gemauert, erfreuen das Auge. Zwei kleine Säulen tragen überall den Eingang zum Hause. Auf den Türschwellen spielen entzückende Kinder. Der geringste Bauer hat ein gepflegtes Aussehen; man sieht keinen, dessen Rücken, wie in Frankreich, vom Joch des Unglücks gebeugt ist ... Meine Bewunderung hat noch zugenommen, als ich die Ufer der Themse sah, die einem Hochwald glich durch die Anzahl der Segelmasten, die sie umgaben.«

Auf diese und ähnliche Weise führte sie ihr Reisejournal auch während des ganzen Londoner Aufenthalts fort, doch sind die persönlichen Begegnungen, soweit sie keine Verbindung mit Neckers Geschäften haben, wenig interessant, mit Ausnahme der Begegnung mit Lord Stormont, seit Juni 1776 englischer Gesandter in Versailles, und Edward Gibbon. Lord Stormont, der in Paris gerne den Salon von Madame Necker aufsuchte, vermittelte Necker die Bekanntschaft mit anderen Politikern, darunter mit dem Premierminister Lord North. Und Suzannes alter Freund Edward Gibbon schrieb am 20. Mai über ihr Wiedersehen: »Ich bin mit den Neckers sehr beschäftigt. Ich begleite sie wie vor 20 Jahren. Dabei mache ich mich über ihren Pariser Anstrich lustig und zwinge sie, wieder eine einfache und vernünftige kleine Schweizerin zu werden.«[16]

Es scheint aber, daß Necker in London möglichst geräuschlos ein wichtiges Geschäft erledigen wollte, das sowohl politische wie finanzielle Implikationen hatte. Seit dem Jahre 1771 war der französische Gesandte in London, der Graf von Guines, in einen Finanzskandal verwickelt, dessen Ursachen allerdings nie genau aufgeklärt werden konnten.[17] Aus den Akten geht lediglich hervor, daß der erste französische Gesandtschaftssekretär Tort – nomen est omen – an Termingeschäften etwa 400 000 Livres verloren hatte und behauptete, nicht auf eigene Rechnung, sondern im Auftrag des Gesandten spekuliert zu haben. War er der Schuldige oder nur ein Sündenbock? Die Financiers Chollet & Bourdieu, die Agenten Neckers in London, traten als Hauptgeschädigte auf, wobei nicht ganz klar ist, ob die Verluste auf ihre eigene Rechnung gingen oder ob sie als Kommissionäre für Dritte handelten. Der brillante Graf von Guines erfreute sich offensichtlich hoher Protektion. Trotzdem er von den geprellten Gläubigern bedrängt wurde, die infolge des englischen Gesetzes, das Terminverluste Spielschulden gleichstellte, die nicht einklagbar waren, leer ausgingen, beließ der König den umstrittenen Gesandten im Amt, der seinerseits in einem endlosen Prozeß geltend machte, von seinem Sekretär getäuscht worden zu sein. Dieser wurde zwar nach langer Untersuchung für unschuldig befunden und aus der Bastille, dem berüchtigten Pariser Gefängnis, entlassen, doch nach der Thronbesteigung Ludwigs XVI. und dem Sturz Turgots wurde der Gesandte de Guines, wohl auf Betreiben Marie Antoinettes, aus London abberufen und sogleich nach seiner Rückkehr zum Herzog geschlagen.

Trotz der Rehabilitierung de Guines' standen aber seine Schulden in England noch offen. Die Reise Neckers gab nun dem französischen Hof eine günstige Gelegenheit, die leidige Affäre diskret und relativ schmerzlos aus der Welt zu schaffen. Es sollte auch nicht das letzte Mal sein, daß König Ludwig in »seine« Taschen griff, um die Schulden des Hochadels zu decken. Necker schlug angeblich vor, durch eine Abfindung von 350 000 Livres die Gläubiger zu befriedigen und den ganzen lästigen Prozeß ohne größere Publizität beizulegen. Das Obergericht von Paris wies 1777 die Klage Torts gegen den Herzog von Guines als beleidigend zurück. Der vereinbarte Betrag kam allerdings erst 1784 zur Auszahlung, als Necker nicht mehr Finanzminister war.

Die Amtszeit des Barons Ogier de Clugny, des Nachfolgers Turgots als Generalkontrolleur der Finanzen, erwies sich als ein kurzes Intermezzo. Es genügte jedoch, um die Reformen Turgots wegzuwischen, noch ehe sie überhaupt zur Anwendung gelangt waren. Als er wenige Monate später, am 18. Oktober 1776, starb, hinterließ er, der selbst keinerlei entscheidende Maßnahmen getroffen hatte, ein Defizit, das er auf 19 Millionen, Necker auf 24 und Calonne auf 37 Millionen Livres bezifferte: Diese großen Unterschiede erklären sich aus dem ungeordneten Zustand der königlichen Finanzbuchhaltung, in deren System sich niemand richtig auskannte.

Durch den Tod Clugnys und die Finanzmisere, die er hinterließ, bestanden günstige Voraussetzungen für eine Berufung Neckers. Es erklang der Ruf nach dem Meister, einem Meister, der dafür sorgen sollte, die Staatskassen wieder zu füllen. Der Premierminister Graf von Maurepas, der Necker schon öfters konsultiert hatte, war dem Genfer Bankier wohlgesinnt. Ob der galante Marquis de Pezay, vormals Alfred-Frédéric-Jacques Masson, durch eine Hofintrige mithalf, Neckers Berufung in Versailles zu fördern oder nicht, spielt letztlich keine wesentliche Rolle. Manche Historiker glaubten zwar, einen Beweis für Pezays Demarchen darin zu sehen, daß ihm Nekker, gleichsam als Gegendienst, gewisse Forderungen, die Pezay von seinem Vater für dessen Holz- und Eisenlieferungen an die Marine geerbt hatte, vergüten ließ. Diese Vergütungen könnten aber ebensogut auf Anweisung von Maurepas erfolgt sein, der zur Zeit der Entstehung jener Forderungen ebenfalls Minister war.

Nach der Enttäuschung des Hofes über Turgot und nach dem fatalen Intermezzo Clugnys befand sich Neckers Sonne im Zenit, ungeachtet der sozialen und religiösen Schranken, die ihm entgegenstanden. Als ein Bischof den Premierminister darauf hinwies, daß man einem Reformierten nicht die Leitung der Finanzen überlassen dürfe, konterte Maurepas schlagfertig mit der Frage, ob die Geistlichkeit die Deckung des Defizits übernehmen wolle. Die Finanzlage hatte sich indes so zugespitzt, daß der König, der Adel und die Geistlichkeit keinen anderen Ausweg sahen, als den Genfer Bankier Jacques Necker mit dem Amt, das zum Angelpunkt der Geschichte Frankreichs geworden war, zu betrauen. »Ich glaube, daß wir uns geirrt haben«, hatte Ludwig XVI. bereits zwei Wochen nach der Ernennung Ogier de Clugnys geäußert. Das Finanzministerium war unter Clugny zu einem Treffpunkt von Profiteuren und Pfründejägern, kurzum zu einem Zentrum der Korruption, geworden. Sein Tod erleichterte den neuerlichen Wechsel in der Leitung der französischen Finanzen. Noch nie waren die Konstellationen so günstig für Necker gewesen.

Neckers erstes Ministerium

Im April 1774 war ein Ereignis eingetreten, das die Geschicke Frankreichs und somit auch das Leben des Hofbankiers Necker nachhaltig beeinflußte. Ludwig XV., bei der Jagd von schweren Kopfschmerzen befallen, kehrte vorzeitig ins Schloß Trianon zurück. Rasch stellte sich Fieber ein. Am folgenden Tag wurde die Übersiedlung nach Versailles beschlossen, denn nur auf dem königlichen Paradebett darf der König ernstlich erkranken. Sechs Ärzte, fünf Chirurgen und drei Apotheker umstehen das Krankenlager. Sechsmal pro Stunde wird der Puls gemessen. Zwar hatte sich seit den Zeiten Ludwigs XIV. und Molières das ärztliche Wissen etwas verbessert, aber von wissenschaftlich begründeten Diagnosen konnte keine Rede sein. So kann es auch nicht erstaunen, daß ein Kammerdiener und nicht die Ärzte des Königs durch den Schein einer Kerze die berüchtigten roten Flecken entdeckte, die auf Blattern schließen ließen, eine Krankheit, gegen die damals kein Kraut gewachsen war.

Der Dauphin und seine Gemahlin Marie Antoinette durften wegen der Ansteckungsgefahr das Krankenzimmer nicht mehr betreten, in dem sich inzwischen eine schwere, pestartige Luft verbreitete. Tagsüber wachten die Töchter am Bett ihres Vaters, nachts die Gräfin du Barry, die letzte Geliebte des Königs, bis die hohe Geistlichkeit den harten Entschluß faßte, daß der König das Sterbesakrament nur empfangen dürfe, wenn die Favoritin den Platz, den sie von der Marquise de Pompadour übernommen hatte, geräumt haben würde. Die Staatsraison rief gebieterisch nach Absolution für

97

Ludwig XVI. in jungen Jahren

den König, der schon allzulang auf die Sakramente verzichtet hatte. Die du Barry wurde auf ein nahes Schloß relegiert, von wo sie im Fall der Genesung des Königs rasch hätte zurückkehren können. Ludwig XV. besaß schon nicht mehr die Kraft, sein »mea culpa« selbst zu sagen. So sprach es ihm der Erzbischof von Paris vor. Dem König blieb nur noch übrig, hinzuzufügen, daß er gewünscht hätte, selbst seine Reue zu bekennen. Bald darauf erlosch die Kerze, die an einem Außenfenster des Schlosses von Versailles stand. Sie zeigte das Lebensende des Königs an, dem der fatale Spruch zugeschrieben wird: »Nach uns die Sintflut.«

Bald erscholl durch die weitläufigen Hallen der alte Ruf »Le roi est mort, vive le roi«. Doch der 20jährige Ludwig XVI. und die 19jährige Marie Antoinette waren sowohl dem Alter wie ihrem Wesen nach viel zu jung für das schwere Amt, das ihnen bevorstand. Sie sollen selbst bekannt haben, daß sie sich für diese Bürde noch zu jung fühlten. Beiden mangelte es an den nötigen Voraussetzungen. Der König war zwar nicht dumm, aber träge. Hätte er we-

Marie Antoinette im Jagdkostüm

nigstens die gleiche Tatkraft besessen wie sein Großvater, in dessen
Schatten er aufgewachsen war, hätte vieles von dem Versäumten
nachgeholt werden können. Indessen lagen die üblen Auswirkungen des ausschweifenden Lebens und der Verschwendungen Ludwigs XV., die er klar erkannte und mißbilligte, wie eine fatale Hypothek auf seiner Regierungszeit. Der junge König besaß zwar den
guten Willen, durch seinen Lebenswandel und durch Reformen
Abhilfe zu schaffen – insofern stand der Beginn seiner Herrschaft
unter guten Vorzeichen –, und hätte er in seiner Gemahlin eine ver-
ständige und entschlossene Stütze gefunden, so wären, das darf
man füglich sagen, die Dinge anders verlaufen. Aber Marie Antoinette, von Natur aus leichtsinnig und als Frau unerfüllt, suchte
nichts als Zerstreuungen und Vergnügen. So gingen sie jeder ihre
eigenen Wege.

Für Ludwig XVI. und Marie Antoinette wurde die Führung von
Versailles in jeder Beziehung zu einer großen Last. Das wirtschaftliche und politische Machtzentrum verschob sich mehr und mehr

nach Paris, dem Mittelpunkt von Handel und Gewerbe, während sich das prunkvolle Versailles zum Wasserkopf entwickelte. Seine für damalige Verhältnisse große Einwohnerzahl wird jedoch verständlich, wenn man bedenkt, daß nicht nur der König, sondern jeder einzelne Adlige seinen Hofstaat besaß, der je nach Rang und Namen größer oder kleiner war, doch ohne Rücksicht auf das eigene Einkommen. Genügte es nicht, wurden Schulden gemacht und à la longue vom König bezahlt.

Den größten Aufwand trieb natürlich die königliche Familie. Die Königin hatte 496 Angestellte, der Herzog von Orléans 274, die Herzogin von Provence 256, die Gräfin von Artois 239. Der kleinen Kronprinzessin »Madame Royale«, einen Monat alt, wurde bereits ein Haushalt von 80 Dienstboten zugeteilt.[1] Der Herzog von Provence hatte 420 Angestellte und eine Garde von 179 Mann; der Graf von Artois eine solche von 237 Mann sowie 456 Angestellte. Doch diese Zahlen besagen allein noch wenig. Man muß sich die Schlösser, die Marställe, die Pferde, die Uniformen und den ganzen Troß vorstellen, um sich ein Bild des Glanzes und der Verschwendung zu machen, denen man in Versailles frönte. Allein die Garde des Königs mit ihren 9050 Mann kostete 7 681 000 Livres pro Jahr.[2] Auch wenn sich die Majestäten auf Reisen begaben, waren damit enorme Ausgaben verbunden. Eine »Reise« des Königs nach Fontainebleau kostete eine halbe Million. Sollte sich einmal der ganze königliche Hofstaat in Bewegung setzen, würde dies für 4000 Zivilbeamte, für 9000 bis 10 000 Soldaten und 2000 Angestellte der königlichen Familie, das heißt zusammen für mindestens 15 000 Personen den Aufbruch bedeuten. Der Dichter Châteaubriand sagte: »Man hat nichts gesehen, wenn man den Pomp von Versailles nicht kennt, selbst nach dem Abbau des alten königlichen Haushaltes; Ludwig XIV. war noch immer anwesend.«[3]

Was aber bei Ludwig XIV. ein wirkungsvolles System war, um den Adel gefügig zu machen, das artete mit der Zeit immer mehr in ein leeres Gehäuse aus, dem kein wahrer Sinn mehr innewohnte. Die

Adligen wurden entweder gezwungen, in Versailles zu residieren und sich dort durch die übermäßigen Hofhaltungspflichten zu ruinieren, oder sie zogen sich aufs Land zurück, wo sie vergessen wurden. Noch stärker als der Adel wurde der Hof selbst durch unerhörte Unkosten belastet. Hier einige Beispiele: Die Tanten Ludwigs XVI. verbrauchten Kerzen für 200 000 Livres pro Jahr; den Marschall von Soubise, den der König einstmals auf seinem Landschloß besuchte, kostete dieser Besuch ebenfalls 200 000 Livres; König Ludwig XVI. selbst schuldete seinen Weinhändlern 1778 trotz aller Sparmaßnahmen Turgots und Neckers noch 800 000 Livres.[4]

Als der König nach dem Tod Ogier de Clugnys am 18. Oktober 1776 an Necker als Nachfolger dachte, stieß der Ministerwechsel zunächst auf protokollarische Schwierigkeiten. Der König mußte auf die Empfindlichkeit von Adel und Geistlichkeit Rücksicht nehmen. Es schien ausgeschlossen, Necker sogleich offiziell die Leitung des Ministeriums zu übertragen. Maurepas, der schlaue Fuchs, ersann eine Zwischenlösung, die allen Vorurteilen Rechnung trug. Es genügte, das hohe Amt in zwei Bereiche aufzuteilen, eine effektive Finanzdirektion, die Necker zukäme, und eine Repräsentationsstelle, sozusagen ein Ministerium ohne Portefeuille, das ein Staatsrat bekleiden sollte. Nachdem ein bisheriger Staatsrat es abgelehnt hatte, bei dieser Farce mitzumachen, fand man in der ängstlichen, aber eitlen Person des Grafen Taboureau des Réaux einen willfährigen Minister. Am 22. Oktober wurde Taboureau zum Staatsrat, am 12. November Necker zum Direktor des königlichen Schatzamtes ernannt. Die Zauberformel von Maurepas, die das Finanzproblem selbst zunächst nur verdeckte, gab zu allgemeiner Erheiterung Anlaß. Der Oberrichter Dubucq warnte jedoch mit dem Bibelzitat: »Man soll, sagt Moses, den Ochsen und den Esel nicht vor den gleichen Karren spannen ...«[5]

Während den ersten Monaten zog das ungleiche Paar den verfahrenen Wagen ohne viel Aufhebens. Taboureau ging es nur darum, alles beim alten zu belassen. Dies kam Necker zunächst zustatten, denn mit dem Schiffbruch Turgots vor Augen wollte er es vermeiden, die Öffentlichkeit durch Fanfarenstöße aufzuschrecken. Man mußte, als Voraussetzung zur Auffüllung der Kassen, erst das Vertrauen wiederherstellen. Immerhin kündete Necker durch zwei Entscheidungen die Richtung an, die er seiner zukünftigen Politik zu geben beabsichtigte. Die eine betraf seine eigene Person: Zur Überraschung des Königs verzichtete er auf die großen Bezüge, die mit seinem hohen Amt verbunden waren, nämlich ein Salär von nicht weniger als 220 000 Livres pro Jahr plus Kutsche und Opernsitz. Bedenkt man, daß damals etwa 300 Livres pro Jahr als bescheidene, aber genügende Lebensbasis galten, dann erkennt man den ungeheuren Abstand in den Einkommen jener Zeit. Im Jahre 1775 hatte Neckers Vorgänger Turgot ein Einkommen von 600 Livres als Mindestbetrag für einen Grundbesitzer vorgeschrieben, um an den von ihm geplanten Gemeindeversammlungen teilzunehmen.

Die zweite Entscheidung Neckers kam Frankreich dagegen sehr teuer zu stehen. Sie bezog sich auf die Aufstockung einer Anleihe, die bereits unter Terray aufgelegt, dann aber im März 1775 durch Turgot, der den Anleihen prinzipiell ablehnend gegenüberstand, abgeschlossen worden war. Das Angebot, das unter großer Diskretion am 31. Oktober 1776, drei Wochen nach Neckers Amtsantritt, erfolgte, begünstigte ausschließlich eine Anzahl Genfer und Berner Bankiers, die hierdurch einen Rabatt von etwa neun Prozent erhielten, da sie in den Zinsgenuß bereits ab 1. Februar 1776, also neun Monate rückwirkend, auf eine Rente eintraten, die unter den günstigen Bedingungen bis zu 13 Prozent pro Jahr einbrachte.[6] Es handelte sich ohne Zweifel um Neckers Antrittsgeschenk, »un don de joyeux avènement«, wie es Lüthy sehr treffend bezeichnete. Die Anleihe hatte, seitdem sie 1771 aufgelegt worden war, etwa 19 Millionen Livres eingebracht, die fast vollständig durch Genfer Bankiers einbezahlt wurden, ein großer Betrag für eine Stadt, die nur 24 000 Einwohner zählte. Davon waren durch die Aufstockung vom 31. Oktober zwei Millionen neu hereingekommen, eine relativ kleine Summe, deren Sinn nur dadurch verständlich wird, daß sich Necker bei den Bankiers, seinen früheren Kollegen, gut einführen wollte.

Man darf allerdings nicht vergessen, daß die Auflagen Terrays an sich schon sehr verlockend waren, denn es wurden Leibrenten auf das Leben von 30 Genfer Mädchen abgeschlossen,[7] die die beste Gewähr für Langlebigkeit boten. Ein Rentner konnte dank dieser ingeniösen Bedingungen nicht nur auf seinen eigenen oder auf zwei Köpfe, sondern auf die letzte Überlebende von 30 gesunden jungen Mädchen setzen, welche mit großer Umsicht im Genfer Patriziat ausgesucht worden waren. Auf diese Weise sorgte ein Investor nicht nur für sein Alter, sondern für seine Erben bis ins dritte Glied, denn wenn man die Lebenserwartung des gesündesten der 30 Mädchen mit 80 bis 90 Jahren einschätzte, dann konnten leicht drei Generationen Rentenbezieher der staatlichen Wohltätigkeit aufgebürdet werden ...

Warum aber mußte sich der sonst für seine sparsame Verwaltung bekannte Necker die Gunst der Schweizer Bankiers mit einem derartigen Antrittsgeschenk erkaufen? Diese Geste, die später heftig gegeißelt werden sollte, führte zwei Millionen frisches Geld in die Kasse. Sie fielen in der Gesamtheit der Neckerschen Anleihen kaum ins Gewicht: Es waren zwei auf über 500 Millionen Livres, also weniger als ein halbes Prozent. Hierdurch gelang es Necker jedoch, eine Investitions- und Zahlungsbereitschaft zu schaffen, durch die er riesige Beträge auf den internationalen Märkten mobilisierte, die es ihm dann schließlich gestatten sollten, den englisch-französischen Krieg zu finanzieren, ohne neue Steuern erheben zu müssen.

Als der Genfer Bankier die Nachfolge des unfähigen und unglücklichen Ministers de Clugny übernahm, befanden sich aber nicht nur die königlichen Finanzen, sondern auch die königlichen Familienverhältnisse auf einem Tiefpunkt. Ein schwerer Schatten lag über Frankreich. Die tiefe Kluft zwischen Ludwig XVI. und Marie Antoinette führte zu einem atmosphärischen Vakuum. Im Charakter und im Temperament waren der König und seine Gemahlin so verschieden, daß wohl nur die Geburt gemeinsamer Kinder eine Brücke zwischen ihnen schlagen konnte. Aber eben dort lag alles im argen. Die grundsätzliche Andersartigkeit zeigte sich insbesondere in der Einstellung der Königsgatten zu ihrer Umgebung, in ihrer Beschäftigung, in ihrer Tagesgestaltung, in ihrem Wesen. Der König schätzte ein einfaches Leben, das überwiegend mit der Jagd und mit dem Handwerk ausgefüllt war, während die Königin gesellschaftlichen Trubel, Spiel und Tanz, also Zerstreuung jeder Art, suchte.

Schon rein zeitlich konnten sie nicht zusammenkommen: Wenn sie den schweren Pflichten der Etikette genügt hatten, drängte es Ludwig hinaus in die Natur oder zur körperlichen Arbeit. Wenn er ermüdet heimkehrte, erfreute er sich der üppigen Tafel und des reichlichen Genusses schwerer Weine. Nach der abendlichen Tafel war er so müde, daß er möglichst rasch dem Bett zustrebte. Ganz im Gegensatz zu diesem Lebensrhythmus wachte Marie Antoinette gegen Abend erst richtig auf: Dann suchte sie Unterhaltung durch eine geistreiche Hofgesellschaft, durch Kartenspiel, Theater, Tanz und Oper. Der König wiederum hatte wenig Freude an der höfischen Konversation und an der leichtsinnigen, manchmal geradezu frivolen Umgebung Marie Antoinettes. Durch die Grazie ihrer Gestalt, durch ihren raffinierten Geschmack, vor allem durch ihr modisch tonangebendes Auftreten war sie prädestiniert zur Rokokokönigin.

In Versailles und Paris waren die Augen der eleganten Damen auf die Königin gerichtet. In den ersten Jahren ihrer Ehe trug sie bei allen öffentlichen Anlässen, wo die »grande toilette« Vorschrift war, den auf beiden Seiten weitausladenden Reifrock mit dem vorne spitz zulaufenden Mieder, das den Körper eng wie ein Korsett zusammenschnürte und die Brüste betonte. Über das ganze Kleid, das vier Meter Umfang haben konnte, war eine Fülle von Bändern, Schleifen und Girlanden verteilt, während Halsausschnitt und Man-

schetten mit Spitzen besetzt waren. Marie Antoinette und ihre Haar-
künstler erfanden immer weiter in die Höhe strebende Frisuren,
wobei sich das gelockte, gewellte, gekräuselte und manchmal schlei-
fenartig in den Nacken fallende Haar mit Perücken, Bändern, Fe-
dern, versteckten kleinen Kissen und künstlichen Blumen zu turm-
artigen Gebilden verband. In der Karosse mußten sich die Damen
deshalb beugen oder gar niederknien. Schließlich wurden auch
Bürgersfrauen von der Reifrockmode, wenn auch in geringerem
Ausmaß, angesteckt.

Die Vertraute und Beraterin der Königin in allen Modefragen war
in diesen Jahren Mademoiselle Bertin, die den Spitznamen »Mo-
deministerin« erhielt. Sie verstand es, einen Reifrock auf die
verschiedensten Arten zu dekorieren. Da es damals noch keine
Modenschau und dazugehörige Mannequins gab, bekleidete die
Bertin kleine Puppen mit ihren Kreationen, die dann an die verschiedenen Höfe Europas verschickt wurden. Die Prunksucht der
adligen Damen und reichen Bürgersfrauen unterstützte eine riesige Industrie, vor allem die damals schon berühmten Seidenfabri-
ken von Lyon. Erst als die gelangweilte Königin eines Tages die
Wonnen der von Rousseau gepredigten Rückkehr zur Natur entdeckte und im Schlößchen »Le Petit Trianon« und später im »Le
Hameau« idyllisches Landleben mimte, hatte der Reifrock keinen
Platz mehr und verschwand.

Hätte sich Marie Antoinette damit begnügt, in der Mode den Ton
anzugeben, wäre dadurch wenig Unheil entstanden. Viel schlimmer
waren hingegen die Folgen ihrer Spielleidenschaft und der Verschwendungssucht, die im Kauf teurer Juwelen zu Exzessen führte.
Der sparsame, vertrauensselige Ludwig hatte geglaubt, durch eine
ausdrückliche Strafandrohung das Glücksspiel am Hof verbieten zu
können. Zu den Salons der Königin aber hatte die Polizei selbstverständlich keinen Zutritt. So blieb das Verbot leerer Buchstabe. Ein
Türsteher hatte Anweisung, falls der König käme, sofort Alarm zu
schlagen. Abgesehen von den hohen Spielverlusten litt das Ansehen

der Monarchie auch durch die dunklen Elemente, die sich Zutritt
zu den Spielsalons der Königin verschafften.

Die Mutter Marie Antoinettes, die Kaiserin Maria Theresia, bestürzt
durch die Nachrichten, die ihr der österreichische Gesandte Graf
Mercy-Argenteau zusandte, warnte ihre Tochter brieflich vor den
Konsequenzen ihres Leichtsinns.[8] Doch Marie Antoinette, deren Spielschulden in die Hunderttausende und deren Schmuckkäufe in die Millionen gingen, machte nach allen Seiten Schulden, die ihr Gatte dann
abdecken mußte. Ihre Mutter warnte erfolglos:»Alle Nachrichten aus
Paris stimmen darin überein, daß Du Dir abermals Bracelets für
250 000 Livres gekauft und damit Deine Einkünfte in Unordnung und
Dich in Schulden gebracht hast … Solche Mitteilungen zerreißen
mein Herz, insbesondere wenn ich an die Zukunft denke …«

Daneben mangelte es der Königin in der Wahl ihrer Freundinnen an jeglicher Menschenkenntnis. Den schlechtesten Einfluß übte
die Familie Polignac aus, die sich um viele Millionen bereicherte.
Das ominöse Rote Buch, das im Jahre 1790 der Französischen Revolution neue Nahrung gab, wird später rücksichtslos darüber Auskunft geben. Unterdessen schrieb Maria Theresia:»Das Spiel ist
zweifellos eine der allergefährlichsten Vergnügungen, denn es zieht
schlechte Gesellschaft und üble Reden heran …« Aber der Spiel-
teufel wütete in Versailles und Trianon. Sogar das berüchtigte Pha-
rao, das Casanova als das Dorado der Gauner schildert, kam häufig zum Zuge. Noch gefährlicher für das Ansehen der Königin waren
jedoch die Maskeraden, denen sie immer mehr verfiel. In den heimlichen Redouten brauchte sie nicht Monarchin, sondern konnte ihr
eigenes Wesen spielen, konnte einen eleganten Lord, ja sogar den
verlockenden schwedischen Kavalier Hans Axel von Fersen, der ihr
späteres Schicksal beeinflussen sollte, in die Arme nehmen. So spielte und tändelte sie, ohne das geringste Vorgefühl des Unheils, das in
einem knappen Jahrzehnt auf die königliche Familie und das ganze
Land niedergehen sollte.

Hätten Mutterpflichten der Königin einen anderen Lebenswandel auferlegt, dann wäre diese verhängnisvolle Lage frühzeitig geändert worden. Es erstaunt uns heute, daß es in den ersten acht Jahren der jungen Ehe zu keiner Mutterschaft der Königin kam, obwohl die Habsburgerinnen eigentlich für ihre Fruchtbarkeit bekannt waren. Das jahrelange Warten auf die von der Staatsraison sehnlich erwünschte Nachkommenschaft führte in der Familie und am Hofe zu steigender Unruhe. Die hohen Ärzte, schon zu Zeiten Ludwigs XIV. als Musterbeispiele der Ignoranz bezeichnet, sahen lediglich, daß ihre Allheilmittel, Purgantia und Aderlaß, in diesem Falle nicht weiterführten. Einige Jahre nach der Hochzeit wurde schließlich bekannt, daß ein kleiner körperlicher Defekt, eine Phimose, der Vereinigung des Königspaares entgegenstand. Ein jüdischer Arzt hätte dieses Hemmnis wohl rascher erkannt und beseitigt. Trotz klarer Diagnose dauerte es noch lange, bis der König die Angst überwand, die dem Eingriff vorausging. Erst sein Schwager, der österreichische Mitregent Kaiser Joseph II., der 1777 Paris – wo er übrigens »inkognito« als Graf Falkenstein abgestiegen war – besuchte, vermochte es, Ludwig XVI. von der Notwendigkeit und dem vergleichsweise kleinen Risiko der Operation zu überzeugen. Dem kaiserlichen Gast, einem außerordentlich klugen und scharfen Beobachter, blieben die Mißstände am Hofe nicht verborgen. Man bemühte sich noch nicht einmal, Potemkinsche Dörfer zu errichten, denn Versailles war viel zu eitel, um die Gefahren der damaligen Zustände zuzugeben.

Joseph II. sprach nicht nur äußerst freimütig mit seinem Schwager Ludwig, sondern machte auch seiner Schwester Marie Antoinette, der er sehr zugetan war, mehrere schwere Vorhaltungen. Wie konnte sie nur durch ihren Leichtsinn, ihre Verschwendung, ihre Unbesonnenheit die Zukunft der französischen Monarchie aufs Spiel setzen, ganz abgesehen davon, daß sie, die »Autrichienne«, dem Neid und der Fremdenfeindlichkeit in besonderem Maße ausgesetzt war! Maria Theresia aus der Ferne und Joseph II. während seines Besuches warnten Marie Antoinette vor den Gefahren, die sie heraufbeschwor. Es gelang dem Kaiser wenigstens, seinen Schwager zu überzeugen, sich der überfälligen Operation zu unterziehen, deren Erfolg auch nicht ausblieb. Endlich, acht Jahre nach der Hochzeit, trat die langersehnte erste Schwangerschaft der Königin ein. Sie führte zwangsläufig zu einer radikalen Umstellung der Lebensgewohnheiten Marie Antoinettes, ja, man darf wohl sagen, zu einer Verinnerlichung ihres Wesens.

Neben der Verschwendungssucht des Hofes bedeutete der Ausbruch des amerikanischen Unabhängigkeitskrieges eine weitere schwere Hypothek für Neckers Amtsantritt. Nach jahrelangen steuerlichen und handelspolitischen Differenzen zwischen England und seinen amerikanischen Kollegen hatten im Jahre 1775 die ersten Gefechte zwischen größeren Truppenverbänden stattgefunden. Am 4. Juli 1776 proklamierten die 13 Gliedstaaten, die damals den Bund der Vereinigten Staaten von Nordamerika bildeten, ihre Unabhängigkeit vom englischen Mutterland, gleichzeitig mit einer Erklärung der grundlegenden Menschenrechte (Bill of rights). Die Hauptgedanken dieser bahnbrechenden Erklärung verschafften ihr sowohl in den Unionsländern wie im Ausland eine tiefgreifende Wirkung. »Alle Menschen sind gleich vor Gott und vor dem Gesetz«, so heißt es gleich am Anfang.

Thomas Jefferson[9], von 1785 bis 1789 amerikanischer Gesandter in Paris und später Präsident der Vereinigten Staaten, beeinflußte maßgeblich die Abfassung der Unabhängigkeitserklärung seines Landes. Er machte sich zwar keine Illusionen über die bestehenden, teils sozialen, teils naturgegebenen Unterschiede. Das anzustrebende Ziel der persönlichen und staatlichen Freiheit blieb gleichwohl in allen Wechselfällen der geschichtlichen Entwicklung ein mächtiges Vehikel. Die Grundrechte sollten nicht abhängen von der Gnade eines Königs oder einer wohlgesinnten Regierung, sondern wurden als angeboren und unveräußerlich bezeichnet. Die Regierungen hatten durch eine Art Gesellschaftsvertrag den Auftrag erhalten, das Leben, die Freiheit und das Eigentum ihrer Bürger zu schützen, aber nur so lange, wie sie diesem Auftrag gewissenhaft nachkamen.

Die amerikanische Unabhängigkeitserklärung enthielt viele Ideen, die von Frankreich, insbesondere von Jean-Jacques Rousseau, ausgegangen waren und sich jetzt erstmals ein politisches Fundament schufen. Es erstaunt daher nicht, daß deren Proklamation in Frankreich große Begeisterung auslöste. Die Regierung unter der Ägide des Außenministers Graf de Vergennes und des Marineministers Graf de Sartine, welche bereits eine umfassende Wiederaufrüstung der französischen Flotte in die Wege geleitet hatte, begrüßte eine Ablenkung der Öffentlichkeit nach außen. Außerdem sahen die Militärs die Möglichkeit einer Revanche gegen den alten Erbfeind England, der, verbündet mit Friedrich dem Großen, im Siebenjährigen Krieg gegen Frankreich gesiegt hatte.

Necker, der soeben erst Fuß im Ministerium faßte, hätte es vorgezogen, den Finanz- und Verwaltungsreformen Priorität einzuräumen. Statt dessen sah er sich nun gezwungen, die Rüstung zu finanzieren, die in großem Ausmaß betrieben wurde. Er bedauerte den Verlauf der Ereignisse nicht nur wegen deren Auswirkungen auf die sozialen Verhältnisse Frankreichs, sondern auch im Hinblick auf seine soeben zu Lord Stormont angebahnten freundschaftlichen Beziehungen. Man konnte zwar damals noch nicht wissen, daß der Krieg gegen England nicht nur zwei Milliarden Livres kosten, sondern trotz seines günstigen Verlaufs keinen großen Erfolg auf politischer Ebene und noch viel weniger in wirtschaftlicher Hinsicht erbringen würde. Denn der Überseehandel Frankreichs blieb nicht nur während der Kriegsdauer fast vollständig unterbrochen, sondern konnte sich auch später nie mehr ganz vom Verlust wichtiger Märkte erholen. Nur San Domingo und Sénégal blieben als Eckpfeiler eines französischen Kolonialreichs erhalten.

Es sollte sich auch zeigen, daß England in finanzieller und industrieller Hinsicht viel besser auf den Krieg vorbereitet war als Frankreich, dessen Wirtschaft ganz vorwiegend auf agrarischer Grundlage beruhte und dessen Einkommen weitgehend durch staatliche Anordnungen verteilt wurde. Das freie Unternehmertum steckte in Frankreich erst noch in seinen Anfängen.

Necker meinte wohl zu Recht, daß Frankreich in einem Krieg mit England mehr zu verlieren als zu gewinnen hätte und daß den inneren Reformen jedenfalls Vorrang zukäme. Da er jedoch keine eigentliche Hausmacht besaß und sein Einfluß auf König Ludwig, der keinem Minister ein klares Nein sagen konnte, relativ klein war, gelang es Necker nicht, die Entwicklung aufzuhalten. Außerdem sollte der Krieg nicht nur dazu dienen, alte Rechnungen zu begleichen, sondern neue Verbindungen aufzubauen und eine neue Politik einzuleiten.

Am 6. Februar 1778 wurde ein Bündnis- und Handelsvertrag mit den amerikanischen Freistaaten abgeschlossen. Für England war dies Grund für den Abbruch seiner diplomatischen Beziehungen zu Frankreich. Die Geister der Aufklärung begrüßten das neue Bündnis, in welchem sie einen Sieg über die absolute Monarchie zu erkennen glaubten. Necker selbst befand sich in einer Zwickmühle: Er saß zwischen den Ministern und Militärs, die eine nationalistische Politik betrieben, und jenen Kreisen, die eine Schwächung des Königtums anstrebten. Beide, mit verschiedenen Motiven, drängten zum Krieg gegen England. Ihm blieb die undankbare Aufgabe, die Rechnungen für die Zeche zu zahlen, die andere ihm vorlegten.

Am meisten ärgerte er sich über das Marineministerium, mit dem Grafen de Sartine an der Spitze, weil man dort prinzipiell alle finanziellen Erwägungen in den Wind schlug. Während sich das Marinebudget 1774 unter dem Vorgänger Sartines auf etwa 32 Millionen Livres belaufen hatte, betrug es seit dem Kriegsausbruch mehr als 130 Millionen. Als Adliger betrachtete es Sartine als unter seiner Würde, sich mit den Finanzen für die Flottenausrüstung zu befassen. Er sandte die eingehenden Rechnungen an Necker, ohne für irgendeine Planung zu sorgen, so daß das Finanzministerium von laufend neuen Forderungen überrascht wurde. Wie konnte Necker die

Zahlungsfälligkeiten einhalten, ohne die Höhe und den Eingang der Rechnungen einigermaßen zu kennen? Er protestierte mehrmals gegen derartige Praktiken, konnte sich damit aber kein Gehör verschaffen, weil er keinen Sitz im Staatsrat hatte. Schließlich führten die Mißstände sogar so weit, daß Sartine und andere hohe Beamte einfach Tratten auf das Finanzministerium zogen, ohne dasselbe im voraus zu benachrichtigen.

Durch den großen Finanzbedarf verteuerte sich der Kredit trotz Neckers systematischer Kreditpflege. Dennoch verfolgte er unerschütterlich sein doppeltes Ziel: einerseits das Reformwerk, welches ihm aus sozialen Erwägungen und als Voraussetzung einer gerechteren Steuerverteilung besonders am Herzen lag, andererseits die Sanierung des Staatshaushalts. Sowohl über die Ziele wie über die Möglichkeiten, sie auszuführen, kam es zu heftigen Konflikten zwischen den politischen Kräften. Die herrschenden Kreise, vor allem der Hofadel, verteidigten ihre Vorrechte, während das Bürgertum breitangelegte Reformen wünschte. Die sogenannten Parlamente, in Wirklichkeit Gerichtshöfe, denen die meisten Steuererhöhungen zur Registrierung vorzulegen waren, weideten sich an der Popularität ihrer Opposition gegen die Regierung, blieben aber im Grunde genommen legalistische Hemmblöcke gegen alle Neuerungen. Necker mußte vorsichtig vorgehen, wollte er nicht den Widerstand, der sich früher oder später gegen ihn erheben würde, vorzeitig herausfordern.

Zu den wichtigsten Reformen Neckers gehörten die Verwaltungsmaßnahmen, die er zur Rationalisierung der Steuererhebung traf. Als erste Verordnung kam am 2. November 1777 der königliche Erlaß heraus, der die »Vingtièmes d'industrie«, die gewerbliche Einkommensteuer, aufhob, welche das mobile Vermögen auf dem Lande, das heißt das nicht landwirtschaftlich genutzte Vermögen, belastete.[10] Ferner gehörte zu diesen Rationalisierungsmaßnahmen die Abschaffung der jährlichen Rotation der Steuereinnehmer. Necker hatte bereits kurz nach seiner Amtsübernahme die durch sei-

111

nen Vorgänger Turgot erlassene Abschaffung des Wechsels der Steuereinnehmer bestätigt, die jedes Jahr alternierten, weil das königliche Schatzamt behauptete, daß nur diese Rotation Gewähr für die Strenge und Unbestechlichkeit der Verwaltung biete. Auf diese Weise gab es jedoch viel mehr Steuerpfründen als erforderlich. Der Finanzhistoriker Stourm spricht vom Kreuzfeuer der Steuereinnehmer, in dem die Steuerpflichtigen standen.[11] Im Jahre 1777 dehnte Necker diese Maßnahme sogar auf die Güter der größten Grundbesitzer wie des Grafen von Artois und des Herzogs von - Orléans aus.

Die Provinzialversammlungen

Nach bald zwei Jahren im Amt hatte der Finanzminister genügend Erfahrungen und Einsichten gewonnen, um nicht nur dringliche Steuerdekrete, sondern eine umfassend fundierte Verfassungsreform vorzuschlagen. Im Mai 1778 übergab er Ludwig XVI. das Memorandum über die Einberufung von Provinzialversammlungen, welches nur für den König bestimmt war und geheim bleiben sollte. Necker warnte in erster Linie davor, die ganze Verwaltung in Paris zu konzentrieren.»Wenn man alle Stränge der Verwaltung in Paris zusammenzieht, dann muß man dort, wo man alles aus fernen Berichten weiß, wo man nur einem einzigen Mann glaubt, wo man keine Zeit hat, die Sachen gründlich zu überprüfen, diskutieren und entscheiden über 500 000 Steuerbögen, die sich durch tausend Arten, Formen und Usancen voneinander unterscheiden. Welch gewaltiger Unterschied zwischen der Ohnmacht einer solchen Verwaltung und dem ruhevollen Vertrauen, das aus einer vernünftig organisierten Provinzialadministration entstünde.«[12] Man erkennt aus diesen Worten, daß hier ein überzeugter Anwalt der Dezentralisation die politische Bühne Frankreichs bestiegen hat.

Man kann es als fatales Unglück bezeichnen, daß bereits unter Richelieu, vor allem aber unter Ludwig XIV. der Zentralismus in

Frankreich gesiegt hatte. Bereits im Jahre 1740 schrieb Montesquieu, der große Philosoph und Rechtsgelehrte:»In Frankreich gibt es nur Paris und die weit entfernten Provinzen, welche Paris noch nicht aufgefressen hat.« Damals bezog sich diese Feststellung eigentlich auf Versailles, aber es sollte nicht mehr lange dauern, bis der Regierungssitz nach Paris zurückkehrte. Das Machtzentrum, das sich in Versailles konzentriert hatte, wurde während der Französischen Revolution nach Paris verlagert und dort sowohl von den Jakobinern wie von Napoleon systematisch ausgebaut. Kein Kraut war dagegen gewachsen. Es gab zwar ursprünglich Ansätze zu einer gesunden Dezentralisation, vor allem auf der Ebene der Gemeindeautonomie, doch wurden diese Versuche durch die Hegemonialkriege und den Absolutismus abgewürgt. Sowohl Turgot wie vor allem der Marquis von Mirabeau hatten die Einberufung von Provinzialständen befürwortet, welche in den Diskussionen vor der großen Revolution einen breiten theoretischen Raum einnahm, jedoch erst unter Necker konkrete Gestalt gewann. Zuvor mußte allerdings das Fazit aus den gescheiterten Maßnahmen Turgots und seinen Nachfolgern gezogen werden. Necker konnte nicht da anfangen, wo Turgot Schiffbruch erlitten hatte. Er mußte sich zunächst in allen Einzelheiten mit der Institution, den Funktionen und den Kompetenzen der Provinzialversammlungen befassen.[13]

Obwohl Necker einleitend die Umsicht und die Güte des Königs lobt, macht er in seinem Memorandum keinen Hehl aus seiner Kritik am damaligen Regime.[14] Necker betont, daß die Provinzialversammlungen zunächst nicht die Höhe, sondern die Verteilung der Steuern zu bestimmen hätten.[15] Bei dieser Verteilung zieht er jedoch den Entscheid der Standesversammlungen demjenigen der Parlamente vor.[16] Gerade hier setzte seine Kritik an, denn es fehlte nicht an Seitenhieben gegen die Parlamente, die sich gegen eine bessere Veranlagung der Steuerzuschläge, nämlich der Zwanzigsten, stärker wehrten als gegen die Grundsteuer, die Taille, aus dem einfachen Grunde, weil diese Zuschläge direkt vom Schatzamt dekretiert werden konnten, ohne der Registrierung zu bedürfen. Infolgedessen fielen die Spesenanteile der Justiz weg, so daß das Einkommen der Justizräte darunter litt. Der gesamte mittlere Teil des Memorandums über die Provinzialversammlungen enthält einen geschickt formulierten Appell an König Ludwig, die Autorität der Monarchie dadurch zu verstärken, daß sie die Ständeversammlungen der Provinzen stützen möge gegen die Parlamente, das heißt die Justizhöfe, die sich in die Verwaltung einmischten. Zwischen den Ständen und den Parlamenten müsse ein Gleichgewicht errichtet werden, wodurch der König die Unabhängigkeit seiner Entscheidungen wahren könne, indem er in die Rolle des Schiedsrichters gelange.

Die Idee der Einberufung von Provinzialversammlungen zum Zweck der Steuerreform und der Dezentralisation ging ursprünglich, wie bereits angedeutet, nicht auf Necker, sondern auf den Marquis von Mirabeau sowie auf Turgot zurück. Die Vorschläge Turgots waren zwar gut konzipiert, erschienen dem König jedoch zu radikal, ganz abgesehen davon, daß die kurze Amtszeit dieses Ministers die Ausarbeitung konkreter Maßnahmen verhinderte. Ludwig XVI. schrieb eigenhändig an den Rand des Schriftsatzes: »Das System von Turgot ist ein schöner Traum … es ist eine Utopie, die von einem Mann mit guten Absichten kommt, aber den jetzigen Zustand auf den Kopf stellen würde …« Neckers geschicktem diplomatischem und pragmatischem Vorgehen war ein weitaus größerer Erfolg beschieden. Mit seiner harten Kritik an den Parlamenten und Intendanten gelang es ihm, den König wenigstens vorübergehend wachzurütteln und aufzuschrecken, gleichzeitig aber durch die Geheimhaltung des Berichts die wütende Opposition der betroffenen Kreise zunächst zu verhindern. Das versuchsweise Vorgehen, das der Mentalität Ludwigs XVI. am besten entsprach, erwies sich als erfolgreich. Eine rasche Einberufung von Provinzialversammlungen schien zweckmäßig, weil man annehmen konnte, daß sie als direkte Vertreter der Steuerpflichtigen ihre eigenen Probleme am besten kannten und daher am ehesten Abhilfe schaffen würden.

Das Experiment von Berry

Durch ein königliches Dekret vom 12. Juli 1778 wurde zunächst die Provinzialversammlung von Berry errichtet, einer relativ kleinen und rückständigen Region, die sich in Mittelfrankreich befindet, Bourges zur Hauptstadt hat und damals eine Bevölkerung von etwa 500 000 Menschen umfaßte. Die Statuten, in welchen die französischen Generalstände von 1789 bereits vorausgebildet waren, bestimmten, daß von den 48 stimmberechtigten Mitgliedern zwölf auf die Geistlichkeit, zwölf auf den Adel und 24 auf den dritten Stand entfielen.

Aus verschiedenen Gründen eignete sich die Provinz Berry als Experimentierfeld für die französische Verwaltungsreform. Das an sich fruchtbare Land bedurfte neuer Anbaumethoden. Es wurde durch die Einkommenssteuer relativ gering belastet, denn aus dieser flossen nur etwa 2,5 Millionen des gesamten Steueraufkommens von acht Millionen Livres. Der amerikanische Historiker Robert D. Harris, der sich mit Neckers Reformen gründlich befaßte[17], errechnete, daß Berry von allen Provinzen Frankreichs pro Kopf der Bevölkerung am wenigsten »Taille« bezahlte. Unter diesen günstigen Bedingungen schien es möglich zu sein, dort mehr Kapital einzusetzen, das mit besonderem Nutzen investiert werden konnte. Darüber hinaus fanden Neckers Bestrebungen bei den maßgeblichen Persönlichkeiten in Berry aktive Unterstützung. Sie waren davon überzeugt, daß die Veranlagung der direkten Einkommenssteuer den Hauptgegenstand der ersten Phase der Versammlung bilden müsse. Durfte eine Steuer von den gleichen Beamten veranlagt und eingezogen werden? Um dies zu vermeiden und eine gerechtere Steuerverteilung in Frankreich einzuleiten, hatte man den Intendanten das Recht erteilt, die Veranlagungen, die durch die Steuereinnehmer erfolgten, zu berichtigen, wodurch man allerdings den Teufel durch den Beelzebub austrieb. Daran änderten auch die administrativen Erleichterungen nicht viel, welche Necker 1778 erlassen hatte.

Als die Provinzialversammlung von Berry am 10. November 1778 erstmals zusammentrat, wurde im Sitzungsbericht eingangs festgestellt, daß die Erhebung der Taille mit so viel Leid, Ungerechtigkeit und Ungleichheit verbunden sei, daß man dieses Übel als unheilbar bezeichnen müsse. Es wurde gefragt, ob eine solche Steuer nicht besser abgeschafft werde. Die Bauern hatten einfach Angst, ihren Besitz in irgendeiner Form anzugeben. Eine vorbereitende Kommission, welcher der Abbé Véri, ein mehr literarisch als pastoral wirkender Geistlicher, vorstand, leistete gute Arbeit, weil sie Neckers Bemühungen prinzipiell unterstützte. Entsprechend den ministeriellen Wünschen, die zu einem pragmatischen Vorgehen rieten, sollte die Kommission ihre Arbeit mit dem Studium der Anbaumethoden, der Erträge und der Lebensgewohnheiten der Nachbarprovinzen beginnen.

Aufgrund dieser Untersuchungen entschied man sich für das Vorgehen in der Provinz Rouergue im Gebiet der Haute-Guyenne, der zweiten Provinz, in der eine Ständeversammlung gewählt wurde, die am 11. Juli 1779 in Montauban zusammentrat. Dort wurde der Grundsatz aufgestellt, daß die Besteuerung des landwirtschaftlichen Ertrages erst nach Abzug aller Anbaukosten zu erfolgen habe. Danach errechnete man den durchschnittlichen Ertrag einer Anzahl typischer Sprengel der Haute-Guyenne und fand heraus, daß sich die Taille auf ungefähr zehn Prozent des Einkommens belief. Alle Gemeinden, wo die Besteuerung des Reinertrags zehn Prozent überstieg, erhielten das Beschwerderecht unter der Bedingung, daß der Kataster vorgelegt werde und eine Schätzung ergab, daß die Steuersummen mindestens ein Drittel über dem Durchschnitt lagen. Dieser Satz wurde später auf ein Viertel und noch tiefer gesenkt. Da das gesamte Steueraufkommen der Provinz gleich bleiben mußte, erfolgten diese Korrekturen zu Lasten der übrigen Gebiete. Im Lauf der Jahre entstand so eine Vereinheitlichung der Sätze in der ganzen Provinz.[18]

Jahrhundertelang lag die Einschätzung und die Eintreibung der direkten Steuern in den Händen von Pächtern und Steuereinnehmern, die ihr Amt gekauft hatten und daher Gewinne daraus ziehen wollten. Die Pächter waren steuerpflichtige Privatpersonen, die sich selbst schonten, andere dafür um so stärker drangsalierten. Die Steuereinnehmer ihrerseits befanden sich zwischen zwei Feuern, zwischen dem Haß ihrer Klienten und dem Druck des Staates, der sie zur Zahlung fester Beträge und entsprechender Vorschüsse zwang. Konnten sie diese nicht einkassieren, so mußten sie selbst für die Differenz aufkommen.

Bei der Fortführung der ersehnten Steuerreformen stützte sich Necker zunächst auf einige Maßnahmen, die bereits Turgot, sein phantasievoller Vordenker, getroffen hatte, so zum Beispiel die Abschaffung der Solidarhaftung der Steuerpflichtigen. Sodann führte er eine seiner wichtigsten Reformen durch: die Unterstellung der Steuereinnehmer unter eine einzige Verwaltung und die Steuererhebung durch drei Staatsunternehmen im Hinblick auf den stufenweisen Abbau der Generalpacht.

Es wäre auch nicht möglich gewesen, die Steuerpächter mit einem Schlag zu entlassen, weil der König finanziell gar nicht in der Lage gewesen wäre, ihre langfristigen Verträge abzugelten. Außerdem brauchte es längere Zeit, um die Organisation zu ersetzen, die in den Händen der Steuerpächter lag. Aber gerade in organisatorischer Hinsicht unternahm Necker große Anstrengungen, um mehr Ordnung in das Finanzwesen zu bringen und Einsparungen zu erzielen. Er verminderte die Anzahl der Staatskassen, wodurch die toten Einlagen abnahmen, und achtete auf bessere Zirkulation der Gelder. Ferner legte der Finanzminister, der als ehemaliger Bankier viele Menschen beschäftigt und zu effektiver Arbeitsweise angeleitet hatte, besonderen Wert auf eine Straffung und Verminderung der Stellen auf das unerläßliche Mindestmaß.[19]

»Le compte rendu«

Das Grundübel der Finanzmisere lag aber, wenigstens in technischer Hinsicht, darin, daß nirgends, weder in Versailles noch bei den In-

Necker überreicht Ludwig XVI. seinen »Compte rendu«

tendanten der großen Provinzen, ein klares Budget aufgestellt wurde. Es wurde eingenommen und ausgegeben, ohne daß der Haushalt übersichtlich geführt und der Öffentlichkeit bekanntgemacht worden wäre. Um eine bessere Basis für die weitere Kreditschöpfung zu erlangen und seinen Gegnern wirkungsvoll entgegenzutreten, die ihn als Scharlatan bezeichneten, faßte Necker im Jahre 1781 den aufsehenerregenden Entschluß, seinen bisher für den König bestimmten Staatshaushaltsbericht zu veröffentlichen und in 100 000 Exemplaren zu verbreiten. Diese Maßnahme wirkte wie eine Bombe auf die öffentliche Meinung des Landes. Bis 1781 hatte es in Frankreich keine Veröffentlichung des Staatshaushaltes oder eines Budgets gegeben. Sowohl aus politischen wie aus technischen Gründen wurden die Finanzen geheimgehalten, denn die absolute Monarchie ließ niemanden – außer die höchsten Beamten der Verwaltung – in ihre Karten blicken. Außerdem und vielleicht gerade deswegen blieb die Buchhaltung und die Rechnungslegung so primitiv und ungenau, daß es zu keiner Übersicht kam.

In seinem Rechenschaftsbericht, dem »Compte rendu au Roi«[20], den der Finanzminister im März 1781 veröffentlichte, unterstreicht er deshalb einleitend die bahnbrechende Neuerung der Veröffentlichung und der Durchsichtigkeit des Finanzberichts, deren Hauptzweck er in der Stärkung des staatlichen Kredites sah. Er verweist auf das Beispiel Englands, wo der Finanzstatus dem Parlament bereits damals jährlich vorgelegt wurde und der Staat hieraus bei der Kapitalaufnahme einen großen Vorteil zog. Es war Necker klar, daß das Vertrauen die Basis der Kreditfähigkeit bildete. Das Vertrauen der französischen Sparer hatte durch die häufigen Aderlässe, denen sie unter Ludwig XIV., der nachfolgenden Regentschaft des Herzogs von Orléans und unter Ludwig XV. ausgesetzt waren, schwer gelitten. Die Geheimniskrämerei wurde lediglich vor der Ausgabe neuer Staatsanleihen durch ungenaue und tendenziöse Berichte unterbrochen. Necker warnte den Staat beziehungsweise die Monarchie

davor, im trüben zu fischen. Er forderte die öffentliche Rechnungslegung nicht als zweckbedingte einmalige Maßnahme, sondern als
regelmäßige und dauerhafte Institution.

Im ersten Teil seines Berichts wird der Finanzstatus dargestellt,
den der Minister von seinem Vorgänger übernahm, worauf Neckers
Maßnahmen und Neuerungen folgen, die bis zum Stand von 1781
führten. Laut Necker hatte Clugny ein Defizit von 24 Millionen
Livres hinterlassen. Ein jährliches Defizit konnte nur durch neue
Steuern oder durch Anleihen gedeckt werden, die ihrerseits Zinsen
kosteten, wodurch sie das Übel vergrößerten. Der einzige Ausweg
bestand in vermehrter Sparsamkeit und besserer Ordnung: Erst
nach der Ausschöpfung dieser Möglichkeiten dürfen neue Steuern
erwogen werden.

Am Schluß dieses ersten Teils kommt Necker auf zwei Einrichtungen zu sprechen, die in den ökonomischen Diskussionen jener
Zeit im Vordergrund standen: die sogenannten Antizipationen und
die Diskontbank. Unter Antizipationen sind jene Vorschüsse an
den Staat gemeint, die in Form von Schuldverschreibungen mit relativ kurzer Laufzeit von privaten Kapitalgebern finanziert wurden.
Sie spielten während der Finanzkrise der Französischen Revolution eine große Rolle.[21]

Die königliche Diskontbank, bei deren Gründung unter Turgot
Necker abseits gestanden hatte, weil sein Gegner Panchaud dabei die
Hauptrolle spielte und weil sie den Handelsbanken Geschäfte entziehen konnte, hatte zunächst einen schlechten Start gehabt.[22] Ihre
Situation war schwierig, weil der ihr zugestandene Diskontsatz von
vier Prozent, der 1779 auf 4,5 Prozent erhöht worden war, meist unter dem in Frankreich vorherrschenden Zinssatz von sechs Prozent
lag. Der Grund dafür bestand in der Meinung, daß das Zinsniveau
durch die Diskontbank gesenkt werden solle, damit der Satz nicht den
Ertrag der Landwirtschaft schmälere. Die Physiokraten, deren Einfluß
unter Turgot gestiegen war, nahmen an, daß ein Zins, der über dem
Ertrag der Landwirtschaft lag, deren Entwicklung beeinträchtigte.

Durch die widerstreitenden Meinungen wie auch durch die persönlichen Rivalitäten wurde die Diskontbank in den Strudel der Diskussionen gezogen. Necker stand ihr anfangs skeptisch gegenüber, anerkannte aber ihren ökonomischen Nutzen, sobald er die Leitung des Schatzamtes erlangte. Er wollte sie, trotz den sich gegenseitig konkurrierenden Verwaltungsräten, zu einer Bastion der Bankiers machen, damit sie sich erfolgreich gegen den Einfluß der Financiers behaupten könnten.[23] Diese konsequente Politik des Finanzministers war nicht nur diktiert von der Notwendigkeit, den öffentlichen Kredit durch das Wohlwollen der Bankiers zu stärken, sondern gleichzeitig vom Bestreben, den König aus seiner Abhängigkeit von den Financiers zu befreien.

Die Feindschaft der großen Steuerpächter gegen Necker, der die käuflichen Ämter durch eine staatliche Verwaltung ersetzte, kam nicht von ungefähr. Die Financiers sahen sich durch die Bürokratie in ihrer Existenz bedroht. Vor allem im zweiten Teil des »Compte rendu« setzt sich Necker resolut mit den Financiers auseinander, denen nachgesagt wurde, sie seien die Parasiten des Staates. Im Frieden hieß es, man müsse sie schonen, damit ihr Kredit in Kriegszeiten zur Verfügung stehe. Im Kriege war man dann vollends auf sie angewiesen. So blieb alles beim alten. Necker packte den Stier an den Hörnern, als er sagte, nicht der Staat hänge von den Finanzleuten ab, sondern sie brauchten den Staat, um ihre Kapitalien anzulegen. Es gelte, das Vertrauen in die Finanzkraft des Staates zu heben. Die Financiers stellten ihre Gelder nur gegen Sicherheit und zu ihrem Nutzen zur Verfügung. Man sei nicht auf ihr besonderes Wohlwollen angewiesen, wenn die Staatsfinanzen gesund seien. Es gehe darum, den Baumstamm zu stärken, von dem sich alle Äste nährten.

Neckers Rechenschaftsbericht zeigt sehr anschaulich, daß das Finanzministerium in Wirklichkeit die gesamte Wirtschaft des Landes leitete. Daher befaßte er sich mit der Handels-, Gewerbe-, Sozial-, Währungs-[24], Steuer- und Zollpolitik[25], mit der Fron[26], mit der königlichen Domänenverwaltung und schließlich mit der Forstwirtschaft, die ihm sogar besonders am Herzen lag. Er warnte vor einer zu starken Abholzung, ohne gleichzeitig für genügende Aufforstung zu sorgen. Allerdings kam der Forstwirtschaft damals auch eine noch größere Bedeutung zu als heute, da sie nicht nur dem Gewerbe, der Bauwirtschaft und dem Hausbrand, sondern auch dem Flottenbau diente, der in Kriegszeiten besonders forciert wurde.

Grundsätzlich neigte Necker einer liberalen Handels- und Gewerbepolitik zu, ohne indessen auf die Möglichkeiten staatlicher Interventionen im Bedarfsfalle zu verzichten. Er hatte bereits im Mai 1779 eine königliche Verordnung veranlaßt, um die Unternehmerinitiative zu fördern, ohne den Schutz der nach alten Verfahren hergestellten Waren aufzuheben. Es ging ihm darum, den Handel zu fördern, zugleich aber den Qualitätsschutz beizubehalten. Eine solche Politik, die auch heute, nach 200 Jahren, weitgehend angewandt wird, darf als durchaus modern gelten, für die damalige Zeit war sie auf jeden Fall sehr fortschrittlich.

Aus dem Rechenschaftsbericht Neckers geht hervor, daß es ihm praktisch gelungen war, die ordentlichen Ausgaben durch die ordentlichen Einnahmen zu decken, das heißt, nur die Kriegskosten durch Anleihen zu finanzieren, während die hohen Zins- und Tilgungskosten aus dem ordentlichen Etat bezahlt wurden. Fragt man sich, wie es möglich war, die Zins- und Tilgungskosten der von 1776 bis 1781 entstandenen zusätzlichen Neuverschuldung zu verkraften, dann liegt die Erklärung in seinen tiefgreifenden Spar- und Rationalisierungsmaßnahmen, die er unter der Bezeichnung »Améliorations« (Verbesserungen) zusammenfaßte. Es handelte sich hauptsächlich um Einsparungen bei der Steuerpacht, bei den Regiekosten, beim königlichen Haushalt und bei der Steuereintreibung.

Da die Einzelheiten dieser Maßnahmen von anderen Autoren bereits gut studiert worden sind, genügt es, an dieser Stelle zu erwähnen, daß Robert D. Harris in einer aufschlußreichen Tabelle die Einsparungen Neckers von 1776 bis 1781 auf jährlich insgesamt 84,5 Millionen Livres bezifferte.[27] Diese Einsparungen – abgesehen von den neuaufgenommenen Anleihen – gestatteten es Necker, alle Ausgaben zu finanzieren, ohne neue Steuern aufzulegen, die aus wirtschaftlichen und politischen Gründen unvertretbar waren. Als der »Compte rendu au Roi« im Februar 1781 veröffentlicht und mit großer Begeisterung aufgenommen wurde, weil er über das erfolgreiche Jahrfünft des populären Finanzministers Aufschluß gab, konnte niemand wissen, daß dessen Verfasser schon drei Monate später stürzen und demissionieren würde.

Wohltätigkeit oder Sozialpolitik?

In seiner Preisschrift über Colbert sang Necker bereits das Hohelied auf einen Staatsmann, der nicht nur Finanzminister war, sondern sich auch um die Sorgen der Armen und Kranken kümmerte. So schrieb er in seinem »Éloge de Colbert«: »Hat man einen Abschnitt seines Lebensweges durchlaufen, hat man die Genüsse erwogen, denen der Mensch nachjagt, dann zeigen sich die engen Grenzen derjenigen, die nur an sich selbst denken; man kann seine Existenz nur ausweiten, wenn man für andere Gutes tut; bezeugt es, ihr mitfühlenden Seelen, ihr, die von dieser Einsicht lebend und euren Kräften entsprechend das Unglück zu beklagen und zu lindern versuchet. Doch welcher Unterschied zwischen euren Mitteln und denjenigen des obersten Finanzverwalters? Das Herz entflammt, wenn es daran denkt. Oh, welcher Trost in einsamer Rückschau und in der Stille der Nacht, wenn alles außer dem Weltenwächter schläft, wenn man sich selbst sagen kann: Heute habe ich die Härte der Steuern gemildert; heute habe ich Menschen den Klauen der Bürokratie entrissen; heute kann ich durch eine bessere Verteilung einen überflüssigen Prunk in Wohlstand verwandeln, in einen allgemeinen Wohlstand, der denen nützt, die ihn haben, und auch jenen, die ihn bewundern; heute habe ich 200 000 Familien beruhigt, deren Besitz gefährdet war; heute habe ich Arbeitsplätze geschaffen und einen Damm gegen das Elend aufgerichtet; heute habe ich den Klagen und den Beschwerden der Landleute zugehört und ihre Rechte gegen die zwingenden Forderungen der Opulenz verteidigt. Welch hochherziges Gespräch! Welche Vertrautheit zwischen dem

Menschen und dem (eigentlichen) Herrn der Welt! Wie groß erscheint er dann, wenn er sich Gottes Plänen anzuschließen sucht ... Oh! Kommt zu Colbert, um die wahren Freuden des Verwalters zu erfahren; kommt, um, so wie er, eure Begabungen einzusetzen zugunsten des menschlichen Glücks; um aus diesem flüchtigen Leben zu lernen.«[1]

Neckers soziales Empfinden sprach aber nicht nur aus seinen Worten, sondern zeigte sich auch in seinem Handeln. Das bewiesen seine amtlichen Maßnahmen ebenso wie sein unermüdlicher Einsatz für die Armen und die Kranken. Die soeben zitierten Worte, die Necker 1773 niederschrieb, waren keineswegs nur Lobeshymnen auf Colbert, sondern eine Vorschau auf sein eigenes Programm. Dabei fand er in seiner Gemahlin Suzanne eine äußerst tatkräftige Unterstützung, denn es wäre ihm allein unmöglich gewesen, außer den schwierigen Aufgaben der französischen Finanzpolitik, die ihm damals bevorstanden, auch noch einzelne Arbeits- oder Krankenhäuser zu betreuen. Es waren vor allem dreierlei gemeinnützige Aufgaben, die den Finanzpolitiker als Sozialpolitiker beschäftigten: die Eindämmung des Bettlertums, die Organisation der Krankenhäuser und die Versorgung der Findelkinder.

Bereits zu Beginn des 18. Jahrhunderts hatte der berühmte Marschall Vauban[2] geschrieben, daß ein Zehntel der Bevölkerung Frankreichs dem Betteln nachgehe, während sich acht Zehntel in wirtschaftlich bedrängter Lage befänden. Seit frühester Zeit ertönt die Klage, welchen Verlust das Land erleide, wenn so viele Menschen müßiggingen. Immer wieder schritt deshalb der Gesetzgeber ein, doch nicht um das elende Los der Bettler zu verbessern, sondern um die vorhandenen Arbeitskräfte nützlicher einzusetzen. Den Bettlern wurden schwere Strafen angedroht. Die häufige Wiederkehr solcher Gesetze bewies jedoch nur deren Wirkungslosigkeit. Schließlich entwickelte sich das System der Arbeitshäuser, die der Staat organisierte, um die arbeitsfähigen Bettler nutzbringend zu beschäftigen.[3] In Frankreich, wo die Arbeitshäuser unter Colbert zur festen

125

Einrichtung geworden waren, wurden sie als »Hôpitaux généraux«
1662 gesetzlich verankert, nämlich als Anstalten, die arbeitsfähige,
aber müßiggehende Leute aufnahmen und denen die Prärogativen
der königlichen Manufakturen erteilt wurden. Colbert schrieb am
22. September 1667 an den Bürgermeister von Auxerre: »Es soll Ihr
Hauptanliegen sein, Mittel und Wege zu finden, die Armen einzu-
weisen und ihnen Beschäftigung zu geben, damit sie ihr Leben verdienen können.«[4] In zahlreichen Städten wurden solche »Hospize«
errichtet, wovon Necker bei seinem Amtsantritt bereits 700 vorfand.
Das Komitee für das Bettlerwesen (Comité de mendicité) der
Revolutionszeit ermittelte bereits 2185 solcher Arbeitshäuser.
Außerdem wurden 1764 noch eigentliche Bettlerhäuser (Dépôts de
mendicité) gegründet, wovon es zu Zeiten Neckers 33 Häuser mit
6000 bis 7000 Insassen gab.[5]

Necker versuchte, das Bettlertum nicht einfach zu bekämpfen,
sondern den Wurzeln des Übels auf die Spur zu kommen. Es genügte nicht, die Bettler zu internieren, sondern es mußte versucht werden, sie richtig in den Arbeitsprozeß einzugliedern. Gegen Ende des
18. Jahrhunderts hatte das Interesse und das Mitgefühl der geho-
benen Bevölkerungsklassen für die hilfsbedürftigen Armen und für
die Bettler erheblich zugenommen. Zahlreiche neugegründete wissenschaftliche, literarische und landwirtschaftliche Gesellschaften
befaßten sich mit diesen Fragen.

Im Jahre 1777 eröffnete die Akademie von Châlons einen Wettbewerb über »die Möglichkeiten, das Bettlerwesen in Frankreich dadurch auszutilgen, daß man die Bettler für den Staat nützlich ein-
setzt, ohne sie unglücklich zu machen«[6]. Dieser Wettbewerb fand
großen Widerhall; über 100 Personen aus allen Berufen nahmen
daran teil. Als die Ergebnisse der Untersuchungen 1780 bekanntgemacht wurden, zeigte sich, daß es vor allem die bisherigen Methoden zur Bekämpfung des Bettlertums waren, die kritisiert wurden.

Bevor die Armenhäuser gegründet wurden, teilweise aber auch

noch später, hatte der Staat versucht, diesem Übel durch Zwangsmaßnahmen beizukommen: Verbannung, Galeerenstrafe, Fronarbeit, Überführung in die Kolonien oder in Zwangsanstalten. Um
den Armen helfen zu können, wurden besondere Zehnte oder Per-
sonensteuern verhängt. Durch die anschließenden Hospizgrün-
dungen verbesserten sich zwar die Verhältnisse, doch wurde nun
Kritik an deren Verwaltungen geübt: Mangel an Hygiene, Überfül-
lung, Förderung des Müßiggangs, Vernachlässigung des Landes gegenüber den Städten und schließlich die Entstehung einer Konkurrenz für das lokale Handwerk durch das Hospizgewerbe. Es
wurde eine Verminderung der Anzahl der Hospize und die Be-
schränkung der Aufnahme auf Unheilbare und solche Bedürftige,
für die keine Familie sorgen konnte, gefordert. Die Gebäude sollten
weniger aufwendig und dafür bequemer eingerichtet werden.

Um diesen Mißständen zu begegnen, veranlaßte Necker Ludwig
XVI., den die Zunahme des Bettlertums betrübte, am 27. Juli 1777
eine Verordnung zu erlassen, in welcher die Abschaffung des Übels
und gleichzeitig die Hilfe an die Bedürftigen dekretiert wurde. »Den
Arbeitsfähigen soll Arbeit, den Arbeitsunfähigen und Kranken das
Krankenhaus und den Arbeitsunwilligen, die sich den Wohltaten des
Gesetzes verschließen, die Zwangsanstalt zugewiesen werden.«[7] Der
königliche Erlaß sollte insbesondere Paris und Versailles vom Bett-
lerunwesen befreien, wo es sich immer mehr ausbreitete, seitdem
Turgot die Zügel gelockert hatte. Necker verfügte, daß alle Bettler
innerhalb von zwei Wochen eine Arbeit annehmen oder sich an
ihren Heimatort zu begeben hätten. Nach Ablauf dieser Frist werde jeder Bettler verhaftet: Die Arbeitsfähigen sollten in die karitati-
ven Werkstätten von Paris verbracht, die Unfähigen in Hospitäler
eingeliefert werden. Hierdurch wurde es erforderlich, die Arbeitshäuser wieder zu öffnen, welche von Turgot geschlossen worden
waren. Necker begnügte sich keineswegs mit diesen Zwangsmaßnahmen. Entsprechend seiner allgemeinen Bevorzugung von Re-
gelungen, die sich in der Praxis bewährt hatten, errichtete er in der

Region von Soissons, nahe Paris, das Muster eines Arbeitshauses, in welchem »der Geist der Vernunft und der Menschlichkeit herrschen sollte, der die Erhaltung der Ordnung mit menschlichem Mitgefühl verbindet«[8]. In diesem Arbeitshaus von Soissons sollten Männer und Frauen außer der Unterkunft und Verpflegung selbst etwas Geld verdienen können als persönlichen Ansporn zur Arbeit. Ein guter Arbeiter konnte monatlich bis zu 15 Livres verdienen, ein Lehrling zwei bis drei Sous pro Tag. Auch die Frauen wurden für ihre Dienste bezahlt, wobei sie webten, strickten, nähten, ja ganze Kleidungsstücke anfertigen konnten. Necker vertraute die Leitung einem Geistlichen, dem Abbé de Montlinot, an, der sich bei der Verwaltung des Arbeitshauses außerordentlich bewährte. Der Musterbetrieb erlangte großes Ansehen im Lande.

Ebenso wichtig erachtete Necker die Eröffnung von Arbeitsämtern, die in mehreren französischen Städten geschaffen wurden. Sie sollten Arbeitsmöglichkeiten organisieren, um jeden Vorwand zum Müßiggang und zur Bettelei zu beseitigen. Zu diesem Zweck wurden 1778 die Arbeitsämter von Charleville und Amiens gegründet. Außerdem wurde das Amt von Châteauroux, das unter der persönlichen Protektion von Madame Necker stand, als Musterbetrieb für alle weiteren Institutionen errichtet. Suzanne Necker achtete auch darauf, daß die Webereibetriebe, welche bereits unter Turgot zur Beschäftigung arbeitsloser Frauen dienten, besser genutzt und geleitet wurden. Sie waren vor allem für alte und invalide Frauen eine große Hilfe. Necker seinerseits überwachte die Arbeitsbeschaffung für die Männer. Daneben erließ er am 7. Dezember 1777 das Gründungspatent der Pfandleihanstalt »Mont de Piété« von Paris. Die Pfänder wurden mit zehn Prozent pro Jahr beliehen, einem angemessenen Zins, der den Wucherern das Wasser abgrub.

Einen wichtigen Platz nahmen die Pariser Krankenhäuser ein, welche Jacques Necker und seiner Frau besonders am Herzen lagen. Am 17. August 1777 ernannte der französische Staatsrat auf Antrag Neckers eine Kommission, die Mittel und Wege prüfen sollte, um den Zustand des »Hôtel-Dieu« und der anderen Krankenhäuser, der Hospitäler (Hôpitaux) von Paris, zu verbessern. Ausdrücklich wurde festgehalten, daß die Untersuchungsergebnisse später in allen Krankenhäusern Frankreichs Anwendung finden sollten. Die Kommission wurde aus sieben Verwaltungsdirektoren des »Hôtel-Dieu«, zwei Verwaltern anderer Krankenhäuser, zwei Staatsräten, einem Richter, drei Pfarrern und dem Direktor der »Société royale de médicine«, dem Arzt de Lassonne gebildet. Es war das erstemal, daß ein Arzt zu einem offiziellen Verwaltungsauftrag beigezogen wurde. Man kann sich heute kaum einen Begriff davon machen, in welch elendem Zustand sich die Krankenhäuser und die ärztliche Ausbildung im allgemeinen im 17. und noch im 18. Jahrhundert befanden. Der Kommission wurde die doppelte Aufgabe gestellt, sowohl die hygienischen Verhältnisse als auch die Finanzverwaltung der Krankenhäuser zu untersuchen und Vorschläge zu machen, wie man das Los der verlassenen Kinder, der alten Leute und der Hilfsbedürftigen, »sei es im Hospiz, sei es im Hospital«, erleichtern könne. Da der König einen berechtigten Horror vor weiteren Ausgabensteigerungen hatte, verlangte er ausdrücklich, die Möglichkeiten der Selbstfinanzierung von Verbesserungen zu überprüfen. Das Ergebnis der ersten Untersuchungen entsprach keineswegs den hohen Erwartungen, die in die Kommission gesetzt worden waren. Einer der wenigen wirklich kompetenten Männer, ein gewisser de Lambon, beschwerte sich darüber, daß die Kommission lediglich beratende Funktionen habe. Daraufhin nahmen Necker selbst und der Großsiegelbewahrer Miromesnil, der den folgenden Sitzungen präsidierte, die Sache in die Hand. Miromesnil und Necker zogen den Erzbischof von Paris, die Präsidenten des Pariser Parlaments und des Rechnungshofes, den Generalstaatsanwalt des Parlaments, den Polizeichef, den Präsidenten der Kaufmannschaft, einen Generalintendanten und einen Rechtsanwalt zu der bereits bestehenden Kommission hinzu.

Hier galt nun ausnahmsweise nicht die Regel, daß viele Köche den

Brei verderben. Der großen Autorität der leitenden Persönlichkeiten, mit Necker an der Spitze, gelang es schließlich, konkrete Ergebnisse zu erzielen, die sich in den Statuten vom 22. April 1781 niederschlugen, welche neue Bestimmungen für die Einlieferung und die Betreuung der Kranken im Pariser »Hôtel-Dieu« enthielten. Darin hieß es, daß nunmehr 3000 Kranke in Einzelbetten, nach ihrem Geschlecht und nach der Art ihrer Krankheit getrennt, untergebracht werden sollen. Es wurde ferner die Notwendigkeit von getrennten Räumen für Rekonvaleszenten sowie die Möglichkeit von Spaziergängen für Pflegebedürftige anerkannt. Necker erkannte auch sofort, daß es bisher an einer effizienten Verwaltung der Hospitäler gefehlt hatte. Diese besaßen zwar häufig viel Grund und Boden, doch wurde dieser so nachlässig bewirtschaftet, daß er nur wenig Ertrag abwarf. Der Erlös aus dem Verkauf von Liegenschaften sollte nun in Staatspapieren angelegt und dadurch ein wesentlich höherer Ertrag erwirtschaftet werden. Dieses Vorgehen war bereits im königlichen Edikt von 1780 vorgesehen worden, um dadurch neue Hospitalbauten und Reparaturen zu finanzieren.[9]

Suzanne Necker hatte 1779 die Leitung des Kinderkrankenhauses übernommen, das noch heute den Namen »Hôpital Necker« trägt, während es ursprünglich »Hospice du Saint Nom de Jésus« hieß. Es gehört zum »Groupe hospitalier Necker-Enfants-Malades« und befindet sich heute in der Rue de Sèvres zwischen der Avenue de Breteuil und dem Boulevard des Invalides. Necker selbst hatte die Genugtuung, daß die Einrichtung eines weiteren Krankenhauses abgeschlossen wurde, bevor er sein hohes Amt aufgeben mußte. Es handelte sich um das »Hospice de Charité« von Saint-Sulpice, ein bleibendes Zeugnis seines Einsatzes für das Krankenhauswesen. In diesem »Hospice de Charité« gab es nur 120 Betten, aber die Schlafsäle waren gut gelüftet, die Pflegedienste wohl organisiert, Hygiene, Essen und Arznei wurden sorgfältig überwacht. Die Schwestern des Ordens von Sankt Vinzenz von Paul pflegten die Kranken in aufopfernder Weise. Als Necker anno 1784 darüber schrieb, betonte er, daß die Kosten pro Bett bei voller Ausrüstung nur 17 Sous pro Tag betrugen. »Es zeigt, daß die Kosten unverhältnismäßig tiefer liegen, als wenn jeder Patient bei sich zu Hause gepflegt wird.«[10] Nach Neckers Rücktritt am 11. Mai 1781 vollzog sich der Umbau des Pariser »Hôtel-Dieu« allerdings nur noch sehr langsam und bruchstückhaft.

Außer den Bettlern und den Kranken waren es die Findelkinder und die Gefangenen, die der staatlichen Fürsorge schwere Probleme bereiteten. Die Findelkinder aus ganz Frankreich mußten nach Paris verbracht werden, wo sich das einzige Hospital für Findelkinder befand.[11] Neun von zehn Kindern starben während des Transports oder als Folge davon. Necker verbot nun diese Transporte. Statt dessen ordnete er an, daß die Kinder ins nächstliegende Hospital zu verbringen seien. Das Schatzamt hatte die Differenz zu vergüten, wenn hierdurch das Budget des Hospitals überschritten wurde. Ebenso unmenschlich war bis dahin mit den Gefangenen verfahren worden. Als Frau Necker die Krankenabteilung der »Conciergerie«, eines Hauptgefängnisses von Paris, das der Jurisdiktion des Parlaments von Paris unterstand, besichtigte, war sie hell entsetzt. Sie machte eine Eingabe an den Dekan der ersten Kammer des Parlaments zwecks Verbesserung der dortigen Zustände. Da der Antrag unter Protest und mit einem Seitenhieb gegen Necker zurückgewiesen wurde, erhob sie Rekurs. Es gelang ihr schließlich, ihren Willen allen Widerständen zum Trotz durchzusetzen. Im königlichen Erlaß vom 30. August 1780 über die Gefängnisreform wurde verfügt, daß die Krankenabteilung der Gefängnisse geräumig, gelüftet, mit Einzelbetten zu versehen und alle Gebote zu respektieren hatten, »welche die Menschlichkeit und die Ordnung verlangen«[12].

Die Anstrengungen der beiden Neckers gingen weit über das hinaus, was als Wohltätigkeit bezeichnet werden kann. Es handelt sich nicht um gelegentliche Hilfeleistungen, sondern um einen Katalog von Maßnahmen, die wir heute mit Sozialpolitik überschreiben würden. Es scheint, daß hier zum erstenmal eine sowohl theoretische wie praktische Fundierung von Leistungen für die hilfsbedürftigen Glieder der Gesellschaft stattfand, die sowohl die Kranken, die Arbeitslosen wie alle anderen Notleidenden vom Kindes- bis zum Greisenalter umfaßte. Es ist kaum verständlich, wieso diese großen Pioniertaten Neckers sowenig Anerkennung in den modernen Wirtschafts- und Sozialwissenschaften gefunden haben, mit eingeschlossen die meisten französischen Autoren. Auch nach den Klassikern der französischen Revolutionsgeschichte vergingen noch viele Jahrzehnte, bis Camille Bloch und der Amerikaner Robert D. Harris mit Recht die große Bedeutung der Sozialpolitik Neckers hervorhoben. Die meisten Autoren konnten nicht verstehen oder wollten einfach nicht wahrhaben, daß ein Bankier mit seinen vorwiegend liberalen Auffassungen der Urheber einer großzügigen und zugleich wirksamen Sozialpolitik sein sollte. Es paßte weder den Theoretikern des Sozialismus noch den Ideologen des französischen Nationalismus ins Konzept, daß ausgerechnet ein Mann wie Necker ein Pionier auf jenem Gebiet war, das sie für sich gepachtet zu haben glaubten. Ein solcher Mann fand in ihrer Vorstellungswelt keinen Platz. Er wurde als Außenseiter behandelt, als Scharlatan verschrien, als unbequemer Mahner totgeschwiegen. Hätte nicht seine Tochter, Madame de Staël, Necker ein unerschütterliches Denkmal gesetzt, dann wäre unsere heutige Erinnerung an den Genfer Finanzmann noch viel dürftiger, als sie ohnehin schon ist. Doch weil sie immer wieder das große Herz ihres Vaters rühmte, verhinderte sie den Versuch seiner Gegner, sein Andenken in der Lethe, im Strom des Vergessens, versinken zu lassen.

Neckers Abgang

Die Geburt eines Kindes bedeutete nicht nur für das Königspaar, sondern auch für Necker eine erkennbare Freude, da mit ihr eine jahrelange sorgenvolle Ungewißheit beendet wurde. Doch nicht überall wurde diese Freude in gleicher Weise geteilt. Für die Brüder des Königs, den Grafen von Artois und den Grafen von Provence, mußte dieses Ereignis eher eine Enttäuschung bedeuten, sofern sie sich bereits Hoffnungen auf den Thron gemacht hatten für den Fall, daß Ludwigs Ehe kinderlos bleiben sollte. Obwohl die Spannungen zwischen den bourbonischen Brüdern das Geschehen jener Zeit nur am Rande berührten, bildeten sie den Hintergrund zu manchen späteren Verwicklungen, in denen die Prinzen dem König feindlich entgegentraten. Es sollte sich noch zeigen, daß das Zentrum der Intrigen gegen jede Reformpolitik und gegen Necker, als deren führenden Exponenten, bei ihnen lag. Aber auch der Herzog Philipp von Orléans, das Haupt der mit den Bourbonen seit langem rivalisierenden Nebenlinie, beteiligte sich eifrig an den Manövern gegen das Herrscherpaar, in erster Linie natürlich gegen die Habsburgerin, die auch die meisten Angriffsflächen bot.

Am Ende der 70er Jahre kündete sich eine Wandlung im Verhalten von Marie Antoinette an, die, wenn sie früher eingetreten wäre, im Volk Sympathie für die Königin erzeugt hätte. Es ist fast eine Ironie des Schicksals, daß Marie Antoinette die Beliebtheit, die sie als junges, hübsches Mädchen bis zu ihrem 20. Lebensjahr genossen hatte, gerade zu jenem Zeitpunkt verlor, als sie begann, mit mehr Ernst ihre königlichen Aufgaben anzupacken. Anscheinend kamen die Ratschläge ihres Bruders sowie ihre Mutterschaft zu spät, um die öffentliche Meinung, die durch unzählige Pamphlete und Gerüchte gegen sie eingenommen war, noch ändern zu können. Langsam, aber unaufhaltsam nahm das Verhängnis seinen Lauf. Es wurde nur noch einmal von einem Ereignis unterbrochen, welches die Beliebtheit der Königin für kurze Zeit anhob: die 1781 erfolgte Geburt eines Thronfolgers. Aber auch ihre Mutterschaften konnten letztlich nicht verhindern, daß ihr aus dem Volk mehr und mehr Gefühle der Feindschaft entgegenschlugen und ihr nicht nur die Affären, in die sie teilweise unschuldig verwickelt war, sondern auch zunehmend die Verantwortung für die Mißstände des Landes aufgebürdet wurde. Der Volkszorn suchte sich die unglückliche »Madame Defizit« zur Zielscheibe aus. Die Besinnung auf das Wesentliche, die in Versailles viel zu zögernd vor sich ging, um einen Meinungsumschwung auszulösen, konnte die Vorgänge, die schließlich zum Sturz von Necker führten, nicht mehr aufhalten. Der gutmütige Ludwig XVI., der zwar die Schlüssel der politischen Entscheidungen in der Hand hielt, war viel zu schwach, um davon rechten Gebrauch zu machen. Der König, der in seinen ersten sieben Ehejahren zuerst durch große Verliebtheit und danach infolge seiner Schuldgefühle Marie Antoinette keinen Wunsch versagte, blieb auch in den späteren Jahren trotz seiner erwiesenen Männlichkeit als Familienvater ein großer Pantoffelheld. Sein Hauptfehler bestand vielleicht darin, daß er niemals nein sagen konnte. Das wirkte sich sowohl familiär als auch politisch verheerend aus, besonders, nachdem es publik geworden war. Außerdem hatte er keine realistische Beziehung zum Geld. Im Kleinen vorsichtig und sparsam, gab er riesige Vergünstigungen an seine Familie, an den Hofadel und an andere Bittsteller.

Sicher lag darin einer der Gründe, weshalb der Geldverschwendung am Hofe und in den meisten Ministerien kein Einhalt geboten wurde, obschon sowohl der König wie Necker einen sparsamen Haushalt als unabdingbare Voraussetzung der wirtschaftlichen und finanziellen Gesundung erkannten.

In den ersten Jahren, in welchen Ludwig XVI. und Necker gemeinsam für den Abbau der Privilegien eintraten, funktionierte die Regierungsarbeit einigermaßen befriedigend. Erst Ende 1778, als sich die amerikanischen Kriegskosten voll niederschlugen und der König sein Prestige hätte einsetzen müssen, um Neckers Sparmaßnahmen zu stützen, zeigten sich die negativen Folgen. Das Marineministerium erwies sich als ein Faß ohne Boden, weil der Flottenchef, Graf de Sartine, ähnlich wie der Kriegsminister, Graf de Montbarey, keine Ahnung von einer geordneten Buchhaltung hatte. Das wäre zwar verständlich, denn Militärs sind keine Verwaltungsfachleute, doch lag der Fehler in ihrem Dünkel. Als Grafen von Geblüt fanden sie es unter ihrer Würde, Rechnung abzulegen. Sie disponierten, Necker sollte bezahlen. Necker hingegen hatte den Ministerien verboten, Wechsel auszustellen, um ihre Finanzbedürfnisse zu decken. Außerdem ernannte er, um die Buchhaltung in Ordnung zu bringen, einen Beamten mit den Aufgaben des Zahlmeisters jener Ministerien. Sartine betrachtete die Einsetzung eines Zahlmeisters als persönliche Kränkung.

Als Necker wieder einmal beim König über das Verhalten Sartines jammert, sagt Ludwig mit Ungeduld: »Mein Herr, ich kenne Ihre Integrität. Ich bin mit Ihren Diensten zufrieden, aber ich bin es ebenso mit all jenen, die mein Vertrauen besitzen, und habe Sie nicht gerufen, um Anklagen zu erheben.«[1] So blieb Necker zunächst nichts anderes übrig, als eine neue Anleihe zur Zeichnung aufzulegen, deren Bedingungen bereits bekannt sind. Nach den schlechten Erfahrungen, die viele Gläubiger unter Ludwig XV. gemacht hatten, mußte Necker besonders günstige Bedingungen wie die Leibrentenformeln gewähren, um den gewünschten Erfolg sicherzustellen. Auf allen möglichen Köpfen wurden die Leibrentenverträge aufgebaut, sogar auf das Leben des Königs und der Königin, die sich allerdings als besonders schlechte Risikoträger erweisen sollten, da ihre Köpfe viel früher rollten als jene der 30 »Demoiselles de Genève«, der besten Absicherung, die jemals erfunden wurde. Im übrigen zeigte schon damals die Statistik, daß Frauen eine längere Lebenserwartung besaßen als Männer. Außerdem bildeten die guten hygienischen Verhältnisse der Schweiz bereits im 18. Jahrhundert eine günstige Voraussetzung für eine bessere Gesundheit. Daher gelang es den Genfer Bankiers, weit über 100 Millionen Livres auf diese magische Formel abzustützen.[2] Niemand konnte sich damals vorstellen, daß die französische Währung infolge der Revolutionswirren einmal zusammenbrechen würde. Statt eines ruhigen Lebensabends blieb somit manchem Leibrentner nur noch der Bettelstab.

Nachdem Neckers erster Anlauf zur Ausschaltung Sartines gescheitert war, mußte der Minister auf eine Änderung der politischen Konstellationen hoffen, wobei die Entscheidung bei Maurepas lag. Der alte Premierminister, obschon unter schwerer Gicht leidend, hielt das Heft noch fest in seiner Hand. Eifersüchtig auf seine Prärogative bedacht, verübelte er Neckers Eingriffe in fremde Domänen und neidete dem Genfer seine große Popularität, die 1779 und 1780 durch dessen sozialpolitische und karitative Maßnahmen weiter gestiegen war.

Aber ungeachtet aller Anstrengungen, seine sozial- und finanzpolitischen Pläne zu verwirklichen, wurde Necker durch Frankreichs Verwicklung in den amerikanischen Unabhängigkeitskrieg immer wieder zurückgeworfen. Das Jahr 1779 hatte keine wesentlichen Fortschritte gebracht, so daß 1780 neue Leibrentenanleihen begeben werden mußten. Mit großem Geschick schloß der Finanzminister eine erste Anleihe vorzeitig ab. Viele Investoren glaubten, von einem guten Geschäft nicht profitiert zu haben. Sie mußten deshalb nachträglich Aufgelder bezahlen. Dadurch wurden die Anleihen aber nicht nur interessant für die Bankiers, sondern es bildeten sich gute Voraussetzungen zur Begebung neuer Anleihen. Frische Gelder kamen nun zum Vorschein, die sich bisher vor den Steuern versteckt hatten. Der Erfolg seiner Anleihen, so teuer sie den Staat auch zu stehen kamen, schützten Necker jedoch zunächst vor den Intrigen seiner zahlreichen Gegner. Zu ihnen gehörte auch Maurepas, der nun versuchte, den Monarchen aufzuhetzen, gegen Necker den Meister herauszukehren. Doch Ludwig zögerte, weil er fürchtete, den Finanzminister zu verlieren, der seine Demission schon öfters angeboten hatte. Trotzdem litten Necker und auch Suzanne unter der Verbreitung übler anonymer Schmähschriften, die dem ehemaligen Bankier alle möglichen unlauteren Beweggründe und Absichten unterstellten. Er wolle, so hieß es, Frankreich an die Londoner Bankwelt verkaufen, um sich daran zu bereichern … Hinter dieser Äußerung aus einem angeblichen Brief Turgots steckte in Wirklichkeit der Steuerintendant Augeard, den Necker abgesetzt hatte und der sich nun durch die Anrufung eines billigen Chauvinismus revanchierte. Der Begriff »Chauvinismus« war zwar damals noch nicht geprägt, aber die Aufpeitschung nationaler Gefühle hatte schon vor der Revolution und vor Napoleon eine starke Wirkung auf die Masse des französischen Volkes. Die Revolution sollte allerdings erst zeigen, wie verhängnisvoll sich die Mobilisierung fremdenfeindlicher Emotionen durch die Volkstribune nicht nur auf Necker, sondern auf das gesamte Frankreich auswirkten.

Necker selbst, im Gegensatz zu seiner Frau, die durch eine »geheime« Demarche bei Maurepas die Situation noch peinlicher machte, als sie ohnehin schon war, versuchte über diesen gemeinen Anwürfen zu schweben. Er verlangte zwar Verhaftungsbefehle, sogenannte »lettres de cachet«, gegen einige Anstifter der Hetzkampagne, blieb aber im wesentlichen in seiner politischen Haltung davon unberührt.

Zu den schwierigsten Aufgaben des Genfer Sparmeisters gehörte der Abbau des königlichen Haushalts, der unzählige überflüssige Ehrenämter umfaßte. Rund 15 000 Menschen lebten von der Gnade des Königs, dessen Zivilliste von 25 Millionen Livres den steigenden Ansprüchen kaum genügte. Unter den königlichen Kostgängern entstand durch Neckers Reformen große Unruhe. Im August 1780 kommt das Sparedikt heraus: 406 Ämter des königlichen Haushalts werden abgebaut, doch ist damit keine sofortige Einsparung verbunden, da die Ämter durch eine Kapitalzahlung in fünfjährigen Raten oder durch eine Leibrente auf zwei Köpfe abzufinden sind. Die Kostenreduktion des königlichen Hauses und Hofes ist eine Sparübung, die nicht plötzlich, sondern nur langfristig ablaufen kann. Dieser Feststellung haben viele Autoren sogar die groteske Bemerkung beigefügt, daß das Fehlen einer Mätresse Ludwig XVI. keine Vorteile, sondern höchstens Nachteile brachte, denn, abgesehen von finanziellen Erwägungen, ermangelte ihm der Sündenbock, besser gesagt: die »arme Sünderin«, auf welche die Öffentlichkeit die Verantwortung für alle Mißstände abwälzen konnte.

Langsam, aber zäh und unermüdlich schmiedeten seine Gegner die Intrigen, die Neckers Sturz vorausgingen. Es zeigte sich bereits, daß die Spannungen um den Marineminister, Graf de Sartine, bis zum Thron von Versailles vorgedrungen waren. Trotz jenes ersten Abwinkens des Königs hatte der hartnäckige Genfer seine Absicht beibehalten, den verschwenderischen Flottenchef aus der Regierung auszubooten. Er wußte, daß der König auf die Dauer nicht nein sagen konnte. Mit der Zustimmung der einflußreichen Familie Polignac, die bei Marie Antoinette den Ton angab, hatte er den Namen eines bewährten Soldaten und Verwalters, des Marquis des Castries, als brauchbaren Nachfolger ins Gespräch gebracht. Ludwig XVI., wie immer unentschlossen, schrieb seine Bedenken gegen einen Ministerwechsel an Maurepas, seinen alten Mentor. Als Necker Maurepas besuchte, verlangte er, den Brief des Königs zu lesen.

Maurepas, der die Lektüre nicht verweigert, fühlt sich nicht stark genug, selbst zu entscheiden, und unterbreitet das Problem den übrigen Ratsmitgliedern, von denen nur der Graf de Vergennes eine offene Stellungnahme wagt. Vergennes meint, es wäre besser, Necker zu verlieren, als ihn zum Richter über die Regierung zu machen. Er befürchtet, daß Necker sonst allmählich die Nachfolge des alten und kranken Maurepas antreten würde. Während der Graf de Sartine um seinen Ministersessel kämpft, plädieren einflußreiche

Kreise des Hofes unter der Herzogin von Polignac und dem Grafen de Vaudreuil für den Marquis de Castries, den sie als bestqualifizierten Kandidaten bezeichnen. Zu diesem Zeitpunkt tritt ein Ereignis ein, das Wind in Neckers Segel bläst. Es stellt sich nämlich heraus, daß das Marineministerium, ohne Necker zu verständigen, nicht nur Wechsel für vier, sondern für sage und schreibe 20 Millionen Livres auf das Finanzministerium gezogen hatte. Necker, der seinen Zorn nicht unterdrücken kann, bezeichnet den Vorfall als eine ebenso unglaubliche wie unerwartete Bombenexplosion. Er wendet sich direkt an den König, um sich über diesen unerhörten Vertrauensbruch zu beklagen. Bei der Audienz vom 12. Oktober 1780 gerät selbst der König in große Aufregung. »Wie kann man Sartine ersetzen?« fragt er besorgt. Der Monarch stimmt dem Ministerwechsel zu, sucht aber zunächst Maurepas auf, der durch einen Gichtanfall ans Bett gekettet ist. Als geschickter Diplomat beugt sich der Premierminister dem Druck der Ereignisse. Er meint, man müsse Sartine opfern, weil Necker unersetzlich sei. Endlich, am 15. Oktober, erfolgt die offizielle Ernennung des Grafen von Castries zum Marineminister, nachdem Sartine demissioniert hat.

Man sollte glauben, daß dieser Erfolg die Stellung Neckers befestigen würde. In Wirklichkeit sann jedoch der alte Maurepas, ein Meister der Hofintrigen, von nun an auf Rache für die erlittene Schlappe. Außerdem spielte der Kriegsminister, inzwischen Prinz von Montbarey geworden, eine ähnlich fatale Rolle wie der Graf von Sartine. Gerne kam dieser den Forderungen des Hochadels entgegen, zu denen auch Verfügungen über die Offizierspatente gehörten: Sie waren eine wichtige Bestätigung altehrwürdiger Privilegien, zugleich aber häufig auch ein einträgliches Geschäft. Es gelang manchen geschickten Vermittlern, sich hieran zu bereichern. So schöpfte auch die Freundin Montbareys, ein Fräulein Renard, reichlichen Gewinn aus dieser engen Beziehung. Maurepas, seinerseits ein Verwandter Montbareys, deckte die Angelegenheit mit dem Mantel der Nächstenliebe zu, obwohl sich inzwischen auch das Königspaar dem Korruptionswesen entgegenzustellen versuchte, freilich ohne bis zu dessen Wurzeln vordringen zu können. Man fürchtete, derartige Vorgänge an die Öffentlichkeit zu bringen. Außerdem schien es gefährlich, inmitten eines Krieges nach dem Flottenchef auch noch den Heeresminister auszuwechseln. Ludwig blieb unentschlossen, aber einflußreiche Kreise, welche die Königin umgaben, an deren Spitze sich die Herzogin von Polignac, der Graf von Vaudreuil und der Baron von Besenval[3] befanden, hielten Montbarey für eine unhaltbare Belastung. Sie setzten auf den Grafen de Ségur, dem sie bedeutende Führungsqualitäten zuschrieben.

Am 24. Dezember 1780 wurde Ségur dann tatsächlich mit der Nachfolge Montbareys betraut. Necker hatte seinen Willen durchgesetzt und im Ministerrat eine stärkere Rückendeckung gewonnen. Würde sie gegen Maurepas' Schliche ausreichen? Ohne Zweifel hatte jetzt Necker zwei zuverlässige Beamte im Ministerium, aber seine Gegner aus dem Hochadel, denen der Aufstieg des ausländischen Emporkömmlings ein Dorn im Auge war, lauerten auf eine Gelegenheit, den Genfer Bankier zu Fall zu bringen. Das Feuer wurde auf Sparflamme gehalten, indem Maurepas von Zeit zu Zeit durch bissige Bemerkungen über Necker die Gefühle des Königs sondierte, der trotz seines Wankelmuts den Finanzminister einstweilen deckte.

Das Finanzproblem hatte sich unterdessen durch die lange Dauer des amerikanischen Krieges verschlimmert. Grobe Schätzungen ergaben, daß für Frankreich im Jahre 1780 mindestens 150 Millionen Livres Kriegskosten entstanden waren. Trotz des großen Aufwandes kamen aber keine entsprechenden Siegesmeldungen. Man wartete auf einen Durchbruch. Doch vorerst mußte weiter Geld aufgebracht werden. Die Amerikaner verlangten eine Anleihe von 25 Millionen Livres. Necker konnte den Finanzbedarf nur durch die Auflage einer neuen Leibrentenanleihe von 65 Millionen decken, die er wiederum mit besonders günstigen Bedingungen ausstatten mußte, um den Erfolg zu sichern.

Tatsächlich erreichte er im Februar 1781 noch einmal, teils durch die hohen Rentenverschreibungen, teils durch einen neuen Appell an den Patriotismus der Franzosen, so viele Zeichnungen, daß er im März die Anleihe um 35 Millionen aufstocken kann. Diesmal sind die Renten nicht steuerfrei, sondern unterliegen sehr zum Leidwesen der Bankiers einer zehnprozentigen Quellensteuer.

Jener Februar sollte aber nicht wegen der letzten Anleihe des Genfers, sondern wegen der Veröffentlichung seines großen Finanz- und Wirtschaftsberichts, des »Compte rendu au Roi«, für Neckers Laufbahn entscheidend werden. Nachdem Ludwig XVI. und anscheinend auch Maurepas, der wegen seiner angeschlagenen Gesundheit den Bericht vielleicht nur flüchtig durchgeblättert hatte, keine Einwendungen erhoben, brachte die königliche Druckerei das blau eingebundene Heft mit 116 Seiten Umfang am 19. Februar 1781 heraus. Die Erstauflage von 6000 Exemplaren wurde bereits am ersten Tag des Erscheinens verkauft. Der Erfolg machte den Autor in wenigen Tagen zum berühmtesten Mann Frankreichs. In den folgenden zwei Wochen wurden weitere 30 000 Exemplare abgesetzt. Die Gesamtauflage von 100 000 Stück, in damaligen Zeiten ein sensationelles Verkaufsergebnis, wurde nur von der Bibel übertroffen.

Mehrere Faktoren mußten zusammenwirken, um einen derartigen Erfolg hervorzubringen. Der Bericht fand einen Nährboden vor, in welchem bereits viel Unzufriedenheit gärte. Das Bürgertum erwartete die Abschaffung der Privilegien, der letzten Reste des Feudalstaates. Außerdem bestand, wie immer und überall, ein unbändiger Drang zur Enthüllung von Geheimnissen. Man bedenke, daß das Finanzwesen des Königs und seiner Regierung bisher immer streng geheimgehalten worden war. Selbstverständlich konnte man auch vieles an den Berechnungen Neckers kritisieren. Sein späterer Nachfolger und Gegner Calonne beanstandete sicher zu Recht, daß sich der vorgelegte Staatshaushalt nicht auf ein bestimmtes Jahr, sondern auf ein »Normaljahr« bezog. Wie kann man einen Jahresabschluß machen, wenn man sich nicht auf ein bestimmtes Jahr bezieht? Calonne bestritt vor allem den vermeintlichen Überschuß von zehn Millionen Livres.

Es unterliegt wohl auch keinem Zweifel, daß Necker seine Bilanz beschönigte, indem er, wie er später selbst zugab, die Antizipationen wegließ, die eine wichtige Verschuldungsquelle darstellten. Er wollte und mußte die Situation in einem freundlichen Licht darstellen, um den Staatskredit Frankreichs zu heben. Hätte er ganz klaren Wein eingeschenkt, wäre nicht nur die Kreditfähigkeit gefallen, sondern die allgemeine Unzufriedenheit hätte sich in jeder Beziehung negativ ausgewirkt. Außerdem ist es verständlich, daß ein Politiker, der erst seit einigen Jahren im Amt ist, nicht die Verantwortung für Zustände übernehmen will, die das Land seit langem belasteten und die er erst durch allmähliche Reformen abzubauen beabsichtigte.

Der Erfolg des »Compte rendu« übertraf alle Erwartungen, nicht nur in bezug auf die Verkaufszahlen, sondern auch auf die begeisterte Zustimmung der literarischen Salons. Der Rechnungsbericht wurde nicht nur Bestseller, sondern ein Brevier der Verwaltungskunst. Es rief Erstaunen hervor, daß ein Bankier so glänzend schreiben konnte. Selbst die größten Häupter der Künste und Wissenschaften, Diderot, Marmontel, Galiani und Buffon, sind des Lobes voll. Diderot, das Haupt der Enzyklopädisten, schreibt, daß Neckers Buch die Könige das Regieren lehre. Buffon, sonst ein besonnener Naturforscher, scheint jedes Maß zu verlieren. Er schreibt am Ende eines Briefes an Suzanne: »Heute, nach dem Erscheinen dieser goldenen Buchstaben, diesem Rechenschaftsbericht an den König, sehe ich Herrn Necker nicht nur als Genie, sondern als einen Schutzgott, den Freund der Menschheit, dem Verehrung gebührt, wenn er sich offenbart.«[4]

Aber auch im negativen Sinne ist Necker der Mann des Tages, insofern nicht nur Lobeshymnen, sondern gleichfalls Schmähschriften wie Pilze aus dem Boden schießen. Er hatte in ein Wespennest gestochen. Der Hof, der Adel, die Parlamente, alle Necker feindlich gesinnten Kräfte erhoben noch einmal ihr Haupt, um diesen unbequemen Mahner zu stürzen. Nur ein starker König hätte Necker jetzt schützen können. Statt dessen kam es zu einem ungezügelten Auflodern höfischer Intrigen. Zwar läßt sich Necker durch diese billigen Anfeindungen nicht aus der Ruhe bringen, aber die Nerven seiner Frau Suzanne halten den üblen Anwürfen nicht stand. Sie regt sich so darüber auf, daß sie beschließt, auf eigene Faust sich beim Premierminister zu beklagen. Maurepas, der alte Fuchs, heuchelt tröstende Worte, freut sich aber insgeheim über die starke Wirkung der von ihm geduldeten Pamphlete. Ein gewisser Bourboulon, der sich für unangreifbar hält, weil er zum Gefolge des Grafen von Artois, des Bruders von Ludwig XVI., gehört, gibt auch ganz offen zu, mit Pamphleten auf den Rechenschaftsbericht reagiert zu haben. Ein »Ehrengericht«, das aus Maurepas, Miromesnil und Vergennes, einem der hartnäckigsten Gegnern Neckers, besteht, soll untersuchen, ob die Schriften Bourboulons ehrenrührig sind. Am Ende drückt man dem Finanzminister zwar das Bedauern über einige Fehler Bourboulons sowie die Gefühle der Hochachtung und Zuneigung des Grafen von Artois aus, doch damit muß sich Necker vorerst begnügen.

Im Büro Neckers tickte jedoch bereits eine Zeitbombe, die schließlich am 20. April 1781 explodierte. Der Minister hatte 1778 dem König seinen Geheimbericht über die Provinzialversammlungen ausgehändigt, in welchem er vorschlug, den Gerichtshöfen, den sogenannten »Parlamenten«, jene Rechte zu entziehen, die sie sich zu Unrecht angeeignet hätten. Dazu gehörte die Steuerregistrierung, die bekanntlich schon zu Zeiten Ludwigs XIV. und Ludwigs XV. umstritten war. Dem Grafen von Provence, dem anderen feindlichen Bruder Ludwigs XVI., war es aber durch einen raffinierten Trick gelungen, eine Kopie jenes Geheimberichts zu ergattern; denn obwohl er Necker die Geheimhaltung versprochen hatte, scheint Ludwig XVI. seinem Bruder einige Angaben über jene Schrift gemacht zu haben. Jedenfalls bat der Graf von Provence Necker daraufhin um eine Kopie. Necker, der eine Bitte des Grafen von Provence nicht rundweg ablehnen konnte, las ihm persönlich einige Auszüge daraus vor, ließ sich aber ausdrücklich die Geheimhaltung versprechen. Dessen ungeachtet hatte aber der Graf später mit seinem Schatzmeister Cromot über diese Angelegenheit gesprochen. Nun, in jenem Frühjahr 1781, erinnerte sich Cromot, einer der vielen Neider Neckers, an jenen Geheimbericht. Er veranlaßte »Monsieur«, den Grafen, neuerdings Einblick in das gefährliche Schriftstück zu erbitten. Necker schöpfte Verdacht, wollte sich aber mit Monsieur, der insistierte, nicht anlegen und sandte einen seiner höheren Beamten, de Lessart, zur Vorlesung des Dokuments. Der Graf aber, der vorgab, zu einer anderen plötzlichen Verpflichtung eilen zu müssen, ersuchte den Beamten, ihm den Schriftsatz für kurze Zeit auszuleihen. Er werde ihn sehr bald zurückerhalten. De Lessart konnte dem Befehl des hohen Herrn nicht widersprechen und überließ ihm das Schriftstück, das auch tatsächlich einige Stunden später dem Finanzministerium zurückgesandt wurde.

Diese kurze Zeitspanne genügte jedoch zur Anfertigung einer Kopie des Dokuments. Wenige Tage später schon wurden zahlreiche Kopien in der Druckerei von Monsieur, welche sich kaum von jener des Königs unterschied, erstellt und in Paris und Versailles verteilt. Eine derart gut organisierte Operation konnte nur mit hoher Protektion durchgeführt werden.

Die Reaktion der Parlamente, deren Mitglieder laut diesem Bericht abgesetzt werden sollten, läßt sich unschwer begreifen. Die Angelegenheit wurde rasch zur Staatsaffäre. Ludwig XVI., der Necker deckte, bestellte sofort den ersten Parlamentspräsidenten d'Aligrc ins königliche Schloß von Marly. Er mußte es als Demütigung empfinden, daß der König nach seinem Eintritt noch lange Zeit mit Necker, dem er eine Hand auf die Schulter legte, sprach, ohne überhaupt Notiz von seinem Besucher zu nehmen. Als sich Necker schließlich zurückzog, wurde der König plötzlich energisch: »Ich höre, daß das Parlament über einen Bericht Neckers beraten will. Ich wünsche das nicht und ersuche Sie, es zu verhindern.«Als d'Aligre sagte, das sei schwierig, aber er werde es versuchen, fügt der König hinzu:»In diesem Falle befehle ich Ihnen, die Sitzung aufzuheben, wenn davon gesprochen wird … Ich befehle es Ihnen; ich wünsche nicht, daß sich das Parlament mit den Geschäften der Verwaltung befasse. Sie können gehen …«[5] Dieser ungewohnt harten Rede des Königs folgte indes kein konsequentes Handeln. Als Antwort auf die Demarchen anderer Parlamentarier und gewandter Höflinge versuchte der König sein Verhalten nunmehr zu rechtfertigen, womit er seine kurz zuvor behauptete Autorität wieder in Frage stellte. Sein Wankelmut wurde sein Verhängnis.

Necker erbat nun die Erlaubnis des Königs zur Veröffentlichung seines Berichts über die Provinzialversammlungen, um zu beweisen, daß seine Vorschläge sich keineswegs gegen die Monarchie richteten, wie dies von seinen Gegnern behauptet wurde. Dieses Memorandum über die Provinzialverwaltung war zwar, wie bereits gesagt, ein äußerst geschicktes Plädoyer gegen die Macht des Zentralismus und der Parlamente, doch kann es kaum überraschen, daß die Nutznießer der absoluten Monarchie darauf sehr heftig reagierten und alles aufboten, um den ungeliebten Reformator zum Schweigen zu bringen. Dabei waren sie sich durchaus bewußt, daß Neckers eigentliches Ziel in einer Stärkung der Monarchie bestand, wogegen sie sich schlechterdings nicht auflehnen konnten. Um so mehr sperrten sie sich aber gegen eine gerechtere Ausübung der Machtbefugnisse, als deren konsequenter Verfechter er sich in seinem Memorandum darstellte.

Als Vertrauensbeweis des Königs verlangte Necker außerdem seine Aufnahme in den Staatsrat, die ihm aus angeblich religiösen Gründen bisher nicht zugestanden worden war. Darüber hinaus wünschte er Einblick in die Lieferkontrakte des Kriegs- und des Marineministeriums, welche weitreichende finanzielle Folgen hatten. Er drohte mit seinem Rücktritt, falls seinen Forderungen nicht ent-

sprochen werden sollte. Zuvor hatte sich Necker auf Anraten des
österreichischen Gesandten Mercy-Argenteau mit der Königin in
Verbindung gesetzt, die ihm zuredete, seine Ämter wenigstens bis
zum Kriegsende beizubehalten. Auch mit Maurepas hatte er sich beraten, der ihm statt zur Mäßigung zur Festigkeit riet, vermutlich mit
dem Hintergedanken, auf diese Weise Ludwig XVI. gegen seinen Finanzminister aufbringen zu können. Tatsächlich gelang es Maurepas durch seine letzte Intrige, den König auf seine Seite zu ziehen.
Der Premierminister soll nämlich gesagt haben, der Genfer Bankier
wolle sich neben Ludwig auf den Thron setzen. Angstvoll habe der
König daraufhin die Hand Maurepas' ergriffen und gemurmelt:»*Sie*
werden das bestimmt nicht tun ...«[6]
Ludwig genügte es aber nicht, nur Maurepas zu konsultieren; er
wollte auch die Meinung des Grafen de Vergennes einholen, den er
wegen seiner unverbrüchlichen Ergebenheit besonders schätzte.
Der Außenminister, der in Necker das rote Tuch des Reformators,
das Schreckgespenst für den Klerus und den starrsinnigen Eng-
landfreund sah, hielt mit seinen Ansichten nicht zurück:»Wenn die
Meinungen Neckers obenaufschwingen, wenn sich die englischen
und die Genfer Grundsätze in Ihrer Verwaltung durchsetzen, dann
muß Eure Majestät erwarten, daß der dienende Teil Ihrer Unterta-
nen regieren und der herrschende sich unterordnen wird ... Eure
Majestät befinden sich nochmals in der gleichen Situation wie zur
Zeit von Turgot, als Sie es für richtig erachteten, dessen Rücktritt zu
beschleunigen. Die gleichen Gefahren und die gleichen Unzuträg-
lichkeiten entstehen aus ihren ähnlichen Systemen.«[7]
Inzwischen kamen unzählige Gerüchte und Mutmaßungen auf.
Die einen setzten auf die Festigkeit Neckers wie auf den Felsen von
Gibraltar, die anderen setzten auf seinen Rücktritt. Es hieß, der Graf
von Artois habe 100 000 Livres auf Neckers baldigen Abgang ge-
wettet.[8]
Der 19. Mai 1781 bringt die Entscheidung. Necker begibt sich
nach Marly, wo sich der königliche Hof aufhält, um Maurepas auf-

146

zusuchen, der ihm jede Hoffnung nimmt, Eintritt in den Staatsrat zu erlangen. Um eine offizielle Ablehnung zu vermeiden, rät der Premier Necker zur Demission. Des Streites und vor allem der Intrigen müde, schreibt der Finanzminister in Eile den nachstehenden Brief:»Die Unterredung, die ich gestern mit Herrn de Maurepas hatte, gestattet mir nicht, die Übermittlung meiner Demission zuhanden des Königs aufzuschieben. Meine Seele ist tief betrübt. Ich hoffe, daß sich Seine Majestät erinnern werden an die Jahre glücklicher, aber auch mühsamer Arbeit und vor allem an den unablässigen Eifer, mit dem ich mich ihrem Dienst gewidmet habe.«[9]

Mit diesem Brief ging Necker zu Marie Antoinette, die ihn während einer Stunde umzustimmen versuchte. Sie habe in einem dunklen Teil des Zimmers sogar geweint. Necker meinte später, er danke der Dunkelheit, denn hätte er die Königin in Tränen gesehen, dann würde er zusammen mit seiner Festigkeit vielleicht sein Ansehen und sein Glück geopfert haben. Die Königin brachte das Schreiben zu Ludwig, der Necker nicht empfangen wollte, da er sich vom Ton des Briefes gekränkt fühlte und zugleich unangenehme Szenen fürchtete. Auf die Demission seines Finanzministers schrieb er an Maurepas:»Die Königin gab mir den Rücktritt Neckers bekannt. Benachrichtigen Sie Herrn Joly de Fleury.« So endete nach dem kurzen Reformversuch Turgots die fünfjährige Amtszeit Neckers.

Intermezzo

Nach der Überreichung seiner Rücktrittserklärung begab sich
Necker kurz ins Gebäude des Finanzministeriums, um dann so
rasch wie möglich zu seinem Landsitz Saint-Ouen zu fahren. Inzwischen verbreitete sich die Nachricht seiner Demission wie ein
Lauffeuer. Am 20. Mai glich Paris einer toten Stadt. Allenthalben
herrschten Enttäuschung und Betrübnis. Am Abend kam die Bit-
terkeit bei einer Veranstaltung des Théatre Français zum Ausbruch, wo zufällig das Stück »Die Jagdpartie Heinrichs IV.« aufgeführt wurde, in welchem es um Intrigen ging, die den damaligen Minister Sully bei Heinrich IV. diffamieren sollten. Als König
Heinrich auf offener Szene sagte: »Sie haben mich getäuscht, die
Bösen!«, stampfte und tobte das Publikum und rief: »Necker,
Necker!«, bis die Polizei eingriff und einige Verhaftungen vor-
nahm.

Neckers Wohnsitz wurde nun zum Wallfahrtsort, wo sich die Besucher von einfachen Leuten bis zu den höchsten Spitzen des Staates ablösten, um ihr leidvolles Los zu beklagen, den guten Geist ihrer
Regierung verloren zu haben. Selbst der neue Kriegsminister Graf
de Castries scheute sich nicht, dem König gegenüber die Äußerung
zu wagen: »Sire, Ihre Majestät kann tausend Leute finden, um meinen Platz auszufüllen, aber Ehre und Pflicht zwingen mich, unter
der Gefahr, meine Stellung zu verlieren, zu sagen, daß Sie nicht zwei
Menschen wie Necker finden werden.«[1]

Obwohl der ehemalige Finanzminister philosophisch meinte,
was er bedaure, sei nicht sein Abgang, sondern die Verhinderung

des Guten, das er zu tun beabsichtigte, kränkte ihn die Art der Entlassung. Er fühlte sich vom König verraten und vergessen. Madame Necker schrieb, daß er krank geworden sei nicht wegen seiner Demission, sondern weil er dazu gezwungen wurde. Ganz Frankreich nehme an diesem Unglück teil. Einige boshafte Zungen bezeichneten jedoch seine Krankheit als »Rezession des Ehrgeizes«[2]. Unbestritten ist jedoch, daß die Öffentlichkeit den Abgang des Ministers bedauert, den sie als Vorkämpfer der Freiheit auf ihre Fahnen setzt. Als Barometer der allgemeinen Stimmung zeigen die Börsenkurse auf Baisse: Sowohl die königlichen Anleihen wie die Aktien der »Indischen Compagnie« fallen zurück. Der öffentliche Kredit erhält einen schweren Schlag. Neckers Nachfolger Joly de Fleury – dem die Spötter nachsagen, er sei weder hübsch (joli) noch blühend (fleuri) – muß zu der alten, unbeliebten Radikalkur greifen: Die Verbrauchssteuern werden erhöht, und auf die Grundsteuern wird ein drittes Zehntel aufgeschlagen. Diese unpopulären Maßnahmen steigern Neckers Beliebtheit. Bei einem kurzen Besuch in Paris jubeln seine Anhänger dem Reformator zu, den sie im Triumph in seine Kutsche zurückgeleiten. Unterdessen treten Ereignisse ein, die die Erinnerung an Neckers Regierung aufzuwerten geeignet sind: Zwei seiner berühmtesten Gegner werden zu Grabe getragen, seinem Vorgänger Turgot folgt der Premierminister Maurepas, der am 21. November 1781 in Versailles stirbt. Ludwig XVI., tief betrübt, beschließt, inskünftig keinen Premierminister zu ernennen, sondern die Regierung selbst zu leiten. Auf Maurepas' Abgang folgte für Necker eine Periode von sieben »mageren Jahren«, in welchen der frühere Finanzminister teils als weises Orakel, teils als ungnädiger Wettergott eine wichtige Rolle in der Opposition gegen die Regierung spielte. Rasch fand er seine alten Energien wieder, setzte sich an den Schreibtisch und begann die Abfassung eines seiner bedeutendsten Werke, das er zwar mit dem Titel »De l'administration des finances« überschrieb, in dem er aber, weit über die Finanzen hinausgehend, ein Bild seiner gesamten Wirtschaftspolitik entwarf.

149

Germaine Necker im Alter von 14 Jahren

Die Arbeit an diesem Werk ließ ihm auch wieder mehr Zeit für seine kleine Familie, als ihm dies zuvor möglich war. Anne Louise Germaine, nach der Eintragung ins Taufregister nur noch als Germaine bekannt, die inzwischen das 15. Lebensjahr erreicht hatte, war in Wirklichkeit ihrem Alter weit voraus. Madame Necker hatte beabsichtigt, den Erziehungsidealen von Jean-Jacques Rousseau zu folgen, konnte aber ihre eigene, relativ autoritäre Natur nicht verleugnen, die der freien Entwicklung, die der eigenwillige Philosoph und Pädagoge forderte, entgegenstanden. Und doch siegten Germaines eigene Anlagen über alle Wünsche der Mutter, ihrer Tochter ihre Erziehungsvorstellungen einzuprägen.

Suzanne legte ein übertriebenes Gewicht auf die Entfaltung der geistigen Fähigkeiten ihrer Tochter unter gleichzeitiger Hintansetzung der seelischen und körperlichen Komponenten. Diese Einstellung kam vermutlich aus ihren eigenen familiären Verhältnissen, denn in ihrem ganzen Leben überwog und überschattete der Intellekt die Welt der Gefühle und des Körpers. Jacques Neckers Cha-

150

rakter stand dagegen unter ganz anderen Konstellationen. Die Stärke seiner Persönlichkeit lag in der Ausgewogenheit der Anlagen. Geist, Seele und Körper befanden sich im großen und ganzen im Gleichgewicht. Nie sollte eine Komponente, ohne Rücksicht auf Verluste, die anderen beherrschen. Er war Ökonom nicht nur im beruflichen, sondern in einem höheren Sinne: Er hielt Haushalt mit seinen Kräften, vermochte es, sie zu kontrollieren. Die Rosse, von denen Plato sagte, daß sie den Wagen des Menschen zögen, blieben immer fest an den Zügeln ihres Lenkers. Das war die Basis, die Nekker nicht nur zum Bankier und zum Finanzminister, sondern zum Philosophen prädestinierte. Auch die olympische Ruhe, die er ausstrahlte und die ihn auch in schwersten Zeiten nicht verließ, wurzelte wohl in dieser inneren Ausgewogenheit.

Gegenüber seiner leicht gereizten, ja überhaupt nervlich labilen Frau und seiner überbordenden Tochter half der Charme seiner Persönlichkeit und sein kaustischer Humor, die von seinen Zeitgenossen häufig hervorgehoben wurden. Madame Rilliet-Huber, eine Jugendfreundin Suzannes, erzählte, er habe oft mit einem feinen Lächeln gesagt:»Madame Necker hat sich um den ernsteren Teil der Erziehung meiner Tochter gekümmert, ich bringe ihr Sinn für Humor bei.«[3]

In der damaligen Zeit gab es noch keinen Schulzwang. Der Unterricht Germaines wurde in der Hauptsache von Suzanne Necker erteilt, der ihre Erfahrungen als Gouvernante und ihre ausgezeichneten Sprachkenntnisse, vor allem von Latein und Englisch, zustatten kamen. Die Erziehungsmethoden der Mutter waren jedoch weniger von Rousseau als vom Genfer Präzeptor Calvin bestimmt. Trotzdem sollte der Einfluß Rousseaus auf Germaine viel stärker wirken, vielleicht aus einer gewissen Opposition gegen die Mutter heraus, die von ihrer Tochter wesensmäßig grundverschieden war.

Aus der recht naseweisen und altklugen Tochter war allmählich ein ungewöhnlich begabtes und interessantes Mädchen geworden. Mit 13 Jahren (1779) schrieb sie ihrer Mutter, während diese für kurze Zeit von Paris abwesend war:»Meine liebe Mama, ich möchte Dir schreiben. Mir ist bang ums Herz; ich bin traurig; und in diesem großen Haus, das vor wenigen Tagen alles enthielt, was mir teuer war, das meine ganze Welt und Zukunft umschloß, sehe ich jetzt nur eine Wüste. Ich merke jetzt zum erstenmal, daß seine Räume zu groß für mich sind, und ich laufe in mein kleines Zimmer, damit ich nicht die Leere sehen muß, die mich umgibt. Diese kurze Abwesenheit macht mich vor dem Schicksal erbeben.«[4]

Madame Necker antwortete:»Dein Stil ist recht hochtrabend. Übersteigere Dich nicht so sehr, um mich zu loben und mit mir zärtlich zu sein. Das beweist einen Mangel an Takt, der in Deinem Alter allerdings üblich ist. Wenn man länger gelebt hat, erkennt man, daß die richtige Art, Leuten zu gefallen und sie zu interessieren, darin liegt, die eigenen Gedanken genau wiederzugeben, ohne Gespreiztheit und ohne große Aufmachung … Der Brief an Deinen Vater war einfach und nett geschrieben.«[5]

Bereits zu diesem Zeitpunkt hatten sich die Beziehungen des Neckerschen Dreiecks in einer Weise geformt, die für die Zukunft bestimmend wurde. Während die Spannungen zwischen Mutter und Tochter im Lauf der Jahre in dem Maße anstiegen, wie der freiheitsdurstige Wille Germaines zunahm, bildete der Vater einen ruhenden Pol, der es verstand, die Differenzen im Temperament und im Weltbild der beiden Frauen, so gut es eben ging, auszugleichen. Er wurde von beiden angehimmelt. Dabei blieben hysterische Szenen keineswegs aus, bei denen Neckers olympische Eigenschaften nicht mehr ausreichten, sondern höchstens noch sein Humor manche Situationen rettete.

Die Porträts, die der Maler J. S. Duplessis von Jacques Necker und seiner Gemahlin im Jahre 1783 malte, erweckten große Aufmerksamkeit unter den Besuchern des Kunstsalons, die lange Zeit vor diesen Bildern stehenblieben. Das Porträt zeigt den ehemaligen Minister in einer kraftvollen Pose. Die obere Gesichtshälfte, vor allem die großen, dunklen Augen, die mächtig gewölbte Stirn und das im Stil der Zeit nach oben gelockte Haar üben eine starke Wirkung aus, während die untere Gesichtspartie mit den leicht zusammengezogenen, gekräuselten Lippen dem Maler weniger gut gelungen zu sein scheinen. Madame Necker, von der schweren, nach damaliger Mode hochgetürmten Frisur ihrer schönen, blonden Haare fast erdrückt, schaut trotz eines etwas künstlichen Lächelns ernst vor sich hin. Der goldene Haaransatz wirkt wie eine Krone auf ihrem eher schmalen Kopf, der diese Last kaum zu tragen vermag. Es gibt nicht viele Bilder der jungen Germaine aus jener Zeit. Das frühreife Mädchen wirkte schon damals durch ihre tiefbraunen Augen, die aus einem breitgeschnittenen Gesicht mit dunklem Teint hervorleuchteten. Ihr schwarzes Haar, ihre sinnlichen Lippen, ihr kräftiger, aber eher kleiner Körperbau verrieten einen südländischen Anstrich, schwer verständlich, wenn man an die pommerschen Vorfahren Neckers oder an die Waadtländer Pastorenfamilie Curchod denkt. Es brach vielleicht der Einschlag der Großmutter Gautier durch, deren Ahne Jacques Cœur bekanntlich aus Südfrankreich stammte. Es wurde behauptet, Germaine sei zeitlebens zwar jung, doch niemals wirklich Kind gewesen. Das wäre ein unzutreffendes Urteil. Gewiß, die Natur hatte sie mit reichen, überdurchschnittlichen Gaben ausgestattet, die sie von anderen Kindern unterschied und den Eindruck von frühreifer Ernsthaftigkeit erweckten. Das hinderte sie aber keinesfalls daran, mit anderen Kindern und mit Erwachsenen ihre Spiele und Späße zu treiben. Madame Necker wollte das Mädchen am Schreibtisch festnageln, aber es hatte den gesunden Instinkt, schnell in den Park von Saint-Ouen zu entwischen oder sonst herumzutoben. Noch nicht einmal vor der Perücke ihres Vaters soll sie haltgemacht haben.

Das Leben im schönen, stilvollen Landschloß von Saint-Ouen verlief für die Familie Necker in abwechslungsreicher Art und Weise, unterbrochen durch häufige Fahrten nach Paris und durch gelegentliche Reisen. Im Salon von Madame Necker herrschte der übliche Betrieb. Vater Necker arbeitete unermüdlich an seinen wirt-

Jacques Necker, gemalt von Duplessis

schaftspolitischen Exkursen, und Germaine, zu einem faszinieren-
den Mädchen herangewachsen, zog die besondere Aufmerksamkeit
der Literaten und Philosophen auf sich, die im Hause verkehrten.

Zwischendurch bildeten manchmal auch wissenschaftliche Sen-
sationen das große Gesprächsthema, so etwa der »aerostatische Ballon« der Brüder Montgolfier, der im August 1783 über Paris hin-
wegschwebte. Joseph Michel Montgolfier hatte an einem kalten
Winterabend einen genialen Einfall. Als er in einem Hotelzimmer
das Nachthemd seiner Frau über einem kleinen Ofen erwärmte, sah
er zu seinem Erstaunen, wie sich der Stoff, dank der Wärme, leicht
gewölbt, nach oben bewegte. Als er später das Experiment in einer
Küche wiederholte, dachte er bei sich selbst, daß der Rauch, in
eine leichte Hülle eingefangen, aufsteigen würde. Er beschaffte sich

Madame Necker, gemalt von Duplessis

Taft, ließ daraus durch einen gewissen Robert eine Hülle anfertigen und unternahm mit seinem Bruder Étienne im Juni 1783 die ersten Ballon-Probeflüge. Benjamin Franklin, langjähriger Gesandter der Vereinigten Staaten in Frankreich und selbst ein großer Erfinder, der sich damals in Paris aufhielt, bezeichnete die vorbeifliegende Montgolfière als kleines Kind. »Noch weiß man nicht, wie es sich entwickeln wird«, fügte er hinzu. Am 27. November war der Ballon »vor den Augen von ganz Paris« aufgestiegen und dann vier Meilen von Paris entfernt niedergegangen und gelandet. »Viele, die inmitten der allgemeinen Begeisterung ihren Stolz darin sahen, teilnahmslos zu bleiben, haben wiederholt gefragt: ›Aber was nützen denn diese Experimente? Was hat man von dieser Entdeckung, um die soviel Lärm gemacht wird?‹ Franklin antwortete ihnen mit seiner ge-

155

wohnten Schlichtheit: ›Nun, was hat man denn von einem Neugeborenen?‹ In der Tat, das Kind kann in der Wiege sterben, vielleicht wird es nur ein schwachsinniges Wesen, vielleicht sieht man in ihm auch eines Tages zum Ruhme seines Vaterlandes die Leuchte des Jahrhunderts, den Wohltäter der Menschheit.«

Im gleichen Jahr, in welchem die Brüder Montgolfier mit ihrer Pionierleistung die Welt in Erstaunen setzten, verlor Frankreich seine beiden berühmtesten Philosophen d'Alembert und Diderot, die mit ihrer gewaltigen enzyklopädischen Arbeit einen wesentlichen Beitrag zur Gestaltung des modernen Bewußtseins erbracht hatten. Taine, der große Historiker der Französischen Revolution, bezeichnete Voltaire und Rousseau als die Vorhut, die Enzyklopädisten jedoch als die geistige Hauptmacht der Armee, die das Ancien régime stürzte. Während sich d'Alembert zuerst als hervorragender Mathematiker einen großen Namen gemacht hatte, gelangte Diderot, der kurz nach d'Alembert verstarb, als umfassend begabter Literat und Dichter auf die Höhen des Parnaß.

Unter den zahlreichen literarischen Ereignissen dieser Zeit fand jedoch kaum eines so große Beachtung und hatte so große Auswirkungen wie das Lustspiel »Figaros Hochzeit« von Pierre-Augustin Caron de Beaumarchais. Rasch erkannte die geistige Elite Frankreichs, daß in dieser Komödie Zustand und Wandlung eines ganzen Zeitalters parodiert wurde. Jedermann fühlte, daß mit dem vielseitigen Figaro der erfolgreiche Bürgersmann gemeint war, gegen den sich der Graf nicht mehr behaupten konnte. Das Stück, dessen Aufführung in mehrjährigem Kampf gegen die königliche Zensur durchgesetzt werden mußte, wurde, am 17. April 1784, zu einem durchschlagenden Erfolg. Der ganze Hof ergötzte sich an diesem einfallsreichen Schauspiel, ohne den Spiegel, der ihm darin vorgehalten wurde, zu erkennen. Sainte-Beuve kommentierte diesen Widerspruch wie folgt: »Als die späteren geschichtlichen Ereignisse eingetreten waren, die Revolution ihren Verlauf genommen und alle Konsequenzen gezogen hatte, da erhielten diese Ereignisse, deren

Tragweite man damals noch nicht zu ermessen vermochte, eines Tages eine fast prophetische Bedeutung, und wir können heute sagen: ›Die alte Gesellschaft hätte nicht in diesem Maße verdient, zugrunde zu gehen, hätte sie nicht an jenem Abend und an 100 folgenden das begeisterte Publikum dieser fröhlichen, närrischen, ungehörigen und frechen Verspottung ihrer selbst herangebildet, hätte sie in dieser Selbsttäuschung nicht eine so hervorragende Rolle gespielt.‹«[6]

Unter den Ehrengästen, die den Schauspielern am meisten zujubelten, befand sich auch Marie Antoinette, die ja selbst im vorher geprobten »Barbier von Sevilla« die Rolle der reizenden Rosina gespielt hatte. Getreu dem Wahlspruch Ludwigs XV., »Après nous le déluge«[7], flüchtete sie noch immer in den Spielpark der Unterhaltungen und Vergnügungen. Erst die überaus peinliche Halsbandaffäre des Kardinals von Rohan sollte sie jählings aus ihrem märchenhaften Traum herausreißen. Damals hatte eine raffinierte Schwindlerin, die angebliche Gräfin de la Motte, ein großartiges Brillantenkollier, das der Königin gefallen hatte, aber von Ludwig nicht gekauft worden war, dem Kardinal von Rohan, einem ehrgeizigen und genußsüchtigen Aristokraten und Kirchenfürsten, in die Hand gespielt. Der Kardinal, durch seinen glänzenden Hofstaat als französischer Gesandter in Wien und durch sein pompöses Auftreten bekannt geworden, wollte der Königin einen Dienst erweisen, indem er das Halsband erwarb, da er den Betrügern glaubte, sie habe es bestellt, aber gebeten, daß die Übergabe durch eine hochgestellte Drittperson erfolge. Im Zuge eines jahrelangen Prozesses wurde die Betrügerin de la Motte überführt, aber auch der Kardinal wegen Majestätsbeleidigung angeklagt und zeitweise verhaftet. Schließlich sprach das Parlament die Abenteurerin schuldig und verurteilte sie hart, konnte aber nicht verhindern, daß sie aus dem Gefängnis nach England floh und ihre Memoiren herausgab, die nochmals einen großen Wirbel entfachten. Der Kardinal wurde hingegen freigesprochen und vom Volke bejubelt. Die Königin erlitt eine moralische Niederlage, durch die sie den letzten Rest an

Bewunderung und Sympathie, die ihr die Öffentlichkeit noch entgegenbrachte, verspielte.

Während das Ancien régime inmitten rauschender Feste zu Grabe getragen wurde, ohne sich dieses fatalen Zustands überhaupt bewußt zu sein, verfolgten die Neckers mit Hartnäckigkeit ihre eigenen familiären Ziele. Da ihr großes Haus an der Chaussée d'Antin infolge Neckers Tätigkeit in Versailles langfristig vermietet war, bezogen sie in der Rue Bergère 15 eine neue Wohnung,[8] welche sich als Szenario für die Rolle eignen mußte, die sie künftig zu spielen gedachten. Bereits 1779 hatte der damals 30jährige Attaché der schwedischen Gesandtschaft, Baron Eric Magnus von Staël-Holstein, der einer alten, aber verarmten Adelsfamilie entstammte, seine Fühler ausgestreckt, um als Heiratskandidat der jungen Germaine in Betracht gezogen zu werden. Trotz der hohen Stellung des Vaters war es eher schwierig, für das Mädchen einen geeigneten Ehepartner zu finden, da der französische Adel aus religiösen Gründen ausschied. Sogar Marie Antoinette, die, wie noch zu zeigen sein wird, recht enge Beziehungen zur schwedischen Gesandtschaft hatte, bemühte sich, die Verbindung de Staël–Necker zu fördern.

Germaines Mutter, die höhere Ambitionen hatte, stand dagegen dem Projekt eher ablehnend gegenüber. Nachdem sich die Verhandlungen über Jahre hinzogen und der englisch-französische Krieg endlich beendet war, versuchte sie ihre Tochter im Jahre 1783 mit dem Schatzkanzler William Pitt, dem Sohn von Lord Chatham, zu verheiraten. Germaine lehnte es aber resolut ab, Frankreich und ihren Vater zu verlassen – eine herbe Enttäuschung für Suzanne Necker, die von einer bedeutenden Partie ihrer Tochter geträumt hatte. Daraufhin erklärten die Eltern im Mai 1784 zum erstenmal, daß sie unter bestimmten Bedingungen bereit wären, der Heirat ihrer Tochter mit dem schwedischen Baron zuzustimmen. Diese Ehe wäre vielleicht nie zustande gekommen, wenn sich nicht die Königin selbst dafür eingesetzt hätte, indem sie den schwedischen König veranlaßte, Baron de Staël zunächst auf zwölf Jahre zum Gesandten in

Paris zu ernennen und ihm eine Pension von 20 000 Livres im Falle der Abberufung auszusetzen. Die Ernennung Staëls zum Grafen hatte König Gustav III. abgelehnt. Dagegen beanspruchte er die französische Antilleninsel Tobago als Handgeld für seine Bemühungen. Der französische Nationalstolz sträubte sich gegen eine derartige Zumutung. Schließlich einigte man sich auf die Überlassung der kleinen westindischen Insel Saint-Barthélémy an Schweden. Necker hatte unterdessen eine Mitgift von 650 000 Livres für seine Tochter in Aussicht gestellt. »Sie werden der reichste Edelmann Schwedens sein«, hatte König Gustav leicht ironisch an den Baron de Staël geschrieben. Er versprach, selbst nach Paris zu kommen, um den Heiratskontrakt zu unterzeichnen. Als er im Mai 1784 wirklich dort eintraf, war der Vertrag noch keineswegs unterschriftsreif. Der arme Baron mußte jedoch seinen König für 200 000 Livres bewirten. Die Neckers waren aber zu dieser Zeit von Paris abgereist, vermutlich um König Gustav aus dem Wege zu gehen, der sie hinsichtlich des Barons de Staël unter Druck gesetzt hätte.

Ende des Jahres 1783 hatte Necker das Baronat von Coppet für eine halbe Million Livres von Pierre-Germain de Thellusson, dem Sohn seines früheren Partners, erworben. Die herrliche Lage des Grundstücks am Gestade des Genfer Sees und das relativ gesunde Klima dieses reizvollen Landes, das die Gesundheit Suzannes günstig beeinflussen sollte, bestimmten diesen Kauf. Mit dem Erwerb des Besitzes war der Titel eines Barons von Coppet verbunden, vorausgesetzt, daß der Inhaber des Baronats dem reformierten Glauben treu bliebe.

Das dortige Landschloß bedurfte einer gründlichen Renovierung. Während dieser Zeit blieben die Neckers in Genf, wo Suzanne sich bei dem damals bekannten Arzt Dr. Tissot in Behandlung begab. Als sich der Gesundheitszustand Suzannes nicht besserte, riet Dr. Tissot, den folgenden Winter im Süden Frankreichs zu verbringen, wo man auf einen günstigen Einfluß des Klimas hoffen durfte. In Avignon, damals noch in päpstlichem Besitz, wo die

Neckers eine längere Zwischenstation einlegten, bereitete man ihnen einen herzlichen Empfang. Germaine und ihre so puritanisch erzogene Mutter versäumten keine der gesellschaftlichen Veranstaltungen; so nahmen sie unter anderem am 10. November an einem Ball teil, der im päpstlichen Palast stattfand und auf dem Germaine mit dem Bruder von König Georg III. von England, dem Herzog von Cumberland, tanzte. Der Herzog von Brancas hatte der Familie Necker sein Schloß zur Verfügung gestellt, so daß sie sich für die vielen Einladungen revanchieren konnten.

Doch das Glück währte nicht lange, denn bald ging es weiter nach Montpellier, dem eigentlichen Ziel der Reise, in dessen berühmter medizinischer Fakultät sich Suzanne eine wirksame Behandlung erhoffte. Obschon diese Besserung nicht eintrat, wurde die Patientin bald darauf von ihrer Krankheit durch wichtige Entscheidungen abgelenkt, die nicht mehr aufzuschieben waren. Die Verhandlungen mit dem Baron von Staël, die große Veränderungen in das Leben von Germaine und ihrer Eltern bringen sollten, durften nicht mehr allzulang in der Schwebe bleiben. So durfte auf der Rückreise nach Paris der Aufenthalt der Neckers in Lausanne nur bis zum April 1785 dauern, eine knapp bemessene Zeitspanne, die genügen mußte, um die Renovierung des Schlosses von Coppet zu kontrollieren und um Necker zu gestatten, den Druck seines neuen, Kontroversen hervorrufenden Buches zu überwachen, das in Lausanne erscheinen sollte.

Auf diese Weise hatte Necker jedoch Zeit gewonnen, um zu einer Verständigung mit dem Baron von Staël zu gelangen. Wie bei einem Handelsgeschäft waren die Verhandlungen über Germaines Ehe hin und her gegangen, bis sie endlich am 6. Januar 1786 durch die Vertragsunterschrift zum Abschluß kamen. Am 14. Januar wurden Germaine und Eric Magnus Freiherr von Staël-Holstein in der evangelischen Kapelle der schwedischen Botschaft getraut, nachdem der Heiratskontrakt von der Königin von Frankreich und von allen Prinzen königlichen Geblüts unterzeichnet worden war. Graf Fersen fungierte als Trauzeuge. Wer aber erwartet hätte, daß der ho-

Eric Baron de Staël

he Preis, den die Eltern erbrachten, und der Einsatz aller anderen Beteiligten ein Unterpfand für das Glück der Eheleute gewesen wäre, der sollte schon recht bald enttäuscht werden. Der unbändige Freiheitsdrang und das Bewußtsein ihrer Selbständigkeit übertrafen alle übrigen Gefühle Germaines. Abgesehen von der charakterlichen Verschiedenheit der beiden Eheleute de Staël war die Ehe selbst wahrscheinlich nicht der richtige Platz für ein Wesen wie Germaine, die sich sehr freimütig über soziale Zwänge hinwegzusetzen pflegte. Zunächst zog sie allerdings als Hausherrin in die Schwedische Gesandtschaft an der Rue du Bac ein, die sich in unmittelbarer Nähe der Tuilerien, dem Zentrum der damaligen Welt, befand.

Bald schon zeigte es sich, daß Eric Magnus, der von Anfang an

161

doch mehr durch das Vermögen Neckers als durch die Erscheinung Germaines angezogen war – man bedenke, daß sein Interesse schon erwachte, als Germaine erst 13 Jahre zählte –, den hohen Ansprüchen Germaines kaum genügen konnte. Eine zusätzliche Belastung bestand darin, daß Germaine immer den großen Vater als Vorbild für einen Gatten vor sich hatte. In ihren Augen konnte überhaupt kein anderer Mann in diesem Vergleich bestehen. Es wird sich später noch zeigen, daß keiner ihrer bedeutenden Freunde, weder Graf Narbonne noch der große Denker Benjamin Constant, der Dichter Schlegel oder der Sozialkritiker Simonde de Sismondi, Germaines geistigem Vaterbild gewachsen waren. Vielleicht gelang es erst dem Grafen Rocca, lange nach dem Tode des Vaters, als ihr eigenes Lebenslicht schon schwächer brannte, Germaine wirklich zu erobern, sofern man bei einem so eigenwilligen, auf Unabhängigkeit bedachten Wesen wie dem Germaines überhaupt von Eroberung sprechen kann, ein Wesen, das, wie gesagt, auch stark von dem Bild ihres Vaters besetzt war. Dabei hat es diesem stets ferngelegen, dieses Vaterbild bewußt, etwa durch besondere Strenge, zu errichten. Im Gegenteil, durch seine Güte, seine Toleranz und seinen Humor versuchte er, die häusliche Atmosphäre zu entspannen.

Neckers Rückkehr nach Versailles

Nachdem Necker sein Amt verloren hatte, beschäftigte er sich hauptsächlich mit der rückschauenden Aufarbeitung der Akten aus seiner Regierungszeit und mit der Abfassung seiner umfangreichen Abhandlung über das Finanzwesen. »De l'administration des finances« stellt mit seinen 540 Seiten, Aufstellungen, Karten und Tabellen ein einzigartiges Werk dar, nicht nur als wirtschaftspolitische Analyse, sondern auch als ein Dokument der Selbstrechtfertigung. Es ist wohl in der Geschichte einmalig, daß ein ehemaliger Finanzminister keine Mühe scheut, alle wirtschaftlichen Verhältnisse seiner Zeit schriftlich festzuhalten, und dabei über das Talent verfügt, sich sprachlich so elegant auszudrücken, daß die Lektüre keine qualvolle Anstrengung, sondern ein literarisches Vergnügen wird. Das war eines der Geheimnisse, die zum außerordentlichen Erfolg der meisten Bücher Neckers führten.

Welche Anliegen standen für Necker bei der Abfassung der »Administration des finances« im Vordergrund? Welche Beziehungen verbanden seine Publikationen untereinander? Welche Leitmotive verfolgte der Autor mit seinen wichtigsten Werken, die bis dahin erschienen waren, dem »Éloge de Colbert«, dem »Compte rendu au Roi« und der »Administration des finances« – wobei viele wirtschaftspolitische Gedanken Neckers bereits in seinen Memoranden an den König und in dessen Dekreten mit den vom Finanzminister inspirierten Einleitungen enthalten waren? Seine Hauptideen aber hatte er in diesen drei Büchern zusammengefaßt. So wird zum Beispiel ein Reformgedanke von grundsätzlicher Bedeutung wie jener der Provinzialversammlungen, den Necker bereits in seinem Memorandum von 1778 erörtert hatte und welcher nach schweren Auseinandersetzungen schließlich zum Rücktritt des Finanzministers geführt hatte, in der »Administration des finances« erneut aufgegriffen und mit Nachdruck verfochten.

Man kann aus Neckers Schriften eine Art Regierungsprogramm ableiten, dem er von Anfang bis zum Ende treu blieb, das er aber nie als solches vortragen konnte, weil dies ja nicht seine Aufgabe, sondern diejenige von Ludwig XVI. gewesen wäre. Es ging dabei um die folgenden Punkte:

1. Öffentlichkeit und Transparenz des Staatshaushaltes;
2. Stärkung des Vertrauens in die Autorität des Staates und deren Finanzen durch eine sparsame und integre Verwaltung;
3. Dezentralisierung der politischen Entscheidungsbefugnisse. Durch die Dezentralisierung des Staates sollte die Teilnahme aller Bürger an der öffentlichen Meinungsbildung und an der Verantwortung für die allgemeine Politik entwickelt werden.

Die »Administration des finances« verfolgt zweierlei Absichten: Zum einen dient das Werk als Kompendium aller Voraussetzungen, die ein guter Verwalter zu beachten hat, und zum anderen als Beweisführung für die Richtigkeit der Grundsätze, die Necker während seiner eigenen Amtszeit verfolgte. Er beginnt ganz methodisch mit der Bevölkerung Frankreichs, die er sehr genau und für die damalige Zeit vorbildlich analysiert. Selbst seine Gegner mußten zugeben, daß Necker nicht nur eine außerordentliche Sachkenntnis bewies, sondern für die allgemeine Ökonomie und die Statistik Wege einschlug, die als selbstverständliches Wissensgut für spätere Arbeiten akzeptiert wurden.

Hier einige wichtige Beispiele: Necker begnügte sich nicht damit, die Bevölkerung Frankreichs aufgrund der damals als Basis aller Zählungen dienenden Pfarr-Register zu erfassen, sondern ließ während seiner Regierungszeit relativ genaue Erhebungen über den Geburtenüberschuß erstellen. Er wies darauf hin, daß alle anderen Schätzungsgrundlagen ungenau seien.[1] So werden Epidemien, Abwanderungen, mangelhafte Eintragungen bei der Säuglingssterblichkeit als Fehlerquelle genannt. Auch die Eheschließungen werden als unzureichende Grundlagen zur Bevölkerungserfassung bezeichnet. Necker stellt fest, daß es zwar Unterschiede in der Geburtenzahl zwischen den einzelnen Landesteilen gebe: Unterschiede zwischen Stadt und Land, verursacht durch Wohlstand, Klima, Beschäftigung und andere weniger wichtige Faktoren. Auf das ganze Land bezogen gleichen sich diese Faktoren jedoch aus. Sie gestatten es, einheitliche Koeffizienten des Geburtenüberschusses aufzustellen. Das Verhältnis zwischen den Geburten und der Bevölkerung betrage pro Jahr in armen Gegenden 1:23 bis 1:24; in mittleren Fällen 1:25 bis 1:6; in den Städten 1:27 und darüber. Als Landesdurchschnitt ermittelte er eine Geburt auf 25,75 Einwohner[2]. Necker bezog sich auf einen Landesdurchschnitt von 940 935 Geburten in den Jahren 1771 bis 1780. Wenn man diese Zahl mit dem Faktor 25,75 multipliziert, so kommt man auf eine Gesamtbevölkerung von 24 229 075 Personen. Um diese Ziffer zu überprüfen, berechnet er den Geburtenüberschuß während nur fünf Jahren und untersucht die Verhältnisse in den einzelnen Provinzen. Er kommt dabei zum Ergebnis[3], daß 1783, nach Beendigung des Krieges gegen England, der Geburtenüberschuß bei etwa einer Million pro Jahr lag. Um jedoch so vorsichtig wie möglich zu sein, schätzte er die damalige Bevölkerung Frankreichs auf 24 800 000 Personen ein. Diese Zahl, ebenso wie Neckers Methode, wurde von den Statistikern noch lange Zeit später als nützliche Grundlage für ihre Berechnungen anerkannt. Seine Berechnung diente ihm natürlich nicht nur zu statistischen Zwecken, sondern hautpsächlich zur Ermittlung der Produktion, der Konsumtion, speziell des Lebensmittelverbrauchs, der Zirkulation der Zahlungsmittel und vor allem der Steuerpolitik.

165

An Neckers statistische Ausführungen schließt sich eine lange Betrachtung der historischen und der damals bestehenden Beziehungen zwischen der Bevölkerung und der Wirtschaft des Landes an. Dabei fällt immer wieder die Klarheit und Fortschrittlichkeit von Neckers Erwägungen auf. Der ehemalige Minister zieht interessante Vergleiche zwischen Frankreich und anderen bevölkerungsreichen Ländern:

»Betrachtet man ein Land, wo der größte Teil der Einwohner kaum das Existenzminimum erreicht: Sollten diese Menschen, von sinnlichen Lüsten getrieben, etwa die gleiche Anzahl Kinder empfangen, wie wenn sie im Wohlstand lebten, aber nach einigen Anstrengungen, die Kinder aufzuziehen, zu arm sein, um ihnen genügende Ernährung oder Hilfe gegen ihre Krankheiten zu geben, dann wird der größere Teil dieser Generation das dritte oder vierte Lebensjahr nicht übersteigen; dann wird in jenem Lande die Anzahl der kleinen Kinder ständig in einem großen Mißverhältnis zur Anzahl der Erwachsenen stehen. Eine Million Menschen wird weder die gleiche Stärke noch die gleiche Arbeitsleistung aufweisen wie dieselbe Zahl eines reicheren Volkes. Die Angleichung der Vermögen liegt nicht in der Macht der Regierung; aber, als Verteiler der Steuern und der öffentlichen Ämter, als Obrigkeit und Gesetzgeber kann der Staat das Schicksal des Volkes mildern, um zu verhindern, daß eine zahlreiche Klasse des Volkes in der Vergrößerung ihrer Familien eine Quelle von Sorgen und Nöten sehe oder sich den Gefühlen der Natur entfremde.

Man kann sich kaum der traurigen Gedanken erwehren, wenn man jene Aufstellungen von Geburt und Tod betrachtet und den kurzen Abstand ermißt, der diese Zeitpunkte voneinander trennt. Wenn man sieht, daß ein Viertel einer Generation weniger als drei, ein weiteres Viertel weniger als fünf Jahre, ein Drittel weniger als 50 Jahre alt wird und der Rest kurz danach stirbt, dann glaubt man an einem Schiffbruch teilzunehmen; einmal erschrickt man vor der Zerbrechlichkeit des Lebens, ein anderes Mal staunt man über die

großen Projekte des menschlichen Geistes in diesem kurzen Zeitraum. Wie bewundernswert ist die Verwaltung, die über alle Mittel
nachdenkt, die sie besitzt, um eines der besten Ziele, das wir kennen, zu fördern, die Vermehrung der Menschen, die Vergrößerung
ihres Glücks, die Vervollkommnung ihrer Bildung. Aber wie gering
und verachtbar ist jene andere, welche mit den gleichen Zielen vor
Augen nur für ihre Vorrechte oder Ansprüche kämpft; wenn sie eher
herrschen will, als das Gute tun ...«[4]

Dieser Text zeigt in anschaulicher Weise die soziale Gesinnung des
ehemaligen Ministers, der sich zwar als Exponent eines liberalen
Bürgertums verstand, aber keineswegs eine Politik des »laisser faire,
laisser aller« vertrat.[5] Er hielt sich an bestimmte Leitgedanken, zu
denen einerseits eine territoriale Aufgliederung mit Zuteilung
größerer Rechte und Kompetenzen an die Gemeinden und Provinzen, andererseits aber eine starke Autorität der zentralstaatlichen
Exekutive gehörten.

Hierin sah er keinen Widerspruch, denn ohne eine starke Regierung erschien es ihm unmöglich, die gewünschten Reformen auszuführen. Außerdem empfand er die Loyalität dem König gegenüber als selbstverständlich. Dort aber, wo sein politisches Modell auf
Schwierigkeiten stieß, verwies er auf das englische Vorbild, in welchem er ein ausgewogenes Gleichgewicht der staatlichen Einrichtungen erblickte. Daran anschließend folgen gründliche Untersuchungen der Voraussetzungen der wirtschaftlichen Entwicklung,
wie der Bodenbeschaffenheit, des Einkommens und der Besteuerung jeder einzelnen französischen Region.

Im Zentrum der »Administration des finances« steht die Steuer-
und Währungspolitik des damaligen Frankreich. Von besonderer
Bedeutung sind dabei Neckers Ausführungen über die Notwendigkeit einer proportionalen Besteuerung. Es heißt gleich zu Beginn:
»Die Wahl der Steuer, die am besten den unterschiedlichen Vermö-
gensverhältnissen entspricht; die Ausmerzung derjenigen, die der
Mehrung des volkswirtschaftlichen Reichtums entgegensteht; die

gerechte Verteilung aller Steuern, insbesondere der Vermeidung der Willkür in ihren vielfältigen Formen sowie die Sparsamkeit bei den Erhebungskosten, das sind die vorrangigen Aufgaben, welche alle Regierungen erfüllen sollten.«[6]

Gleich anschließend betont Necker, daß es für die kleinen Länder Europas, die Maß halten, leichter sei als für die Großmächte, solche Prinzipien einzuhalten. Die Großmächte versuchten eben ständig, ihre Einkünfte zu erhöhen, um den üblichen Prunk der Monarchie aufrechtzuerhalten; häufige Kriege, oft aus Ehrgeiz oder Neid, zu führen; eine große Armee auch im Frieden zu besolden und die Zinsen einer enormen Schuld zu bezahlen ... Dadurch seien die Steuern in vielen Königreichen so übermäßig gestiegen, daß die Gebote der Vernunft nicht mehr beachtet würden. Der Ausgangspunkt aller Maßnahmen aber müsse in der Einhaltung der Verpflichtungen bestehen. Nur dadurch könne das Vertrauen in den Staat verankert werden.

Sodann entwickelt Necker ein möglichst gesundes, das heißt wirtschaftsfreundliches, aber zugleich gerechtes Steuerprogramm. Er bemüht sich, ein Gleichgewicht zwischen direkten und indirekten Steuern herzustellen, die gleichermaßen heranzuziehen wären. Bei den Aufwandsteuern liegt das Hauptgewicht auf dem Luxusverbrauch, aber gepaart mit Vorsicht, um diese Steuerquelle weder abzuschneiden noch infolge von Hinterziehungsversuchen unergiebig zu machen. Je nach ihrer Eigenart müßten die Steuern im ganzen Lande vereinheitlicht, wie die meisten Verbrauchs- und Verkehrssteuern, oder verschieden organisiert sein wie die meisten direkten Steuern: die Grund-, die Einkommens- oder die Kopfsteuer. Die Gerechtigkeit sollte darin bestehen, den persönlichen Reichtum und die Lage der Region der Steuerpflichtigen gebührend zu berücksichtigen. Es geht Necker um die großen Prinzipien, die er durch viele Beispiele abstützt. Er fügt hinzu, daß es die Aufgabe der Provinzialverwaltungen wäre, Bestimmungen aufzustellen, die den Verhältnissen ihrer Region am besten entsprechen. Necker war, darin lag seine besondere Stärke, ein Pragmatiker, der sich nicht in allgemeinen Theorien oder Ideologien erging, sondern danach fragte, was sich für ein bestimmtes Land, für ein bestimmtes Gebiet und zu einer bestimmten Zeit am besten eignete. Hierin ist wohl der tiefere Grund zu suchen, weshalb er die Geschichte und die Eigenart Englands als Beispiel empfand, wozu auch seine eigene Erziehung und das Vorbild Genfs und der Schweiz beigetragen haben mochten.

Es folgen seine Ausführungen zur Geld- und Kreditpolitik, Gebiete seiner besonderen Kompetenz. Er schreibt sehr klar,[7] daß das Papiergeld nur dann einen Teil der Rolle des Münzgeldes übernehmen dürfe, wenn das Vertrauen in die Währung gesichert sei. Auch hier erscheint, fast zum Überdruß, das Beispiel Englands: »Wenn das Münzgeld, das in den verschiedenen Ländern zirkuliert, der Maßstab des Wohlstandes wäre, dann müßte England als eines der ärmsten Länder bezeichnet werden … Tatsächlich erfüllen jedoch die Noten der Bank von England die Aufgaben des Münzgeldes.« Aber wesentlich erscheint ihm »ein Vertrauen in die Banknoten, das auch in Zeiten der größten Krise nicht erschüttert wurde«[8]. Necker tritt hier dem ursprünglichen Glauben der Merkantilisten an die Hortung von Gold und Silber als Zeichen von Reichtum entgegen. Im Falle Englands und Hollands bedeutete ein Abfluß von Gold und Silber noch keineswegs einen Rückfall in die Armut. Was wäre aber die Folge, wenn alle Länder Europas Gold und Silber durch Banknoten ersetzen würden? Dann würde sich dies, so meint Necker, zum Nachteil Spaniens und Portugals, der großen Edelmetallexporteure, auswirken. Wegen der unterschiedlichen Politik der vielen Länder, die Handel treiben, hält er diesen Fall jedoch für ziemlich unwahrscheinlich.

Necker betont, daß speziell bei den großen Ländern das Vertrauen in die Währung von der politischen Stabilität abhänge. Er befaßt sich dabei auch mit der Frage des Zwangskurses, das heißt mit dem staatlich verordneten Annahmezwang der Noten durch den Gläubiger.[9] Hier erinnert er an die Machenschaften Laws und sagt: »Alle Anstrengungen eines Fürsten blieben ohne Erfolg, wenn der Besitzer gezwungen würde, einen realen Wertgegenstand gegen ein Papier einzutauschen, dem er mißtraut, weil der Staat zwar den Gläubiger zwingen kann, das Papier als Zahlung anzunehmen, aber auf größte Schwierigkeiten stoßen würde, wenn er selbst damit Waren und Dienstleistungen einkaufen würde.«[10]

Abschließend befaßt sich Necker mit den Gründen der Zinsschwankungen. Er sieht im Zins den Preis, der für einen Geldbetrag bezahlt werden müsse. Ist das Geld knapp, wird der Zins offensichtlich ansteigen. Der Zins sei weder ein Zeichen der Prosperität noch der Armut eines Landes. In Holland lag er trotz der damaligen Prosperität tief, weil zwar gute Anlagemöglichkeiten im Handel bestanden, aber ein reichliches Geldangebot vorlag. Heute würde man nicht mehr von Geld, sondern von einem Kapitalangebot sprechen, sollte aber bedenken, daß zu Zeiten Neckers das Produktivkapital im heutigen Sinne noch nicht ausgebildet war.

Necker meint weiter, daß ohne die große Staatsschuld der französische Zins ebenso niedrig wie der holländische wäre. Er schätzt den Münzumlauf Frankreichs auf zwei Milliarden Gold und Silber und den jährlichen Zuwachs auf etwa 40 Millionen Livres. Auch der Risikofaktor sei für den Gläubiger entscheidend: Der Zins richte sich ebenfalls nach der Bonität des Schuldners. Wörtlich heißt es: »Der Preis des Zinses muß frei sein, ebenso wie der Warenpreis, weil er der Verbindungspunkt der Geschäftsteilnehmer ist, der Geldgeber und der Geldnehmer.« Hier wird eine moderne Auffassung vorgetragen, die in gewisser Weise der subjektiven Preistheorie der Wiener Schule vorausgeht, doch würde es zu weit führen, Neckers theoretische Einordnung in das nationalökonomische Lehrgebäude hier zu behandeln. Es kam an dieser Stelle darauf an, Neckers Einstellung zur damaligen Wirtschaftsverfassung im Hinblick auf seine spätere Rückkehr in die Regierung klarzumachen, zu der auch seine wissenschaftlichen Arbeiten beitrugen. Die Bemühungen der königlichen Familie, mit Marie Antoinette an der Spitze, die Ehe Germaines mit Baron de Staël abzuschließen, zeigten, daß man Necker brauchte, trotz aller Bedenken, die König Ludwig haben mochte. Es ist erwiesen, daß nicht nur Neckers Anhänger, sondern die Königin selbst von der Notwendigkeit überzeugt war, den populären Mann in sein Amt zurückzuholen.

Parallel zur Verschlechterung der Finanzlage war die Autorität der königlichen Regierung auf einen neuen Tiefpunkt gesunken. Als Ludwig XVI. am 22. Februar 1787 die Versammlung der Notabeln einberief, jener Vertreter der drei Stände, die nicht gewählt, sondern von ihrem Stand designiert worden waren, um die allgemeine Wirtschaftsreform, die Calonne vorbereitet hatte, zu beraten, da mußte der »ministre principal«, wie er jetzt genannt wurde, seine Karten auf den Tisch legen. Calonne bezifferte das Defizit auf 112 Millionen Livres. Während seiner bisherigen Regierungszeit hatte er aus dem vollen geschöpft, um seine Klientel, den Hof und die königliche Familie zufriedenzustellen. Auf diese Weise hatte er für eine gute Stimmung gesorgt, die die Voraussetzung für den Erfolg einiger neuer Anleihen war, mit denen er während kurzer Zeit die Löcher des Staatshaushalts zu stopfen vermochte. Als es jetzt darum ging, den Offenbarungseid zu leisten, wollte Calonne die Verantwortung für den trostlosen Zustand nicht allein übernehmen, sondern wenigstens teilweise auf seine Vorgänger abwälzen. Am 2. März führte er aus, bereits 1781 habe ein Defizit zwischen 50 und 60 Millionen Livres bestanden und nicht etwa ein Überschuß von zehn Millionen, wie Necker in seinem Rechnungsbericht behauptet hatte.

Die Unterstellung, daß er den Staatshaushalt frisiert habe, empörte Necker aufs tiefste. Er ersuchte den König, sich vor den Notabeln rechtfertigen zu dürfen. Ludwig, dem jede Auseinandersetzung verhaßt war, lehnte ab. Da flüchtete Necker in die Öffentlichkeit, der er im April 1787 eine schriftliche Rechtfertigung vorlegte, laut welcher das Defizit bei seiner Regierungsübernahme im Jahre 1776 bei 24 und nicht bei 37 Millionen lag. Er gab zu, daß die Zunahme der

Zinsen durch seine Anleihen 45 Millionen pro Jahr betragen habe, die aber mehr als gedeckt wären durch die jährlichen Einsparungen, die er von 1776 bis 1781 durchgesetzt habe. Entscheidend für den Staatshaushalt sei immer die Ertragsrechnung und nicht der Verschuldungsbetrag.

Ludwig XVI., aufgebracht durch Neckers Ungehorsam, wollte ihn zuerst des Landes verweisen, entschied dann aber, nach einer Intervention der Königin, den ehemaligen Minister auf »mindestens 20 Meilen von Paris« zu verbannen. Es mag überraschen, daß sich der Genfer Bankier, dessen Loyalität eigentlich nie ernsthaft in Zweifel stand, den königlichen Anweisungen diesmal nicht unterziehen wollte. Seine eigene Tochter Germaine gibt dafür die einleuchtende Erklärung, daß ihr Vater immer bereit war zu Konzessionen, außer wenn es darum ging, seine Ehre und seine Glaubwürdigkeit gegenüber der Öffentlichkeit zu verteidigen. Durch die Unterstellung der Manipulation des Staatshaushalts habe er sich dermaßen gekränkt gefühlt, daß ihn nichts von seiner Rechtfertigung habe abhalten können.

Erst im Februar 1788 entgegnete Calonne auf Neckers Schrift, nachdem er die Staatsrechnungen der strittigen Jahre nochmals geprüft hatte. Seine Aufstellung, die kein »Durchschnittsjahr«, sondern die »Soll«- und die »Ist«-Rechnungen miteinander verglich, ergab bei der »Ist-Rechnung« von 1781 ein Defizit von 46 329 000 Livres statt Neckers Überschuß von 10,2 Millionen. Im August 1788, nach vollzogenem Amtswechsel, erschien Neckers neuerliche Antwort. »Wenn ich anfangs, 1781 und inmitten des Krieges und seiner Geheimhaltungspflichten, versucht hätte, ein genaues Jahresbudget zu veröffentlichen, wäre ich zu jener Zeit als leichtsinnig gescholten worden, nicht nur dem König, sondern der ganzen Nation gegenüber.«[11] Necker betonte, daß sein Rechnungsbericht kein Budget, sondern eine Aufstellung der ordentlichen Einnahmen und Ausgaben gewesen sei. Auch früher hatte er schon von den »Einnahmen und Ausgaben eines Normaljahres« gesprochen.

Es steht heute fest, daß Calonne und Necker völlig aneinander vorbeiredeten, wobei man nicht wissen kann, inwieweit sie dies mit Absicht taten. Aufgrund späterer wissenschaftlicher Studien[12] zeigte sich, daß Necker die Antizipationen, das heißt Vorschüsse der Diskontbank, nicht in seine Rechnungen integrierte. Weder Calonne noch Necker kann nachgewiesen werden, gegen den guten Glauben verstoßen zu haben. Jedenfalls erklärten unparteiische Fachleute, wie zum Beispiel Mathon de la Cour, Necker habe sich bei einigen Schätzungen getäuscht, aber eine »Aufstellung der ordentlichen Einnahmen und Ausgaben« bedeute noch keine definitive Rechnungslegung, sondern naturgemäß nur Mutmaßungen oder mehr oder weniger wahrscheinliche Schätzungen.[13]

Die Auseinandersetzungen über das große Defizit und über viele seiner Posten unterminierte freilich das Prestige der französischen Monarchie, ja man darf geradezu sagen, daß sie dem Ancien régime den Gnadenstoß versetzten. Das Wetterleuchten zuckte heftig am Himmel, lange bevor der große Sturm der Französischen Revolution losbrach. Trotz seiner Schwerfälligkeit erkannte Ludwig XVI. wenigstens teilweise die Gefahren, in denen er sich befand, doch zögerte er viel zu lange, bevor er sich zu Entschlüssen aufraffte. Zunächst versuchte er, von den beiden Streithähnen Calonne und Necker Abstand zu nehmen, um sein altes Haus in Ruhe und Bedächtigkeit aufzuräumen.

Es kam ihm aber nicht in den Sinn, daß der Boden für derartige Aufräumarbeiten schon längst zu heiß geworden war. Unabhängig von der öffentlichen Diskussion über das große Defizit rollten die politischen Ereignisse mit beschleunigter Geschwindigkeit ab. Ludwig XVI. hatte Necker, der ihn in einem langen Brief darum gebeten hatte, erneut verboten, mit Calonne zu streiten. »Ich will nicht«, sagte der König, »aus meinem Reich ein Redeforum machen, wie es die Stadt Genf ist und wie es Frankreich zu Neckers Zeiten war.« Nun aber empörten sich die Notabeln gegen Calonne. Trotz seiner Redegewandtheit und seiner häufig bewährten Geschicklichkeit

173

war es diesem weder gelungen, die Parlamente zu überzeugen, die dringend erforderlichen Steuerzuschläge zu registrieren, noch die Notabeln davon abzuhalten, sich als Patrioten zu gebärden, indem auch sie die Erhebung weiterer Steuern bekämpften. Immer wieder verlangten sie von Calonne die Vorlage neuer Finanzrechnungen, die der König jeweils autorisierte, bis ihm schließlich der Geduldsfaden riß. Nachdem sich die Königin offen gegen Calonne ausgesprochen hatte, verlangte er am 9. April 1787 die Demission des Finanzministers. Auf Anraten seines Bruders, des Grafen von Provence, und des Prinzen von Conti berief er den Grafen von Fourqueux zum Finanzminister, in jenes schwierige Amt, dem dieser mittelmäßige Mann jedoch in keiner Weise genügte.

Kurz darauf erschien nun Neckers besagte Rechtfertigung gegenüber Calonne. So überzeugend in der Sache diese auch war, so peinlich wirkte vielerorts der Weihrauch, den Necker sich dabei selbst zuschwenkte.»Ah! Man sollte es mir gestatten zu sagen, daß der beste Wahrheitsbeweis meines Rechnungsberichts von 1781 im Charakter desjenigen besteht, der ihn ablegte ...«[14] Was Wunder, daß sein bedeutendster Gegner, Mirabeau, immer wieder die Blöße angriff, die sich Necker durch seine große Eitelkeit gab!

Der Revolutionslöwe sagte zu Necker:»Antworten Sie klar und deutlich, aber ohne ›Ah! und Oh!‹.« Er war 1787 aus seiner Reserve hervorgetreten, welche seine schwierigen persönlichen Verhältnisse ihm aufgezwungen hatten. Gestützt auf Neckers vormalige Konkurrenten Panchaud und Clavière schloß er sich mit einem ausführlichen Pamphlet, den»Lettres du comte de Mirabeau sur l'administration de M. N.«[15], den zahlreichen Schmähschriften gegen Necker, an. Mirabeau selbst verstand wenig von Finanzen, zumal er bis zum Herbst 1789, als er sich durch die Wechsel Ludwigs XVI. regelrecht kaufen ließ, dauernd von Schulden geplagt wurde. Durch die Bankiers Ètienne Clavière und Isaac Panchaud war Mirabeau jedoch so gut beraten, daß sein eigener Vater, der Marquis Victor, ihm attestierte, er sei eine ausgezeichnete Hebamme:»Il accoucha Clavière avec un cachet original« (»Er versah die Entbindung Clavières mit seinem Stempel«).

Mit ihrer Hilfe und getrieben von unbändigem Ehrgeiz schrieb Mirabeau seine Briefe über Neckers Verwaltung, worin er versuchte, Neckers Finanzpolitik gründlich zu diskreditieren, um sich selbst damit für ein hohes Amt zu empfehlen. Ein Teil von Mirabeaus Kritik war berechtigt, ein anderer demagogisch aufgebläht, ein dritter schließlich unbegründet und ungerecht. Sicher war es kaum vertretbar, den defizitären Staatshaushalt von 1776 bis 1781 ausschließlich durch neue Anleihen zu decken. Es wäre vermutlich möglich gewesen, der außerordentlichen Situation, die durch die Beteiligung Frankreichs am amerikanischen Unabhängigkeitskrieg entstanden war, wenigstens teilweise durch gewisse Steuererhöhungen zu begegnen. Vielleicht hätten einige Anleihebedingungen auch für den Staat verbessert werden können, doch ist es nachträglich schwer zu beurteilen, wie diese Bedingungen hätten aussehen sollen. Bouvard de Fourqueux, der am 1. Mai 1787 das Finanzministerium übernommen hatte, versuchte umsonst, die Notabeln durch einige neue Vorschläge zu beschwichtigen. Hierzu gehörte, unter dem Vorbehalt der Feudalrechte des Königs, der Verkauf von königlichen Domänen und Wäldern, die schlecht verwaltet und daher wenig einträglich waren. Abgesehen davon, daß die Notabeln diese Vorschläge als unvereinbar mit der Würde des Königtums bezeichneten, wäre die Wirkung derartiger Maßnahmen nur langfristig eingetreten und daher nicht geeignet gewesen, die Geldknappheit des Finanzministeriums zu beheben. Mit diesen Vorschlägen hingen außerdem so viele persönliche Interessen zusammen, daß ihnen auch deshalb ein hartnäckiger Widerstand von seiten der Notabeln erwuchs.

Hierauf beschloß Ludwig XVI., an die Stelle von Fourqueux den Erzbischof von Toulouse, Loménie de Brienne, einen der Hauptkritiker aus den Reihen der Notabeln, zu setzen. Weder Calonne noch Fourqueux waren mit der Finanzkrise fertig geworden, die immer weitere Kreise gezogen hatte. Ende April hatte an der Pariser Börse eine starke Baisse der königlichen Schatzscheine stattgefunden. Die Verlängerung der Kassenvorschüsse stieß auf Schwierigkeiten. König Ludwig, der, unterstützt vom Baron von Breteuil, eine neuerliche Zuziehung von Necker ablehnte, legte deshalb das Schicksal Frankreichs in die Hände des Erzbischofs, der das besondere Vertrauen der Königin genoß, die mehr und mehr Einfluß auf die Lenkung des Staatsschiffes nahm. Das Königspaar glaubte offenbar, daß der Erzbischof als führender Mann der Notabelnversammlung diese dazu würde bewegen können, bei der Erschließung neuer Finanzquellen mitzuwirken.

Es zeigte sich indessen, daß der König nicht in der Lage war, die Spargarantien zu erbringen, die von den Notabeln als Voraussetzung für neue Steuern verlangt wurden. Sie ermächtigten zwar die Auflage einer Anleihe von 84 Millionen, aber keine neuen Steuern, worauf Loménie de Brienne die Notabeln Ende Mai 1787 kurzerhand nach Hause schickte. Obschon er selbst große Stücke auf Necker hielt und versuchte, ihn zur Mitarbeit zu gewinnen, verhinderte die Abneigung der Königin zunächst ein derartiges Zusammengehen. Am 26. August hatte Ludwig XVI. den Erzbischof zum Hauptminister, den »ministre principal«, wie sein offizieller Titel von nun an lautete, ernannt. Trotz seiner unbestreitbaren Geschicklichkeit und der Loyalität der neuen Minister, welche die Marschälle de Ségur und de Castries ersetzten, deren Verlust schwer ins Gewicht fiel, gelang es ihm nicht, die tiefgreifende Krise zu meistern. Obwohl erst 60jährig, litt er unter einer schlechten Gesundheit, die ihn während des Winters 1787/88 zwang, seine Arbeit wegen schwerer Bronchitis und Heiserkeit mehrere Monate zu unterbrechen. Als sich dann auch noch ein allgemeiner Widerstand gegen seine Projekte zeigte, versagte seine Durchhaltekraft.

Die von Loménie de Brienne vorgeschlagenen Reformen waren aber nicht nur am Widerstand der Notabeln gescheitert. Das Parlament von Paris, das in diesen Angelegenheiten federführend war, hatte 1787 sowohl die allgemeine Stempelsteuer wie auch die Territorialsteuer, die »Subvention territoriale«, abgelehnt. Man bekämpfte sie mit hinhaltenden Rückfragen und geheimen Absprachen. Monsieur, der Graf von Artois, verstieg sich sogar zu der Erklärung, die Ausgaben des Königs dürften sich nicht mehr nach den Einnahmen, sondern seine Einnahmen nach den Ausgaben richten. Kurz darauf erklang immer lauter der Ruf nach der Ständeversammlung, der jede weitere Reformarbeit übertönte. Um die Aufmüpfigkeit des Pariser Parlaments zu beheben, beschloß der König, den ganzen Justizapparat nach Troyes, etwa 150 Kilometer von Paris entfernt, zu »verbannen«, wo er am 22. August im Schloß des Grafen von Champagne untergebracht wurde.

In Paris setzten derweil Kundgebungen und Volksaufläufe gegen die verhängten Zwangsmaßnahmen ein. Die Menge brach mit Anspielung auf die Königin in Schmährufe auf »Madame Defizit« aus. Als Gegenmaßnahme ordnete der Baron von Breteuil die Schließung sämtlicher Clubs an, wobei sogar die Schachclubs nicht ausgenommen waren. Lauthals, aber erfolglos protestierten die Gerichtshöfe gegen das Verbannungsurteil. Aus Solidarität traten zahlreiche Provinzparlamente in den Ausstand, wobei sich einige gemäßigt verhielten, andere energisch Opposition trieben, indem sie auf ihre unentziehbaren Rechte pochten.

Um die Position der Parlamente zu brechen, führte Loménie de Brienne im Mai 1788 eine Art Staatsstreich durch, welcher einen einzigen Gerichtshof anstelle der Parlamente setzen sollte, denen die Registrierung neuer Gesetze oblag. Das Projekt war mit einem Rechenschaftsbericht und einer Justizreform verbunden, um es schmackhafter zu machen. Viele Parlamente, die auf ihre Selbständigkeit nicht verzichten wollten, beharrten aber in ihrer Opposition. Sogar bei den Offizieren, die den Maßnahmen Nachdruck verleihen sollten, gab es erhebliche Widerstände. Die Parlamente erhielten die Unterstützung der Patriotischen Partei, des Organs der Jakobiner, obwohl einzelne führende Köpfe derselben zur Vorsicht mahnten.

Inmitten der allgemeinen Unruhe, wobei nicht nur die Parlamente und die Jakobiner, sondern sogar die Adligen gegen die neuen Gesetze protestierten, brach im August der öffentliche Kredit zusammen. Es blieb dem Erzbischof, der alle verfügbaren Gelder, ja sogar die Rücklagen, die zum Bau der Spitäler gemacht worden waren, verbraucht hatte, nichts anderes übrig, als die Landesversammlung der Stände auf den 1. Mai 1789 einzuberufen und für die Zwischenzeit die zentrale Gerichtsbarkeit für die Registrierung neuer Steuergesetze zu bestätigen. Mit diesen allgemeinen Zusagen konnte jedoch die Finanzkrise nicht behoben werden. Da der Markt für eine freiwillige Anleihe nicht aufnahmefähig gewesen wäre, mußte der Staatsrat am 16. August 1788 auf eine Zwangsanleihe zu fünf Prozent Zins zurückgreifen, mit welcher der Staat den Hauptteil seiner Zahlungen zu leisten ermächtigt wurde. Lediglich der Sold des Militärs, Gehälter unter 1200 Livres und Pensionen unter 500 Livres sollten bar bezahlt werden. Dieser Erlaß des Staatsrates, der Panik hervorrief und während kurzer Zeit sogar die Diskontbank in Gefahr brachte, wo viele Gläubiger den Eintausch von Wechseln und Schuldverschreibungen in Bargeld forderten, trug dazu bei, die Stellung des Erzbischofs zu erschüttern.

Der österreichische Gesandte Graf Mercy-Argenteau, der seit vielen Jahren seinen diskreten, aber starken Einfluß beim Königspaar einsetzte, um das Regime vor dem Verfall zu bewahren, bemühte sich darum, Necker dem Erzbischof beizuordnen. Der Genfer besaß zwar trotz seiner calvinistischen Konfession die besten Beziehungen zum französischen Episkopat, doch lehnte er es beharrlich ab, seine große Popularität für einen anderen aufs Spiel zu setzen. Kaiser Joseph II., der in enger Korrespondenz mit seinem Gesandten stand,[16] machte sich die größten Sorgen über die Zukunft des französischen Königshauses. Er erkannte ganz klar, daß die Maßnahmen, die Loménie de Brienne während des ersten Halbjahres 1788 traf, nicht genügten, um der Krise Einhalt zu gebieten, obwohl der Erzbischof die Justizreform und die Sparmaßnahmen energisch angepackt hatte.

Durch zwei schwere politische Fehler hatte sich der »ministre principal« jedoch selbst der Basis beraubt, die ihn zunächst getragen hatte: dadurch, daß er die Notabeln nach Hause schickte, statt sich weiterhin ihrer Mitarbeit zu bedienen, und weil er sich mit den Parlamenten anlegte, denen er vor der Registrierung neuer Steuern die Tabellen über den Stand der Einnahmen und Ausgaben verweigerte. Als Loménie de Brienne daraufhin versuchte, eine allgemeine Justizreform durchzuführen, durch welche die Gerichtshöfe zusammengelegt und in einzelnen ihrer Kompetenzen beschnitten werden sollten, kam es zu Aufständen in der Bretagne und der Dauphiné. Am 19. August legte die Königin, von der die Initiative ausging, dem Erzbischof nahe, Necker hinzuzuziehen.

Ludwig XVI. beruft Necker zum Generaldirektor der Finanzen

Ludwig XVI., der Neckers Auftreten nicht schätzte und Zweifel an dessen Loyalität hatte, blieb im Grollwinkel; er überließ die Entscheidung jedoch dem Erzbischof.

Der kaiserliche Gesandte Mercy-Argenteau wurde gebeten, die Verhandlungen mit Necker zu führen, die durch die Bedenken erschwert wurden, die schon früher bestanden, weil der Genfer seine Popularität nicht umsonst aufs Spiel setzen wollte. Es kam jedoch zu keiner Kraftprobe, weil Loménie de Brienne, der sich vom Königspaar und vom Hof im Stich gelassen fühlte, am 25. August selbst seine Demission einreichte, wofür er bald nicht nur durch eine Abfindung, sondern durch den Kardinalshut entschädigt wurde. Jetzt lag der Weg zur Rückkehr Neckers endgültig frei.

Marie Antoinette, die den Ernst der Lage erkannt hatte, wußte selbst nicht mehr, wie sie den Lauf der Ereignisse beurteilen sollte. Sie schrieb an Mercy-Argenteau die folgenden vielsagenden Sätze: »Ich erschaudere beim Gedanken – erlauben Sie mir diese Schwäche –, daß ich es bin, die ihn zurückrufe. Es ist mein Schicksal, Unglück zu bringen; und wenn teuflische Machenschaften ihn scheitern lassen oder wenn er die Autorität des Königs vermindert, dann wird man mich noch mehr hassen.«[17]

Am 25. August 1788 wurde Necker offiziell zum Generaldirektor der Finanzen und am übernächsten Tag zum Staatsminister, mit Sitz in allen Staatsräten, ernannt.

Das Schicksalsjahr 1789

Es ist selten ein einziger Faktor, der große geschichtliche Ereignisse auslöst. Meist müssen sich viele Gewässer sammeln, um einen Fluß zu bilden, der sich mit unaufhaltsamer Macht seine Bahn bricht, bis er in breiter Strömung ins Meer einmündet. Man kann die Französische Revolution mit einer solchen Naturerscheinung vergleichen. Im folgenden kommt es nicht auf Vollständigkeit an. Angesichts der Bibliotheken, die mit Untersuchungen über diesen und jenen Aspekt des Ereignisses überquellen, sollen nur einige Aspekte herausgegriffen und skizziert werden, die ein Stimmungsbild des Vorabends und des Ausbruchs der Revolution ergeben.

Materielle Ursachen

Als Necker im August des Jahres 1788 sein hohes Amt übernahm, bestand in Frankreich eine vollständige Freiheit des Getreidehandels, die unter der Regierung Calonnes nach langen Streitigkeiten und im Gegensatz zu seiner mehrfach ausführlich dargelegten Meinung erlassen worden war. Als die ersten sommerlichen Hagelschläge in einigen Gegenden Frankreichs Verwüstungen in den französischen Getreidefeldern anrichteten, rief dies die Besorgnis Neckers hervor, der um die Getreideversorgung des Landes fürchtete. Er veranlaßte ein generelles Ausfuhrverbot von Getreide, das am 7. September dekretiert wurde. Bereits von diesem frühen Zeitpunkt an versuchte Necker unermüdlich und mit allen Mitteln, die er mobilisieren konnte, eine Hungersnot, die er heraufziehen sah, zu verhindern. Ab November ergriff er weitere Maßnahmen: Er beschränkte den Getreidehandel auf die traditionellen Märkte und setzte Prämien aus, zuerst für den Getreideimport aus Amerika, sodann auch für alle anderen Einfuhren. Als das Prämiensystem nicht genügte, weil die Händler das Risiko scheuten, das nicht im Preis, sondern in der Furcht lag, für die Preisaufschläge verantwortlich gemacht zu werden, ging Necker dazu über, zusätzliches Getreide auf Staatsrechnung zu importieren.

Im Winter des Jahres 1788/1789 gab es den schlimmsten Kälteeinbruch, den Frankreich seit 80 Jahren erlebte. Damals, anno 1709, kam die schier endlose Regierungszeit Ludwigs XIV. auf ihrem Nullpunkt an: Sowohl nach außen wie nach innen trat Sonnenfinsternis ein. Der stolze Sonnenkönig mußte sein goldenes Tafelbesteck für 400 000 Livres verkaufen, doch allen jenen, die nichts zu verkaufen hatten, ging es noch schlimmer. Das Wintergetreide und die meisten Obstbäume waren erfroren.[1] Nur durch ein Wunder – das Wunder, das sonst nur den Habsburgern zu Hilfe zu kommen pflegte – gelang es dem fast 70jährigen König, die große Krise zu überdauern. Er steuerte schließlich, unter geschickter Ausnützung einer veränderten Konstellation, das entkräftete Frankreich in den Hafen des überraschend günstigen Friedens von Utrecht, dem der Frieden von Baden (Schweiz) folgte.

Nun erlebte sein Nachfahre Ludwig XVI. eine ähnliche Notlage. Die Seine gefror bis Le Havre, die Loire bis Nantes. Die Kanäle waren blockiert, die Verbindungen unterbrochen. Kein Wunder, daß die Getreidezufuhr stockte und die Preise stiegen, obwohl in den ersten sechs Monaten seit Neckers Rückkehr auf Rechnung des Königs 1 404 465 Zentner Korn und Mehl für 25 Millionen Livres eingekauft wurden, wovon 977 370 Zentner bis zum 1. Juli 1789 eintrafen.[2] Ludwig XVI. hatte freilich nur gegen innere und nicht gegen äußere Schwierigkeiten zu kämpfen. Vor seinen Toren standen weder Marlborough noch Prinz Eugen. Der amerikanische Unabhängigkeitskrieg, bereits 1781 mit dem Sieg der Verbündeten beendigt, war 1783 durch den Friedensvertrag mit England besiegelt worden. Man sollte annehmen, daß fünf Friedensjahre genügt hätten, das wirtschaftlich geschwächte, aber trotz allem noch reiche Land wiederaufzurichten. In Wirklichkeit hatte sich der internationale Wettbewerb verschärft, und Frankreich war durch den wirtschaftlichen Aufstieg Englands zurückgefallen. Die Verträge hatten zu keiner Stärkung der französischen Position geführt, weil sie keine ausreichende Entschädigung für den Einsatz Frankreichs in Amerika vorsahen, während gleichzeitig die innere Verschuldung gewaltig zugenommen hatte.

Das Brot war damals, in viel stärkerem Ausmaß als heute, das Hauptnahrungsmittel des Volkes. Für die ärmeren Bevölkerungsschichten, die zahlenmäßig überwältigende Mehrheit, machte das Brot drei Viertel der Nahrung und die Hälfte des durchschnittlichen Einkommens aus, was die Bedeutung des Getreide- und des Brotpreises für den sozialen Frieden deutlich vor Augen führt. Der kalte Winter 1788/89 und die Preisspekulationen als logische Folge der Verknappung ließen den Pariser Brotpreis von drei Sols[3] pro Pfund auf viereinhalb Sols ansteigen, aber das ist noch nicht das schlimmste. Die Brüder Goncourt, die es verstanden, die sozialen Verhältnisse jener Zeit in unbestechlicher und scharfsinniger Weise zu schildern, berichten, daß eine Arbeiterfrau einem Ausländer auf die Frage nach dem Brotpreis geantwortet habe: »Drei Livres und zwölf Sols für vier Pfund Brot, denn mein Mann muß dafür einen ganzen Arbeitstag, der drei Livres einbringen würde, beim Bäcker anstehen.«[4] Man bezifferte das damalige Tageseinkommen eines Arbeiters auf zwei bis drei Livres, eine glaubwürdige Angabe, denn sie wird von den verschiedensten Zeugen notiert, vom englischen Reiseschriftsteller Arthur Young bis zum dröhnenden Revolutionär Jean-Paul Marat. Es handelte sich dabei um das Einkommen eines Tagelöhners, das einem Existenzminimum entsprach. Ein Kellner aber konnte schon neun Livres, ein Pförtner zwölf Livres verdienen.

Jean-Jacques Rousssseau sagte: »Man braucht Mehl für unsere

Perücken, deshalb erhalten die armen Leute kein Brot«, doch schon anfangs 1789 puderten die jungen Frauen, ja sogar die Schauspielerinnen kaum mehr ihre Perücken.[5] Und an seinem Namenstag ließ Ludwig XVI. sogar die Wasserspiele von Versailles auf die umliegenden Mühlen umleiten.

Es bereitete Necker die größten Sorgen, daß die Brotverknappung und der Brotpreisanstieg trotz seiner vorausblickenden Maßnahmen geradezu unaufhaltsam schien. Nicht nur seine Gegner glaubten an eine Verschwörung oder doch an eine großangelegte Spekulation von Getreideaufkäufern.[6] Die Feinde der Monarchie benutzten jedenfalls die schwierige Situation, um die Öffentlichkeit aufzupeitschen. Viele Kritiker Neckers behaupteten, seine Lenkungsmaßnahmen seien zum Scheitern verurteilt, ja verschlimmerten noch die Lage, weil die behördlichen Unkenrufe die Hortung des Getreides verstärken. Obwohl das damalige Transportwesen langsam und teuer war und relativ schlecht funktionierte, was ein triftiger Einwand gegen staatliche Eingriffe war, läßt sich nicht bestreiten, daß Necker aus politischen Erwägungen handeln mußte, denn seine Gegner hätten ihm sonst schon früher Untätigkeit vorgeworfen, wodurch die Beschuldigung der Konspiration gegen das Volk, die Marat später erhob, erst recht untermauert worden wäre.

Für Necker war die Getreidefrage zur Obsession geworden. Er ließ sich nachts aufwecken, um dringliche Kauforders zu geben, wenn er nicht ohnehin, von Arbeit und Sorge bedrückt, die Nacht durchwachte. Er selbst schreibt: »Im Lauf der Nacht mußte man mich wecken zum Unterschreiben, um einen Auftrag zu erteilen, um eine notwendige Hilfsmaßnahme zu ergreifen, um durch eine außerordentliche Verfügung einen Transport sicherzustellen, um Beträge für den Einkauf an Orten freizumachen, wo Käufe erfolgt waren, schließlich, um ein Unglück oder eine unmittelbare Gefahr abzuwenden. Die Idee, daß eine Großstadt wie Paris 24 Stunden ohne Brot sein könnte, bewegte meine Seele und belastete meine Phantasie; während des Tages meisterte ich diese Ängste, aber nachts bemächtigten sie sich meiner Träume, und morgens erwachte ich während Monaten mit Herzklopfen, eine Ursache meiner Herzkrankheit, die mir die vielen Sorgen einbrachten und wovon ich mich nie mehr erholen werde.«

Die Sicherung der Brotversorgung blieb sein primäres Anliegen. Trotz des entschiedenen Widerstands der Physiokraten, die für die allgemeine Handelsfreiheit eintraten, mußte er seinen interventionistischen Kurs beibehalten. Dabei blieb sich Necker, ein nüchterner Realist, der Widersprüche einer erfolgreichen Getreidepolitik stets bewußt. Auch wenn die physiokratischen Ideen theoretisch richtig waren, so funktionierten sie nur ungenügend im Hinblick auf die Preise. Wenn nämlich im Inland die Ware verknappte, dann wurde sie auch im Ausland teurer, und die nur langsam eintreffenden Importe reichten nicht aus, um das Preisniveau nachhaltig zu senken. Necker wußte nur zu gut, daß den Jakobinern die Brotpreisaufschläge durchaus in den Kram paßten. Hierdurch verstärkte sich ihr Einfluß, denn die Preistreibereien waren der stärkste Hebel, um das Volk gegen die Autorität der Regierung und allmählich gegen die Monarchie selbst aufzubringen. Der Preisauftrieb diente dazu, die Massen zu mobilisieren.

Schon häufig hatte es in Frankreich Mißernten gegeben, die sogar zu lokalen Hungersnöten führten, aber sie wurden behoben oder in ihren Folgen gedämpft, ohne daß daraus eine große Revolution entstanden wäre. Die Feinde des Ancien régime mußten also Mittel und Wege finden, die Unzufriedenheit, die ohne Zweifel in vieler Hinsicht begründet war, in einer Weise zu kanalisieren, daß sie zum Durchbruch kommen konnte. Um diesen Vorgang richtig zu verstehen, ist es erforderlich, nicht nur die materielle Notlage, die sich trotz des relativen Reichtums des Landes ergeben hatte, sondern auch den geistigen Hintergrund zu skizzieren, vor dem sich das ganze Geschehen abspielte.

Geistige Ursachen

Niemand hat wohl die Entwicklung, die zur Französischen Revolution führte, so gründlich und zugleich auch anschaulich beschrieben wie Hippolyte Taine in seinem Werk über »Die Ursprünge des gegenwärtigen Frankreichs«[7]. Er vergleicht den Einfluß der geistigen Väter Voltaire, Rousseau und der Enzyklopädisten mit der Bewegung des Meeres, dessen Wellenschlag die neuen Gedanken unaufhaltsam ans Ufer wirft. Nirgendwo sonst war die Literatur so wie in Frankreich zum Vehikel politischer Ideen geworden. Zwischen den Auffassungen Voltaires, Rousseaus und der Enzyklopädisten bestanden zwar große Unterschiede, aber sie hatten das gemeinsame Hauptanliegen, den Menschen und seine Nöte in den Mittelpunkt des Geschehens zu stellen. Daraus ergab sich eine sozialkritische Betrachtungsweise, die je nach Autor und Gegenstand mehr oder weniger stark zum Ausdruck kam. Ohne die Bedeutung Voltaires zu vermindern, läßt sich vielleicht sagen, daß Rousseaus Forderungen und Formulierungen der menschlichen Grundrechte die französische Gesellschaft am meisten beeinflußten.

Der lapidare Grundsatz, daß alle Menschen von Natur aus gleich sind – mehr noch als der Glaubenssatz, daß der Mensch von Natur aus gut sei –, zeigte ungeheure Auswirkungen. Den Privilegien, von grauer Urzeit an als wohlbegründet und selbstverständlich angesehen, wurde hierdurch der Boden entzogen. Der Adel war unsicher, ja, die Monarchie begann an ihrem Gottesgnadentum zu zweifeln. Die neuen Ideen und die Konsequenzen, die sich daraus ergaben, wurden in den literarischen Salons, in den Zirkeln und Clubs eingehend erörtert. Inmitten feuriger Diskussionen breitete sich das Jakobinertum erfolgreich im ganzen Lande aus. Durch ihre Gedankenrepublik,»société de pensée«, wie Augustin Cochin sie nannte,[8] gelang es den Jakobinern in überraschend kurzer Zeit, einen maßgeblichen Einfluß auf das Bürgertum zu erringen. Gestützt auf die Arbeit vieler großer Historiker, die vor ihm diesen und jenen Aspekt der Geistesgeschichte der Französischen Revolution studierten, zeigte Cochin, wie zielbewußt, aber auch skrupellos die Jakobiner vorgingen, um ihren Vertretern bei den Wahlen für die Generalstände, die Ende 1788 und Anfang 1789 stattfanden, die besten Plätze auf den Listen zu verschaffen. Rechtsanwälte, Justizbeamte, aber auch Ärzte spielten dabei die wichtigste Rolle.

Am 27. Dezember 1788 hatte Ludwig XVI. beschlossen, bei den Wahlen für die Ständeversammlung vom 5. Mai 1789 dem dritten Stand doppelt so viele Abgeordnete zuzugestehen wie der Geistlichkeit und dem Adel, obwohl damals noch gar nicht entschieden war, ob nach Ständen oder pro Kopf abgestimmt werden sollte. Es war nicht genügend bedacht worden, daß die »Verdoppelung« im Falle der Abstimmung nach Ständen eigentlich sinnlos gewesen wäre. Sie war von bürgerlicher Seite mit Neckers Unterstützung gefordert worden, um ein Gegengewicht für das zahlenmäßige Mißverhältnis zwischen den Standesmitgliedern zu schaffen, denn der dritte Stand umfaßte etwa 24 Millionen Personen, die beiden anderen nur etwa eine halbe Million. Nach den alten Regeln war nur ein kleiner Teil der Bevölkerung wahlberechtigt, im übrigen aber der genaue Wahlmodus noch keineswegs festgelegt. Necker, der sich in seinem Innern als Ausländer betrachtete, deshalb auch die Verantwortung für einen so heiklen Gegenstand, ein so heißes Eisen wie den Wahlmodus, scheute, wollte diese Entscheidung der Notabelnversammlung zuspielen.

An diesem Punkt zeigte sich Neckers Unzulänglichkeit gegenüber der Aufgabe, die er übernommen hatte. Statt einen Plan auszuarbeiten, der zum Ziel führen würde, das seinen eigentlichen Wünschen entsprach, nämlich die Errichtung des Zweikammersystems nach englischem Vorbild, ließ er den zerstrittenen politischen Kräften freie Bahn, sich nach ihrem Gutdünken zu organisieren. Gerade damals erwachte das Interesse des Bürgertums. So bildete sich in Dijon, der Hauptstadt Burgunds, ein Bürgerkomitee, das sich selbst im Hintergrund hielt, aber mit Energie und Geschick alle Berufsvertretungen bearbeitete, um wichtige politische Ziele wie die Verdoppelung der Stimmen des dritten Standes sowie das Einzelwahlrecht der Abgeordneten zu erlangen. Das Beispiel von Dijon machte Schule: Überall in Frankreich schossen solche Bürgerkomitees wie Pilze aus dem Boden und brachten die Bürgermeister, die Gemeinde- und Berufsvertretungen dahin, Versailles mit Anträgen zu den beiden Hauptforderungen zu überschwemmen. Wie war eine derartige wohlorganisierte Beeinflussung der öffentlichen Meinung überhaupt möglich?

Die Geheimgesellschaften, die »sociétés de pensée«, die sich in den kritischen Monaten vorbereitet hatten, verstanden es, die Gemeinde- und Berufsvertretungen – denn der einzelne zählte nicht – ihren Wünschen gefügig zu machen, indem sie gegen andersdenkende Mitglieder entsprechenden Druck ausübten. Die Rechtsanwälte, Ärzte und einige andere Angehörige freier Berufe versetzten infolge ihrer Verve, ihrer Bildung und ihrer Beziehungen zuerst die Berufsverbände, dann die Gemeinden in eine solch patriotische Stimmung, daß sie ihren Willen bei den Wahlen für die Generalstände durchsetzen konnten. Man sieht, sagte Cochin[9], auf der einen Seite eine Verschwörung der Vertreter der Justiz mit ihren Verwandten und Freunden, auf der anderen das Publikum der kleinen Leute, die, im stillen schon bearbeitet, sich den revolutionären Parolen leicht anschlossen. Zwischen diesen Blöcken standen der Bürgermeister und einige unschlüssige Gemeinderäte und Notabeln. Wenn auf den Versammlungen die Frage nach dem Wahlmodus zur Diskussion stand, herrschte zunächst betretenes Schweigen, bis irgendein geschickter Rechtsanwalt aufstand und den Mitgliedern respektvoll den von seinem Berufsverband bereits angenommenen Forderungskatalog unterbreitete. Darin stand dann, daß die Nation eigentlich nicht aus den drei Ständen Geistlichkeit, Adel und Bürgertum, sondern nur aus zwei Ständen bestehe, nämlich aus den Nichtprivilegierten (24 Millionen Menschen) und den Privilegierten (eine halbe Million Menschen). Daraus ergaben sich alle weiteren Forderungen: die doppelte Zahl der bürgerlichen Vertreter, das Einzelstimmrecht der Abgeordneten und die Direktwahl der Abgeordneten des dritten Standes durch das Bürgertum.

Ende November 1788 fand die erste Bürgerversammlung in Dijon statt, bald darauf breitete sich die Bewegung wie ein Lauffeuer über ganz Frankreich aus, bis sie machtvoll an die Tore von Paris und Versailles schlug. Doch selbst die Rechtsanwälte von Dijon staunten, daß König Ludwig schon am 27. Dezember 1788 die Verdoppelung der stimmberechtigten Vertreter des Bürgertums zugestand. Diesen unerwartet raschen Erfolg hatten sie Necker zu verdanken, der das Bürgertum auch auf andere, indirekte Weise förderte. Im Wahlmodus für die Ständeversammlung verstärkte der Genfer die Stellung der französischen Landpfarrer, denen er je eine Stimme bei der Wahl der geistlichen Standesvertreter gab. Die Kanoniker wurden schlechter gestellt, die Ordensleute erhielten gar nur eine Stimme für die Klostergemeinschaft. Hierdurch teilte Necker die Mehrheit des geistlichen Standes der niederen Geistlichkeit zu, eine Maßnahme, die zwar bei einem protestantischen Schweizer verständlich war, die jedoch den Zorn der Kirchenfürsten hervorrief. Durch die Verdoppelung der bürgerlichen Stimmen und die Stärkung der Landpfarrer schuf Necker die Voraussetzungen für eine breite Mehrheit.

Aus diesen Maßnahmen wird leicht verständlich, warum Necker sich mehr und mehr die Feindschaft des Adels zuzog. Wenn Necker am Hof erschien, wurde er nicht mehr als der neue Sully, der erfolgreiche Minister Heinrichs IV., begrüßt, sondern es hieß hinter vorgehaltener Hand: »Achtung, da kommt Cromwell.« Der Adel, vor allem aber der Hof, übersah, daß nicht nur eine politische, sondern eine tiefgreifende geistige Krise ausgebrochen war, zu deren Bewältigung die alten Rezepte nicht mehr taugten.

Das Finanzdebakel

Zu diesen beiden genannten Ursachen gesellte sich ein weiterer, eher auslösender Faktor, das Finanzdebakel des Ancien régime, das große Defizit. Zur Sanierung der Lage bedurfte es der Mitarbeit der Parlamente. König Ludwig hoffte, die unbotmäßigen Parlamente, die sich geweigert hatten, dringend benötigte neue Steuern zu registrieren, zum Einlenken zu bringen oder andernfalls zu Sündenböcken zu machen. Der Versuch war kläglich gescheitert, ebenso wie der Appell an die Notabeln, so daß die letzte Zuflucht darin lag, die Generalstände auf den Mai 1789 einzuberufen. Inzwischen ging wertvolle Zeit verloren, in welcher das Defizit beängstigende Höhen erreichte. Der Finanzmagier Necker, der während seines ersten Ministeriums souverän geschaltet und gewaltet hatte, wollte sich im Hinblick auf die bereits einberufenen Generalstände die Finger nicht verbrennen. Nichts wäre ihm schmerzlicher gewesen als der Verlust seiner beispiellosen Popularität. So griff er denn zu kurzfristigen Hilfsmitteln, um den Staatshaushalt bis zum folgenden Mai auf Sparflamme zu halten.

Necker bediente sich vor allem der Diskontbank, um das Defizit kurzfristig zu decken. Die Diskontbank, ein Refinanzierungsinstitut für den Handelskredit, 1776 mit 15 Millionen Livres gegründet, war bald darauf mit einem Kapital von 100 Millionen ausgestattet worden. Sie durfte nur Handelspapiere zu vier Prozent Zins diskontieren, Eigenwechsel ausgeben und in bescheidenem Umfang Edelmetallgeschäfte tätigen. Diese Geschäfte, die den französischen Handel fördern sollten, wichen schon bald den staatlichen Finanzbedürfnissen. Zunächst wurden zwar nur kurzfristige Staatsanleihen beliehen, doch bereits Calonne stellte das Institut in den Dienst des Staatskredits, indem er 1787 70 Millionen aus dem Kapital in königlichen Schatzscheinen anlegte. Am 18. August 1787 hatte Loménie de Brienne den Akzepten der Diskontbank, die in immer größeren Beträgen in Paris zirkulierten, den Zwangskurs verliehen.

Aufstand der Arbeiter einer Papiermanufaktur
wegen der Steuererhöhung

Sie mußten daher an Zahlungs Statt angenommen werden. Auch Necker konnte, nachdem er Ende August zurückgerufen worden war, das Steuer nicht plötzlich herumwerfen. Er verfügte im September und im Oktober eine Kreditgewährung von je zehn Millionen Livres an die Krone. Im Jahre 1789 mußte er sogar einen weiteren Kredit von 100 Millionen an den Staat ermächtigen, um dem Staatsbankrott zu entgehen.

Am Vorabend der Revolution

Während seines ersten Ministeriums, das noch in relativ ruhigen Bahnen verlief, sammelten sich Neckers Gegner am Hof von Versailles. Sie agierten, wie sie es von jeher gewohnt waren, zuerst mit Nadelstichen, dann mit Intrigen, bis sich eine günstige Gelegenheit zeigte, einen unbequemen Minister auszubooten. Meist blieben sie im Dunkel der Anonymität. Jetzt hingegen traten Neckers Feinde in

191

der Öffentlichkeit auf, wo sie versuchten, ihn in seinem eigenen Element zu vernichten. Es handelte sich nicht mehr um berufliche Neider oder höfische Intriganten, sondern um die erwachenden Tribunen der großen Revolution, die sich zwar in den Küchen der Reformpolitiker nährten, aber dann die Trommeln rührten.

Unter seinen geschworenen Feinden ragen zwei Gestalten hervor, die unter sich wenig Ähnlichkeit hatten, aber in ihrem Ziel übereinstimmten, den Finanzminister rücksichtslos zu diskreditieren: Graf Mirabeau und der Arzt Jean-Paul Marat. Beide scheuten nicht davor zurück, Necker zu diffamieren, um seinen Sitz ins Wanken zu bringen und selbst als Retter des Vaterlandes in seine Gloriole zu treten.

Es wäre gewiß falsch, Mirabeau oder Marat als geistige Väter der Französischen Revolution zu bezeichnen. Das waren, wenn man Taine folgt, Voltaire, Rousseau und die Enzyklopädisten. Aber Paten der Revolution darf man sie nennen, die, so schlecht sie auch zusammenpaßten, bei deren Taufe Gevatter standen.

Gabriel Honoré Riquetti, Comte de Mirabeau, Abkömmling einer alten provenzalischen Adelsfamilie, bleibt in seinem Wesen unverständlich, wenn man seine Jugend nicht beachtet. Nach der frühen Trennung seiner Eltern, im Schatten des berühmten Marquis Victor de Mirabeau, eines Ahnherrn der physiokratischen Bewegung, aufgewachsen, empfing der junge Mann statt Geborgenheit und Liebe nur die eiserne Härte und den schneidenden Spott des strengen Vaters. Was Wunder, daß der außerordentlich talentierte Sohn einen Berg von Minderwertigkeits- und Haßgefühlen in sich ansammelte. Früh verließ er das elterliche Haus, um sich in Abenteuer und Liebschaften zu stürzen, die meist nur Schulden hinterließen und das Vater-Sohn-Verhältnis noch mehr belasteten. Allerlei Skandale, ja Gefängnisstrafen vergifteten sein Leben.

Es ist klar, daß unter solch ungünstigen Bedingungen Honoré Riquetti nie zu dem Ansehen gelangte, das seinen Begabungen entsprochen und seinen finanziellen Kredit begründet hätte. Lange Zeit litt er unter den geistreichen Bonmots, die der Marquis auf den schwierigen Weg seines Sohnes streute. Als Honoré sich große Erfolge von seinem Buch über die preußische Monarchie versprach, nachdem er sogar von Friedrich dem Großen empfangen worden war, der ihn allerdings durchschaute und sich von ihm distanzierte, da sprach der Vater von »der Gewaltleistung eines Zwangsarbeiters«, wodurch er auf die Festungshaft des Sohnes anspielte. Und als es später dem jungen Mirabeau gelang, als »Geschäftsinhaber« zum Mitglied des Dritten Standes in die Nationalversammlung gewählt zu werden, da nannte ihn der Vater einen »marchand d'idées«, einen Ideenhändler, womit er ohne Zweifel ins Schwarze traf. Trotz allen Widerwärtigkeiten vermochte der Sohn immer wieder aus tiefstem Abgrund zu neuem Glanze aufzusteigen. »Glanz« ist bei seinem gewaltigen, löwenhaften, geradezu beängstigenden Aussehen vermutlich nicht das richtige Wort. Fest steht jedoch, daß von seiner Persönlichkeit eine Faszination und von seiner Rede eine Kraft ausgingen, denen sich nur wenige Menschen entziehen konnten.

Vor der Einberufung der Stände hatten Mirabeaus Wort und Schrift nur wenig Gewicht, obwohl er sich seit seiner Rückkehr aus dem englischen Refugium in der Politik stark engagierte. Seine Briefe an Necker von 1787 mit ihren harten Kommentaren zu dessen Finanzpolitik während seines ersten Ministeriums lassen an Deutlichkeit nichts zu wünschen übrig. Den Resonanzboden, den er brauchte, um eine breite Öffentlichkeit zu erreichen, fand er aber erst in der seit dem 5. Mai 1789 tagenden französischen Ständeversammlung, wo seine donnernde Stimme die Abgeordneten von den Bänken riß. Dort mußten Mirabeau und Necker aufeinanderstoßen, die zwar beide das aufsteigende Bürgertum repräsentierten, aber in Charakter und Temperament so verschieden waren, daß ein Konflikt unvermeidlich wurde. Außerdem nährten die Eigenschaften, die beide Politiker auszeichneten, ihre Rivalität: unbändiger Ehrgeiz, Eitelkeit und Ruhmsucht und als Pendant dazu die mimosenhafte Empfindlichkeit.

Während die Waffen geschmiedet wurden, um das Ancien régime

193

zu stürzen, geleiteten die letzten Spiele und Tänze die Rokokozeit zu Grabe. Getanzt wurde zwar immer weniger, seitdem Marie Antoinette den Reigen nicht mehr anführte, aber die Spielleidenschaft nahm um so größere Ausmaße an, je weniger Vergnügungen verblieben, in die man vor der schwarz verhüllten Zukunft flüchten konnte. Es war keine Flucht in paradiesische Gefilde, sondern in unzählige heiße Spielhöllen. Einige große Glücksritter schienen die Gesellschaft zu blenden und durch ihren Erfolg anstelle der ausfallenden Verlierer immer neue Generationen von Spielern anzulocken. Mittelpunkt der Leidenschaften war das Palais Royal. »Seht sie, alle diese Glücksritter, wie sie im Schlafrock durch das Palais Royal wandeln, wo sie zu Hause sind …«, sagten die wohlinformierten Brüder Goncourt.

Jeder Spieler wollte Bankier werden. Mit einem relativ bescheidenen Aufwand konnte man einen Spielsalon betreiben, denn die Autorität der Regierung reichte nicht aus, den Verboten Beachtung zu verschaffen: Mit rund 500 Livres pro Tag wurde ein kleinerer Salon betrieben, wobei ein Croupier 30 Livres, ein Kellner zwölf Livres, ein Buffetgehilfe sechs Livres verdienten.[11] Es gab in Paris nicht weniger als viertausend solcher Salons. Umsätze und Verluste erreichten große Summen, viele Leute wurden ruiniert, anderen gelang es jedoch immer wieder hochzukommen. Adlige und Politiker nahmen wahllos am Glücksspiel teil. Abgeordnete spannten hier von den Anstrengungen der Sitzungen aus, wie zum Beispiel Barnave, von dem es hieß, daß er an einem einzigen Abend 30 000 Livres verloren habe.[12] Die Spielleidenschaft war und blieb die Kehrseite des drückenden Alltags, der in jenem schicksalsschweren Jahr die Gemüter mehr denn je belastete. Als ob es nicht schon genug Erregung gegeben hätte, mußte sie noch durch andere Stimulantien angeheizt werden. In dieser hektischen Atmosphäre spielten sich die großen Ereignisse ab, die das Land und die Welt erschüttern sollten.

Da war zunächst in großen Lettern das Datum des fünften Mai festgeschrieben, an welchem endgültig die Generalstände zusammentreten sollten. Die Hände Neckers, der die Risiken der Einberufung klar erkannte und es vorgezogen hätte, die bestehenden Probleme auf anderem Wege, vor allem durch den Ausbau der Provinzialversammlungen anzugehen, waren durch die königlichen Versprechungen gebunden, die vor seiner neuerlichen Amtsübernahme gemacht wurden. Germaine de Staël sagte dazu: »So stark war die Macht der öffentlichen Meinung, daß keine militärische oder zivile Macht bereit gewesen wäre, sie in dieser Beziehung zu bekämpfen.« Necker setzte seine Hoffnungen in die bevorstehende Ständeversammlung, die gewählte Vertretung des Königreichs, die er allein für berechtigt und befähigt erachtete, zusammen mit dem König die erforderlichen verfassunggebenden Aufgaben zu erfüllen.[13] Ebenso wie seine meisten engagierten Zeitgenossen erwartete er mit Gefühlen der Begeisterung den Anbruch eines neuen und besseren Zeitalters.

Weil die Einberufung der Generalstände in der Richtung der allgemeinen Bestrebungen lag, hielt er es für sinnlos, zuvor noch besondere eigene Initiativen zu ergreifen. Er konzentrierte sich darauf, die Versammlung, ihre Zusammensetzung und ihre Funktionsfähigkeit vorzubereiten. Der Zusammentritt der Ständeversammlung wurde zur Hauptaufgabe der Regierung. Necker gliederte die Büros, die sich damit befaßten, dem Finanzministerium an, legte sie nach Versailles in das Gebäude des »Contrôle général« und setzte seinen obersten Beamten, den altbewährten Coster, den er schon während seines ersten Ministeriums geschätzt und den Calonne abgesetzt hatte, an die Spitze der Vorbereitungen. Obwohl in den meisten Autobiographien der damaligen Zeit die Meinung vorherrscht, daß Necker seit dem Beginn seiner neuen Amtszeit darauf hinarbeitete, dem Bürgertum die Vormacht in der Versammlung zu verschaffen, muß gesagt werden, daß er im Grunde sehr zögernd an die Festlegung des Wahlmodus herantrat, weil er wohl wußte, wie schwer es war, dessen Auswirkungen vorauszusehen. Im November 1788 legte er den Notabeln 25 Fragen vor, die sie

195

bis zum 11. Dezember beantworten mußten. Die Öffentlichkeit richtete ihre Aufmerksamkeit vor allem auf die Anzahl der Vertreter der drei Stände und auf ihr Stimmrecht. Als einige Führer der Notabeln Neckers eigene Ansicht erfahren wollten, sagte er ihnen, daß er keine Meinung oder Anweisung zu äußern habe, sondern daß er seine Beurteilung von den Erwägungen der Notabeln abhängig mache. In der Versammlung der Notabeln triumphierte der Korpsgeist, so daß sie beschloß, die traditionellen Regeln beizubehalten, nämlich die Gleichheit der Mitglieder jedes Standes sowie die nach Ständen getrennten Sitzungen und Abstimmungen.

Die Diskussionen gingen hin und her, bis der König, auf Neckers Anraten, im Staatsrat vom 27. Dezember die Verdoppelung der Mitglieder des dritten Standes beschloß. Bei den damaligen Erörterungen waren die Jakobinerclubs hervorgetreten, die patriotische Schriften entwarfen, druckten, verbreiteten und bei den Berufs- und Gemeindeversammlungen durchsetzten. Man weiß zwar nicht genau, wie Necker den zuvor behördlich geschlossenen Clubs, die er im November 1788 wieder zuließ, innerlich gesinnt war, doch kann als gewiß gelten, daß er jede Regung der öffentlichen Meinung sorgsam belauschte. »Monsieur Necker«, sagte Germaine de Staël, »prüfte die öffentliche Meinung wie einen Kompaß, dem die königlichen Entscheidungen zu folgen hatten.«[14]

Schwierigkeiten entstanden bei der Zuteilung der rund 600 Vertreter des dritten Standes: Sollten sie nach der Bevölkerungszahl oder nach der Wirtschaftskraft der Bezirke[15] gewählt werden? Durfte das Bürgertum auch Geistliche und Adlige zu seinen Vertretern bestellen? Necker ließ, entgegen dem Rat der Notabeln, beide Punkte in dem Sinne entscheiden, daß die Regionen so gut wie möglich berücksichtigt und die Vertreter frei gewählt werden sollten. Er hielt eine Mischung der Stände für durchaus wünschenswert, um die Einigung derselben zu fördern. Da er Wert darauf legte, breite Schichten der Bevölkerung zur Wahl zuzulassen, wurde bei einem Mindestalter von 25 Jahren allen Männern, die in den Steuerverzeichnissen standen, die Wahlberechtigung erteilt. Adlige Frauen durften durch Vollmacht teilnehmen, ansonsten waren Frauen jedoch von der Wahl ausgeschlossen. Schließlich entschied sich der König – entgegen Neckers Empfehlung, der zur Einberufung der Versammlung in Paris, wo sich das Zentrum des Landes befand, riet – sowohl aus persönlichen wie aus finanziellen Erwägungen für deren Abhaltung in Versailles. Hätte er in diesem Punkt auf Necker gehört, wäre ihm die Demütigung der zwangsweisen Rückführung nach Paris im Oktober erspart geblieben.

Vom Februar bis zum April 1789 fanden in ganz Frankreich die Wahlen der Ständevertreter sowie die Abfassung der Instruktionen an dieselben statt. Die berühmten Klageschriften *(cahiers de doléances)* sollten nicht nur Klagen, sondern ganz allgemein die Wünsche der Wahlberechtigten beziehungsweise der Wahlkollegien zum Ausdruck bringen.[16] Da diese Wahlkollegien je nach dem Stand und dem Bezirk, zu denen sie gehörten, sehr unterschiedlich ausfielen, waren die *cahiers* alles andere als einheitlich.[17] Trotzdem überrascht die Übereinstimmung des ganzen Landes bei gewissen wesentlichen Anliegen. Obschon eine Verfassung gewünscht wird, die die absolute Monarchie begrenzen soll, betonen alle Wählergruppen ihre Königstreue. Gleichzeitig fordern sie jedoch eine Absicherung der individuellen Freiheiten und der Menschenrechte.

Wie zu erwarten war, befaßten sich die meisten Schriften mit den Mängeln des Steuersystems. Das Burgertum verlangte einhellig die Abschaffung der Steuerprivilegien, eine gerechtere Steuerverteilung, die Abschaffung der Binnenzölle und der indirekten Steuern. Außer diesen allgemeinen Forderungen wurden unzählige Sonderwünsche vorgetragen. Necker, an den die Schriften gerichtet waren, enthielt sich, so lange er konnte, der Stellungnahme, sofern es sich um die noch offenen Einzelheiten des Wahlmodus handelte, die seines Erachtens auf Provinzebene gelöst werden sollten. Schwerwiegende Differenzen entstanden darüber in den Provinzen Burgund und Languedoc, die sich nicht mit der vorgesehenen Aufgliederung in Wahlbezirke abfinden wollten. Vor allem der Adel fühlte sich benachteiligt. Ähnliche Schwierigkeiten traten in der Provence und in der Bretagne auf, wo sich die Auseinandersetzungen bis zum März und April 1789 hinzogen, so daß einzelne Wahlen mit Verspätung stattfanden. Auch wenn man berücksichtigt, daß nur ein Teil der 25 Millionen Einwohner Frankreichs wahlberechtigt war, handelte es sich um eine gewaltige Aufgabe, einheitliche Wahlbedingungen zu schaffen, nicht nur im Hinblick auf die lokalen Streitigkeiten, sondern auch wegen des Fehlens unserer heutigen technischen Hilfsmittel wie etwa ein rasch und zuverlässig funktionierendes Post- und Transportwesen.

Außer den bereits schwierigen organisatorischen Fragen bereitete die Auswahl der Kandidaten für die Ständeversammlung großes Kopfzerbrechen. Obschon es seine Freunde bedauerten, verzichtete Necker auf jegliche Wahlbeeinflussung. Sein Freund Malouet, der spätere Präsident der Nationalversammlung, bemerkte:»Herr Necker verschanzte sich hinter den Gefahren und der Unzulässigkeit der Einflußnahme der Minister auf alles, was die Wahl und das Mandat der Abgeordneten betraf. Die vollständige Freiheit der Bedingungen beweise die Reinheit der königlichen Absichten und verankere das Vertrauen ...«[18]

Freilich erschrak Necker, weil bereits in diesem vorbereitenden Stadium die Forderungen der Hitzköpfe den Spielraum für die Verständigung zwischen den Vertretern der Volksklassen übermäßig einengten. So beklagte er bitter, daß der dritte Stand der Dauphiné seinen Abgeordneten von vornherein verbot, an der Versammlung teilzunehmen, wenn die Debatten nicht gemeinsam mit den anderen Ständen geführt würden. Als er später in Coppet – ähnlich wie Napoleon auf St. Helena – seine Regierungszeit rückblickend überschaute, schrieb er resigniert:»Ich glaubte, daß zur Zeit der vom öffentlichen Wohl inspirierten Einberufung ... die Bande des Vertrauens und der Brüderlichkeit eine neue Kraft erzeugen; ich glaubte, daß Dankbarkeit die Seelen erfüllen und eine Erneuerung der

Zuneigung zum König hervorrufen würde; ich hätte mich geschämt zu denken, daß die Sklaverei eher mit dieser Liebe einherginge als die Freiheit, aber es war mein Fehler, den ich gemeinsam mit ganz Frankreich machte, nicht vorauszusehen, daß in diesem Jahrhundert der ›Philosophen‹[19] die Systeme und Abstraktionen[20], diese geistigen Götzen, die Herrschaft erringen und jeden anderen Glauben verdrängen würden.«[21]

In jenen unruhigen Monaten, die dem Mai 1789 vorangingen, wurde Necker von rechts und von links bestürmt, aber gleichzeitig energisch von seinen Freunden verteidigt. In unzähligen Gedichten wurde er emporgehoben als Überbringer, ja als himmlischer Bote von Recht und Freiheit und als der Künder einer neuen Zeit. Zahlreiche Agitatoren feierten ihn mit großer Begeisterung, so auch Camille Desmoulins, der sich allerdings schon bald von Necker abwenden sollte, aber noch kurz vor dem Zusammentritt der Ständeversammlung ein Lobgedicht auf ihn schrieb.[22] Zwar waren die Worte seiner Verehrer übertrieben, übersteigert im Zeichen des sterbenden Rokoko, doch ist nicht zu bezweifeln, daß die Rückkunft Neckers derartige Empfindungen in breiten Volkskreisen ausgelöst hatte. Indem seine Freunde betonten, wie sehnlich der Genfer zurückgesehnt und wie freudig er bei seiner erneuten Amtsübernahme gefeiert worden war, stellten sie ihren Gegnern zugleich die Frage: »Wer könnte an seine Stelle treten?«[23] Nachdem so viele Vorgänger Neckers gescheitert waren, konnte niemand diese Frage befriedigend beantworten.

Doch die gehässigen, oft verleumderischen Angriffe bedrückten den sensiblen Menschen Necker mehr, als er sich anmerken ließ. Dabei wogen die Anklagen Mirabeaus, der vor allem den Zwangskurs der Anweisungen der Diskontbank kritisierte, ebenso schwer wie die Beschuldigungen der Royalisten, unter denen Neckers Gegenspieler Calonne aus London und der scharfzüngige Publizist de Limon hervorragten. Die Royalisten behaupteten, Necker wolle König, Adel und Klerus stürzen, um sich selbst an die Spitze des dritten

Standes zu setzen. Als Necker vorgehalten wurde, die schweren Gefahren zu verkennen, die der Ständeversammlung innewohnten, habe er, indem er die Augen zum Himmel erhob, geantwortet, man müsse auf die moralischen Tugenden der Menschen vertrauen.

Die Ständeversammlung

Das Königspaar und der Hof von Versailles sind besorgt über die Erregung, die mit den Wahlen zur Ständeversammlung einhergeht. Immer wieder heißt es, der Finanzminister habe den dritten Stand gefördert, um seinen eigenen Ehrgeiz zu befriedigen. In Wirklichkeit aber leidet Necker unter der politischen Radikalisierung und Polarisierung, die er nicht aufhalten kann. Kreislaufbeschwerden belasten seine Gesundheit, die Sorgen über die Finanz- und Versorgungsnöte bedrängen ihn, Nachtmahre unterbrechen seinen Schlaf. Nur das ominöse Datum des 5. Mai läßt ihn noch durchhalten in der Hoffnung auf die Vernunft der Abgeordneten und ihrer Entscheidungen. Es wurde später gesagt, Necker habe seine Gefühle vor den Verstand gestellt, und daran mag etwas Wahres sein. Ohne ein gerüttelt Maß von Vertrauen hätte er seine Aufgaben in jener Zeit überhaupt nicht anpacken können. Er mußte seinen tief verankerten Pessimismus irgendwie dämpfen, wenn er konkrete Ergebnisse erzielen wollte.

Aus den Wahlen der Generalstände ging schließlich eine Versammlung von 1214 Mitgliedern hervor, die sich aus 308 Geistlichen, 285 Edelleuten und 621 Vertretern des dritten Standes zusammensetzte. Bei den Geistlichen hatten bekanntlich die Landpfarrer, bei den Adligen die Gutsbesitzer und bei den Bürgerlichen die Juristen das stärkste Gewicht. Es handelte sich um eine ungeschulte, schwer zu lenkende Körperschaft, erfüllt von Leidenschaften, Widersprüchen und Haß. Das, worauf Necker gehofft hatte, nämlich Vernunft, Geduld und Einsicht, gerade das fehlte in hohem Maße.

*Zusammentritt der Generalstände in Versailles
am 5. Mai 1789*

Nach einem feierlichen Tedeum in der Kathedrale von Saint-Louis am 4. Mai 1789 fand am 5. Mai die langersehnte Eröffnung der Ständeversammlung in Versailles statt. Während der ersten Sitzung sprachen der König, der Großsiegelbewahrer Barentin und der Finanzminister Necker. Melchior Grimm hat eine anschauliche Beschreibung dieser historischen Veranstaltung gegeben.[24] Zieht man das Fazit dieser ersten Sitzung, muß man feststellen, daß Necker zwar eine lange, diplomatisch klug ausgewogene Rede hielt, in der er seine Politik der kleinen Schritte geschickt vertrat, daß er aber die Finanzlage erneut beschönigte und den König in einer Weise hochlobte, die den bestehenden Machtverhältnissen nicht mehr entsprach.

Durch den Verzicht auf ein klares Programm für die weiteren Verhandlungen der Ständeversammlung überließ er den Lauf der Ereignisse dem Zufall, oder besser gesagt denjenigen Kräften, die bereits ein Übergewicht gewonnen hatten. Man muß allerdings gerechterweise bedenken, daß Necker an bestimmte königliche Weisungen gebunden war, die er als loyaler Minister nicht mißachten

201

durfte: Er durfte sich nicht für gemeinsame Beratungen engagieren, und er durfte den Verzicht der beiden ersten Stände auf ihre Privilegien nicht vorwegnehmen. Necker bestätigte selbst,[25] daß der König, der seine Rede gelesen und kommentiert hatte, großen Wert darauf legte, dem ersten und dem zweiten Stand ihre Entscheidungsfreiheit zu belassen. Obwohl die Versammlung Neckers Rede lebhaft applaudierte, war eigentlich niemand von ihr befriedigt. Von bürgerlicher Seite warf man ihm übertriebene Vorsicht vor, während die Royalisten beanstandeten, daß seine Ideen der bestehenden Ordnung zuwiderliefen.

Im weiteren Verlauf des Monats Mai diskutierten die Stände, ob sie gemeinsam oder getrennt die Verifizierung der gewählten Abgeordneten prüfen sollten. Auch bei dieser Gelegenheit scheute Necker Entscheidungen, die seiner Beliebtheit abträglich gewesen wären. Statt die Verifizierung durch königliche Beamte durchzuführen, überließ er den Ständen die Entscheidung. Er wollte vor allem vermeiden, durch seinen eigenen Entschluß ein Präjudiz zur heiklen Frage der gemeinsamen oder getrennten Tagungen zu schaffen. Schließlich schlug er die Einsetzung von Schlichtungskommissionen für Streitfälle vor. Weder der erste noch der dritte Stand zeigte sich zu Konzessionen bereit, wodurch wertvolle Zeit mit überflüssigen Diskussionen verloren wurde. Die bürgerlichen Standesvertreter, die eine königliche Verifikation ablehnten, verhandelten bis zum 9. Juni mit den anderen Ständen, ohne ein Ergebnis zu erzielen. Ihr Selbstbewußtsein war stetig gewachsen, seitdem sie im großen Saal tagten, in dem sie sich von Anfang an aufhielten, weil die Platzfrage nicht vorbedacht, sondern *ad hoc* geregelt worden war. Sie bildeten dort ein nationales Forum, eine Vorstufe späterer Entwicklungen. Unter vielen bedeutenden und ehrgeizigen Köpfen traten zunächst der Graf Honoré de Mirabeau und der Abbé Sieyès[26], ein scharfsinniger Publizist, führend hervor.

Auf Vermittlung des Abgeordneten Malouet kam damals ein kurzes Treffen zwischen Necker und Mirabeau zustande, das sehr un-

Abbé Sieyès

befriedigend verlief. Infolge ihres grundverschiedenen Temperaments konnten sie einander nicht näherkommen. Necker, der sich durch Mirabeaus Streitschrift von 1787 gekränkt fühlte, empfand eine starke Abneigung gegen den hemmungslosen Choleriker. Mirabeau seinerseits fand trotz seiner monarchistischen Grundsätze bei dieser ersten Begegnung keinerlei Kontakt zu Necker, den er als aufgeblasenen Scharlatan ansah.

Am 10. Juni erklarten die Vertreter des dritten Standes auf Betreiben von Sieyès den Vorschlag Neckers für hinfällig, die Verifikation der Mitgliedschaft durch das Komitee eines anderen Standes durchzuführen, wodurch die Frage der gemeinsamen oder getrennten Abstimmungen nicht präjudiziert worden wäre, und begründeten dies mit dem Widerstand von seiten des Adels. Man lud nun die beiden anderen Stände ein, gemeinsam die Mitgliedsberechtigungen zu prüfen. Ohne eine Instruktion ihres Standes abzuwarten, erschienen kurz darauf einige geistliche und adlige Abgeordnete zur gemeinsamen Beratung. Dies war ein wichtiges Ereignis, weil sich durch den Übertritt der besagten adligen und geistlichen Standesvertreter eine breite bürgerliche Mehrheit bildete. Die schlecht organisierte königliche Behörde hatte nämlich versäumt, für den dritten Stand einen separaten Saal im »Hôtel des Menus«[27], ein Gebäude für allerlei öffentliche Veranstaltungen, zu reservieren. Infolgedessen tagten die bürgerlichen Vertreter weiter im großen Sitzungssaal, der eigentlich für gemeinsame Sitzungen vorgesehen war. Abbé Sieyès, der schlaue Fuchs, erspähte die Chance, den »nationalen Saal« besetzt zu halten. Ein zahlreiches Publikum nahm an den dortigen Verhandlungen teil und schürte das Feuer der Redner durch laute Beifalls- oder Mißfallensbekundungen.

Die Nationalversammlung

Das war der Auftakt zur entscheidenden Weichenstellung. Unter dem Einfluß von Sieyès und trotz mancher Warnrufe Mirabeaus erklärten sich am 17. Juni die Mitglieder des dritten Standes mit 491 gegen 90 Stimmen zur Nationalversammlung. Dagegen unterlag die Formulierung Mouniers, der die Versammlung als Vertretung der Mehrheit des Volkes, in Abwesenheit der Minderheit, bezeichnet hatte. Mirabeau nahm an der Abstimmung nicht mehr teil. Die Proklamation der Nationalversammlung, von den 600 Abgeordneten mit erhobener Hand feierlich beschworen, verhinderte jedoch nicht, daß viele Anwesende den König hochleben ließen. Durch diesen historischen Schwur verabschiedete Frankreich das Ancien régime, ungeachtet aller Hochrufe auf den König.

Die Treue zum Königtum war zwar noch nicht erloschen. Dennoch wird mit der Bezeichnung »Nationalversammlung« die erste Eigenmächtigkeit des Bürgertums, der erste Gongschlag der Revolution, weithin vernehmbar. Necker, der den bisherigen Verlauf der Ereignisse mit Wohlwollen verfolgt hatte, wurde durch die Selbsterhebung des dritten Standes zur Nationalversammlung überrumpelt. »Er hatte geglaubt, die Versammlung zu leiten, und nun machte sie sich plötzlich selbständig wie eine Pflegetochter, die sich über ihren Vormund hinwegsetzt.«[28] Die Abstimmung löste fieberhafte Konsultationen zwischen dem König und den maßgeblichen Führern des Adels und der Geistlichkeit aus. Der Herzog von Orléans, das schwarze Schaf des Hochadels, schlägt dem ersten Stand vor, sich dem dritten anzuschließen. Wenn der König die Stände nicht aufhebt, so heißt es vielerorts, sei die Monarchie verloren.

Ohne Necker zu informieren, hatte der König auf Drängen seiner Brüder und der »österreichischen Partei«[29] zahlreiche Truppen zusammengezogen, die Paris belagerten und, wenn man den Jakobinern und vor allem Marat glauben soll, die Aufgabe hatten, es auszuhungern. Eine österreichische Partei im wörtlichen Sinne gab es nicht, aber als solche wurde ein enger Kreis, der die Königin beeinflußte, bezeichnet, in welchem die Familie Polignac und einige ausländische Truppenführer den Ton angaben.

Die Anklageschrift Marats[30], die ein Schulbeispiel der Legendenbildung und der systematischen Brunnenvergiftung bildet, zeigt, wie raffiniert die Feinde der Monarchie vorgingen, um die öffentliche Meinung gegen das Königspaar aufzubringen und in erster Linie Necker, der sich wie ein Meister Eckhart vor die Monarchen stellte, zu diskreditieren. Später wird noch ausführlicher von Marats Anklagen die Rede sein.

Es darf jedoch nicht übersehen werden, daß die fatale Entwicklung, die im Juni 1789 ablief, zum großen Teil auf die Unfähigkeit und vor allem Unschlüssigkeit des dekadenten Ancien régime zurückging. Die absolute Monarchie besaß nicht mehr genügend Kraft, um sich zu behaupten. Statt hieraus, wie Necker es wollte, die vollen Konsequenzen zu ziehen, versuchte sie, durch allerlei Manöver und halbe Maßnahmen den Zusammenbruch zu vermeiden. So standen die Auspizien, als Necker nach Marly fuhr, wo am 19. Juni in einem königlichen Lustschloß der Staatsrat zusammentrat. Man kennt den

Entwurf zu einer neuen, relativ klaren und kühnen Rede des Königs an die Vereinigten Stände nicht im Detail, weiß aber aus den Memoiren des Siegelbewahrers Barentin[31] und aus Neckers eigener Revolutionsgeschichte[32], welche Grundzüge darin zum Ausdruck gebracht wurden. Zuallererst hatte der König den Ständen befohlen, gemeinsam zu tagen. Sodann war die Bestätigung der Reformzusagen vom 27. Dezember 1788 und vom 5. Mai 1789 vorgesehen, verbunden mit einer vertrauensvollen Zusammenarbeit zwischen dem König und der Ständeversammlung. Die Parlamente, ebenso wie der Erlaß neuer Steuern, wurden der Versammlung unterstellt. Die Provinzialversammlungen sollten frei gewählt und allgemein verwirklicht werden. Es waren zahlreiche Steuerreformen und Freiheitsgarantien vorgesehen, einschließlich der Abschaffung aller Steuerprivilegien und des freien Zugangs aller Bürger zu den zivilen und militärischen Ämtern.

Ludwig XVI. hatte den Entwurf gut aufgenommen. Im Staatsrat schien die zustimmende Mehrheit gesichert, als plötzlich ein Dienstoffizier eintrat, zum Sessel des Monarchen eilte und dem König etwas ins Ohr flüsterte. Ludwig erhob sich, indem er die Minister ersuchte, seine Rückkehr am Platze abzuwarten. Graf de Montmorin, der neben Necker saß, sagte ihm sogleich:»Noch ist nichts entschieden. Nur die Königin, die vermutlich von den Prinzen gewarnt worden ist, kann sich eine derartige Einmischung gestatten.«[33] Tatsächlich veranlaßte die Intervention Marie Antoinettes den König, die Sitzung des Staatsrates zu vertagen.

Am 20. Juni fand in Marly eine weitere Sitzung in Abwesenheit Neckers statt, der nach Paris gefahren war, wo seine Schwägerin im Sterben lag. Am gleichen Tage fanden die Vertreter des dritten Standes die Türen des großen Saals verschlossen und von Soldaten besetzt, als sie sich zur Sitzung begeben wollten. Es hieß, Zimmerleute würden die Gerüste für eine königliche Sitzung einbauen. Die aufgebrachten Abgeordneten besetzten daraufhin den nahegelegenen Ballhaussaal[34], wo sie den Schwur leisteten, nicht auseinanderzugehen, bevor eine neue Verfassung erstellt sei. Dieser historische Tag des 20. Juni ist in seiner Bedeutung nur mit dem 5. Mai und dem nachfolgenden 14. Juli 1789 zu vergleichen. Am 21. Juni gab es noch einmal eine Konferenz, diesmal in Versailles, an welcher außer dem König und Necker sowie sämtlichen Staatsräten und Ministern auch die Grafen von Artois und von Provence teilnahmen. Obwohl durch Montmorin, Saint-Priest und La Luzerne kräftig unterstützt, lehnte die Mehrheit Neckers Plan ab, da sie äußerst aufgebracht war über den Schwur des Ballhauses, durch welchen der dritte Stand seine Eigenmächtigkeit vom 17. Juni bekräftigt hatte.

Nachdem der König selbst an den Entwurf Neckers Hand angelegt hatte, wurde der neue Text, trotz Neckers Einsprache, in einer letzten Konferenz, am 22. Juni, genehmigt. Immer wieder betonte er, daß nur ein Vertrauensverhältnis zwischen dem König, dem ganzen Volke und dessen Vertretern die Krise lösen könne. Die militärischen Vorbereitungen, die ihm nun natürlich ebenfalls bekannt geworden waren, betrachtete er als ungeeignetes Druckmittel. Inzwischen waren nämlich der alte Marschall de Broglie zum Oberkommandanten der um Paris aufmarschierten Armee von etwa 30 000 Mann und der einflußreiche Höfling Baron von Besenval zum Stadtkommandanten von Paris ernannt worden.

Die neugefaßte königliche Ansprache an die Ständeversammlung unterschied sich in wesentlichen Punkten vom früheren Entwurf. Die Trennung der drei Stände und das Recht auf separate Tagungen wurde zum Grundgesetz erhoben. Daraus folgte die Ungültigkeit und Verfassungswidrigkeit der Beschlüsse des dritten Standes vom 17. Juni. Außerdem wurde die Abschaffung der Steuerprivilegien nur noch als wünschenswert, aber nicht mehr als zwingend bezeichnet.

Wenn das öffentliche Wohl, so kommentierte Necker[35], den gemeinsamen Zusammentritt der Stände erfordere, dann brauche es hierzu ein anderes Rechtsmittel als den Ausdruck eines Wunsches.

Der König wollte nun alles auf eine spätere Ständeversammlung ver-
schieben. Aber auch hierzu hätte es, meinte der Minister, eines Ver-
fassungsvorschlages bedurft. Der Verzicht auf die Privilegien war
nicht mehr von der diesbezüglichen Rechtsgleichheit untermauert,
sondern sollte vom Großmut der beiden ersten Stände gewährt
werden. Vom freien Zugang zu allen Berufen wurde nicht mehr gesprochen. Necker betonte später, daß die feste und entschiedene
Haltung des Königs, die sich im ersten Entwurf auf die gemeinsame Beratung der Stände bezogen habe, nicht mehr zu dem völlig
veränderten Geist der neuen Ansprache, die getrennte Sitzungen gestattete, gepaßt habe. »Ce fût une grande gaucherie.«[36] Daraufhin
blieb er der Ständeversammlung fern.

Als der König am 23. Juni seine mehrmals geänderte Rede verle-
sen hatte, applaudierte der erste und der zweite Stand, während die
Vertreter des Bürgertums in betretenem Schweigen verharrten. Der
König drohte, wenn die Stände ihn bei seinem Reformwerke im
Stich ließen, würde er es allein durchführen. Dann verließen er, der
Hof, der Adel und der größere Teil der Geistlichkeit den Saal,
während die übrigen Abgeordneten sitzen blieben. Als der Ober-
zeremonienmeister den Befehl seiner Majestät verkündete, den Saal
zu räumen, da donnerte Mirabeau, jener Beamte habe weder Sitz
noch Stimme in dieser Versammlung. Man werde nur der Gewalt
der Bajonette weichen. Ludwig XVI., jeder Gewaltanwendung abgeneigt, antwortete auf die Frage, ob man den Saal räumen soll:
»Man lasse sie (die Abgeordneten) gewähren.«

Durch diese Niederlage der königlichen Autorität hatte der dritte Stand gesiegt, aber schon innerhalb weniger Tage wurde diesem
Sieg vom Pöbel von Paris Glanz und Glaubwürdigkeit genommen.
Unter den Augen der Garden, deren Autorität ebenfalls erschüttert
war, wurden lärmende Kundgebungen abgehalten, die auch vor
Plünderungen nicht zurückschreckten. Erst als ein Bataillon Schweizer die Menge unter großen Verlusten an Toten und Verwundeten
zurückwarf und den Platz »Louis XV« räumte, kehrte die Ruhe wie-

der ein. Der Sicherheitsdienst von Paris war völlig unzuverlässig geworden. Das Fehlen Neckers während der königlichen Ansprache war das Hauptereignis des 23. Juni, das alle Gemüter beschäftigte. Der Minister befand sich in einem schweren Gewissenskonflikt. Er fürchtete, daß, wenn er Ludwig XVI. zuvor von seiner Absicht benachrichtigt hätte, der König ihm befohlen haben würde, an der Versammlung teilzunehmen, und daß er diesem Befehl nicht hätte folgen können.[37] So entschloß sich Necker zur Demission. Seinen Rücktrittsbrief fand der König am Mittag vor, als er ins Schloß von Versailles zurückkehrte. Es heißt, daß Neckers Chefbeamter Coster vergeblich versucht habe, den Minister umzustimmen, während Suzanne und Germaine ihn in seinem Entschluß bestärkt hätten.

Wie ein Lauffeuer verbreitete sich die Nachricht seines Rücktritts. Der Genfer Bankier, der bis zuletzt versucht hatte, Kompromisse zu finden und die Geister zu beruhigen, bewies in dieser schwierigen Lage großen persönlichen Mut. Er hatte sich nicht nur dem Druck des Hofes, sondern, wie behauptet wurde, sogar physischen Drohungen der königlichen Prinzen widersetzt. Die Öffentlichkeit reagierte erstaunlich rasch. Bereits am Nachmittag bildete sich eine aufgebrachte Volksmenge, die nach Necker rief und bis zum Schloß vorstieß, wo sie von der königlichen Leibgarde zurückgedrängt wurde. Die feinfühlige Königin, von der Entwicklung überrascht und verunsichert, ließ Necker rufen und begab sich mit ihm zum König. Ludwig XVI. bat ihn mit solcher Eindringlichkeit, im Amt zu bleiben, ohne ihm Vorwürfe über sein Verhalten zu machen, daß der Minister seine Demission zurückzog. »Die gewaltige Volksbewegung, die in Versailles herrschte, gestattete mir kein Zögern.«[38]

Germaine erzählte, daß der Abend zu einem großen Triumph für ihren Vater geworden sei. Sein Haus habe die Menge der Gäste, die ihn stürmisch feierten, nicht fassen können. Es war Necker ohne Zweifel hoch anzurechnen, daß er bei der entscheidenden Sitzung des Staatsrates, trotz des Drucks der gegnerischen Mehrheit und des massiven militärischen Aufgebots, unerschütterlich seiner Überzeugung treu blieb, daß die Ständeversammlung gemeinsam und nicht getrennt beschließen müsse. Sein Entwurf hatte sodann klar bestimmt, daß die steuerlichen und beruflichen Privilegien aufgehoben werden müßten, obwohl die Feudal- und Ehrenrechte durch die Krone geschützt geblieben wären. Da die Ereignisse jedoch ganz anders verliefen, war nicht mehr auszumachen, ob diese widersprüchlich erscheinende Konstruktion, so wie von Necker beabsichtigt, durchführbar gewesen wäre. Der unveröffentlichte Entwurf Neckers, der toter Buchstaben geblieben ist, wurde von der Geschichtsschreibung verschieden kommentiert. Neckers eigener Interpretation stehen die Äußerungen vieler Historiker entgegen.

Selbst der große Historiker der Französischen Revolution, Michelet, vermag sich nur zu einer unscharfen Beurteilung des »Projet de Necker« herbeizulassen.[39] Dabei geht er nur auf die stark umstrittenen Punkte ein, wie etwa das Zweikammersystem, von dem Michelet behauptet, es enthalte den »schüchternen Rat an Frankreich, englisch zu werden«, außerdem stärke es die Privilegierten, nämlich Adel und Klerus, und ermögliche dem König, nicht nur ein Veto, sondern gleich deren zwei auszubringen. Michelet verdammt auch ein Kernstück von Neckers Reformen, die Provinzialversammlungen und deren föderalistischen Geist. Er setzt die persönlichen Freiheitsrechte an die erste Stelle, ohne lange nach dem Weg zu fragen, auf welchem sie gewonnen werden sollten, und ohne sich um eine ausgewogene Sicherung der Rechte aller Stände zu sorgen. Durch derartige vorgefaßte Meinungen, gerade wenn sie von hochqualifizierter Seite wie von Michelet herrührten, wurde das Urteil über Necker präjudiziert.

Bei jener Besprechung mit dem König hatte Necker auf die Opfer hingewiesen, die man von ihm verlange, wenn er sein Amt wieder übernehme. Der König betonte dagegen, daß er es sei, der die Opfer bringe. Schließlich ließ sich Necker von der Königin erweichen, deren schwierige Lage er bedauerte. Später bereute er, wie er selbst zugab, in dieser für ihn günstigen Situation keine klaren Bedingungen an den König gestellt zu haben.

Während der kurz darauffolgenden Sitzung des Staatsrates prallten die Meinungen erneut hart aufeinander. Der Herzog von Chatelet sagte, daß Volksaufläufe zur Unterminierung der Autorität des Königs führten, und bat Necker, einen Hinterausgang des Palasts zu benützen, um nicht erkannt zu werden. Necker aber, der sich gerne in der Öffentlichkeit sonnte, lehnte dieses Ansinnen ab. Teils ging er zu Fuß, teils wurde er von seinen Freunden getragen, die ihm immer neue Ovationen bereiteten. Es kam so weit, daß man versuchte, seine Hände oder seinen Rock zu küssen. Bei brütender Hitze und stürmischem Volksandrang verkündete der Abgeordnete Target das Verbleiben des Ministers im Amt. Necker, der durch den Polizeichef bekanntmachen ließ, daß er auf Bitte des Königs seinen Platz beibehalte, glaubte nun, daß Ludwig XVI. durch die Kundgebungen von Versailles und Paris die Notwendigkeit einer konzilianten Haltung eingesehen habe.

Leider erwies sich bereits in den folgenden Tagen die konstante Schwäche des Königs und die Starrsinnigkeit des Hofes. Gleichzeitig erwuchs der Monarchie eine neue schwere Gefahr durch die Fraternisierung zwischen den französischen Gardetruppen und der Volksmenge. Es war vor allem das Volk von Paris, das vor Aufläufen und sogar vor Ungehorsam nicht mehr zurückschreckte. Der Präsident der Nationalversammlung, Bailly, begab sich zu Necker, um mit ihm die Folgen der Rebellion zu besprechen, bei welcher Angehörige der Garde, wegen Insubordination gefangengesetzt, von einer in die Tausende gehenden Volksmenge befreit worden waren. Paris probte den Aufstand. In dem Gespräch, das Bailly und Necker miteinander führten, regte der Minister, der einerseits den Wünschen der Nationalversammlung zuneigte, andererseits die Autorität der Krone zu schützen hatte, die Bildung von Bürgerwehren an, ein Begehren, das auch von den Pariser Elektoren und von Mirabeau

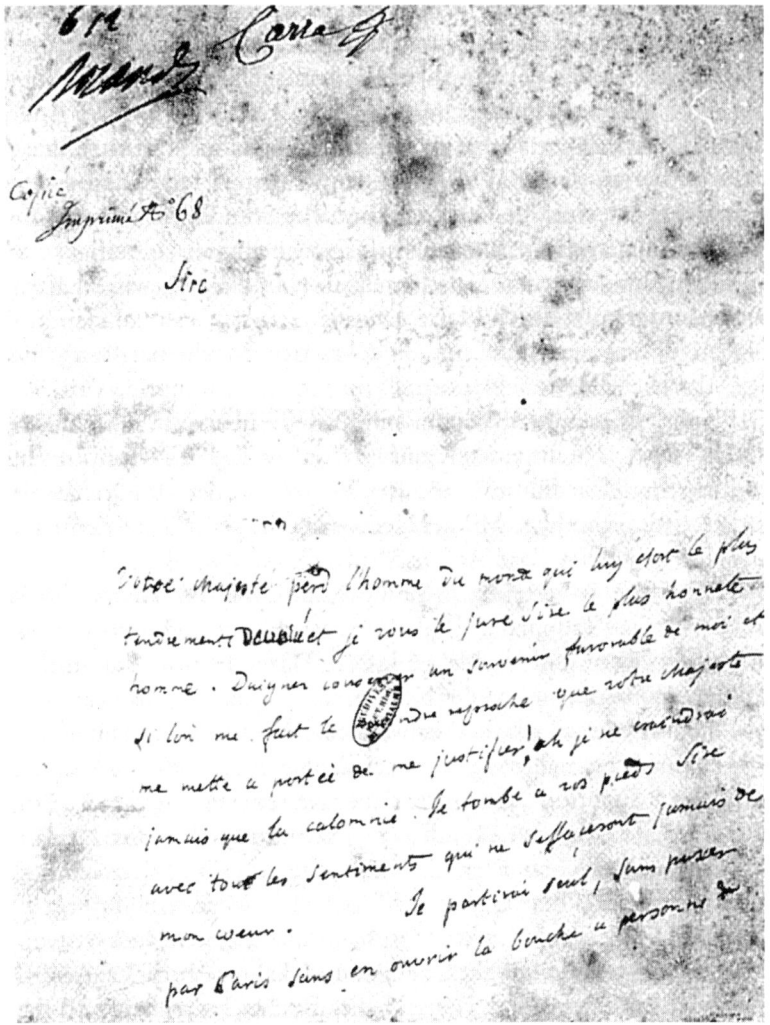

Neckers Brief an den König vom 11. Juli 1789

gestellt worden war. Auf Anraten Neckers begnadigte der König die
Aufständischen, nachdem sie zuvor der Form halber kurz in einem
Gefängnis inhaftiert worden waren.

Der latente Konflikt über die Maßnahmen bei Aufständen kam
in den nächsten Tagen erneut zum Ausbruch. Unter dem Einfluß

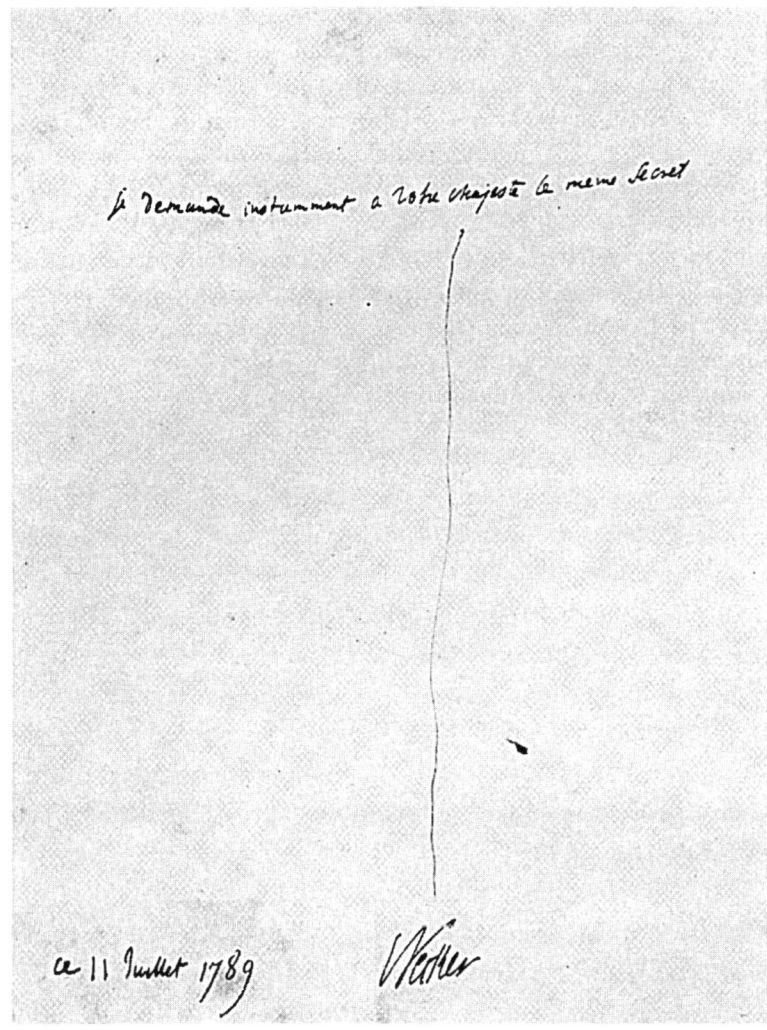

Marie Antoinettes hatte der König das Einrücken kaiserlicher und
schweizerischer Regimenter in Paris zugelassen. Er trieb eine dop-
pelbödige Politik: sowohl Konzilianz gegenüber dem aufbegehren-
den Bürgertum wie militärische Vorbereitungen zur Niederschla-
gung einer Volkserhebung. Dies erschien der Königin und dem Hof

als ein Gebot der Selbstverteidigung. Ludwig XVI. selbst, zu schwach zu einer konsequenten Haltung, lavierte zwischen seiner Frau, seinen Brüdern, Necker und der hohen Geistlichkeit, die er am höchsten schätzte, hin und her.

Während am Hofe Pläne geschmiedet und Intrigen gesponnen wurden, führten der König und Necker Ende Juni eine ernste Aussprache, in welcher letzterer sich bereit erklärte, zurückzutreten oder sogar das Land zu verlassen, falls seine Dienste nicht mehr erwünscht seien. Die Antwort Ludwigs:»Ich nehme Ihr Wort«, wurde von Necker, den die Tagesprobleme belasteten, jedoch nicht als Verabschiedung interpretiert.

Im Gegenteil – zunächst schien der König wieder einzulenken, denn er berief, dem Rat seines ersten Ministers folgend, auf den 8. Juli eine gemeinsame Versammlung aller Stände, auf welcher die Vorbereitungen zu einer neuen Verfassung beginnen sollten.

Indes gelang es den königlichen Prinzen an diesen gewitterhaften Tagen, unterstützt durch Marie Antoinette, den schwankenden König zu überzeugen, daß nur eine kräftige Machtentfaltung die selbstherrliche Nationalversammlung und das aufmüpfige Volk zur Ordnung zurückführen könne. Die Königin überwand allmählich den Schmerz, den ihr einen Monat zuvor der Tod des Kronprinzen zugefügt hatte. Sie fühlte die tödliche Bedrohung der Monarchie mit instinktiver Sicherheit. Mit der Zeit wurde sie selbst zum Zentrum aller Bestrebungen, die absolute Monarchie und die daran hängenden Privilegien zu verteidigen. Sie hatte sich damals von den Offizieren der Pariser Truppen in Begleitung des Königs und ihrer Kinder ostentativ feiern und hochleben lassen. Das war zwar Balsam für Marie Antoinette, die von der Nationalversammlung und vom Volk geschnitten wurde, zeigte aber wenig politisches Fingerspitzengefühl in einer Phase gärender Unzufriedenheit.

In dieser Situation überreichte der Staatssekretär, Graf de La Luzerne, am Samstag, dem 11. Juli 1789 nachmittags drei Uhr, Necker das Entlassungsschreiben des Königs. Ludwig XVI., der sich auf

Neckers Loyalität berief, wies auf dessen abweichende Pläne gegenüber den Ständen hin. Infolgedessen nehme er jetzt Necker beim Wort und bitte ihn, »möglichst rasch und diskret« zurückzutreten. Abschließend schrieb der König: »Ihre Rechtschaffenheit und Ihr Renommee erfordern, jede Erregung zu vermeiden. Ich hoffe, daß ruhigere Zeiten mich in die Lage versetzen werden, Ihnen meine Gefühle auszudrücken.«[40] Diese brüske Abberufung des populären Ministers erfolgte unter dem Eindruck einer neuerlichen Wendung der Königin und auf Veranlassung des Grafen von Artois und des Barons von Breteuil, ohne Wissen allerdings des Siegelbewahrers Barentin, des Staatssekretärs Laurent de Villedeuil und sogar des Marschalls de Broglie.

Necker, von der Missive des Königs überrascht, beschließt nach kurzer Überlegung, den erhaltenen Instruktionen zu folgen. Er schickt dem König ein kurzes Schreiben[41], in welchem es einleitend heißt: »Ihre Majestät verlieren den Menschen, der Ihnen auf der Welt am treuesten ergeben war ...« Zu Hause angelangt, setzt er sich an den gedeckten Tisch, ohne den Gästen, unter denen sich sein Bruder Louis Necker de Germany und Germaine befinden, ein Wort über den Vorfall zu sagen.

Um sechs Uhr nachmittags besteigt er mit seiner Frau, unter dem Vorwand eines Besuches in St. Germain, seine Kutsche. In Wirklichkeit fahren beide über ihren Landsitz Saint-Ouen, wo sie einiges Gepäck laden und Germaine ihre Abreise mitteilen, nach Arras, um die Durchquerung von Paris und Burgund, wo der Aufstand gärt, zu vermeiden. Am 13. Juli kommen die Neckers in Brüssel an, wo sie sich mit ihrer Tochter und dem Baron de Staël treffen. In der Nacht vom 15. auf den 16. fahren Necker und der schwedische Gesandte im Eiltempo nach Basel weiter, wo sie am 20. Juli eintreffen. Die versammelten Stadträte überreichen Necker ein Blumengebinde zur Begrüßung. Suzanne Necker, die nicht die Gemütsruhe ihres Mannes besitzt und stark unter der Aufregung leidet, kommt später mit Germaine an ihrem Zufluchtsort Basel an.

Neckers drittes Ministerium

In Brüssel hatte Necker einen kurzen Aufenthalt eingeschaltet, um dem Bankhaus Hope & Cie. (Amsterdam) eine Garantie von zwei Millionen Livres zu bestätigen, die er zu Lasten seines persönlichen Vermögens für französische Getreidekäufe gegeben hatte.[1] Diese großzügige Handlungsweise eines abgesetzten Ministers ist ein seltenes Beispiel von Selbstlosigkeit. Sogar Michelet, dessen Epos die Französische Revolution verherrlichte, mußte es zugeben, als er schrieb: »In Fragen der Verpflegung war Necker – man muß ihm diese Gerechtigkeit erweisen – ein unermüdlicher Verwalter, dessen Erfindungsreichtum, Geschicklichkeit und Hilfsquellen nie versiegten. Er zeigte sich, was noch mehr ist, voll von Güte und Verständnis; da niemand dem Staat Kredit gab, lieh er in eigenem Namen, engagierte seinen Kredit bis zu zwei Millionen, die Hälfte seines Vermögens. Nach seiner Abberufung zog er die Garantie nicht zurück; er schrieb dem Bankhaus, daß er sich daran gebunden fühle.

Kurz gesagt, auch wenn er nicht zu regieren verstand, so ernährte er doch das Volk, er nährte es mit seinem Geld.«[2]

Danach war er auf deutscher Seite, dem Rhein entlang, nach Basel gefahren, wo er erschöpft von den Aufregungen der Reise im bereits damals bekannten Hotel »Drei Könige« abstieg. Es trug nicht gerade zu seiner Erholung bei, daß dort kurz darauf die Marquise von Polignac eintraf, die ihm die letzten Nachrichten von den Ereignissen seit dem 11. Juli in Paris überbrachte. So erfuhr Necker, daß am 13. Juli nach Ausschaltung der Grafen de Montmorin, Saint-

Priest und de La Luzerne eine neue Regierung unter der Leitung des Barons von Breteuil[3] gebildet worden war. Germaine de Staël meinte, daß »seine mächtige Stimme große Energie und sein lauter Schritt die Illusion vorgespiegelt habe, daß er eine Armee aus dem Boden stampfen könne …«[4]. In Wirklichkeit stand die neue Regierung dem ausbrechenden Volkszorn hilflos gegenüber. Am Vorabend des Sturmes auf die Bastille, das befestigte Staatsgefängnis von Paris, sandte die Nationalversammlung eine Grußbotschaft an Necker und an die anderen entlassenen Minister. Vom König forderte sie den Rückzug der rings um Paris zusammengezogenen Truppen.

Am 14. Juli wurde die mittelalterliche Trutzburg, grausames Symbol der absoluten Monarchie, von einer riesigen Menschenmenge erobert, nachdem diese frühmorgens im Waffenarsenal »Hôtel des Invalides« nahezu 30 000 Gewehre und 20 Kanonen erbeutet und den unorganisierten Widerstand rasch überwunden hatte. Napoleon sagte später, daß der ganze Aufstand zusammengebrochen wäre, wenn man einige Kanonen richtig aufgestellt hätte. Von den kaum 120 Soldaten, darunter 32 Schweizern, die das schwer bewaffnete Gebäude zu verteidigen hatten, erkämpften sich die Schweizer den freien Abzug. Der Kommandant, der einsah, daß er zwar ein großes Gemetzel unter der Bevölkerung anrichten, das Gefängnis jedoch nicht halten konnte, kapitulierte. Der verhaßte de Launey und Teile seiner Mannschaft wurden von der wutentbrannten Menschenmenge umgebracht. Schließlich riß die tobende Masse die Bastille, das Sinnbild der Unterdrückung, eigenhändig nieder. Das reichlich vorhandene Pulver diente zur Sprengung von Mauern, worauf deren Überreste eingeebnet oder als Andenken nach Hause mitgenommen wurden. Die meist in elendem Zustand dahinvegetierenden Gefangenen wurden unter großem Jubel befreit.

Am Abend des 14. Juli hatte sich Ludwig XVI., nach nichtssagender Eintragung eines »rien« ins Tagebuch, seiner Gewohnheit entsprechend frühzeitig zu Bett begeben. Als der Herzog von Liancourt, der stets Zutritt zum König hatte, ihn weckte, um ihn auf die Gefahren der Lage aufmerksam zu machen, stammelte der schlaftrunkene Monarch:»So, ist es wohl eine Revolte?« – »Sire«, antwortete Liancourt,»das ist keine Revolte, es ist eine Revolution.« Die Rebellion griff tatsächlich in Windeseile auf ganz Frankreich über, wo Gefängnisse gestürmt, Schlösser in Brand gesteckt und zahllose andere Gewalttaten verübt wurden.

Diese angesichts der schlechten Verkehrsverbindungen erstaunliche Synchronizität hing nicht nur damit zusammen, daß die Revolution überfällig war, sondern basierte auf der Vorbereitung des Umsturzes durch die Jakobinerclubs im ganzen Land. Am 15. Juli gab Ludwig XVI. seine Zustimmung zur Einnahme der Bastille und zum Truppenrückzug, den die Nationalversammlung verlangte. Am nächsten Tag lehnte er den Vorschlag seines Bruders, des Grafen von Artois, ab, nach Metz zu reisen und sich dort an die Spitze der Gegenrevolution zu stellen. Daraufhin hatten die königlichen Prinzen Artois und Condé sowie die Polignacs Hals über Kopf Versailles verlassen. So kam es, daß die Marquise von Polignac ungefähr gleichzeitig mit Necker in Basel eintraf und den gestürzten Minister, den sie sonst wenig schätzte, mit den neuesten Nachrichten versorgte.

Unterdessen waren Eilkuriere unterwegs, um Necker einen Brief des Königs, den man nur als Hilferuf bezeichnen kann, und eine Adresse der Nationalversammlung zu überbringen, worin er zur Rückkehr aufgefordert wurde. Der Eilbote, der Necker schon nicht mehr in Brüssel angetroffen hatte, ritt unverzüglich nach Basel weiter. Inzwischen kamen dort auch Suzanne und Germaine an, die sich darüber stritten, ob Necker gut daran täte, sein Amt in Frankreich wieder einzunehmen. Während Suzanne die Gefahren beschwor, die mit der Rückkehr verbunden waren, scheute Germaine mit ihrem stürmischen Temperament vor keinem Risiko zurück. Sie wollte die Sonne genießen, die Neckers Popularität umstrahlte.

Inmitten dieser Aufregungen kam der berühmte Physiognomiker Johann Kaspar Lavater, ein guter Freund Goethes, in Basel an. Neckers unverwüstliche Ruhe beeindruckte ihn zutiefst. »Er ist nicht so ruhig, wie es scheint«, entgegnete Suzanne, »sonst hätte er beim Mittagessen mehr gesprochen.«[5] – »Wie groß muß die Heiterkeit dieses Menschen sein«, meinte daraufhin Lavater, »wenn er selbst jetzt sich sowenig durch widrige Umstände stören läßt.«

Lavater beschreibt den Gemütszustand Neckers als völlig ausgeglichen, in der nach außen hin fast unbeteiligten Ruhe eines Stoikers verharrend. Beim Abendessen weicht Necker den manchmal indiskreten, an ihn gerichteten Fragen mit diplomatischer Höflichkeit aus. Lavater fallen an Necker seine »ungewöhnlich weiche Stimme«, seine Stirn »ohne Falten, Furchen und Runzeln«, sein ernster und nobler Blick, sein gelblicher Teint und das starke, volle, aber etwas fliehende Kinn besonders auf. Um seine Lippen spielte ein Ausdruck natürlicher Güte. Aus einer gewissen Distanz betrachtet, weckte der Gesamteindruck »ein Gefühl von Verehrung«, aus der Nähe »das Bild moralischer Perfektion«. »Er sei geboren, die Finanzen zu leiten.«[6] Es muß indes dahingestellt bleiben, ob Lavaters physiognomischer Einblick so durchdringend war, daß er dies »sehen« konnte, oder ob hier Montlosier in seinen Erinnerungen seiner Phantasie etwas zuviel Spielraum gewährte. Necker selbst hatte jedenfalls starke Hemmungen, die Leitung der zerrütteten französischen Finanzen erneut zu übernehmen. Er zweifelte sowohl an der Fähigkeit des Königs wie an derjenigen der Nationalversammlung, die politische Lage wieder in den Griff zu bekommen.

Am 23. Juli überwand sich Necker jedoch selbst. Er teilte Ludwig XVI. mit, daß er dem Rufe seiner Majestät folge, nicht weil der Ruhm ihm noch irgend etwas bedeute, sondern nur weil sein Pflichtbewußtsein und seine Ergebenheit dem König gegenüber seine einzigen Leitmotive seien. Gleichzeitig schrieb er seinem Bruder Louis: »Die Rückrufe machten mich unglücklich; ich war froh, am Hafen angelangt zu sein. Aber dieser Hafen wäre nicht ruhevoll gewesen, wenn ich mir hätte vorwerfen müssen, ohne Mut gehandelt und es versäumt zu haben, dieses oder jenes Unglück zu verhüten. Ich opfere Frankreich alle Ehren- und Sympathiebezeugungen, die man mir entgegenbringt. Meine Frau empfindet dies noch stärker als ich. Der Wechsel unserer Pläne ist mit Resignation verbunden. Ah! Coppet! Coppet! Bald werde ich vielleicht gute Gründe haben, dir nachzuweinen! Aber man muß sich den Gesetzen der Notwendigkeit und den Verkettungen eines unverständlichen Schicksals unterwerfen. Alles ist in Frankreich in Bewegung; soeben erfolgten Szenen des offenen Aufstands in Straßburg. Es scheint mir, als ob ich in einen abgründigen Schlund zurückkehrte.«[7]

Allen Bedenken zum Trotz gestaltet sich Neckers Rückreise zum Triumphzug. Seine Verehrer spannen die Pferde seines Wagens aus, um ihn selbst zu ziehen. Frauen knien nieder und bitten um seinen Segen. Solche Kundgebungen waren bisher nur regierenden Monarchen oder der hohen Geistlichkeit vorbehalten. Nach fünf Tagen kommt die Fahrt in Nogent-sur-Seine jedoch abrupt zum Stillstand, als Necker hört, daß sich der frühere Stadtkommandant von Paris, Baron von Besenval, in Villenauxe-en-Brie in Lebensgefahr befinde. Der aus Solothurn stammende, mit dem französischen Hochadel verwandte Offizier, der vor allem am Hof von Versailles eine außerordentlich erfolgreiche Karriere gemacht hatte, verfügte über die besten Beziehungen bis hinauf zur Königin, die ihn öfters zu Rate zog. In seinem schönen Hause, dem heutigen Sitz der Schweizer Gesandtschaft in Paris, übte der kultivierte Baron einen erheblichen persönlichen und politischen Einfluß aus. Trotz ihrer schweizerischen Herkunft waren die Beziehungen zwischen Besenval und Necker kühl geblieben.

Als Necker jedoch erfuhr, daß Besenval mit dem Tode bedroht wurde, obschon seine Verantwortung keineswegs geklärt war, zögerte er nicht, das volle Gewicht seiner Autorität für Besenval einzusetzen. Eigenhändig schrieb er den Munizipalbeamten von

Necker wird bei seiner Rückkehr vom Volk
auf den Händen getragen

Villenauxe:»Meine Herren, ich weiß, daß der Baron von Besenval, der von der Miliz von Villenauxe verhaftet wurde, die Erlaubnis des Königs hatte, sich in seine Schweizer Heimat zu begeben. Ich ersuche Sie, meine Herren, diese Erlaubnis zu respektieren, für welche ich Ihnen geradestehe und wofür ich Ihnen besonders dankbar wäre …«[8]

Die Persönlichkeit des Barons war damals und ist noch heute umstritten. Tatsache ist, daß er, im Einklang mit der zögernden Haltung Ludwigs XVI., die Polizei nicht voll einsetzte, weil er die Partie für verloren hielt. Von der einen Seite wurde ihm vorgeworfen, zu wenig, von der anderen, zu viel Widerstand geleistet zu haben. Nach den Vorfällen von Mitte Juli, bei denen zwei hohe Offiziere brutal umgebracht worden waren, fand der König Besenvals Sicherheit bedroht und gestattete ihm die Ausreise in die Schweiz. Nun aber wurde er trotz seines Ausreisepasses in Villenauxe angehalten und sollte nach Paris zurückgeführt werden. Es ist verständlich, daß Necker diesen Eingriff in die Rechte der Exekutive ablehnte. Außerdem zeigte er erneut seinen Mut, als er sich ohne Rücksicht auf seine Popularität voll für einen Menschen einsetzte, dessen Leben in ernsthafter Gefahr war.

Am 28. Juli abends kam Necker mit Frau und Tochter in Versailles an, wo sie mit Festbeleuchtung und Artilleriesalut begrüßt wurden. Am folgenden Tage findet das Wiedersehen mit dem Königspaar statt, über welches sich Necker ausschweigt. Von den einzigen Augenzeugen, Montmorin und Saint-Priest, schreibt letzterer in seinen Memoiren, Necker habe auf die Aufforderung der Königin, der königlichen Gnade durch besonderen Diensteifer zu entsprechen, herablassend geantwortet, daß zwar der Diensteifer, aber nicht der Dank zu seiner Pflicht gehöre.[9]

Am Nachmittag wird Necker in der Nationalversammlung so begeistert begrüßt und bejubelt, daß es ihm vor Rührung schwerfällt, für den Empfang zu danken. Böse Zungen, an denen es niemals fehlt, vergleichen allerdings seine Rückkehr mit der Exposition einer Reliquie, die vor Feuer und Wasser schützen solle.

Neckers Ankunft vor dem Hôtel de Ville

Bereits am 30. Juli fuhr Necker nach Paris, um sich ins Rathaus zu begeben, wo sowohl die Elektoren der Stadt wie die Kommune tagten. Er wollte aus der Begeisterung für seine Rückkehr politisches Kapital schlagen sowie die Affäre Besenval, für die er sich engagiert hatte, endgültig erledigen. Die Munizipalität von Villenauxe war nämlich der Anweisung Neckers nicht gefolgt, sondern hatte einen Befehl der Stadt Paris verlangt, von wo sie auf Antwort wartete. Necker, der nach der Abfassung seiner Anweisung abgefahren war, mußte diese Angelegenheit zu einem raschen Abschluß bringen, um nicht, wie der König, Autorität zu verlieren.

Auch in Paris wurde der »verlorene Sohn« überschwenglich gefeiert. Die ganze Bevölkerung von Paris, so berichteten die Augenzeugen, darunter Germaine de Staël, sei auf den Beinen, an den Fenstern, ja auf den Dächern gewesen, um Necker zuzujubeln. Trotz der flankierenden Kavallerie gelingt es vielen Leuten, die Hände von Necker und seiner Frau zu küssen. Auf der Freitreppe des Rathauses erwartet ihn Graf La Fayette, der Held der amerikanischen Unabhängigkeit und jetziger Kommandant der Nationalgarde. Im Rathaussaal erschallen neue Ovationen. Schließlich ergreift Necker das Wort, um für Versöhnung und Milde zu plädieren. Im Verlauf eines gefühlvoll gehaltenen Appells verlangte Necker von beiden Kollegien, die im Rathaus tagten, die unverzügliche Freilassung Besenvals, die er als Auftakt zu einer allgemeinen Amnestie bezeichnete. Vom Abgeordneten Stanislas von Clermont-Tonnerre in beiden Kollegien nachdrücklich unterstützt, gelang es ihm, die Befreiungsbefehle für den Baron zu erlangen. Die Elektorenversammlung ging sogar weit darüber hinaus, indem sie durch Akklamation einen Generalpardon und zugleich ein Verbot jeglicher Gewaltanwendung aussprach. Die vor dem Rathaus versammelte Menschenmenge spendete frenetischen Beifall.

Diese eigenmächtigen Beschlüsse hatten vermutlich die Empfindlichkeit der Nationalversammlung verletzt. Tatsache ist, daß dieses neugebackene, sehr selbstbewußte Gremium die Angelegenheit am folgenden Tage ebenfalls behandelte, die Verhaftung des Barons bis zu einem regulären Gerichtsentscheid bestätigte und eine Generalamnestie ablehnte. Für Necker bedeutete dieser Beschluß eine schwere Enttäuschung. Es erging ihm nun ähnlich wie dem König, für den die Ereignisse des 14. Juli mit einer unwiderruflichen Autoritätseinbuße verbunden waren. Die französische Exekutive hatte jetzt nicht nur einen, sondern zwei hinkende Repräsentanten. Die Frage, wieso Necker den Fehler machte, den Fall Besenval zum Prüfstein seiner Autorität zu machen, ohne sich dabei politisch abzusichern, wird noch genauer zu untersuchen sein. Wahrscheinlich war er geblendet durch seine Eitelkeit, die ihm von vielen Gegnern vorgeworfen wurde. Es ist eigentlich tragisch, daß Neckers große Autorität wegen seines Einsatzes für eine eher zweifelhafte Gestalt, wie es der gewandte Höfling und Lebemann Baron Besenval war, zusammenbrach. Necker erwog erneut seinen Rücktritt, entschied sich aber, im Amt zu bleiben, weil, wie er selbst sagte, die Entzweiung der Geister, die Misere der Finanzen und die drohende Hungersnot es erforderten.[10] Sein Freund Clermont-Tonnerre warf ihm später den einen irreparablen Fehler vor, im Rausche seiner Willkommensfeiern versäumt zu haben, konkrete Forderungen mit seiner Rückkehr zu verbinden. Diesen Fehler hatte er bereits nach seiner ersten Demission gemacht, als er den König nicht auf ein klares Programm verpflichtete. Man nannte Necker später gerne den »Banquier sentimental«. Es zeigte sich tatsächlich, daß er den überschwenglichen Gefühlen, die man ihm entgegenbrachte, nicht kritisch genug begegnete. Einmal mag ein solcher Fehler auch bei einem Politiker durchgehen, aber kaum ein zweites Mal. Necker war und blieb trotz des imposanten Anscheins, den er sich gab, der vorsichtige Bankier, der gewiegte Taktiker, letztlich aber der Zauderer, dem die Entschlußkraft fehlte, die den großen Staatsmann auszeichnet.

Unterdessen blieb Baron von Besenval in Gefangenschaft in Brie, bis ihm in Paris der Prozeß gemacht und er dann am 1. März 1790 von den wichtigsten Anklagepunkten freigesprochen wurde. In seinen Memoiren betonte Besenval, daß er Necker bis zum Ende seiner Tage dankbar dafür sei, ihm durch seine Intervention das Leben gerettet zu haben.

Es war eine Zeit des Hasses und des Neides, die sich während Jahrhunderten aufgestaut hatten und sich nun in der französischen Nationalversammlung ebenso wie bei den Pariser Volksmassen zusammenballten. Sie wurden geschürt von den großen Demagogen Barnave, Desmoulins, Danton, Marat, Mirabeau und Robespierre, wobei es vor allem Mirabeau schwerfiel, seine Feindschaft gegen Necker mit seiner grundsätzlich royalistischen Gesinnung zu verbinden. Dieses schwierige Kunststück gelang dem kühnen Seiltänzer dank seiner blendenden Rhetorik, die seine Zuhörer von den Sesseln riß, auch wenn er sich in vielen Belangen selbst widersprach.

Für Necker hatte inzwischen die schwerste Zeit seines Lebens begonnen. Er sagte später, daß man eher einem einzigen König als 900 Königen dienen könne: So groß war nämlich die Zahl der Abgeordneten, aus denen sich die Nationalversammlung zusammensetzte, seitdem sich Teile des Adels und der Geistlichkeit mit dem dritten Stand vereinigt hatten. Außerdem geriet die Nationalversammlung immer mehr unter den Einfluß der Jakobinerclubs, der Wanderredner des Palais Royal und des aufgehetzten Pariser Straßenmobs. Präsident Malouet und einige seiner Kollegen, die diese Gefahren klar erkannten, schlugen vor, die Versammlung aus dem Umkreis von Paris nach Compiègne oder nach Soissons zu verlegen, ein Vorschlag, der auch von Necker unterstützt wurde.

Es gelang aber weder ihm noch Saint-Priest, Ludwig XVI., der an Versailles festhielt, zu überzeugen. In der entscheidenden Sitzung des Staatsrats war der vom Jagen ermüdete König sogar eingeschlafen. Als er aufwachte, sagte er »nein«, worauf er sich rasch in seine Gemächer zurückzog. Hätte er nicht jetzt, sondern bei früheren Gelegenheiten nein gesagt, wäre es ihm dann vielleicht besser ergangen?

Am 7. August gab die »Gazette de France« die Zusammensetzung und die Aufgaben des neuen Ministeriums bekannt. Necker, der die Leitung des Ministeriums übernahm, verzichtete auf den Titel eines *Ministre principal*. Seine früheren Hauptstützen Montmorin, Saint-Priest und de La Luzerne traten wieder in ihre Ämter ein. Um die Basis der Regierung zu verbreitern, zog er einige markante Persönlichkeiten hinzu wie den Erzbischof Champion de Cicé, den Erzbischof Le Franc de Pompignan und den Grafen de La Tour du Pin Paulin, allesamt Abgeordnete der Nationalversammlung. Schließlich wurde der Marschall de Beauvau Minister ohne Portefeuille. Obwohl dem ersten und dem zweiten Stand zugehörig, hatten sie sich für gemeinsame Tagungen ausgesprochen.

Am selben Tag malte Necker vor der Nationalversammlung auf dem Hintergrund wirtschaftlicher und finanzieller Not das trübe Bild von wachsender politischer Anarchie. Nachdem die Abgeordneten Anfang August abrupt alle Feudalrechte abgeschafft hatten, welche Necker etappenweise aufheben wollte, brach die Autorität des Königs und seiner Verwaltung auch auf dem Lande zusammen. Aufstände, Morde an Steuereinnehmern, Plünderungen, die Aufhebung von Zollschranken und die Einstellung der Zahlungen durch die Steuerpflichtigen waren an der Tagesordnung. In den großen Städten sah es kaum anders aus, außerdem führte die Auswanderung oder die überstürzte Flucht vieler reicher Familien zum Stillstand jener Gewerbe, die durch sie ins Brot gesetzt wurden. Echte Arbeitslosigkeit vermehrte das Heer der Müßiggänger.

Neckers Rede zeigte eindrücklich, daß es unmöglich geworden war, die Steuern einzukassieren, die es brauchte, um auch nur die dringendsten Bedürfnisse der nächsten Wochen zu decken. Die Getreideversorgung, vor allem die Ernährung von Paris, bereitete ihm die größten Sorgen. Es gab keinen anderen Ausweg, als erneut eine Anleihe von 30 Millionen Livres aufzulegen. Einige Mitglieder der Nationalversammlung beantragten, die Anleihevorschläge durch Akklamation anzunehmen. Als dann Necker und die Regierung den

Saal bereits verlassen hatten, rief Mirabeau: »Ich werde Anklage gegen diesen schäbigen Sklaven erheben!«[11] Daraufhin wurden die Vorschläge zunächst an die Finanzkommission überwiesen und am 9. August von der Nationalversammlung nur unter der Bedingung akzeptiert, daß der Zinssatz von fünf auf 4,5 Prozent gesenkt werde, daß keine Inhaberbriefe ausgestellt würden und daß die Rückzahlungsbedingungen offenblieben. Selbstverständlich führten diese Bedingungen zu einem eklatanten Mißerfolg. Selbst zu fünf Prozent wäre der Erfolg ungewiß gewesen, doch hätte Neckers persönliches Prestige viele Investoren angelockt, die sich jetzt grollend fernhielten. Außerdem hätte die von Necker angeregte Eintragung der Zeichnungen in ein besonderes Register an den Patriotismus appelliert, so daß auch hierdurch ein besseres Ergebnis erzielbar gewesen wäre. Es zeigte sich ganz eindeutig, daß weder die Nationalversammlung noch ihre Finanzkommission die Exekutive, nach der sie griff, in den heiklen Fragen der Finanzpolitik ersetzen konnte. Vielleicht steckte hinter den komplizierten Auflagen auch die Absicht, den Finanzminister zu diskreditieren. Jedenfalls wurde bis Ende August nur ein Zehntel des Anleihebetrags gedeckt.

Am 27. August trat Necker erneut vor die Nationalversammlung, um ihr vom Mißerfolg der Anleihe zu berichten. Er machte die Versammlung auf ihre eigene Inkonsequenz aufmerksam, da sie einerseits erklärte, frühere Staatsverpflichtungen erfüllen zu wollen, andererseits nur 4,5 Prozent Zins für die Neuzeichnungen bot. Warum sollten die Investoren neue Anleihen zeichnen, wenn sie für die alten, die unter pari stehen, sechs bis sieben Prozent Zins erhalten können? Necker, dem es nie an neuen Einfällen fehlte, schlug nun der Nationalversammlung vor, den Investoren 80 Millionen zu fünf Prozent Zins anzubieten, die Hälfte davon gegen Barzeichnung, die andere gegen ältere Obligationen zu fünf Prozent, die unter pari stehen. Auf diese Weise hätten die Anleger das Gefühl, etwas zu gewinnen, während der Staat den Vorteil einer längeren Laufzeit erhielte. Außerdem empfahl er eine bessere Dotierung der Amortisationskasse, wodurch die Sicherheit der Anleger erhöht würde. Der neue Vorschlag wurde ohne weiteres angenommen, doch nun stellte sich, wie meist in dergleichen Fällen, heraus, daß die Konzessionen zu spät kamen, um die Anleger noch aus ihren Verstecken hervorzulocken. Als die Anleihe am 8. Oktober abgeschlossen wurde, waren 52 Millionen Livres gezeichnet worden, wovon lediglich 27 in bar eingingen.

Die Finanzklemme konnte also nicht behoben werden, sondern wurde lediglich von anderen Problemen überdeckt oder überspielt. Es war den Abgeordneten angenehmer, auf andere, vorwiegend theoretische Fragen abzulenken. Necker, bei seinem Erscheinen Ende September von den Abgeordneten noch immer lebhaft applaudiert, warf ihnen nun ganz offen vor, ihre finanzpolitischen Pflichten zu vernachlässigen:»Der Respekt, meine Herren, für eine Versammlung wie die Ihrige, ist über alles erhaben, aber es gibt etwas Größeres, nämlich die Unabhängigkeit und die Würde eines Mannes, der sich auf sein Pflichtbewußtsein, auf die Reinheit seiner Absichten und auf sein Gewissen stützen kann.«[12] Necker wiederholte den grundsätzlichen Unterschied zwischen den ordentlichen (oder festen) und den außerordentlichen (oder variablen) Einnahmen und Ausgaben. Angesichts des noch immer steigenden Defizits betonte der Finanzminister, daß eine weitere Anleihe unter den gegebenen Verhältnissen auch zu einem hohen Zinssatz unzweckmäßig wäre. Statt dessen schlug er eine patriotische Abgabe vor, die nach der Einkommenshöhe gestaffelt, teilweise in Naturalleistungen entrichtet werden könne. Necker dachte an ein Viertel des Einkommens der begüterten Kreise, unter Verteilung der Zahlung auf eine längere Zeitspanne. Diejenigen, deren jährliches Einkommen 400 Livres nicht erreichte, wurden von der Besteuerung ausgenommen.

Mirabeau, der darauf hoffte, seinen Rivalen endgültig zu schlagen, forderte die Versammlung in mehreren Interventionen und mit bewegten Worten auf, die Pläne Neckers gesamthaft anzunehmen, aber dem Minister persönlich die volle und ausschließliche Verantwortung dafür aufzuerlegen. In der folgenden Diskussion sprach Mirabeau so eindringlich, daß Germaine de Staël, die zuhörte, in ihr Tagebuch schrieb:»Nichts war eindrucksvoller als seine Stimme. Man kann es auch so ausdrücken: Die Gesten und die schneidenden Worte, deren er sich bediente, kamen vielleicht nicht nur aus seiner Seele oder aus der inneren Erregung, sondern aus einer Lebenskraft, deren Wirkung gewaltig war.« Der umstrittene Vorschlag Neckers wurde mit 473 zu 151 Stimmen angenommen. Am 1. Oktober faßte Necker die betreffenden Pläne in eine Gesetzesvorlage zusammen, worin er das nationale Notopfer genau definierte. Durch die Erstreckung desselben bis zum 1. April 1792 nahm er Mirabeau viel Wind aus den Segeln. Außerdem erklärte er sich am Ende seiner Ausführungen in einer spontanen Geste der Großmut bereit, selbst 100 000 Livres zum Notopfer beizutragen, wobei er betonte, daß dieser Betrag weit über dem Ansatz liege, der als Basis der Abgabe vorgesehen sei.

Auf die Herausforderung des Elends und der Mißwirtschaft, die Necker mit konkreten Maßnahmen bekämpfen wollte, antwortete die Nationalversammlung mit einem großartigen theoretischen Programm. Das Finanzpaket, das erst am 6. Oktober akzeptiert und am 9. Oktober in Kraft gesetzt wurde, stand wie das Stiefkind im Schatten einer neuen Herrscherin, der Verfassungsnovelle. Man darf aber nicht übersehen, daß zu diesem Zeitpunkt die Flammen der Revolution bereits wieder hoch emporloderten.

Während des ganzen Septembers hatte sich die Nationalversammlung mit den Fragen der Staatsverfassung beschäftigt. Zuallererst ging es um den grundsätzlichen Entscheid, ob das Einkammer- oder das Zweikammersystem eingeführt werden sollte. Wir wissen bereits, daß Necker von jeher für das englische Beispiel plädierte, das ihm noch besser gefiel als das amerikanische. Demgegenüber hatte sich ausgerechnet Ludwig XVI. bis zum Juni 1789 gegen das Zweikammersystem ausgesprochen. Seine Gründe dafür sind nicht genau bekannt. Es kann sein, daß er es nicht richtig verstand und ihm außerdem das Beispiel des hingerichteten Karls I. von England vor Augen stand. Denn Cromwell war und blieb das Schreckgespenst des Hofes von Versailles. Als Necker in der Sitzung des königlichen Rates vom 23. Juni den König umstimmte, da überfielen Marie Antoinette, die Prinzen und der ganze Hof den armen Ludwig mit Wehklagen und Protestgeschrei. Die Wehklagen erweichten sein gütiges, aber schwaches Herz.

So war es unmöglich, die Fundamente von Neckers Verfassungprojekt, das Zweikammersystem und die Provinzialrechte, zu verankern. Als Necker Anfang September einen letzten Anlauf nahm, das englische System in der Nationalversammlung durchzusetzen, wo er noch immer über viele Freunde und Anhänger verfügte, war der Zug bereits in eine andere Richtung abgefahren. Die großen Demagogen und der Straßenmob hatten bereits endgültig die Herrschaft über die Nationalversammlung gewonnen. Am 8. September wurde Neckers Projekt mit großer Mehrheit abgelehnt, weil sich die Royalisten erhofften, das Einkammersystem würde am ehesten zusammenbrechen und somit zur Wiederherstellung der absoluten Monarchie führen, während es die Revolutionäre nicht ertrugen, vom Beispiel England belehrt zu werden. So waren es denn wohl eher die Gefühle des französischen Hochmuts als die Gebote der Vernunft, welche am 8. September die Oberhand gewannen. Wie sonst hätte sich eine so unheilige Liga zwischen Royalisten und Revolutionären, die nun schon vielfach republikanisch dachten, bilden können? Es kam noch hinzu, daß der französische Landadel, wie der Engländer Arthur Young berichtete, der als Augenzeuge an einigen Sitzungen teilnahm und sich darüber interessante Gedanken machte, befürchtete, durch ein Oberhaus noch mehr als bisher vom Hofadel verdrängt zu werden.

Nach Erledigung dieser schicksalhaften Frage kam das königliche Vetorecht zur Debatte. Man war sich ziemlich einig, daß der

König als Vertreter der Exekutive ein Veto gegen Gesetzesvorschlä-
ge erhalten sollte, doch stritt man sich darüber, ob diesem Veto auf-
schiebende oder absolute Wirkung zukäme. Da die spätere Entwicklung über das königliche Veto hinwegschritt, kann diese
endlose Diskussion hier abgekürzt werden. Necker, mit energischer
Unterstützung La Fayettes, aber gegen Mirabeaus Ansichten, trat für
das Veto mit einer aufschiebenden Wirkung von vier Jahren ein. Am
11. September nahm die Nationalversammlung das suspendieren-
de Veto mit 675 gegen 325 Stimmen an. Nun aber wollte Ludwig
XVI. von seinem Vetorecht auch Gebrauch machen.

Die Abschaffung der Feudalrechte der Kirche und des Adels ohne
Entschädigung, die den König zutiefst gekränkt hatte, weil er dar-
in eine offene Beraubung sah, bot hierzu eine geeignete Gelegenheit.
In einem Brief des Monarchen an die Nationalversammlung, den
Necker inspiriert hatte, wurde eine feinere Unterscheidung zwischen
den verschiedenen Arten von Feudalrechten gefordert. Vor allem die
Zehnten sollten entschädigt werden. Sonst hätte es sich einfach um
Geschenke an die Grundbesitzer gehandelt, welche für das Schatzamt untragbar gewesen wären. Wenn Necker die Abschaffung der
herrschaftlichen Gerichtsbarkeit an sich auch für wünschbar hielt,
so wollte er sie doch beibehalten bis zum Aufbau einer funktions-
fähigen staatlichen Justiz. Man erkennt den nüchternen Realisten,
der sich den Ideologen entgegenstellt. Es war damals, im August, zu
einem Kompromiß gekommen: Die Dekrete wurden veröffentlicht,
aber noch nicht erlassen. Das Fazit bestand allerdings darin, daß die
Franzosen nunmehr weder die Herrschaftsabgaben noch die Zehnten bezahlten …

Die Zeit verging mit Hangen und Bangen, bis im Oktober ein weiteres Revolutionsgewitter losbrach. Während die Nationalversammlung in Versailles die Menschenrechte als fundamentale Voraussetzung der Staatsverfassung diskutierte, bereitete sich in Paris
ein Volksaufstand vor. Die Menschenmassen, aufgestachelt von

zahlreichen Marktfrauen, formieren sich zum Aufbruch nach Versailles, um die königliche Familie in ihrem Palast unter Druck zu setzen und nach Paris zurückzuführen. Der tiefere Grund der andauernden Unzufriedenheit lag nach wie vor in der ungenügenden Brotversorgung. Es zeigte sich, wie berechtigt Neckers Ängste und seine unermüdlichen Bemühungen waren, die Getreidezufuhr zu erhöhen. Allein Paris war ein Faß ohne Boden. Die Transporte wurden oft überfallen und geplündert, die Beute zu hohen Preisen weiterverkauft.

Am 4. Oktober war die aus 19 Artikeln bestehende Verfassung mitsamt der Erklärung der Menschenrechte so weit ausgearbeitet, daß sie dem König zur Genehmigung vorgelegt werden konnte. Die Menschenrechtserklärung, die der Verfassung vorausging, enthielt die Aufzählung der Grundfreiheiten, wie sie von Jean-Jacques Rousseau formuliert waren. Necker, der seine Bedenken zurückstellte, befürchtete, daß diese Erklärung den Geist des Volkes verwirren könnte. Der König wiederum fand, daß die Deklaration der Menschenrechte zwar ausgezeichnete Grundsätze enthalte, daß sie aber Mißverständnisse heraufbeschwören und nur in Form konkreter Gesetzeserlasse beurteilt werden könne.

Die Auffassung des Königs, im ungünstigsten Zeitpunkt bekannt geworden, wurde als Hinhaltetaktik aufgefaßt. Eine der vielen couragierten und energischen Frauen aus dem Distrikt Saint-Denis eilte noch am selben Tag zum Palais Royal, verschaffte sich Gehör und forderte die Menge auf, ihr nach Versailles zu folgen, um »das Brot beim Bäcker abzuholen«.

Tatsächlich machen sich tags darauf am 5. Oktober rund 8000 Frauen mit einigen tausend meist vermummten Männern zum Marsch nach Versailles auf. Ein junges, hübsches und energisches Mädchen, Louison Chabry, wird Wortführerin der aufgebrachten Masse. Die Marktfrauen, die den Hauptteil des Zuges stellten, hatten zwar selbst kaum unter Hunger gelitten, sahen aber ständig das Elend des Volkes und öffneten ihre Herzen der gemeinsamen Sache.

Unter den Rufen »zum Bäcker, zur Bäckerin«, womit das Königspaar gemeint war, sowie »Brot und Waffen« ziehen sie frühmorgens
zum Rathaus, wo Infanterie und Kavallerie der Nationalgarde Aufstellung genommen hatten. Weder der Bürgermeister Bailly noch La
Fayette, der Kommandant der Nationalgarde, waren anwesend.

Die Frauen, die sich gegenseitig anfeuerten, das Rathaus zu stür-
men, drangen in dichten Reihen vorwärts, indem sie die Soldaten
mit Steinen bewarfen. Die Gardisten, ohne klare Befehle, senkten die
Waffen, da sie nicht auf Frauen schießen wollten. Daraufhin brachen die Weiber wie die Wilden ins Rathaus ein, verwüsteten viele
Amtsstuben, bis sie auf einen Mann von hünenhafter Gestalt in
schwarzem Talar stießen, den sie umbringen wollten, weil sie glaubten, er sei ein hoher Beamter, »ein Verräter des Volkes«. Es stellte sich
jedoch heraus, daß dieser Mann, der Gerichtsvollzieher Stanislas
Maillard, im Faubourg Saint-Antoine nützliche Vorarbeit geleistet
hatte, indem er die Arbeiter und die bewaffneten Freiwilligen, die
immer noch damit beschäftigt waren, die Bastille niederzureißen,
mobilisierte und veranlaßte, das Waffendepot des Rathauses auf-
zubrechen.

Maillard selbst setzte sich nun an die Spitze der bewaffneten
Menge, die sich auf den Weg machte, nachdem er den stellvertre-
tenden Platzkommandanten verständigt hatte, daß nur ein Marsch
nach Versailles den Aufruhr beenden könne. Maillard bewies auch
im Verlauf des langen Marsches der Zehntausend eine erstaunliche
Geistesgegenwart. Bei der Ankunft in Chaillot, Auteuil und Sèvres
war das ungeübte Fußvolk hungrig und erschöpft. Alle Türen blieben verschlossen, weil man Plünderungen befürchtete. Maillard
ließ das wenige Brot, dessen man habhaft werden konnte, gleich-
mäßig verteilen. Er überzeugte die Frauen, die Waffen wegzuwer-
fen oder zu verstecken, denn man dürfe weder der Nationalversammlung noch dem König in Kriegsrüstung gegenübertreten. So
ließ man in Versailles die zweifelhafte Gesellschaft hochleben und
glaubte, daß sie nur gekommen sei, um Brot zu erbitten.

König Ludwig, wie üblich zur Jagd in die Wälder von Meudon ausgeritten, wurde durch einen Kurier eilends ins Schloß zurückgerufen, wo ihm noch etwa zwei Stunden bis zur Ankunft des Weiberzugs blieben, eigentlich genügend Zeit für einen mutigen Entschluß, durch den er sich der Demütigung hätte entziehen können. Aber der König war kein Mann kraftvoller Entschlüsse. Außerdem war die Regierung gespalten. Der Minister Saint-Priest, sonst ein Anhänger Neckers, trat für energischen Widerstand ein. Er riet der Königin, nach Rambouillet zu fahren, dem König hingegen, in Versailles zu bleiben und, wenn nötig, zu kämpfen. »Wenn man sie morgen nach Versailles führt, Sire, ist die Krone verloren …«, sagte er in kluger Voraussicht.

Necker, der seine Popularität nicht nochmals aufs Spiel setzen will, widerspricht mit Nachdruck. Er empfiehlt dem König, sich nach Paris zu begeben und dem Volk zu vertrauen. Ludwig solle die Revolution akzeptieren, eine klare und offene Politik betreiben. Unsicher und schwankend steht der König zwischen den Feuern. Er beschließt, die Sitzung zu vertagen und sich unterdessen mit der Königin zu beraten.

Inzwischen, am späteren Nachmittag, war der Zug der Zehntausend bei strömendem Regen in Versailles angekommen, wo sich manche Teilnehmer zunächst in den Branntweinschenken mit Brot und Wein stärkten, denn der sechsstündige Marsch auf den teilweise aufgeweichten Straßen war alles andere als ein Spaziergang. Vor der Nationalversammlung gelang es Maillard nur mit Mühe, die Frauen abzuhalten, in das Schloß einzudringen. Ein Pariser Gardesoldat, der im Zuge mitmarschiert war, polterte dort, daß sie gekommen seien, um außer Brot auch die Bestrafung jener Gardisten zu verlangen, die die Trikolore beleidigt hätten. »Ich werde vor ihren Augen eine schwarze Kokarde zerreißen«, sagte er, worauf Maillard finster hinzufügte: »Jedermann soll sich eine patriotische Kokarde anstecken, denn wir sind alle Brüder.« Dann riefen die Frauen, wie verabredet, nach Brot. Die Absicht, das Königspaar nach Paris zu entführen, blieb geheim, denn die immer noch royalistische Natio-nalversammlung hätte sie nicht akzeptiert. Es gelingt Maillard durch sein hartes, aber geschicktes Auftreten, die Deputierten zu über-reden, eine Abordnung von zwölf Frauen mit dem Präsidenten - Mounier an der Spitze in den königlichen Palast zu entsenden, um ihre Anliegen dem König vorzutragen.

Wenn man den Ausführungen Michelets folgt, nahmen die Aus-einandersetzungen dramatische Formen an. Maillard wird von mehreren Deputierten angegriffen, aber durch zündende Worte Robespierres unterstützt. Der Präsident Mounier, ein gemäßigter Politiker und Freund Neckers, kann sich der undankbaren Aufga-be, die ihm zugewiesen ist, nicht entziehen. Er wird umringt, geküßt, fast erdrückt, bis er sich bereit findet, den Zug durch ein dichtes Menschenspalier und bei starkem Platzregen ins königliche Schloß zu führen. Einige Abgeordnete der Nationalversammlung begleiten ihren Präsidenten, darunter ein gut auftretender, beleibter und freundlicher Herr, der noch viel von sich reden machen wird. Er ist der Arzt Dr. Guillotin. Noch ahnt niemand, wie viele Menschen das Fallbeil der Revolution, dessen Erfindung er zur Milderung des Lei-dens forderte, ins Jenseits befördern wird.

Die Abordnung wird vom König freundlich empfangen, aber die junge Louison Chabry erträgt die Erregung einer so ungewohnten Situation nicht. Kaum hat sie die Worte »Brot« gemurmelt, fällt sie in Ohnmacht. In rührender Weise kümmert sich Ludwig XVI. um das Mädchen sowie um die vom Regen durchnäßten Frauen, beru-higt sie und gestattet ihnen, sich in Versailles zu verköstigen. Als sie das Schloß verlassen, ist er in ihren Augen »le bon papa«, der gute Vater. Mounier übergibt dem König daraufhin die Deklaration der Menschenrechte zur unverzüglichen Unterschrift. Der König ent-gegnet in aller Ruhe: »Kommen Sie um neun Uhr zurück.«

Zur Place des Armes zurückgekehrt, die sich vor dem Innenhof und zwischen den Seitenflügeln des Schlosses befindet, wird Loui-son von den ungeduldig wartenden Frauen ungnädig aufgenommen. Es heißt, sie habe sich bestechen lassen. Sie muß zurück ins Schloß, um vom König eine schriftliche Bestätigung zu erlangen, daß er alle Hindernisse in der Versorgung von Paris aufheben werde. Ludwig, der in all diesen Besprechungen Ruhe und Kaltblütigkeit zeigte, kam des guten Friedens willen den Wünschen der Frauen entgegen.

Trotzdem verschlechterte sich die Stimmung unter den ungeduldig in der Kälte Wartenden durch einen schwerwiegenden Zwischenfall. Der Kriegsminister Saint-Priest hatte nämlich durchgesetzt, daß fünf Karossen vorfahren, um die königliche Familie nach Rambouillet zu bringen. Sofort fassen die Umstehenden Verdacht. Man stürzt sich auf die Wagen, plündert sie und durchschneidet das Zaumzeug. Das Gerücht verbreitet sich, der König wolle fliehen. Die Volksmenge aber will ihr wertvollstes Pfand nicht verlieren.

Während sich diese Vorgänge vor dem Schloß abspielten, wurde drinnen, wo sich außer der königlichen Familie und dem Staatsrat auch viele Mitglieder des Hofes sowie Suzanne Necker und Germaine de Staël befanden, die in diesem kritischen Augenblick beim Vater bleiben wollten, fieberhaft verhandelt. Man hatte erfahren, daß Graf La Fayette mit Truppen der Nationalgarde, wenn auch verspätet, Paris verlassen hatte, um die Situation in Versailles in den Griff zu bekommen. Nachdem die Flucht gescheitert war, versuchte der König, Zeit zu gewinnen. Um zehn Uhr nachts unterschrieb er weinend die Deklaration der Menschenrechte. Nun wollte Mounier, der bis dahin hatte antichambrieren müssen, mit seiner hart erkämpften Papierrolle in die Nationalversammlung zurückkehren. Nach abgebrochener Sitzung tobte im Saal ein unübersichtliches Getümmel. Die Frauen riefen lautstark nach Brot, das ihnen wichtiger war als die königliche Unterschrift. Zur Mitternachtsstunde ließ Mounier, der Brot beschaffte und somit versuchte, seine Autorität zu befestigen, die Abgeordneten durch Trommler in den Sitzungssaal zurückrufen. Mirabeau, der als einziger in der Lage gewesen wäre, Gehör zu erlangen, blieb unsichtbar.

Zu dieser vorgerückten Stunde erreicht La Fayette endlich Versailles. Der Freiheitsheld war royalistisch gesinnt. Umsonst hatte er in Paris versucht, die Menschenmenge, die vor dem Rathaus zusammenkam, zu beruhigen. Selbst die Nationalgarde drängte ihn, nach Versailles zu reiten. Stundenlang versuchte er, auf seinem berühmten weißen Schimmel sitzend, die Massen umzustimmen. Schließlich mußte er nachgeben. An der Spitze von 15 000 Gardisten und einigen tausend Mitläufern ritt er nach Versailles, unfreiwillig, aber in der Absicht, die königliche Familie zu beschützen. Vor dem Einzug in die Stadt ließ er die Truppen ihren Treueschwur für König und Gesetz erneuern. Vom König kam die Mitteilung, daß er ihn gerne erwarte und daß er die Deklaration der Grundrechte angenommen habe. Als La Fayette allein ins Schloß eintritt, sagt ein Höfling aufgeregt:»Cromwell ist da.« Schlagfertig kontert La Fayette:»Cromwell wäre nicht allein gekommen.« Er sagt dem König, er sei gekommen, um für dessen Leben einzustehen. Niemand scheint sich jedoch über diesen ungebetenen Retter zu freuen. Der König und La Fayette verteilen die Wachsoldaten: im Schloßinnern Leibgarden, außen Leibgarden und Nationalgarden.

Endlich, einige Stunden nach Mitternacht, entspannt sich die Lage. Maillard, gefolgt von vielen Frauen, kehrt mit dem Dekret über die Brotversorgung und der Deklaration der Menschenrechte nach Paris zurück, während die durchnäßten Gardisten und die übrigen Leute große Mühe haben, in Versailles Unterkunft zu finden.

Die Morgendämmerung des 6. Oktober bringt ein schlimmes Erwachen. Gegen fünf Uhr morgens, während die Dunkelheit noch das Schloß umhüllt, übersteigen oder umgehen viele Menschen, die im Freien biwakiert hatten, die Gitter der Außentore und wagen sich vor in Richtung auf die königlichen Gemächer. Es müssen geübte Schlosser dabeigewesen sein, sonst wäre ihnen dies kaum gelungen. Sie finden mit Leichtigkeit den Aufgang zu den Gemächern der Königin. Plötzlich ein Schuß, dann Schreie. Die Königin findet gerade noch Zeit, im Nachthemd und einem Überwurf in die Räume

Marie-Joseph de Motier, Marquis de La Fayette

des Königs zu flüchten, wohin auch die Königskinder von einer Gouvernante gebracht werden. Die Schreie stammten von zwei Leibgardisten, die Widerstand geleistet hatten und von der wütenden Menschenmenge erstochen wurden. Auf dem offenen Platz wurden den Leichen die Köpfe abgehackt und als Warnung auf hohen Piken aufgespießt. Es gab noch einige weitere Opfer unter den Gardisten und den Angreifern, doch gelang es Ludwig XVI., der seine Kaltblütigkeit behielt, den Ansturm zum Stillstand zu bringen, indem er selbst die Türen öffnete und rief: »Mißhandelt meine Gardisten nicht!«

Zu spät, um die Ereignisse zu kontrollieren, traf La Fayette auf dem Schloßhof ein. Er vermag zwar der Plünderung des Schlosses Einhalt zu gebieten, aber die Lage steht fest: Der König ist von 10 000 Rebellen gefangen. Die Menge läßt ihn hochleben, als er auf dem Balkon erscheint, doch sie will die Königin, die stolze Österreicherin, demütigen. Immer wieder ertönt der Ruf »La Reine«. La Fayette hält ihr Erscheinen für nötig, um das Volk zu beruhigen. Als sie mit ihren beiden Kindern den Balkon betritt, verbeugt sich La Fayette und küßt ihre Hand. Die kurz zuvor noch drohende Menge, von einer Gefühlswallung ergriffen, läßt nun auch Marie Antoinette hochleben. Die unglückliche Königin sieht jedoch klarer als ihr Gatte, daß sich die Falle geschlossen hat. Mit Tränen in den Augen soll sie kurz darauf zu Suzanne Necker gesagt haben:»Ich weiß, sie werden uns zwingen, den König und mich, nach Paris zu gehen, und sie werden die Köpfe unserer Leibgardisten auf ihren Piken vorantragen.[13] Ludwig XVI. bittet La Fayette, auch für seine Gardisten eine Lanze zu brechen. Der General, mit seinem sicheren Instinkt für die richtige Gestik, holt einen Gardisten auf den Balkon, läßt ihn Treue schwören und die Trikolore an seine Mütze stecken, worauf Umarmung und Vivatrufe folgen.

Unterdessen war man in der Nationalversammlung ratlos. Obwohl es sicher Drahtzieher gab, kam der Handstreich auf die königliche Familie völlig überraschend. Viele Abgeordnete glauben, der Herzog von Orléans habe diesen Plan ausgeheckt, um an die Regentschaft zu gelangen. Als die Nationalversammlung vernommen hatte, daß der Monarch bereit sei, nach Paris zu übersiedeln, erklärt sie sich auf Antrag Mirabeaus, der plötzlich wieder in Erscheinung tritt, mit Seiner Majestät für unzertrennlich verbunden. Zugleich hatte La Fayette zum Abzug aus Versailles geraten und den Schutz der königlichen Familie übernommen.

Langsam setzt sich der Zug auf der vom Regen noch aufgeweichten Landstraße in Bewegung. An der Spitze marschiert die Nationalgarde in verlotterten Uniformen, mit den Frauen fraternisierend, einen Laib Brot auf das Bajonett gepflanzt. In der Mitte einer Kavalkade rollt die Karosse der eng zusammengepferchten Königsfamilie, gefolgt von weiteren Karossen. Die Königskutsche fährt im Tempo eines Leichenwagens. La Fayette, selbst vom Zwang der Ereignisse bedrückt, kommandiert 300 Grenadiere des flandrischen Regiments. Ringsherum laufen, reiten auf dem Sattel von Dragonern oder auf Kanonen die Frauen, die eigentlichen Siegerinnen des 5. Oktober. Die Wagen mit Mehl aus den königlichen Vorräten beschließen den seltsamen Transport, der sechs Stunden benötigt, um die Tore von Paris zu erreichen. Unterwegs ist vor allem die Königin den Rufen der Erniedrigung und des Hohnes ausgesetzt. Immer wieder zeigen die Frauen auf ihre Beute, auf den Bäcker, auf die Bäckerin und auf den kleinen Bäckerbuben.

Endlich in Paris angekommen, begrüßt der Bürgermeister Bailly den König mit den Worten: »Welch schöner Tag, da die Pariser in ihrer Stadt Ihre Majestät und die königliche Familie besitzen dürfen.«[14] Die Majestäten müssen sich ins Stadthaus begeben. Nach einem langen Zeremoniell wird die Königsfamilie in ihren Stadtpalast, die Tuilerien, den sie vor rund 100 Jahren verlassen hatte, zurückgeführt. Notdürftig werden einige Betten hergerichtet. Von nun an beginnt das Martyrium der französischen Monarchie. Daran ändert auch die Beliebtheit König Ludwigs nichts, der wegen seiner Gutmütigkeit immer noch »le bon papa« genannt wird.

Die Assignaten als
Schrittmacher der Revolution

Necker, der den Ausschlag für die widerstandslose Übersiedlung des Königs nach Paris gegeben und dadurch auch die Hauptverantwortung für diesen Entschluß übernommen hatte, rät Ludwig XVI., eine Proklamation an sein Volk zu richten, in der er erklären solle, daß er »sich freiwillig in Paris niederlasse, wo er sich in Sicherheit fühle und von wo aus er beabsichtige, seine ihm so teuren Provinzen zu besuchen, sobald das große Werk der Wiederherstellung der öffentlichen Wohlfahrt abgeschlossen sei«[1]. Die Proklamation wird am 9. Oktober erlassen.

Necker und La Fayette versuchen, den König mit der Revolution zu versöhnen. Mit dieser Politik bleibt Necker seiner bisherigen Auffassung treu, wonach Ludwig die Rolle eines ehrlichen Volkskönigs einnehmen soll. Der schwächliche und wankelmütige Charakter des Bourbonen wird dadurch erneut überfordert. Der König unterschreibt zwar die Proklamation, die ihm Necker vorlegt, doch beginnt er gleichzeitig ein gefährliches Doppelspiel, das ihn den Thron und das Leben kosten wird. Er richtet ein Geheimschreiben, wovon weder Necker noch La Fayette etwas wissen, an seinen Vetter Karl IV., König von Spanien, um gegen die Gewalt, die man ihm seit dem 14. Juli angetan hatte, feierlich zu protestieren und seine Erklärungen vom 23. Juli zu bestätigen. Er erklärt seine späteren Beschlüsse als ungültig.

Es ist klar, daß Necker von nun an die Autorität, die ihm verblieb, mit General La Fayette, der den König aus Versailles gleichsam herausgeboxt hatte, teilen muß. Aber auch die Aufgabe La Fayettes, der nach seinen Erfahrungen und Erfolgen in Amerika im Grunde genommen Republikaner war, sich aber jetzt verpflichtet fühlt, den König zu schützen, ist schwierig. La Fayette schätzt den Genfer nicht besonders, hält ihn jedoch für unentbehrlich, weil das Vertrauen der Geschäftswelt und der restliche Staatskredit auf Necker ruhen. Um die Regierungsbasis zu verbreitern und gegenüber der Nationalversammlung zu verstärken, möchte er Mirabeau als Minister gewinnen.

Hierzu wäre aber eine Verständigung zwischen Mirabeau und Necker, eine Verbindung dieser polaren Naturen, erforderlich. La Fayette vermittelt das zweite Treffen der ungleichen Säulen, die das brüchige Dach der französischen Monarchie tragen. Trotz ihrer fünfstündigen Zusammenkunft am 17. Oktober kommen sich die Pole nicht näher. Ausgerechnet die einzige Eigenschaft, die ihnen beiden gemeinsam ist, die Eitelkeit, hindert sie daran, ihre Gegensätze auszugleichen. Obwohl sie durchaus bereit sind, ihre Fähigkeit gegenseitig anzuerkennen, verharren sie eifersüchtig auf ihren starren Positionen. »Mein Vater«, sagte Germaine de Staël, »der die überlegene Begabung Mirabeaus lobte, erklärte ihm offen, daß sie nicht gleichzeitig Minister sein könnten.«[2] Mirabeau, von Neckers Intelligenz seinerseits tief beeindruckt, aber enttäuscht vom Verlauf des Gesprächs, meinte: »Weil Herr Necker ein Mann mit großem Geist ist, hält er sich für ein Genie; aber er versteht sich nur auf Finanzen, und die Finanzen sind nicht der ganze Staat.«[3]

Die finanziellen Erwägungen treffen ins Zentrum der Auseinandersetzung. Noch ist Mirabeau selbst von Schulden überhäuft, von seinen Gläubigern verfolgt, von König Ludwig noch nicht gekauft, obschon er da und dort durchblicken läßt, daß er nicht undankbar für Hilfe wäre. Necker freilich hält ihn für viel zu unzuverlässig, um sich seiner bedienen zu wollen. Auch die Königin ist noch zu stolz, um sich mit diesem gefährlichen Heißsporn einzulassen. So nimmt das Schicksal seinen unvermeidlichen Lauf.

Wenige Tage nach der historischen Zusammenkunft erklärt Mirabeau gegenüber La Fayette, daß er beabsichtige, das Ministerium zu stürzen, an dessen Spitze sich jener »miserable Scharlatan« befinde, »der eher den Thron umwerfen als seine eigene Unfähigkeit zugeben würde«. Er stimmt nun ein in den Chor der von Marat geführten Pamphletisten, die immer wieder die wunden Punkte der Regierung geißeln: die Versorgungsnöte und die Finanzklemme. Mirabeau kommt ferner zustatten, daß in der Nationalversammlung nur die Abgeordneten frei sprechen dürfen. Dagegen können die Minister, die ja nicht der Nationalversammlung angehören, sich nur auf Aufforderung zu bestimmten Themen äußern.

Im Oktober 1789 wird die Lebensmittelversorgung zur Debatte gestellt. Mirabeau will die Minister und die anderen Agenten der Regierung für die Sicherung der Versorgung des Landes und der Hauptstadt im besonderen zur Verantwortung ziehen. Mit diesem Angriff trifft Mirabeau jedoch auf die stärkste Front von Neckers Verteidigungsposition. Der Genfer hatte sich bereits während seines ersten und seines zweiten Ministeriums intensiv mit den Fragen des Handels, der Einfuhr und der Verteilung des Getreides beschäftigt. Kaum ein anderes Problem hatte ihm so viele schlaflose Nächte bereitet. Sogar seine Gegner mußten zugeben, daß er nichts unterlassen hatte, um die Brotversorgung der Bevölkerung sicherzustellen. Es bereitet ihm sichtlich Genugtuung, die gebotene Gelegenheit in der Nationalversammlung zu nutzen, um seinen unermüdlichen Einsatz für die Ernährung des Volkes ausführlich darzulegen.

Zu diesem Zweck verfaßte Necker eine Denkschrift, die er vor deren Verlesung von sämtlichen Ministern unterschreiben läßt. Am 24. Oktober führt er vor der Nationalversammlung aus, daß er seit seinem Amtsantritt von 1788 den Export von Getreide und Mehl verboten habe, und betont, welch ungeheure Schwierigkeiten er bei der Durchsetzung des freien Binnenhandels des Getreides angetroffen habe. Er unterstreicht, daß die Einfuhren aus dem Ausland

244

unsicher seien, daß das Schatzamt jedoch keine Kosten gescheut habe, um die Versorgung von Paris zu subventionieren. Zum Abschluß seiner Rede ruft er aus:»Es braucht heute viel weniger Anstrengung, viel weniger Mut, wichtige Ämter aufzugeben, als sie beizubehalten; und diese Feststellung würden Sie leichter glauben, wenn Ihnen so, wie uns, die Mühen und die Sorgen der Verwaltung bekannt wären …«[4] Neckers Plädoyer machte auf die Abgeordneten einen so tiefen Eindruck, daß sich seine Gegner nicht mehr zu Wort meldeten und die Sitzung aufgehoben wurde.

Doch immer noch gibt der streitbare Mirabeau seine Kampagne gegen die Regierung nicht auf. Im November greift er die Minister energisch an, weil er seinen Einfluß im Hinblick auf einen späteren möglichen Eintritt ins Ministerium ausbauen möchte. Der Volkstribun will die Verbindung zwischen der Exekutive und der Legislative verstärken, um durch seine blendende Rhetorik die Abgeordneten für sich zu gewinnen, auch für die Zeit, wenn er dem Ministerium angehören sollte. Mirabeaus Vorschlag, der auf den Neid seiner eigenen Kollegen und auf die Furcht der Minister, noch mehr Autorität einzubüßen, stößt, wird jedoch abgelehnt. Es dürfen keine Abgeordnete während der Legislaturperiode ins Ministerium eintreten.

Um dem noch immer steigenden Defizit der Staatsfinanzen zu begegnen, legt Necker Mitte November den Plan vor, anstelle der Diskontbank eine Nationalbank zu gründen. Nachdem die beiden Anleihen, die 1789 aufgelegt worden waren, Schiffbruch erlitten hatten, nahm Necker Zuflucht zur Diskontbank, die ihm schon mehrmals gute Dienste geleistet hatte. Während seines ersten Ministeriums hatte Necker die Bank zu rein geschäftlichen Zwecken benützt. Infolgedessen konnte sie gedeihen und jährliche Dividenden von sieben Prozent ausschütten, trotz eines Diskontsatzes von nur vier Prozent. Unter seinen Nachfolgern wurde die Bank hingegen gezwungen, dem Staat Kredit zu geben. Das Kapital war unter Calonne von 15 auf 100 Millionen Livres erhöht worden. Nachdem das Kreditpotential der Bank vollständig ausgeschöpft war, mußte Loménie de Brienne den Schuldscheinen des Instituts Zwangskurs verleihen, den Necker bei seiner neuerlichen Amtsübernahme bestätigte. Als dann die Nationalversammlung zusammentrat, schuldete der Staat der Diskontbank etwa 130 Millionen Livres, die bis zum November 1789 um weitere 25 Millionen auf insgesamt 155 Millionen erhöht wurden.

Da hiermit der Kreditplafond der Bank erreicht war, unterbreitete Necker einen Vorschlag, der versuchte, aus der Not eine Tugend zu machen. Er will der Diskontbank den Namen einer Nationalbank geben, den Schuldscheinen derselben Staatsgarantie verleihen und deren Zwangskurs beibehalten. Um den Aktionsbereich der Bank auszuweiten, soll das Kapital auf 150 und die Emission von Schuldscheinen bis auf 240 Millionen Livres erhöht werden. Hiervon würden dem Staat 170 und dem Handel 80 Millionen zur Verfügung gestellt und der Restbetrag in Barbeständen bestehen. Auf diese Weise behielte der Staat, abgesehen von der nützlichen Ausweitung des Geschäftsvolumens der Bank, noch eine erhebliche Kreditmarge.

Das Projekt der Nationalbank scheiterte, weil eine breite Koalition von Mitgliedern der Nationalversammlung unter Führung Mirabeaus so grundsätzlich gegen Necker opponierte, daß jeder Vorschlag, der von ihm ausging, von vornherein bekämpft wurde. Dies fiel den Abgeordneten um so leichter, als die Erfahrungen mit dem unseligen Hexenmeister John Law vor knapp 70 Jahren noch immer in lebhafter Erinnerung standen.

Die Finanzlage hatte sich weiter zugespitzt, weil die Einnahmen infolge der verschlechterten Steuermoral immer spärlicher einliefen.[5] Die Abgeordneten wollten sich aber nun nicht mehr mit den üblichen Sparübungen und Reformmaßnahmen Neckers begnügen, sondern suchten nach einem Generalrezept gegen alle Finanzübel. Bereits im September 1789 war vorgeschlagen worden, eine Anleihe auf die zu nationalisierenden Kirchengüter aufzulegen.[6]

Man erkannte jedoch, daß es unsinnig wäre, den großen kirchlichen Besitz auf einmal zu verkaufen, zuerst mußte man ihn nämlich mobilisieren.

So entstand im Oktober die große Diskussion der Nationalversammlung über die Verwertung der Kirchengüter. Die Advokaten der Nationalisierung, allen voran Mirabeau und Talleyrand, beantragten, daß die Kirchengüter »der Nation zur Verfügung zu stellen sind«. Die konstituierende Versammlung akzeptiert diese Idee am 2. November, deren praktische Ausführung etwas später erfolgen soll. Zunächst wird das Pfand geschaffen, dann kommt die Pfandverwertung. Mirabeau verwickelt sich jedoch in Widersprüche, denn er fordert zwar die Nationalisierung der Kirchengüter, sträubt sich aber gegen das Papiergeld. Diese demagogische und hypokritische Unterscheidung wird jedoch durch den Druck der finanziellen Not hinweggefegt. Wer A sagt, muß auch B sagen, sonst hätte er bei A besser geschwiegen.

Der Drang zur Pfandverwertung, das heißt zur Verwendung von Assignaten anstelle von Geld, wird verständlich nicht nur durch das steigende Defizit des Staatshaushaltes, sondern ebenso durch die Verknappung des Metallgeldes. Es gibt gute Gründe, weshalb das Münzgeld rar wurde.[7] Nach der Wiederaufnahme des Handelsverkehrs mit England floß viel Silbergeld von Frankreich nach England ab. Necker war diesem Vorgang dadurch begegnet, daß er Silberpiaster, die Frankreich zum Ausgleich seiner aktiven Handelsbilanzen von Spanien erhielt, in französische Ecus umprägen ließ.[8] Die Metallströme als Gegenwert der Warenbewegungen glichen sich bis zum Ausbruch der Französischen Revolution einigermaßen aus.[9] Es besteht wohl kein Zweifel, daß die Verknappung des Metallgeldes teils der speziell durch die großen Getreideimporte negativ gewordenen Handelsbilanz Frankreichs, teils den Dispositionen der Emigranten zuzuschreiben war, die aus Frankreich flüchteten und versuchten, möglichst viel Geld ins Ausland mitzunehmen. Aus diesem Grunde verschwand immer mehr Münzgeld aus der Zirkulation.

247

Hinzu kommt, daß infolge der politischen Unsicherheit viel Metallgeld gehortet wurde. Die Verminderung des umlaufenden Geldes hätte eigentlich zu einem Druck auf die Preise der Konsumgüter führen müssen. Wenn diese Konsequenz ausblieb, ist das auf die Verknappung der Warenlieferungen und auf den Rückgang der Beschäftigung im allgemeinen zurückzuführen. Vor allem der Brotpreis, der bekanntlich besonders wichtig war, weil das Brot zwei Drittel der Nahrungskosten der breiten Massen ausmachte, hatte eine weiterhin steigende Tendenz. Auch das Gewerbe litt sehr schwer, weil es infolge des schwindenden Absatzes keine höheren Löhne zahlen und in vielen Fällen schließen mußte. Necker suchte durch die Diskontbank das umlaufende Metallgeld zu vermehren, aber diesen Bemühungen waren enge Grenzen gesetzt. Er wollte den Aktionsradius durch die Umwandlung der Diskontbank in die nationale Notenbank erweitern, doch dieses sicher nützliche Projekt war von seinen politischen Gegnern vereitelt worden.

Man muß hier einen Blick auf das Haushaltsdefizit des Jahres 1789 werfen, jenes unheilvollen Jahres, in welchem die Kreditfähigkeit des französischen Staates zusammenbrach. Die Aufgabe wird dadurch erschwert, daß ein klarer Jahresabschluß nicht per 31. Dezember 1789, sondern erst per 30. April 1790 vorliegt.[10] Necker hatte mit einem Defizit von 170 Millionen Livres gerechnet. Nach den vorliegenden Aufstellungen mußte er bis zum 30. April 1790 von der Diskontbank 190 Millionen durch Kassenschuldscheine zu Hilfe nehmen. Das größte Übel der Finanzsituation aber bestand in der Deckungslücke zwischen den effektiven und den geplanten Einkünften, die während der ersten vier Monate 1790 etwa 64 Prozent ausmachte und sich auch in den folgenden Monaten um 58 Prozent herum bewegte.[11] Somit wurde Necker eine inflationäre Politik aufgezwungen, wie sie ganz und gar nicht in seine ursprünglichen Konzepte hineinpaßte. Diese unglückliche Entwicklung wird in dem Vergleich zwischen dem »Compte rendu« von 1781 und dem

Staatshaushalt 1789/90 laut Neckers Bericht vom 21. Juli 1790 sehr anschaulich. Man muß hier allerdings beachten, daß die Haushaltsrechnung von 1790 sowohl Kapital- wie Ertragsposten enthält, wodurch sie sich kaum zu einer genauen Analyse eignet. Sie führt aber zu der Frage, welches Interesse Necker an einer Aufblähung der Bilanzziffern gehabt haben konnte. Darüber hinaus vermittelt sie durch die Aufführung der einzelnen Haushaltsposten einen Einblick in die damaligen Verhältnisse.

Man darf davon ausgehen, daß es Necker im Jahre 1790 nicht mehr, wie noch 1781, darauf ankam, den Staatskredit zu heben und ein möglichst günstiges Bild der Finanzsituation Frankreichs zu entwerfen, sondern daß er jetzt im Gegensatz zu seinen früheren Bestrebungen die Lage in ihrer ganzen dramatischen Schwere darzulegen wünschte. Nur so konnte sein Versuch gelingen, den Staatshaushalt vor dem gänzlichen Zusammenbruch zu bewahren. Wären die Abgeordneten dafür zu gewinnen gewesen, das Gleichgewicht zwischen den Ausgaben und den Einnahmen auch mit Hilfe unpopulärer Maßnahmen wiederherzustellen, hätte es in seinen Augen noch eine letzte Hoffnung auf eine Sanierung als Voraussetzung für das Überleben der französischen Monarchie gegeben. Necker mußte deshalb einen Schock in der Nationalversammlung bewirken. Es wird sich zeigen, daß dies zwar für kurze Zeit gelang, aber bald darauf wieder durch andere Anliegen der Abgeordneten abgelöst wurde. Von einer nachhaltigen Wirkung der Veröffentlichung des Staatshaushaltes 1789/90 kann deshalb nicht gesprochen werden.

Beim Vergleich zwischen den Haushaltsziffern von 1781 und 1790 fällt besonders auf, daß die Deckungsquote des Gesamtetats durch Steuern, also ohne Regie- und Domäneneinnahmen, von 75 Prozent (1781) auf 32,4 Prozent unter Einbeziehung der Nationalspende und des Notopfers beziehungsweise auf nur 28,2 Prozent ohne ihre Einbeziehung im Haushalt 1789/90 zurückging.[12] Gleichzeitig entwickelte sich der Anteil von Renten, Zinsen und Rückzahlungen an den Staatsausgaben in ungünstiger Weise: Während er

1781 nur rund 18 Prozent ausmachte, betrug er 1789/90 rund 31 Prozent des aufgeblähten Ausgabenetats. Außerdem ist aus den Verschiebungen des Haushaltsjahres 1789/90 eine deutliche Abnahme der Generalpachteinnahmen, dagegen eine Zunahme der Regieeinnahmen ersichtlich. Diese Feststellung hat grundlegende Bedeutung. Es zeigt sich nämlich, daß es Necker in der Zeitspanne von 1776 bis 1790 trotz der entgegengesetzten Tendenzen seiner Nachfolger Joly de Fleury, d'Ormesson und Calonne gelungen ist, einen Hauptzweck seiner Verwaltungsreform zu erreichen, nämlich die allmähliche Ablösung der privaten Steuerpächter und Einnehmer durch fest besoldete staatliche Beamte.[13] Necker bekämpfte während seiner ganzen Amtszeit die Vormacht der Financiers, der Generalsteuerpächter und Einnehmer, deren Ämter für den Staat abträglich und viel teurer als eine entsprechende Bürokratie waren. Er trat für eine saubere Trennung zwischen Staat und Privatwirtschaft ein. Kein Wunder, daß die einflußreichen Financiers den Genfer Bankier haßten und schon lange vor seinem Sturz an seinem Ast sägten.

Diese gemeinsame gegnerische Einstellung hätte sogar zu einer Verständigung zwischen Necker und Mirabeau führen können, wenn nicht, zum Unglück Frankreichs, die persönlichen Empfindungen dieser beiden Rivalen stärker gewesen wären als alle anderen Einsichten. Mirabeau verhinderte die Gründung einer nationalen Notenbank, der *Banque Nationale,* obwohl diese unter guter Führung einen nützlichen Beitrag zur Neuordnung der französischen Finanzen hätte leisten können. Durch die Verwerfung der Anregungen Neckers, die noch vorhandenen Kreditquellen zu erschließen, verblieb aber zuletzt nur noch die Flucht in die Assignaten, die Mirabeau selbst fürchtete, denen er aber durch seine aufwühlende Rhetorik den Weg ebnete. Der Zauberlehrling konnte den Lauf der Dinge nicht mehr aufhalten.

Am 2. November 1789 waren die Kirchengüter »der Nation zur Verfügung« gestellt worden. Damit erfüllte sich eine Voraussage

Friedrichs des Großen, der bereits am 12. Juli 1777 an Voltaire geschrieben hatte:»Der Papst und die Mönche werden fallen. Ihr Sturz ist aber nicht das Werk der Vernunft, sondern sie werden fallen, wenn die Finanzen der großen Staaten zusammenbrechen. Wenn in Frankreich alle Kunstgriffe, das Münzgeld zu vermehren, scheitern, wird man gezwungen sein, die Abteien und die Klöster zu säkularisieren.«[14]

Nach der Aufstellung einer Zivilliste sollten auch die Krongüter zugunsten der Nation eingezogen werden. Die Nationalversammlung errichtete daraufhin im Dezember 1789 und Januar 1790 eine Zahlstelle[15], die den Verkaufsertrag dieser Besitzungen einnehmen, gleichzeitig bis zum Betrag von 400 Millionen Livres Assignaten ausgeben und sie dem Schatzamt sofort verfügbar machen sollte. Necker ist nicht der Urheber dieses gefährlichen Instrumentariums, hat sich aber, der Not gehorchend, mit dieser»einmaligen« Emission abgefunden. Die Assignaten, eigentlich Pfandverschreibungen auf das Nationaleigentum, wurden zunächst in Stücken von mindestens 1000 Livres zu fünf Prozent, ab April 1790 bereits zu 200 und 300 Livres zu drei Prozent Zins ausgegeben. Vor den Dekreten vom 17. April 1790, die den Kirchenbesitz definitiv dem Staat übereigneten und den Assignaten Zahlungskraft erteilten, wodurch sie als Papiergeld in Umlauf kamen, hatten stürmische Debatten in der Nationalversammlung stattgefunden. Von kirchlicher Seite wetterte Abbé Maury gegen die Vorlagen, die er als Ruin aller Gläubiger bezeichnete. Dupont de Nemours prophezeite gar den Zusammenbruch des Handels mit dem Ausland und die negativen Auswirkungen für den Staat, der die Steuern nur noch in Papiergeld empfangen werde. Als im September 1790 der Zwangskurs verhängt und die Assignaten zinsfreie Inhabernoten werden, ist damit in der Tat der letzte Schritt zum Papiergeld vollzogen worden.

Bei näherer Betrachtung der Assignaten kann man zwei schwere, aber grundverschiedene Fehler an ihnen ausmachen: Der erste Fehler ist qualitativer, der zweite quantitativer Art. Der Angriff auf

Assignaten

die Kirchengüter erzeugt das erste Stigma, das die Assignaten in Verruf bringt. Jules Michelet, dem eine ganze Schule antiklerikaler Historiker nachfolgte, versucht mit bewegten Worten die »Rückgabe« der Kirchengüter an das Volk zu rechtfertigen.[16] Er meint, die Geistlichen hätten ihren Besitz so verteidigt wie die ersten Christen ihren Glauben.[17] Tatsache ist, daß das Volk sehr unterschiedlich auf die Einführung der Assignaten reagierte, was sich daran zeigt, daß jenes Papiergeld nicht überall gleich bewertet und mancherorts sogar abgelehnt wurde. Auch wenn man zugibt, daß die Not erfinderisch und der große Reichtum der Kirchenfürsten viel böses Blut machte, so ist andererseits nicht zu übersehen, daß das Volk die Enteignung der katholischen Kirche als Beraubung seiner eigenen Mutter empfand.

Den Assignaten haftete aber nicht nur das Stigma der Kirchenfeindschaft, sondern das Brandmal des Schwundgeldes an, eines Geldes, das beim Einlösen weniger Wert haben mußte als beim ursprünglichen Bezug. Der Wertzerfall der Assignaten hing natürlich mit deren Ausgabenmenge zusammen. Während Neckers Regierungszeit, als »nur« 400 Millionen Livres auf den Markt kamen, hielt sich der Kurs in engen Grenzen. Ende September 1790 tritt jedoch das Ereignis ein, das einige kritische Mahner vorausgesehen hatten: Die Nationalversammlung beschließt gegen den Willen Neckers, weitere 800 Millionen zu emittieren, so daß der Plafond nunmehr 1200 Millionen Livres erreicht.

Der Minister war sich der Gefahren einer zu großen oder zu raschen Emittierung des Papiergeldes wohl bewußt. In seinem Memorandum vom 14. November 1789 hatte er ausgeführt: »Wenn die besonderen Verhältnisse der französischen Finanzen es erfordern, sich des Notengeldes zu bedienen, das nicht beliebig in Münzgeld umzutauschen ist, dann muß man sich bemühen, es in möglichst engen Grenzen zu halten. Die Laufzeit muß kurz sein. Das Vertrauen sollte gestärkt werden durch die Pflege der Gewohnheiten, auf denen der Kredit beruht ...«

Die Finanzlage hatte sich jedoch in den folgenden Monaten rasch verschlechtert. Eine wachsende Zahl von Abgeordneten der Nationalversammlung forderte die Erhöhung des Assignatenplafonds. Im September 1790 fanden dort lange und erregte Debatten statt, deren Inhalt die Bürger im »Moniteur«, dem damaligen Staatsorgan, nachlesen konnten. Mit den verschiedensten Argumenten verlangten Mirabeau und Barnave als Wortführer ihrer Richtungen eine massive Erhöhung der Assignaten. Ihnen trat vor allem der unvergleichliche Abbé Maury als Vertreter der Geistlichkeit und unerschütterlicher Gegner der Revolution mit viel Verve und großem Mut entgegen. Er beeindruckte ebenso durch seine physische Kraft wie durch die Fähigkeit, mit seinem scharfen Witz die Lacher auf seine Seite zu bringen. Abbé Maury malte das düstere Bild an die Wand, wonach die Assignaten den Spekulanten Tür und Tore öffnen würden, während jede solide Geschäftsführung unter die Räder käme. Am Höhepunkt seiner Rede angelangt, hob er für alle sichtbar ein Buch über John Law in die Höhe und rief aus, die Emission von Papiergeld werde zur öffentlichen Katastrophe führen. Dann schwenkte er mit den Händen zwei wertlose Wechsel von John Law, »jenes traurige Papier«, »ce papier funeste«, wie er sagte, »couvert des larmes et du sang de nos pères«[18]. Auch wenn sich die Ratsmehrheit seinen Ansichten verschließe, so werde er sich immer daran erinnern können, daß er den Mut gehabt habe, vor den verheerenden Folgen der Assignaten zu warnen. Trotzdem wurde am 29. September 1790 die Erhöhung der Assignaten von 400 Millionen auf 1,2 Milliarden Livres, allerdings mit der relativ knappen Mehrheit von 508 gegen 423 Stimmen, beschlossen.

Wenn der Historiker Michelet in seinem klassischen Werk über die Französische Revolution immer wieder gegen die großen Feinde »les Prêtres et les Anglais«, die Priester und die Engländer, wettert, dann muß er wohl unter den Geistlichen jenen unverwüstlichen Abbé Maury vor Augen gehabt haben, den nichts von seiner Überzeugung abbrachte.

Im Jahre 1790, als immer mehr Assignaten in Umlauf kamen, begann der Kursverfall der französischen Währung, den man von den Kurslisten sowohl der Amsterdamer als auch der Londoner Börse ablesen konnte. Es genügt jedoch, den Blick auf die Amsterdamer Börse zu richten, wo die größten Transaktionen abgeschlossen wurden. Eine aufschlußreiche Tabelle[19] zeigt, daß der Kurs von etwa 55,5 im Januar 1789 auf etwa 25 am 31. März 1792 absackte. Der Wechselkurs bezog sich auf die Auszahlungen, die in Amsterdam aufgrund von französischen Wechseln oder Rimessen stattfanden. Bei einem Umrechnungssatz von 56 »Deniers de gros« erhielt man für eine angewiesene Livre effektiv 2,128 holländische Gulden ausbezahlt. Dieser Kurs ging langsam, aber unaufhaltsam zurück, und zwar parallel zum Fortschreiten der Französischen Revolution. Als während der Schreckensherrschaft die französische Währung vollständig von den Assignaten durchmengt war, fiel deren Kurs sogar unter zehn Prozent des ursprünglichen Wertes.

Damals kam wohl zum erstenmal die Wirkung einer Inflation mit voller Gewalt zum Durchbruch – das frühere Experiment von John Law, an das die Franzosen immer noch unangenehme Erinnerungen hatten, nahm sich dagegen wie eine harmlose Episode aus. Es hatte nicht die langwierigen Folgen der Assignatenschwemme, die erst unter Napoleon zum Stillstand kam. Der Markt konnte die Assignaten, von denen Ende 1791 bereits rund zwei Milliarden zirkulierten, nicht verdauen. Der erst langsam, dann immer rascher zugreifende Preisauftrieb erhöhte das Elend und die Unzufriedenheit. Es fand eine ständige soziale Umschichtung statt, durch welche viele alte Menschen und ganz generell die schwächsten Glieder der Gesellschaft an den Bettelstab gebracht, viele geschickte Spekulanten jedoch zu großem Reichtum geführt wurden. Man darf allerdings die von den Assignaten ausgelöste Inflation nicht mit den Vorgängen vergleichen, wie man sie von heutigen Inflationen her kennt. Vor 200 Jahren fehlte der Marktmechanismus, der die Preiserhöhungen sofort an alle Wirtschaftsträger weitergibt. Dadurch verlief die Inflation damals viel langsamer. Da außerdem die sozialen und ökonomischen Unterschiede zwischen den Bevölkerungsgruppen viel größer waren als heute, konnte auch kein »Warenkorb« zusammengestellt werden, der als durchschnittliche Grundlage der Lebensbedürfnisse diente und an dem man den Kaufkraftschwund maß. Man weiß aber, daß das Brot für die breiten Massen das Hauptnahrungsmittel war, das lediglich durch Wein und durch etwas Fleisch, Gemüse und Fett ergänzt wurde.

Da die breite Masse der Bevölkerung auf dem Lande wohnte, wo sie von der Landwirtschaft lebte und sich nicht nur meist weigerte, Assignaten anzunehmen, sondern außerdem versuchte, so weit wie möglich den Verkauf ihrer Produkte zurückzuhalten, dämpfte sich der Inflationseffekt für sie etwas ab. Trotzdem machte sich in vielen ländlichen Gegenden die Unzufriedenheit infolge der Ausplünderung durch die Grundherren in Gewalttaten, Überfällen, ja sogar Einäscherungen von Schlössern bemerkbar. Die Autorität der Regierung sank schon 1789 so tief, daß sie die Sicherheit der Grundherren vielfach nicht mehr zu gewährleisten vermochte. Während sich die Unruhe im ganzen Lande ausbreitete, stiegen die Lebensmittelpreise unaufhaltsam an. Der Brotpreis kletterte von drei Sous[20] pro Pfund bis auf fünf, in späteren Jahren sogar auf 20 Sous[21]. Zu Beginn der Revolution zahlte man für einen Krug Bier drei Sous, für eine Kanne Wein sechs Sous. Fleisch kostete etwa zehn Sous pro Pfund.

Dazu einige Lohnangaben zur Veranschaulichung der Kaufkraft wenig bemittelter Bevölkerungskreise: Ein Tagelöhner empfing für seinen langen Arbeitstag etwa 20 Sous (ein Livre); ein qualifizierter Arbeiter bis zu 40 Sous[22]. Dabei ist zu beachten, daß die Preise und Löhne im Laufe des 18. Jahrhunderts schon unabhängig von der inflationären Entwicklung stark gestiegen waren, weil der langfristige Wirtschaftstrend durch die allgemeine Entwicklung von Handel und Gewerbe im ganzen positiv verlief. Der Ausbruch der Französischen Revolution unterbrach diesen günstigen Verlauf, weil teilweise chaotische Zustände und die dauernden Kriege eine normale Entwicklung behinderten. Hinzu kommt, daß die Inflation, die durch die Assignaten ausgelöst wurde, alle weiteren Vergleiche verbietet. Man müßte Indexziffern verwenden, um richtige Schlüsse ziehen zu können.

Grundsätzlich gilt jedoch auch für diese Periode des Umbruchs: Obschon der ungesunde, durch die Inflation alimentierte Preisauftrieb zu großen sozialen Spannungen führte, gab es breite Kreise, die davon profitierten. Die sozialen Umwälzungen kamen vielen gewissenlosen Politikern sehr gelegen, weil sie die Radikalisierungswellen verstärkten, auf deren Schaumkronen sie zu ihrem persönlichen Erfolg ritten. Viele dieser Politiker hatten ihr Hauptquartier im Palais Royal in Paris, dem Stützpunkt des Herzogs von Orléans, wo man sich in zahlreichen Salons, Cafés und Restaurants traf. »Jamais le ventre fût mieux servi qu'alors« (»Nie wurde der Bauch besser bedient als damals«), sagten die Brüder Goncourt, gestützt auf unwiderlegbare Beweise. Jener Handel blüht und gedeiht, während die Gesellschaft verfällt.[23] Die Goncourts, die die Gaststätten und deren Spezialitäten zu Dutzenden nennen, verschweigen auch deren Preise nicht. Dabei fällt auf, daß die Nachfrage anscheinend so groß war, daß die Gäste nicht nur für die Menüs, sondern auch für die Besuchszeit zahlen mußten. Im März 1790 begründete Vénua seinen Erfolg an der Rue Richelieu mit einem Menü von einem Livre 16 Sous für zwei Stunden, einem zu zwei Livres fünf Sous für drei Stunden und der großen Mahlzeit zu drei Livres für dreieinhalb Stunden. Necker, selbst ein Gourmand, der eine gute Küche schätzte, verging gleichwohl der Appetit immer mehr, als er, ohne es ändern zu können, den Mißerfolg der inflationistischen Finanzpolitik verfolgte, welche ihm von der Nationalversammlung aufgezwungen worden war. Man versuchte, ihn kaltzustellen. Als dies mißlang, war seine endgültige Demission, ein flammender Protest gegen die Inflationspolitik, nur noch eine Frage der Zeit.

Rien ne va plus

Immer wieder betont Germaine de Staël, daß die Liebe zu Frankreich und die Loyalität zu Ludwig XVI. ihren Vater veranlaßt hätten, auch im Jahre 1790, als die Autorität der Regierung gebrochen war, in seinem Amt auszuharren. Germaine selbst, damals im 25. Lebensjahr, fand Gefallen an der gelehrten Konversation im Salon ihrer Mutter und flehte den Vater an, in Frankreich zu bleiben. Suzanne Necker litt unter der Situation am meisten, aber auch Jacques Necker machte sich schwere Sorgen. Der Genfer Bankier konnte die Lorbeerkränze, die man ihm so häufig gewunden hatte, nicht mehr unbeschwert tragen. Das Amt wurde ihm zur Bürde, die seine Gesundheit ruinierte. Unter seinen zahlreichen Gegnern ragten zwei Männer hervor, Mirabeau und Marat, die nicht nur gegen ihn intrigierten, sondern dadurch, daß sie nicht nur seine Fähigkeiten als Finanzminister, sondern seine ganze Glaubwürdigkeit anzweifelten, am härtesten trafen. Er empfand diese Angriffe auf seine Ehre und seine Gesinnung wie Nägel zu seinem Sarg.

Mirabeau

Mirabeaus und Neckers Wege hatten sich schon mehrmals gekreuzt. Indes, erst nach der Einberufung der Generalstände, die dem provenzalischen Volkstribun endlich das Forum boten, wo das Feuer seiner Rede zündete, überstrahlte Mirabeaus Stern alle anderen Sonnen. Dabei war der seinige gewiß kein schöner Stern. Äußerlich von erschreckender Häßlichkeit, innerlich zügellos, ein wogendes und tosendes Meer, erlangte er durch seine mitreißende Rhetorik und durch seine Suggestivkraft einen gewaltigen Einfluß auf seine Zuhörer. Außerdem verstand er es ausgezeichnet, die Ideen anderer seinen eigenen Zwecken dienstbar zu machen. »Il accoucha Clavière« (»er gebar Clavière«), meinte sein Vater, der boshafte Marquis de Mirabeau, bei einer früheren Gelegenheit. Tatsache ist, daß Graf Honoré, der »mißratene Sohn«, die Ideen der Bankiers Clavière und Panchaud in »tönendes Erz ummünzte«, wie man sich damals ausdrückte. Clavière und Panchaud ihrerseits ließen nichts unversucht, um mit Hilfe Mirabeaus ihren erfolgreichen Rivalen Necker zu stürzen.

Unter den Eigenschaften, die den Ambitionen Mirabeaus am meisten schadeten, wog der Verdacht der Bestechlichkeit besonders schwer. Ansatzpunkt für seine Käuflichkeit war seine Überschuldung, die einzige Konstante seines bisherigen Lebens. Dies hinderte Mirabeau daran, in der politischen Landschaft Frankreichs Fuß zu fassen, jedenfalls viel zu spät, um Necker abzulösen oder sonst wirkliche Verantwortung zu übernehmen. Er galt als unzuverlässig, weil seine Schulden ihn immer trieben, diejenigen Geldgeber zu finden, die seine Dienste am besten honorierten. Das konnte letzten Endes nur der König selbst sein, dessen engste Ratgeber jedoch kein Vertrauen in den wankelmütigen Renegaten hatten. Wer garantierte dafür, daß Honoré keine Kehrtwendung machen würde, wenn seine Schulden dereinst beglichen wären? Erst Ende 1789, viel zu spät für Mirabeau, aber auch für den Hof, begannen Kontakte zwischen seinem Freund, dem belgischen Grafen de La Marck, und dem königlichen Großsiegelbewahrer de Cicé.

Im Winter 1790, als sich die königliche Familie bereits in großer Bedrängnis befand, kam es zu ernsthaften Verhandlungen, bei denen La Fayette die Hauptrolle spielte. La Fayette, in jener Zeit der eigentliche starke Mann in Paris, erkannte trotz aller Bedenken, daß Mirabeau dem König nützliche Dienste leisten könnte, während auf der anderen Seite Necker die Entschlußkraft zu fehlen schien, die es brauchte, um der bestehenden, höchst bedenklichen Situation

Gabriel de Riquetti, Graf von Mirabeau

Herr zu werden. Es genügte nicht, ein geschickter Finanzminister, ein glänzender Schriftsteller, ein guter Mensch zu sein: Überall lauerten Gefahren, die von Leuten wie Mirabeau und Marat rücksichtslos ausgenutzt wurden.

Das Dekret der Nationalversammlung vom 7. November 1789, welches den Abgeordneten untersagte, Staatsminister zu werden, schob allerdings Mirabeaus Ehrgeiz, an die Schalthebel der Macht zu gelangen, vorerst einen Riegel vor. Hinzu kam, daß der Versuch von »Monsieur«, dem Grafen von Provence, scheiterte, einen Regierungswechsel auszulösen, durch welchen beide großen Einfluß erlangen wollten. La Fayette und Necker, die sich bedroht fühlten, spannten sich zusammen, um einen Staatsstreich zu verhindern. Im Februar berichtete Baron de Staël, der immer gut unterrichtet war, nach Schweden: »Monsieur, der durch eine kleine Intrige Herrn von Mirabeau in den Staatsrat bringen und zum Chef der Volkspartei machen wollte, wurde geschickt zur Seite gedrängt. Herr Necker und

Herr von La Fayette – jetzt Verbündete – können also als die einzigen Tragpfeiler der Regierung betrachtet werden. «

Im April schrieb Mirabeau einen langen Brief an La Fayette, in welchem er dem General seine Unterstützung anbot. Nun lenkte das Königspaar, das in immer größere Isolierung geraten war, auf die Vermittlung des Grafen de La Marck ein. Am 10. Mai traf ein Bestätigungsbrief Mirabeaus ein, der den König befriedigte. Daraufhin übergab Ludwig XVI. dem Grafen de La Marck gleichzeitig mit dem Brief Mirabeaus vier eigenhändig unterzeichnete Anweisungen von je 250 000 Livres zu treuen Händen, mit der Auflage, daß diese Million Mirabeau zukommen solle, wenn er dem König bis zum Ende der Nationalversammlung »gut gedient habe«. Außerdem erklärte sich Ludwig bereit, Mirabeaus Schulden zu begleichen, die laut dessen eigener Aufstellung 208 000 Livres betrugen. Für seine unmittelbaren Lebensbedürfnisse wurde eine monatliche Rente von 6000 Livres vereinbart. Auf diese Art und Weise versuchte man, den Volkstribun an die Leine zu nehmen.

Das Arrangement löste einen solchen Freudentaumel beim Grafen Honoré aus, daß er von nun an seine Ausgaben bis zur Prasserei steigerte. Dies konnte aber nur das Mißtrauen seiner Gegner und Neider wecken. Woher hatte dieser Mann, der wegen seiner ständigen Finanznöte bekannt war, auf einmal so viel Geld? War Mirabeau, der scheinbar das »Sesam, öffne dich!« gefunden hatte, unter diesen Umständen überhaupt fähig, die heiklen Aufgaben, die ihm die Krone zudachte, zu erfüllen? Necker, den man nicht über den Kauf Mirabeaus informiert hatte, schien mit seiner Reserviertheit gegenüber dem wortgewaltigen Volkstribun recht zu behalten. Die erstaunlichen Redekünste des Grafen genügten nicht, um die Widersprüche zu beseitigen, in welche er sich nicht nur in seinen privaten Verhältnissen, sondern auch bei den großen politischen Auseinandersetzungen verwickelte. War es möglich, einerseits die Assignaten zu verteidigen und andererseits lautstark eine solide Finanzpolitik, die Absicherung der Gläubiger und einen ausgeglichenen Staatshaushalt zu fordern? Die Quadratur des Zirkels konnte auch diesem genialen Revolutionshelden kaum gelingen.

Marat

Neckers Popularität litt nicht nur unter Mirabeaus Angriffen; der Minister stand auch unter ständigem Beschuß der Giftpfeile des unermüdlichen Publizisten Jean-Paul Marat. Mirabeau stritt mit dem Wort, Marat mit seiner spitzen Feder. Jean-Paul Marat – 1743 in Boudry, Kanton Neuenburg, der damals zu Preußen gehörte, als Sohn des sardischen Einwanderers Mara, der sich später Marat schrieb, sowie der Genferin Louise Cabrol geboren – war nach langen und vielseitigen Studien im Jahre 1777 als Arzt der Leibgarde des Grafen von Artois engagiert worden. Für diese Berufung erhielt er ein Honorar von 2000 Livres pro Jahr, verbunden mit zahlreichen Naturalvergütungen. Außerdem ließ ihm diese Position genügend Zeit, um seine Studien und Publikationen fortzusetzen.

Während Jovialität, Lebensfreude, ja Genußsucht den provenzalischen Edelmann Mirabeau auszeichneten, entwickelte sich der bissige Marat zu einem gefährlichen Querulanten, dessen Menschenverachtung keine Grenzen kannte. Ein ungezügelter Ehrgeiz, »l'amour de la gloire«, den er in seinem Selbstporträt im »Journal de la République Française« offen bekannte, ließ ihn die ausgefallensten Wissensgebiete aufsuchen, ob Chemie oder Medizin, ohne je gründliche Kenntnisse zu besitzen, und trieb ihn später in die Politik. Als sich herausstellte, daß seine zunehmend republikanische Gesinnung mit dem Posten bei »Monseigneur« nicht vereinbar war, gab er 1786 seine Stelle als Arzt der Garde des Grafen von Artois auf, um sich verstärkt für den politischen Umsturz zu engagieren.

Im September 1789 kam nach Überwindung großer Schwierigkeiten die erste Nummer seiner eigenen Zeitung »L'Ami du Peuple« heraus. Marat vertrat darin in zahllosen Artikeln die Ideen eines radikalen Jakobinertums. Gemeinsam mit seinen Gesinnungsge-

Jean-Paul Marat

nossen Danton[1] und Robespierre[2] schuf er die Grundlagen einer
Entwicklung, die wenige Jahre später in die berüchtigte Schreckensherrschaft einmündete. Getrieben von seiner krankhaften Ruhmsucht wollte Marat eine große Rolle spielen, eckte aber überall an
durch seinen Mangel an Umgangsformen, seine Gehässigkeit und
Maßlosigkeit. Hätte ihn nicht Danton durch seinen großen Einfluß
und seine gewaltige Stimmkraft aus den Klauen der Gegner in den
eigenen Reihen der Jakobiner befreit, wäre Marat schon längst um-
gekommen, bevor Charlotte Corday[3] ihn schließlich in der Badewanne ermordete.

Im Dezember 1789 schrieb Marat seine Philippika gegen Necker,
die er, wie er darin ausführte, dem »Tribunal der Öffentlichkeit« unterbreitete. Diese Anklageschrift[4] ist nicht nur wichtig als histori-
sches Dokument, sondern weil sie zum Nährboden aller übrigen
Pamphletisten wurde, die Neckers Leben und Wirken vergällten. Sie
enthält – neben vielen anderen, untergeordneten Anschuldigungen –
fünf Hauptanklagepunkte. Die erste, vielleicht härteste Anklage
betrifft die militärische Konspiration gegen das französische Volk,
bei welcher Necker ausdrücklich sowohl das etwaige Wissen wie das
etwaige Nichtwissen einer Konspiration angelastet wird. Der Chef

des Ministeriums sei für derartige Maßnahmen verantwortlich. Zweitens kreidet Marat den enormen Brotpreisanstieg Necker an, dessen Maßnahmen schlecht gewesen und jedenfalls erfolglos geblieben seien. Drittens wirft er Necker vor, die Verschwendung beim königlichen Hof nicht abgestellt zu haben. Das Volk sei zuerst durch Steuern, dann durch Anleihen ausgeplündert worden. Marat behauptet, daß durch den Verkauf der Kirchengüter alle Schulden bezahlt und durch die von ihm vorgeschlagenen Reformen »zweimal das Defizit gedeckt werden könne«. Man solle nur die ungenutzten Domänen und die verlassenen Schlösser verkaufen ... Dagegen wettert er gegen das nationale Notopfer, das den ärmsten Leuten Opfer zumute, die sie nicht tragen könnten. Um die verschwenderische Hofhaltung zu stützen, werde unter Neckers Führung der letzte Groschen aus dem Volk herausgezogen.

Der vierte Anklagepunkt, der ein Sammelsurium von Vorwürfen enthält, kulminiert in der Behauptung, daß Necker die absolute Monarchie wiederherstellen wolle, indem er die Rückgabe der Exekutivgewalt mit dem Befehl über Armee und Polizei an Ludwig XVI. betreibe. »La puissance suprême, devant laquelle les loix se taisent toujours, la seule qui soit irrésistible, la seule qui inspire la terreur, la seule dont les princes sont jaloux.« (»Die militärische Gewalt, vor der alle Gesetze schweigen, die einzige unwiderstehliche Gewalt, die Furcht verbreitet, die einzige, auf die die Fürsten nicht verzichten.«) Gäbe man dem König diese Gewalt zurück, dann sei die Freiheit verloren.

Schließlich wird Neckers angebliche Beeinflussung des »guten Königs«, zuerst als Despot und dann als Bittsteller aufzutreten, als üble Manipulation, als Beleidigung des Königtums und des ganzen Landes hingestellt. Marat spielt darauf an, daß sich Ludwig XVI. zunächst gegen die Aufnahme der Menschenrechtsdeklaration in die neue Verfassung gewehrt und sie sodann, unter dem Zwang der Verhältnisse, angenommen habe. Durch diese Erniedrigung sei der König zum Gespött von ganz Europa geworden.

Gegen diese Angriffe antwortete Necker erst, als er Frankreich verlassen hatte. Während seiner Amtszeit vermied er jede Polemik, da er durch Eingriffe in die innerparteilichen Auseinandersetzungen seiner Sache eher geschadet als genützt hätte. In der Nationalversammlung frei zu sprechen war ihm nicht möglich, da die Minister, die keinen Sitz im Parlament hatten, zu den Behandlungspunkten nur schriftlich Stellung nehmen durften. So schrieb Necker im letzten Jahr seiner Regierung mehrere Memoranden zu den hart umkämpften Vorlagen der Nationalversammlung, wobei er zwar stets versuchte, als Schlichter über den Parteien zu stehen, in Wirklichkeit aber meist zwischen die Feuer geriet. Die Behauptung Marats, Necker habe eine trächtige Partei gründen wollen, ermangelt jeglichen historischen Beweises; außerdem widerlegt sie sich selbst, denn ein derart heterogener Kreis von Leuten, wie von ihm aufgeführt, hätte sich nie zu einer einheitlichen Partei zusammengeschlossen. Es war hingegen Neckers Schwäche, daß er weder eine starke Partei noch das Militär hinter sich hatte und dadurch entscheidend von den Stimmungsschwankungen des Königs abhing.

Die Anklagen Marats, deren offensichtliches Ziel in der Diffamierung des ganzen Regimes und dessen leitenden Ministers bestand, blieben ohne sofortige Wirkungen auf Neckers Popularität, da sie zunächst nur in Paris Verbreitung fanden. Sie führten aber zu einem steigenden Mißtrauen im Bürgertum, das zunehmend unter den Einfluß der Jakobiner geriet. Im Jahre 1790 gelang es diesen, durch das Netz ihrer Clubs, das sie über Frankreich geworfen hatten, das Ansehen Neckers nach und nach zu zerstören. Doch mehr als darüber beklagte sich Necker, daß er daran gehindert wurde, seine Ansichten in der Nationalversammlung zu vertreten. Im Finanzkomitee, das als Verbindungsstelle zwischen der Nationalversammlung und dem Finanzministerium errichtet war, wurde er zwar höflich angehört, von einer wirksamen Zusammenarbeit und von der Durchsetzung des Willens der Komiteemehrheit in der Hauptversammlung konnte jedoch keine Rede sein.

Mit vielen seiner Pfeile traf Marat genau in das Zentrum der politischen Überzeugungen Neckers, so etwa hinsichtlich der Autorität der Regierung. Necker war gewiß kein Verfechter des absoluten Königtums. Die Demagogie Marats zeigte sich aber darin, daß er die absolute Monarchie und eine starke Exekutivgewalt gleichsetzte. Für Necker als unerschütterlichen Anhänger des englischen Regierungssystems vertrug sich eine starke Monarchie durchaus mit einem gut funktionierenden Parlament, ja, beide sollten sich im Interesse des Landes gegenseitig stützen. Dies war auch der Grund, warum Necker die königlichen Prärogative verteidigte. Marat hingegen, als radikaler Jakobiner, war dem Königtum im Grunde genommen feindlich gesinnt, auch wenn die Abschaffung der Monarchie aus opportunistischen Erwägungen in den Jahren 1789 und 1790 noch nicht gefordert werden konnte. Indem Marat und seine Anhänger das absolute Königtum und die Exekutivgewalt gleichstellten, ging es ihnen in Wirklichkeit darum, die Regierungsautoritat insgesamt zu untergraben; das heißt, sie diskreditierten Necker, um die allgemeine Abneigung gegen das Ancien régime zu schüren. Wenn Necker, einer der letzten Paladine des Königtums, fiel, dann war auch Ludwig XVI. verloren.

Ein weiteres Beispiel für die perfide Demagogie Marats ist sein Versuch, Neckers Worten einen falschen Sinn zu unterstellen, wenn er die folgenden Sätze zitiert: »Nicht auf dem Schutt, nicht inmitten der Klagen des Bürgers werdet ihr den stabilen Bau unserer Wohlfahrt errichten. Das Leben ist zu kurz, die Gedanken der Menschen sind zu begrenzt, als daß man ihnen als Entschädigung für ihre Lasten nur eine ungewisse Befriedigung zukünftiger Generationen anbieten dürfte.« Es ging damals, Ende September 1789, um ein »Finanzpaket«, wie wir heute sagen würden, das die verschiedensten Finanzquellen anzapfte und infolge der Notlage des Staates auch ein nationales Notopfer einschloß, das in Form patriotischer Spenden erbracht werden konnte, jedoch nicht obligatorisch war. Sogar Mirabeau empfahl das Notopfer zur Annahme, um den

Staatsbankrott abzuwenden. Necker meinte mit seinen etwas pathetischen und vage gehaltenen Worten, daß jetzt und nicht erst in der Zukunft das Defizit bekämpft werden müsse – ein Bekenntnis, das ihm gar nicht leichtfallen mochte, hatte man doch gerade ihm immer vorgeworfen, die Zukunft gegenüber der Gegenwart vorzubelasten. Marat sah darin jedoch den Versuch, aus dem armen Volke den letzten Groschen herauszupressen: »Wenn der Verstand das Projekt nicht verwirft«, so ruft er aus, »dann sollten die Ehre, die Rücksichtnahme und das Gefühl es ihm verbieten ...«

Daß der Vorwurf, »Necker habe die Pariser aushungern wollen«, nun gar zu Unrecht erhoben wurde, ist schon betont worden. Diese absurde Behauptung diente Necker bekanntlich selbst dazu, eine Rechtfertigung in der Nationalversammlung vorzutragen, die sogar seine Gegner so betroffen machte, daß sie darauf nichts mehr entgegneten. Nicht minder ungerecht, aber mit demselben Ziel, das Ansehen und die Glaubwürdigkeit Neckers zu unterminieren, war die Anklage, er sei, wenn auch nur als »Dulder«, für den Truppenaufmarsch zur Unterdrückung von Volk und Freiheit verantwortlich gewesen. So sei er es gewesen, der das Fest der Gardisten von Versailles, bei dem sogar die Trikolore zertreten worden sei, inszeniert habe. Doch niemals hätte Necker zu solchen Handlungen geraten, nicht nur weil sie ihm nicht lagen, sondern weil sie in eklatantem Widerspruch zu seiner konsequent vertretenen Politik einer offenen und vertrauensvollen Zusammenarbeit zwischen König und Nationalversammlung gestanden hätten.

Die Royalisten wiederum hielten ihm vor, sein größter Fehler sei gewesen, daß er Ludwig XVI. von der rechtzeitigen Abreise aus Versailles abgeraten habe. Sogar der Minister Saint-Priest, der sonst immer zu Necker stand, soll am 5. Oktober für eine rasche Abreise plädiert haben. Es wäre dem König damals wahrscheinlich möglich gewesen, unter militärischer Deckung Versailles zu verlassen und seine Residenz an einen sichereren Ort zu verlegen, wo sein Einfluß größer und sein Leben außer Gefahr gewesen wäre. Necker nahm deshalb in der Tat eine große Verantwortung auf sich, als er im Gegensatz zu Marie Antoinette, zum Grafen von Artois und zu den meisten Mitgliedern des königlichen Rates für das Verbleiben in Versailles eintrat. Er tat es, um den Ausbruch eines Bürgerkrieges zu vermeiden.

Wenn Marat aber anstelle dieser Tatsachen eine Gesichtskolportage vorlegte, so ging es ihm gewiß nicht um sachliche Argumentation, sondern um die Aufwiegelung der Massen. Und in der Tat, nicht als Historiker und auch nicht als Politiker war Marat bedeutend, sondern als Lehrmeister für diePropagandaabteilung moderner Diktatoren. Durch seine Beschuldigungen vergiftete er die öffentliche Meinung nach dem Rezept: Von den Lügen, die oft genug wiederholt werden, bleibt immer etwas haften.

»Le Livre Rouge«

Neckers Popularität wurde aber nicht nur durch Mirabeau, Marat und eine ganze Meute anonymer Pamphletisten[5] untergraben, sondern auch durch eine Publikation, die einen tiefen Eindruck auf die unruhig gewordene Öffentlichkeit machte. Es handelt sich um das Geheimdossier, das wegen seines roten Ledereinbandes »Le Livre Rouge«, das »Rote Buch«, genannt wurde. Der Abgeordnete Armand-Gaston Camus[6], ein bekannter Rechtsanwalt und Literat, hatte von der Existenz eines geheimen Registers, in welches die Zahlungsanweisungen des Königs eingetragen wurden, gehört und es bereits am 28. November 1789 öffentlich erwähnt. Seitdem waren die Gemüter in Erregung. Als dann im Frühjahr 1790 die Diskussion über die Finanzkrise ins Kraut schoß, erklärte Camus, der inzwischen Präsident der Pensionsprüfungskommission der Nationalversammlung geworden war, daß er über die Verwendung eines Betrages von 60 Millionen Livres keine Unterlagen finden könne. Er ersuchte Necker um die Herausgabe jenes Registers. Obwohl das Verzeichnis für Necker selbst keine Gefahren enthielt, verwei-

gerte dieser die Freigabe, da er befürchtete, nicht nur die betroffenen Personen, die die Generosität des Königs ausgenutzt hatten,
sondern den König selbst und seine nächste Familie durch die Veröffentlichung zu belasten. Nachdem sich aber die Büchse der Pan-
dora entgegen seinem Wunsche geöffnet hatte, sagte er:»Die einen
haben meine lauteren Absichten nicht hören, die anderen mir
einen Vorwurf daraus machen wollen.«[7] Jeder Vorwand wurde
ergriffen, um Necker daraus einen Strick zu drehen.

Das »Rote Buch« enthält zehn Abschnitte, die sich auf die folgenden Verwendungszwecke und Beträge beziehen, welche in Form
von Baranweisungen bezahlt worden waren:

1. Für die Brüder des Königs	28 364 211 Livres
2. Pensionen und Zuwendungen	6 174 793
3. Geschenke und Gratifikationen	2 221 341
4. Almosen	254 000
5. Abfindungen, Vorschüsse, Darlehen	15 254 106
6. Käufe und Tauschvorgänge	20 868 821
7. Finanzgeschäfte	5 825 000
8. Außenministerium und Geheimdienst	135 804 891
9. Diverse	1 794 600
10. Persönliche Ausgaben des Königs und der Königin	11 423 750
Gesamtbetrag	227 985 517 Livres

Durch die Aufdeckung einiger unerhört großer Begünstigungen
trug das »Rote Buch« wesentlich dazu bei, das Ancien régime zu diskreditieren. Dabei stehen an erster Stelle die Brüder des Königs, die
insgesamt mehr als 28 Millionen Livres erhielten, teils als Unter-
haltsbeiträge, teils zur Abdeckung ihrer Schulden. Es besteht wohl
kein Zweifel, daß im Hause des Grafen von Artois eine skandalöse
Verschwendung betrieben wurde. Außer den enormen Ausgaben des

Grafen reichte anscheinend auch der Gräfin das Geld nie für ihren Aufwand aus, denn sie wurde in den Jahren 1775 und 1776 noch mit Extrageschenken von je 24 000 Livres bedacht. Den gleichen Betrag empfing sie dann 1783 als Geschenk für ihre Entbindung, »pour son accouchement«, wie es wörtlich im Buche steht. Dabei fällt übrigens auf, daß diese sowie viele ähnliche Geschenke während der ersten Amtszeit Neckers aufhörten, aber nach seinem Abgang wieder massiv einsetzten. Auch wenn diese Geschenke angesichts der Millionenbeträge, die für die Brüder des Königs ausgezahlt wurden, gering erscheinen, sollte nicht vergessen werden, was Necker einer adligen Bittstellerin, die 5000 Livres erbat und dazu meinte, das sei für den König nicht viel, lakonisch antwortete: »Madame, es ist die Einkommensteuer[8] eines ganzen Dorfes.«

Im ersten Abschnitt des »Roten Buches«, worin die Aufwendungen für die Brüder des Königs vom Jahre 1774 bis 1787 stehen, erscheint »Monsieur«, der Graf von Provence, mit 7,8 Millionen und »Monseigneur«, der Graf von Artois, mit 20,5 Millionen Livres, woraus sich ein Gesamtbetrag von 28,3 Millionen Livres ergibt.[9] Der Bericht von Camus, des gefürchteten Präsidenten jenes »Pensionskomitees«, das ungerechtfertigte Zuwendungen und Pensionen untersuchen sollte, unterstreicht, daß sich auch viele Minister Pensionen und Zuwendungen zum Teil ohne und zum Teil sogar gegen den Willen des Königs hätten auszahlen lassen.

Calonne wurde durch die Tatsache, daß die meisten und größten Ausgaben des »Roten Buches« in seine Amtszeit fielen, besonders schwer belastet. Es heißt dazu in der Einleitung des Berichts, daß »ein Minister, der bereits von königlichen Gunstbezeugungen überhäuft war, außer seinen Gehältern und Pensionen im Betrage von 98 622 Livres; außer den Zuweisungen von Pensionen für zehn Mitglieder seiner Familie vom 17. März 1785; außer der eigenmächtigen Zuweisung einer Pension an ein elftes Familienmitglied, das er zuerst vergessen hatte, am 4. September 1787 die folgenden Forderungen stellte: ein erbliches Herzogtum, 60 000 Livres Pension

und 15 000 Livres für jedes seiner zwei Kinder sowie eine Geld-
abfindung zur Erledigung der laufenden Geschäfte«. Nach den Jah-
resdaten kann es sich nur um Charles-Alexandre de Calonne gehandelt haben, der übrigens nach seiner Absetzung nach England
flüchtete und später zum Finanzberater des Grafen von Artois ernannt wurde.

Weitere Abschnitte des »Roten Buches« zeigten Mißstände auf,
die zur Verschwendung der königlichen oder, wie es später hieß, der
nationalen Vermögenswerte geführt hatten, vor allem die Tausch-
und Verkaufsoperationen von königlichen Domänen.

Das »Pensionskomitee« unter der straffen Leitung von Camus
hielt sich jedoch an die Abmachungen mit dem König, indem es auf
die Publikation von Zahlen aus der Zeit Ludwigs XV. verzichtete. Es
respektierte auch insofern die königliche Privatsphäre, als es nur den
Gesamtbetrag von etwa 11,5 Millionen Livres (Posten 10; siehe Tabelle S. 269) verzeichnete und hinzufügte, es handle sich hauptsächlich um Zahlungen für den Erwerb von Grund und Boden. Man
wolle nicht in Einzelheiten vordringen. Es wird auch ausdrücklich
erwähnt, der König sei oft getäuscht worden, habe aber selbst immer an einer strengen Sparsamkeit festgehalten. Immer wieder habe er gesagt: »Gut, unter der Bedingung, daß keine neuen Ausgaben
entstehen.« Doch die Wünsche des Königs dürften nicht illusorisch
werden, meint das Pensionskomitee zum Abschluß seines Kom-
mentars. »Die Nation soll nicht verschwenderisch sein, um großzü-
gig zu erscheinen.« Auf diese Weise könnten die Ausgaben vielleicht
um ein Fünftel pro Jahr gesenkt werden. Im übrigen könne man nur
durch die Zusammenarbeit der verschiedenen Komitees der Nationalversammlung die Ursachen der enormen Verschuldung heraus-
finden, die seit etwa zwölf Jahren entstanden sei.

Kurz nachdem das »Rote Buch« im April 1790 erschienen war
und mit rasender Geschwindigkeit Absatz gefunden hatte, veröffentlichte Necker hierzu seine Stellungnahme[10], obwohl er selbst
kaum etwas zu befürchten hatte, weil die Baranweisungen vom Kö-

nig selbst erteilt worden waren. Trotzdem verfaßte er eine ausführliche Rechtfertigung des Verhaltens Ludwigs XVI., ein neuerlicher Beweis für Neckers Rechtschaffenheit und Mut. Es wäre wahrscheinlich politisch klüger gewesen, sich in Schweigen zu hüllen oder nur so wenig Verantwortung wie absolut notwendig zu übernehmen. Statt dessen setzte Necker das Gewicht seiner eigenen Autorität ein, um die Sache der Monarchie zu verteidigen.

Zunächst legte Necker Wert auf die begriffliche Unterscheidung zwischen den Baranweisungen (Ordonnances de Comptant) und den gewöhnlichen Zahlungsanweisungen (Ordonnances ordinaires). Die Baranweisungen wurden von höchster Stelle an das Schatzamt erteilt und nach erfolgter Zahlung vom königlichen Finanzrat überprüft und im Louvre abgelegt, während die gewöhnlichen Zahlungsanweisungen vor der Ausführung dem Rechnungshof vorzulegen waren. Hieraus folgert Necker, die Baranweisungen hätten nicht dazu gedient, die Zahlungen geheimzuhalten, sondern sie zu beschleunigen, weil sie der langsamen Prüfung durch den Rechnungshof entzogen waren.[11] Der König habe überhaupt nichts vor der Nationalversammlung geheimhalten wollen. Als Beweis führte er an, daß bereits lange vor der Publikation des »Roten Buches« der Präsident Camus einen Brief Neckers in der Hand gehabt habe, in welchem bestätigt wurde, daß seine Majestät das berüchtigte Buch den Mitgliedern des Pensionskomitees zur Einsicht anvertraue. Ludwig XVI. habe daran nur die Bedingung geknüpft, daß die Untersuchung lediglich seine Regierungszeit umfasse, damit das Andenken seines Vorgängers nicht belastet werde. »Es ist sein einziges Interesse, das Andenken seines Ahnen sorgsam zu schützen.«[12]

Necker gibt allerdings zu, daß die Kosten der Prinzen königlichen Geblüts für den Staat sehr hoch gewesen seien. Er habe diesen Forderungen seit seinem ersten Ministerium immer heftigen Widerstand entgegengesetzt. Der König habe aber keine andere Wahl gehabt, als die Schulden der Prinzen schließlich zu decken, um seine Brüder nicht dem Bankrott und die Gläubiger dem Ruin auszuliefern. »Die königliche Großzügigkeit und Freigebigkeit war nur auf familiäre Rücksichten und Zuneigung, aber vielleicht erstmals in der Geschichte nicht auf der Favoritenwirtschaft aufgebaut worden.«[13] Im übrigen »bedaure« der König die hohen Kosten, die ohne sein Zutun, aufgrund von Vorschlägen seiner Minister oder durch besondere Gunstbezeugungen seinerseits, zustande gekommen seien.

Wäre das Komitee jedoch wahrheitsgemäß und unbefangen an seine an sich nützliche Arbeit herangegangen, hätte es vermerkt, daß die Anweisungen des Außenministeriums (Abschnitt VIII) den Hauptteil der Ausgaben umfaßten. Hier habe man aber aus begreiflichen Gründen auf Geheimhaltung achten müssen. Daher seien die Kosten dieses Ministeriums außer der festen Besoldung des Botschaftspersonals durch Baranweisungen bezahlt worden. Necker betont zu Recht, daß die Hauptposten des »Roten Buches«, nämlich 135,8 Millionen Livres von etwa 228 Millionen Livres, das sind fast 60 Prozent auf den Abschnitt VIII, nämlich das Außenministerium und die geheimen Aktivitäten, entfallen.

Der Finanzminister stellt nicht in Abrede, daß die königliche Familie und viele andere Personen die Generosität Ludwigs XVI. mißbrauchten, aber er versucht, diesen Kostenaufwand ins richtige Licht zu rücken, das heißt nicht ins Rampenlicht des Skandals, sondern in Beziehung zum gesamten Staatshaushalt zu setzen. So zeigt er, daß im Jahre 1779 auf Baranweisungen von 116 176 556 Livres nur etwa sieben Millionen laut »Rotem Buch« auf das Außenministerium und auf Pensionen und Geschenke entfielen, das heißt etwa sechs Prozent. Selbstverständlich stellt die Summe von 228 Millionen Livres einen ungeheuer großen Betrag dar, doch hätte das »Pensionskomitee«, wenn es ihm um sachliche Informationen gegangen wäre, vermerken sollen, daß er sich auf die bisherigen 16 Regierungsjahre des Königs bezog. Dann hätte der wenig mit Zahlen vertraute Leser sogleich verstanden, daß es sich um einen jährlichen Durchschnitt von etwa 14 Millionen handelte. Man muß bedenken, daß der Staatshaushalt bis zur Vorlage des »Compte rendu«, den

Necker erstmals im Jahre 1781 publizierte, völlig vom Geheimnis umhüllt war. Als dann das »Rote Buch« im April 1790 herauskam, wußten nur noch wenige Leser, vielleicht nur jene, die Neckers Auseinandersetzungen mit Calonne verfolgt hatten, daß die Ausgaben eines Durchschnittsjahres im »Compte rendu«[14] (siehe Anhang 1) mit 254 Millionen Livres beziffert worden waren. Demnach betrug der Durchschnitt der vom »Roten Buch« angeprangerten Ausgaben jährlich 5,5 Prozent.

Weder König Ludwig noch sein erster Minister erzielten mit dieser sachlichen und freimütigen Erklärung den erwünschten Erfolg, denn das Publikum war es überhaupt nicht gewohnt, mit den großen Zahlen des Staatshaushalts richtig umzugehen. Es hatte zwar durch den »Compte rendu« eine gewisse Vorstellung davon erhalten, doch durch den Abgang Neckers war das Finanzwesen wieder in den alten Trott verfallen, freilich mit dem wichtigen Unterschied, daß nun die Neugier erwacht war. Man sah im »Roten Buch« nur eine Sensation, die man auskosten mußte. Das Bekanntwerden der Beträge, die ohne besondere Verdienste an die Prinzen, an viele Adlige und andere Begünstigte verteilt wurden, machte auf das ganze Bürgertum einen tiefen und verhängnisvollen Eindruck. Necker wurde von links und von rechts unter Beschuß genommen: von links, weil die gefährliche Publikation die Absichten der radikalen Opposition förderte; von rechts, weil es der Minister durch seine freizügige Informationspolitik so weit hatte kommen lassen. Die einzige Kraft, auf die er sich immer gestützt hatte und die er maßlos überschätzte, die öffentliche Meinung, reagierte so unberechenbar wie Windböen im Gewittersturm.

Die Pamphlete gegen Necker und das »Rote Buch« führten Wasser auf die Mühlen der Jakobiner, die im Juni zu einem neuen Keulenschlag gegen das Ancien régime ausholten. Unter ihrem Einfluß und Druck beschließt die Nationalversammlung, alle Adelstitel, die damit verbundenen Wappen und sogar den Ornat abzuschaffen, der am Hofe getragen wurde. Das Prinzip der Gleichheit sollte dem

Buchstaben nach verwirklicht werden. Nicht nur Necker, nein, sogar Mirabeau, der sich tief im Innern noch als Adliger fühlte, lehnte den Krämergeist ab, der diesen Antrag inspirierte. Necker schlägt dem König vor, von seinem neuen Vetorecht Gebrauch zu machen gegen dieses willkürliche und sinnlose Dekret, das die Nationalversammlung am 20. Juni verabschiedet hatte. Wütendes Gebell von links und ironische Kommentare von rechts folgten auf seinen couragierten Protest. In einem neuen Schwächeanfall akzeptierte jedoch Ludwig XVI. die Vorlage, wodurch er zu beweisen glaubte, daß er ein Gefangener der Nationalversammlung sei. Insgeheim hoffte der König, einen Aufstand zu begünstigen. In Wirklichkeit erschwerte er durch dieses Doppelspiel die Lage Neckers, ohne sich selbst und seiner Familie damit zu helfen.

In seiner schriftlichen Meinungsäußerung vom 29. Juni[15] hatte Necker die besten Argumente zusammengefaßt, die gegen diese rigorose Gleichmacherei sprachen. Er stimmte zwar dem Grundsatz zu, daß Sonderinteressen vor dem Interesse der Allgemeinheit zurücktreten müßten, aber immer unter Wahrung der Gerechtigkeit und Justiz. Man solle keine Rechte entziehen, wenn daraus kein tatsächlicher Nutzen entstehe. Bei der Abschaffung der Feudalrechte, die mit drückenden Untertanenverhältnissen verbunden waren, sei es um den Vorteil der breiten Volksmassen gegangen. So sei es auch gewesen, als die Ämter und Berufe dem ganzen Volke geöffnet wurden. Das neue Dekret entziehe dagegen alte Rechte, ohne hierdurch Vorteile für andere zu errichten. Ganz im Gegenteil: Viele Arbeiter des Bekleidungsgewerbes verlören ihr Brot durch die Abschaffung von Galonen, Bändchen und anderer Verzierungen. Abschließend befaßte sich Necker mit dem Sinn des Wortes Gleichheit. In einer zivilisierten Gesellschaft könne es keine Gleichheit des Ranges oder des Besitzes geben, denn die Anlagen und Kenntnisse der Menschen, die Arbeit, die Erziehung und viele andere Faktoren hätten immer äußere Ungleichheiten zur Folge. Nicht durch Gleichschaltung, sondern durch die Entwicklung aller Talente solle der Gesetzgeber, trotz der unvermeidlichen Unterschiede, einen optimalen Wohlstand anstreben.

Mit dem Sommer 1790 gehen auch die letzten Hoffnungen von Neckers Amtszeit zu Ende. Da die erste Tranche von 400 Millionen Assignaten bereits aufgebraucht ist, finden in der Nationalversammlung endlose Debatten über die Finanzmisere statt. Vom April bis zum August mußte der Finanzminister sechsmal außerordentliche Hilfe von zusammen 175 Millionen Livres anfordern, um den unmittelbaren Verpflichtungen zu genügen. Fehlte einmal das Geld, wurde er geradezu persönlich dafür verantwortlich gemacht. Schließlich schlug das Finanzkomitee, das den guten Willen zur Zusammenarbeit mit Necker nicht mehr aufbrachte, eigenmächtig einen neuen, großen Schub von Assignaten vor, um die bestehende Staatsschuld von etwa 1,9 Milliarden Livres zu verringern. Zum letztenmal steht Necker auf, um vor den Gefahren der Inflation und des Kreditverfalls zu warnen. In seinem Memorandum vom 27. August[16] prophezeite er die voraneilende Entwertung der Assignaten mit den folgenden Worten: »Wenn man … an die Ausgabe eines großen Betrages neuer Assignaten glaubt, wird sich eine gut verständliche Furcht ausbreiten, das Metallgeld noch mehr verstecken und sein Preis sich von jenem der Assignaten entfernen …«[17] Man solle doch in diesen schwierigen Zeiten die nächstliegende Gefahr ins Auge fassen: die Schöpfung einer riesigen Menge von Papiergeld. Dadurch würde eine allgemeine Unsicherheit heraufbeschworen, alle Löhne und Einkommen entwertet, die Versorgung der Städte und die Ausführung lebenswichtiger Zahlungen in Frage gestellt. Assignaten im Betrage von 400 Millionen Livres wären das Maximum, das die Wirtschaft des Landes verkraften könne. Die Vermehrung durch 1800 Millionen würde das Gleichgewicht der Wirtschaft zerstören.

Necker weist das Argument zurück, daß es nicht auf die Höhe der Assignatenausgabe ankomme, solange sie nicht den Wert der Nationalgüter überstiegen. Mit Recht unterstreicht er den Zeitwert des

Geldes: Das Münzgeld ist sofort realisierbar, die Assignaten hängen trotz ihres Zwangskurses von ihrem zukünftigen Tauschwert ab. Infolge des ungewissen Verlaufs der Verkäufe der Nationalgüter haben sie eine unsichere Deckung. Außerdem reizt die Erwartung der Entwertung des Papiergeldes zur Spekulation an. Es besteht die Gefahr des dauernden Preisanstiegs aller Güter mit den damit verbundenen Nachteilen für die Preise, Löhne, Wechselkurse und für das Schatzamt. Necker entwirft ein eindringliches Bild der aufziehenden Inflation. Er sieht ganz klar voraus, daß die neuemittierten Assignaten nicht nur zum Erwerb von Nationalgütern dienen, sondern von deren Inhabern gegen andere Güter eingetauscht werden, die einen Geldpreis haben, so daß bald eine Relation entsteht. Wenn die Summe der Assignaten den Liquidationswert der Nationalgüter übersteigt, dann wird der Assignatenkurs fallen. »Durch das ungezügelte Spiel (der Spekulation) würden alle Vermögen erschüttert und eine bedenkliche Unruhe erzeugt.«[18] Große Schwierigkeiten sieht Necker für die festbesoldeten Angestellten und die neuerdings vom Staat bezahlten Pfarrer voraus, die die ersten Leidtragenden des Inflationsschubes sein würden. Er empfiehlt, statt der Neuemission von Papiergeld den bestehenden Zahlungsmittelumlauf zu konsolidieren und eventuell kurzfristig fällige Obligationen zur teilweisen Bezahlung von Nationalgütern zuzulassen. »Man soll den Erfindungen mißtrauen, mit welchen durch einen einzigen Handgriff alle Hindernisse behoben werden. Mit jedem Tag, der vergeht, erscheinen mir die Abstraktionen in den öffentlichen Angelegenheiten gefährlicher … In dem Maße, in welchem man mit der Wirklichkeit konfrontiert wird, entfernt man sich von der Theorie und muß seine Phantasie unter das Joch der Erfahrung zwingen …«[19]

Dieses letzte Memorandum an die Nationalversammlung enthält Neckers politisches Testament. Mit dem Vorwurf, daß die abstrakten Ideen an der Wirklichkeit vorbeigingen, formuliert er eine Kritik, welche der Französischen Revolution in späteren Zeiten noch oft gemacht wurde. Trotz der tiefen Einsichten, die der Finanzminister den Abgeordneten vorträgt, gelingt es ihm aber nicht mehr, eine Mehrheit hinter sich zu scharen. Er, der geglaubt hatte, die Zügel der Staatsführung fest in den Händen zu halten, kann es kaum fassen, daß seine Worte ohne Wirkung verhallen. Es fällt ihm schwer, einzusehen, daß die Nationalversammlung – sozusagen sein Kind – nun selbst regieren will.

Zu allen Übeln kommt noch hinzu, daß viele Abgeordnete Angst vor den Pariser Straßentumulten haben, die immer lauter und aufsässiger werden. Die Erregung wuchs noch mehr, als aus Nancy Nachrichten eintrafen, wonach eine Anzahl Schweizer Gardisten gemeinsam mit Revolutionsgardisten gemeutert hätten. Es handelte sich um Soldaten des Regiments Châteauvieux aus der welschen Schweiz. Am 2. September drang die Meldung nach Paris, daß viele Schweizer bei einer Strafaktion ihrer Offiziere mit dem Leben für ihren Ungehorsam hatten büßen müssen.[20]

Noch am selben Tag kam es zu einer Manifestation unter den Fenstern der Nationalversammlung, wo die Unzufriedenen zu Tausenden den Rücktritt des Ministeriums forderten. Zwar gelang es der Nationalgarde, den Saal zu schützen, aber die Aufständischen zogen auf der Suche nach Opfern durch Paris. La Fayette machte sich Sorgen um Neckers Sicherheit. Um acht Uhr abends schickte er einen Adjutanten zu Necker, um ihm nahezulegen, bei Freunden Unterschlupf zu suchen. Der Minister und seine Frau haben gerade noch Zeit, einen Wagen zu besteigen. Necker, der erkennt, daß der lange Arm der Jakobiner die Volksaufstände lenkt, zieht nun die bittere Konsequenz aus dem Scheitern seiner Politik. Er beschließt, sein Amt niederzulegen und Frankreich zu verlassen, da er weder bei Ludwig XVI. noch bei der Nationalversammlung jenen Rückhalt hat, dessen er bedarf, um das Ministerium zu leiten.

278

Coppet

Als Necker am 4. Mai 1784 das Baronat von Coppet zum Preise von einer halben Million Livres von Pierre-Germain de Thellusson, einem Sohn seines früheren Partners, erwarb, entschied er sich für dieses prächtige Anwesen in jener altvertrauten Landschaft sicher nicht nur, weil er dadurch in den Stand eines Landedelmannes aufrückte, sondern weil er, als weitblickender Bankier, darin einen soliden Anlagewert erkannte. Der Gedanke, daß ihm der friedvolle Sitz von Coppet dereinst als Zufluchtsort dienen könnte, spielte dabei keine maßgebliche Rolle.

Das verwitterte Schloß konnte auf eine lange Geschichte zurückblicken. Es soll von Peter von Savoyen, »Pierre le Grand«, wie ihn seine Landsleute nannten, im 13. Jahrhundert errichtet worden sein. Der im Jahre 1265 verstorbene Graf Peter brachte einen großen Teil des heutigen Waadtlandes unter die Herrschaft der Savoyer. Endlose Kriege zwischen Savoyen und Bern um den Besitz des Waadtlandes führten zu schweren Beschädigungen des Bauwerks, das zuerst als Festung gedient hatte. Auch als Ruhe im Waadtland einkehrte, das definitiv zu Bern geschlagen wurde, sollte das Schloß noch mehrmals umgebaut werden, bevor es sein heutiges Aussehen erlangte. Graf Dohna, der es im 17. Jahrhundert erwarb, ließ die Festungsmauern und Türme, mit Ausnahme des mittleren Turmes, schleifen. Und Jacques Necker, schließlich der neue Schloßherr, mußte erst die vielen Schäden, die an die Kriege und die Verwahrlosung erinnerten, reparieren lassen, bevor er in Coppet einziehen konnte.

In jenem Jahr, in welchem er an seinem umfangreichen Werk »De l'administration des finances de la France« arbeitete, mietete er das Schloß von Beaulieu bei Lausanne, von wo aus er seinen Einzug ins

Schloß mit gewohnter Gründlichkeit vorbereitete. Nichts sollte fehlen, um dem Schloß sein herrschaftliches Gepräge zurückzugeben, weder uniformierte Gardisten noch Kanonen noch Kavallerie. Hier stießen jedoch die Ansprüche des neuen Hausherrn mit den Rechten des Landesherrn zusammen. Sein Nachbar, der Schloßherr von Prangins, schrieb dazu lakonisch in sein Tagebuch:»Weder ich noch er haben das Recht, eine eigene Kavallerie aufzustellen, also abgelehnt.«[1] Kanonen waren erlaubt, aber keine Kavallerie. Dafür zog dann im Herbst 1784 das Neckersche Dreigespann Vater, Mutter und Tochter in Coppet ein.

Viele Erinnerungen aus ihrer Jugendzeit verbanden das Ehepaar Necker mit ihrem neuen Besitztum. Das liebliche Cressier, wo Suzanne aufwuchs, befindet sich in unmittelbarer Nähe von Lausanne, und auch Coppet liegt nur zwölf Kilometer von Genf und 45 Kilometer von Lausanne entfernt, einer Stadt, die in der zweiten Hälfte des 18. Jahrhunderts etwa 7000 Einwohner zählte. Sie war nicht nur der Treffpunkt der guten Waadtländer Gesellschaft, sondern ein beliebter Aufenthaltsort vieler Ausländer, die gerne die Schweiz bereisten.

Unter den zahlreichen Gästen, die damals auf Besuch zu den Neckers kamen, befand sich Suzannes Jugendliebe, der berühmte Historiker Edward Gibbon, der Schriftsteller Abbé Raynal, der Berner Patrizier und Gelehrte Karl Viktor von Bonstetten sowie viele gebildete Waadtländer, zu denen Jean Huber, ein Freund Voltaires, dessen Frau und mehrere Mitglieder der Familie Constant gehörten. Vielleicht trafen hier der damals 17jährige Benjamin Constant mit der nur wenig älteren Germaine zum erstenmal zusammen. Germaine fühlte sich als junges Mädchen in dieser eher ländlichen Atmosphäre, die sich von der etwas steifen Würde des Pariser Salons ihrer Mutter angenehm abhob, ausgesprochen wohl.

Ende September, als der feine bläuliche Dunst die Konturen des anderen Ufers des Genfer Sees bereits verwischte, übersiedelten die Neckers von Beaulieu nach Coppet. Weite Felder durchquerend,

Schloß Coppet am Genfer See

dann wieder am See oder an den auslaufenden Rebhängen vorbei,
deren rotbraune Farbe durch die goldgelben Töne der Laubbäume
aufgelockert wurde, fuhr Neckers Wagen langsam durch Morges
und Rolle dem Bestimmungsort entgegen. Die Hauptstraße Cop-
pets, beiderseits von Arkaden flankiert, führte schließlich zum Innenhof des Schlosses. Von den Hauptfronten desselben, die nicht auf
den See, sondern auf den Park gerichtet sind, sieht man – heute wie
damals – das satte Grün der Kastanienbäume und den Himmel, der
sich über Land und Berge wölbt, manchmal in strahlendem Blau,
manchmal durch Nebel verhüllt, öfters von Wolkenfeldern durch-
zogen, die ein Bild des ständigen Wechsels bieten. Von der »Klein-
seite« her zeigt sich der Genfer See, hinter den alten Dächern von
Coppet, in der unendlich breiten Palette seiner Farben, vom feinen
Aquamarin zum zornig wilden Grün des Spätsommers und zum
bleiernen Grau der winterlichen Ruhe. Das alte Schloß, mit seinen
massiven Flügeln, der Stallung und dem Kelterhaus, vermittelte ein
Gefühl von Sicherheit und Geborgenheit. Es ist auch heute noch

umgeben von einem großen Park, der nicht im alten französischen Stil, sondern in der naturhaft freien, sogenannten englischen Anlage gehalten ist. Das mag Necker besonders gefallen haben.

Als Necker von Basel aus nach Versailles zurückgerufen wurde, um sein drittes Ministerium zu übernehmen, dachte er oft mit Wehmut an die Ruhe und an den Frieden von Coppet.[2] Noch konnte niemand wissen, daß es kaum ein Jahr dauern würde, bis er gezwungen sein würde, in die alte Heimat zu flüchten und dort endgültig zu bleiben. Am 2. September 1790 war Necker bekanntlich durch La Fayette vor einem Handstreich gewarnt worden. Die Gefahr schien so groß, daß das Ehepaar Necker, nachdem es Paris verlassen hatte, statt in Saint-Ouen zu übernachten, mit seiner Pferdekutsche ruhelos im nahen Tal von Mont-Morency herumgefahren war.

Am folgenden Tag wagte sich Necker nochmals nach Paris, wo er einige Akten abholte und den letzten Beweis seines Opfermuts erbrachte, indem er von den 2,4 Millionen Livres, die er 1777 beim Schatzamt deponiert hatte, zwei Millionen dort beließ und sich mit dem Abzug von 400 000 Livres begnügte, die ihm die Nationalversammlung ohne Zögern zur Verfügung stellte. Vielleicht mußte er sich dadurch freikaufen. Wir wissen lediglich, daß ein stillschweigendes Abkommen zustande kam, das eingehalten wurde. Im übrigen verzichteten sowohl die Jakobiner wie die Royalisten sehr gerne auf die Mahnungen des unbequemen Moralpredigers.

Auch der Hof von Versailles weinte dem Genfer keine Tränen nach. Graf Fersen, der Favorit der Königin, meinte,»Necker habe mit allen Tugenden gegurgelt, ohne einen Schluck davon zu trinken«[3] und»er habe alle Welt gegen sich aufgebracht, indem er alles einsetzte, um sie zu versöhnen«. Ist die Wolke des Vergessens, die Necker bald einhüllen sollte, nicht eher ein Zeichen des Undanks und des schlechten Gewissens Frankreichs? Der nominelle Herr des Geschehens, Ludwig XVI., hielt es auch bei dieser Gelegenheit ähnlich wie früher: Er entbot einem Mann, der ihm wirklich selbstlos während sieben Jahren gedient hatte, kein einziges Wort des Dankes. Nur Loménie de Brienne, einen der größten Versager des ausgehenden 18. Jahrhunderts, hatte er mit Gunstbezeugungen überhäuft.

Neckers Abgang hatte noch ein weiteres peinliches Nachspiel: Beim Pferdewechsel in Arcis-sur-Aube wird seine Reisekutsche angehalten. Die Stadtverwaltung zieht die Gültigkeit seines Passes in Zweifel und verlangt neue Instruktionen der Nationalversammlung. Necker fügt dieser Anfrage einen Brief bei, in welchem er sich über diese Art des Dankes für seine unermüdlichen Dienste für das öffentliche Wohl beklagt. Auch nach der Erlaubnis zur Weiterreise verläuft die Fahrt nicht ohne Zwischenfälle. In Vesoul wurden dem Wagen Steine nachgeworfen, aber anderswo kam es auch zu Ehrbezeugungen, wodurch die Spaltung der öffentlichen Meinung sichtbar wurde. Was mögen Necker und seine Frau empfunden haben auf dieser Fahrt über die verstaubten, holprigen Landstraßen Frankreichs, als sie unter Angst und Lebensgefahr den Weg ins Exil wählen mußten?

Endlich, am 17. September, konnte das Ehepaar bei der Ankunft in Basel wieder aufatmen. Die ungewohnte Irrfahrt hatte den furchtlosen Stoiker Necker zwar weniger belastet als seine kränkliche, seit langem nervlich erschöpfte Gattin, doch mußte auch der Minister, der sich als Franzose fühlte und kein Opfer gescheut hatte, um das Land zu befrieden, den Affront, den man ihm zufügte, als bittere Enttäuschung, als schmerzliche Bestatigung seines Mißerfolgs, als Zusammenbruch seines Lebenswerks empfinden. Obwohl er 1788 nur zögernd und auch 1789 nur mit unheilvollen Vorahnungen nach Versailles zurückgekehrt war, zwangen ihn die jüngsten Ereignisse zu einem völligen Umdenken. Es ging nicht mehr um die Geschicke Frankreichs, sondern um seine eigene, unmittelbare Zukunft und um die Sicherheit seiner Familie.

Für Suzanne, die kaum noch Ruhe in ihrem Innern fand, gab es keine Lichtblicke. Sie hatte das Versagen ihrer Erziehungsmethoden bei Germaine als Niederlage empfunden, die sie nicht überwinden konnte. Seitdem das Heiratsprojekt mit William Pitt, den sie sich als Schwiegersohn gewünscht hatte, durchgefallen war bei Germaine, soll sie sogar des öfteren Trauerkleidung getragen haben. Danach kamen die großen Aufregungen, die für sie im Verlust ihres Salons, der zugleich Neckers »Presseamt« war, kulminierten. Für Suzanne war der Salon ihr ganzer Lebensinhalt. Durch den Umzug nach Coppet verschlechterte sich Suzannes Gesundheit. Während Necker sogleich zur Feder griff, um seine noch frischen Erinnerungen und seine umfangreichen Akten auszuwerten, setzte Suzanne dem Druck der allgemeinen und ihrer persönlichen Sorgen nur noch wenig Widerstand entgegen. Die allgemeinen Sorgen konnte sie zwar mit einigen Emigranten teilen, die in Lausanne und Genf Zuflucht gefunden hatten, aber über den Verlust ihres Salons, die Abdankung ihres Mannes und über das Scheitern ihrer Erziehungsbemühungen bei Germaine kam sie nicht hinweg. Hinzu kam noch ihre Angst um ihre in Frankreich zurückgebliebenen Freunde, denn seit September 1792 hatten die Jakobiner die Macht an sich gerissen und strebten unaufhaltsam der Schreckensherrschaft zu.

Zu diesen Ängsten und der Verschlimmerung der Lage gesellte sich die bereits früher geäußerte Furcht, lebendig begraben zu werden. Graf Othenin d'Haussonville, der in allen Einzelheiten bestens informierte Nachkomme Neckers,[4] erwähnt in seinem Buch »Madame de Staël et Monsieur Necker«[5], worin eine umfangreiche Dokumentation verarbeitet ist, daß Suzanne durch Publikationen über verfrühte Bestattungen stark erregt worden sei. Sie wußte aus eigenen Erfahrungen, daß solche Bestattungen in den Pariser Krankenhäusern häufig vorkamen, und hatte sich damals für die Aufbahrung der Leichen in einer Totenkammer während einer gesetzlichen Zeitspanne eingesetzt. Ihr Vorschlag war von der Stadt Paris angenommen worden. Sie wollte, wie sie sagte, daß »ihr Körper vom Verfall verschont« und so erhalten bleibe, daß er »kein Gegenstand des Schreckens« sei.[6] Es war ihr Wunsch, daß sie und später auch ihr

Mann, auf ihren Betten ruhend, in einem kleinen Mausoleum auf-
gebahrt blieben. Tag und Nacht sollten Räucherkerzen brennen. Erst
nachdem sie davon überzeugt wurde, daß es so nicht durchführbar
wäre, befaßte sie sich mit den Möglichkeiten der Einbalsamierung
»mit unglaublicher Gründlichkeit«, wie d'Haussonville hinzufügte.[7] Zu diesem Zweck konsultierte sie eine Anzahl französischer, englischer und schweizerischer Ärzte und Chemiker.

Der Gedanke an Suzannes Tod lastete schwer auf Neckers Gemüt.
Eine 30jährige Verbindung hatte das Ehepaar unzertrennlich gemacht. Zur Liebe, die nicht nachließ, kam die gegenseitige Hilfe.
Wenn Suzannes Dankbarkeit ihrem Mann gegenüber eine selbst-
verständliche Anerkennung dafür war, daß er sie aus kleinen Verhältnissen in die Stellung einer großen Dame emporgehoben und
vom Mangel an Wertschätzung befreit hatte, den sie als Gouvernante
der Madame de Vermenoux empfand, so kam später hinzu, daß sie
ihm eine bleibende Stütze wurde bei der Beeinflussung der öffentlichen Meinung, die sie mit ihrem Salon betrieb, als Mitarbeiterin
auf sozialem Gebiet, speziell bei der Betreuung eines großen Krankenhauses von Paris und vor allem als eine Lebensgefährtin, die es
verstand, ihren Mann auch in schwierigen Lagen und Zeiten zu er-
mutigen.

Graf Othenin d'Haussonville publizierte viele Beweise dieser unerschütterlichen Beziehung, die nicht nur aus vielen Briefen spricht,
sondern auch aus den nachgelassenen Schriften Neckers hervorgeht.
»Wie hat sie sich während ihrer Leidenszeit in Gottes Willen gefügt!
Allen, die sie bedauerten, hielt sie die 30 glücklichen Jahre entgegen,
die sie einem gnädigen Schicksal verdankte.« Und weiter: »Sie gab
mir Zuversicht in allen Lebenslagen; sie verstand es, mein Herz, meinen Geist und meine Phantasie anzusprechen. Sie war mein Schild
gegen mich selbst und festigte mich in meiner Unschlüssigkeit, einem meiner Charakterfehler. Sie löste meine Selbstvorwürfe, indem
sie darauf hinwies, daß das Vergangene nicht wiederkommt. Alles,
was ich getan hatte, sei edlen Motiven entsprungen.« Zu diesen

Äußerungen wird deutlich, wie sehr Necker unter dem Gedanken an die baldige Trennung von Suzanne litt.

Obschon er versuchte, Suzannes Abschied nicht noch durch seine eigenen Klagen zu erschweren, hinderte er sie nicht an ihren seltsamen Todesvorbereitungen.

Nachdem sie sich schließlich statt der Einbalsamierung für die Konservierung in einer Spirituslauge entschieden hatte, wünschte sie sich die Errichtung eines kleinen Tempels im Schloßpark von Coppet, in dessen Gruft genügend Platz wäre nicht nur für sie selbst, sondern auch für ihren Mann und ihre Tochter. Sie bestimmte im voraus genau die Maße des Raumes, der diesem Zwecke dienen sollte.

Am 14. Mai 1794 schloß Suzanne nach langer, geduldig ertragener Krankheit und akuter Wassersucht als letzter Todesursache für immer ihre Augen. Der Verlust seiner geliebten Gattin war ein schwerer Schicksalsschlag für Necker, den er trotzdem mit Fassung ertrug. Als Germaine, die bereits in Lausanne angekommen war, ihren Vater aufsuchte, da zeigte er an jenem goldenen Maientag auf ein weißes Wölklein und sagte nur: »Vielleicht schwebt dort ihre Seele.« Auf ein Erinnerungsbild von Suzanne schrieb er: »Not lost, but gone before.« Er zog sich zunächst von der äußeren Welt zurück. Nach dem Verlust seines Lebenswerks und seiner Lebensgefährtin blieb ihm nur noch seine Tochter als menschlicher Trost. Mit dem Tode Suzannes kam auch für Coppet eine Ära zum Abschluß. Es trat ein Interregnum ein, in welchem sich der Hausherr von den gesellschaftlichen Aufgaben distanzierte. In der Einsamkeit seiner Gedanken und Erinnerungen fand er den Frieden des Philosophen, der das letzte Jahrzehnt seines Lebens prägte. Dieser Zustand wurde allerdings durch die Nachrichten und die Besuche seiner ruhelosen Tochter unterbrochen, an deren Lebenswegen er unverändert starken Anteil nahm.

Frédéric Lullin de Châteauvieux, ein Genfer Freund von Germaine de Staël, gibt eine anschauliche Beschreibung vom Alltag in

Coppet. Damals war neben Germaine auch Benjamin Constant zeitweilig Gast im Hause Necker: »Das Innere (des Schlosses) hatte ein ernstes Aussehen (»des formes graves«, wie es im französischen Text heißt); man empfand Feierlichkeit, Ruhe und wenig Äußerliches. Dieser Eindruck entstand durch den Gegensatz zur erstaunlichen geistigen Produktivität und Versatilität von Monsieur Necker, Madame de Staëls und Benjamin Constants, die sich damals in Coppet aufhielten. Zum Frühstück versammelte man sich im Zimmer von Madame de Staël. Man trank damals nur Kaffee. Das Frühstück dauerte bis zu zwei Stunden; denn kaum beisammen, erhob Germaine de Staël ein Thema zum Gesprächsstoff, eher aus der Literatur oder der Philosophie gegriffen als aus der Politik, und das mit Rücksicht auf ihren Vater, dessen Rolle auf diesem Gebiet so traurig geendet hatte. Aber welches auch das Thema der Diskussion sein mochte, es wurde mit größter Imagination und mit Tiefe behandelt, die aus der Schule Benjamin Constants stammten, woraus alles sprudelte, was Menschengeist sich vorstellen und erschaffen mag.

Germaine hatte in den literarischen und philosophischen Debatten durch ihre Spontaneität, Leichtigkeit und Beredsamkeit eine große Überlegenheit über ihren Vater. Aber im Begriff, ihr Ziel zu erreichen, wurde sie von, einer kindlichen Scheu erfaßt und, wie erschreckt vom eigenen Erfolg, irrte absichtlich vom Thema ab. Sie tat es mit unvergleichlicher Anmut, um ihrem Konkurrenten den Sieg zu überlassen. Der Konkurrent war ihr Vater: Er war der einzige, dem sie jemals einen solchen Vorteil einräumte.

Jedermann zog sich daraufhin zurück, bis zum Diner, das sich inmitten eines ständigen Gerangels zwischen Necker und seinen alten, tauben und mürrischen Dienern abspielte, Überbleibsel des Ancien régime, das Necker begraben hatte. Sie waren ihm mit ihren goldbrodierten Livreen ins Exil nachgefolgt. Den Nachmittag widmete man bis sieben Uhr der Arbeit. Sodann begann man Whist zu spielen, was stürmisch verlief. Monsieur Necker und seine Tochter klagten sich gegenseitig an, fühlten sich beleidigt, gingen auseinander, indem sie gelobten, nicht mehr zusammen zu spielen, und begannen am nächsten Tag von neuem. Der übrige Abend war ganz der Konversation gewidmet.«[8]

Dieser Bericht zeigt eindrücklich, welches Gewicht der geistreichen Konversation und dem geselligen Zusammensein im Leben Neckers und Germaines zukam. Diese »Konversation« bestand allerdings zumeist aus Monologen der Hausherrin, doch stimmten die Gäste vom Range eines Constant, Schlegel und Sismondi[9] darin überein, daß sie die Gespräche von Coppet nie als langweilig, sondern als überaus anregend, lebendig und äußerst vielseitig empfanden. Germaine war und blieb ein sprudelnder Quell gescheiter, witziger, kurzum faszinierender Einfälle aller Art. Ihr Vater bewunderte ihre Universalität, verzog sich aber rücksichtslos in seine eigenen Gefilde, wenn ihn seine Arbeiten riefen oder die Müdigkeit ihn übermannte. Trotz der hektischen Atmosphäre, die während der Aufenthalte Germaines in Coppet herrschte, fielen lange Perioden der Trennung dem Vater wie der Tochter sehr schwer. Auch ihre feinfühlige und ausführliche Korrespondenz bot ihnen keinen Ersatz für das persönliche Zusammensein.

Necker und Madame de Staël

Das letzte Jahrzehnt von Neckers Leben ist geprägt durch die außergewöhnlich starke Beziehung zwischen Vater und Tochter. Für ihn blieb sie, die sich seit ihrer Volljährigkeit nicht mehr Louise, sondern mit ihrem dritten Namen Germaine nennen ließ, seine Minette. Graf Othenin d'Haussonville[1] gebührt das große Verdienst, den wichtigsten Teil der Korrespondenz von Necker und seiner Tochter veröffentlicht und kommentiert zu haben, welche viele politische und literarische Ereignisse jener Zeit in anschaulicher Weise spiegelt.

Die Briefe, welche Necker und Madame de Staël sich seit dem Tode Suzanne Neckers schrieben, umfassen die berüchtigte Schreckensherrschaft, deren Ende durch den historischen Wendepunkt des 9. Thermidors[2], das Direktorium und schließlich das Konsulat, die eigentliche Glanzzeit von Napoleon Bonaparte. Auf der Bühne der 90er Jahre des 18. Jahrhunderts lösten sich Gestalten ab, die uns noch heute das Grausen lehren können. Nach dem Tode Mirabeaus, des vielleicht bedeutendsten Volkstribuns der Französischen Revolution, teilten sich unzählige Demagogen in die schwankende Volksgunst: Georges Jacques Danton, der hünenhafte Kämpfer, Jean-Paul Marat, Neckers rabiatester Gegner, Desmoulins, Saint-Just und Sieyès, der einzige, der die Schreckensherrschaft überlebte. Viele weitere, kleinere Revolutionäre wetzten die Messer, bis sie einen Meister fanden, der sich zum eigentlichen Propheten des Jakobinismus aufschwang.

Maximilien Robespierre, seines Zeichens Rechtsanwalt aus Arras, erhielt das Attribut der Unbestechlichkeit. Das mochte zwar für den materiellen, aber bestimmt nicht für den geistigen Bereich zutreffen. Bestechlich war er, der große Blutrichter, bestechlich in seinem Haß auf die Kirche und die Religion, bestochen und verführt von der »Göttin Vernunft«, die er auf den Altar der Revolution erhob. Mit ihr zog er gegen die christlichen Altäre zu Felde, deren Heilige er von ihren Sockeln stürzen und aus dem Gedächtnis der Menschen tilgen wollte. Am Ende war er selbst der Besiegte. Doch nicht nur der Blutrausch, in den Robespierre Frankreich stürzte, und sein Angriff gegen die Kirche führten zum Zusammenbruch der Gewaltherrschaft, auch die unerhörten Wertverluste der Assignaten trugen zum Abschluß der Schreckensherrschaft bei, während welcher die Guillotine Zehntausende von Opfern forderte. Es liegt auf der Hand, daß derartige Zustände den Weg für den kommenden starken Mann ebneten, der Ruhe und Ordnung wiederherstellen sollte. Nur wer dieser Mann sein würde, das wußte zunächst noch niemand.

Während Vater Necker diese Jahre überwiegend von Coppet aus verfolgte und an dem Leben seiner Tochter durch die zahlreichen Briefe teilhatte, führte Germaine eine Art »Zigeunerleben«, »vagabondage«, wie sie es selbst nannte. Dabei gelang es Germaine de Staël in zweifacher Weise, selbständig gestaltend Geschichte zu machen: durch die Kraft ihres Geistes, der sich in Wort und Schrift niederschlug, und durch die Zahl und die Qualität ihrer Liebhaber, die sie rücksichtslos in den Dienst ihrer politischen, gesellschaftlichen und literarischen Bestrebungen stellte. Zunächst förderte ihr Ehegatte, Baron de Staël, in seiner Eigenschaft als schwedischer Gesandter ihre weitreichenden Ambitionen. Auch lange nachdem ihre Ehe nur noch ein Scheingebilde war, blieb die schwedische Gesandtschaft als exterritorialer Wirkungsort von großem Nutzen, sogar zu der Zeit, als die Schreckensherrschaft ihren Höhepunkt erreichte.

Die ersten Jahre der diplomatischen Tätigkeit Eric de Staëls waren erfolgreich verlaufen, weil es dem Salonlöwen gelang, die Herzen der Damen des Hofs von Versailles für sich zu gewinnen. Abgesehen von seinem tadellosen Aussehen bestach er durch die Eleganz seiner Konversation. Erst nach dem Ausbruch der Französischen Revolution, als das gute Auftreten in Versailles nicht mehr genügte, kam es zu Rückschlägen. Sein König, Gustav III. von Schweden, der eine streng antirevolutionäre Haltung einnahm, wollte König Ludwig zu Hilfe kommen, hatte aber für das Lavieren Ludwigs XVI. und die Politik Neckers nur wenig Verständnis. Deshalb saß der Baron trotz seiner Geschicklichkeit bald zwischen den Stühlen, nämlich zwischen den Anweisungen seines Königs und den Ansichten seiner Gemahlin. Diese war nicht nur eine entschlossene Anhängerin von Neckers Ideen, sondern sympathisierte durchaus mit einigen Zielen der Französischen Revolution, weniger vielleicht mit der Parole von der Gleichheit als mit jener der Freiheit und Brüderlichkeit. Eric war sicher nicht die starke Persönlichkeit, die sich Germaine zum Mann gewünscht hätte. Dazu kamen sein Leichtsinn und seine Verschwendungssucht, die in ihrer Ehe ernsthafte Probleme schufen. Oft beklagte sie sich über den unerhörten Luxus, den er betrieb, eine Zeitkrankheit des versinkenden Ancien régime. Nie kam er mit seinen Bezügen aus, machte immer wieder Schulden; auch später, als Germaine nicht mehr mit ihrem Gatten lebte und sogar über seinen Tod hinaus, mußte sie seine Gläubiger befriedigen oder mit ihnen streiten. Immerhin war Necker vorsichtig genug gewesen, seinem Schwiegersohn nicht die hohe Mitgift, sondern nur deren Zinsen auszahlen zu lassen. Der Baron verfügte demnach, wenn man einen Zinssatz von nur vier Prozent zugrunde legt, außer seinen Bezügen als Gesandter noch über eine Rente von etwa 26 000 Livres.

Bereits 1790 tauchte jedoch Germaines vielleicht erster großer Liebhaber in der Person des Grafen von Narbonne auf, der wegen seiner Ähnlichkeit mit Ludwig XV. und der Förderung, die ihm durch dessen Schwestern zuteil wurde, als natürlicher Sohn des

Madame de Staël am Schreibtisch

ehemaligen Königs galt. Durch die unermüdlichen Bemühungen Germaines gelang es 1791 sogar, Narbonne, wenn auch nur für drei Monate, als Kriegsminister in die Regierung, die nominell noch Ludwig XVI. unterstand, zu hieven. Sie hoffte, durch Narbonne wieder etwas Ruhe und Ordnung in Frankreich aufzurichten, obwohl sie selbst schrieb, daß es ein Wunder wäre, wenn dies gelänge. Für ihre Mutter Suzanne war aber nicht nur der Gedanke eines außerehelichen Liebhabers ihrer Tochter unerträglich, sondern daß Germaine ihre große Liebe nicht einmal verbarg, ja sogar resolut für Narbonne eintrat und nach dessen Mißgeschick als Kriegsminister alle Hebel in Bewegung setzte, um ihn zu sich in die Schweiz zu holen.

Am 31. August 1790 brachte Germaine ihren ersten Sohn, den sie Auguste nannte, zur Welt. Sie ließ zwar Eric de Staël im Glauben, daß er der Vater sei, und gab ihm sogar den kleinen Sohn als Unterpfand, als sie am 5. Oktober aus Paris abfuhr, aber Suzanne schien wenig Vertrauen in dessen Vaterschaft zu haben. Aus dieser Zeit datieren die ständigen Vorwürfe, die Suzanne ihrer Tochter machte, die damals aus Frankreich nach Coppet floh, wo sie sich einen Winter lang entsetzlich langweilte. Obgleich sie in der Güte ihres Vaters einen unerschütterlichen Halt fand, schrieb sie in ihr Tagebuch: »Er möge mir verzeihen. Ich habe noch keinen genügenden Vorrat von Erinnerungen, um den Rest meines Lebens davon zu leben.«[3]

Im allgemeinen versuchte Germaine, »ihr elendes Zigeunerleben« so einzurichten, daß sie den Sommer in Coppet und die übrige Zeit des Jahres in Paris verbrachte. Gelang ihr dies nicht, war sie tief unglücklich, denn der Winter in Coppet bedeutete ihr »Einsamkeit und Krankheit«. Endlos zogen sich dann die Winterabende hin, an denen sie nicht nach Genf oder Lausanne fahren konnte. Sie fand aber auch an Genf wenig Gefallen und zitierte Voltaire, der gesagt habe, Genf sei die letzte Theaterbühne und die erste Grabstätte. »Ich habe zur Zeit nur ein Gefühl für den zweiten Teil dieses Satzes. Mit jeder Faser empfinde ich den Tod.«

Das zeitweise Zusammensein mit Narbonne brachte dann und wann einen Hoffnungsschimmer in Germaines Leben. In Paris wurde es allerdings immer stürmischer. Im Frühjahr 1792, als die Revolutionsregierung unter dem Druck der Girondisten, der gemäßigten Republikaner, die sich vorwiegend aus Abgeordneten des Departements Gironde zusammensetzten, Österreich den Krieg erklärte, bot selbst die schwedische Gesandtschaft keine sichere Zuflucht mehr. Germaine zeigte »kaltes Blut« – was man sonst gewiß nicht von ihr sagen konnte –, indem sie unerschrocken mit ihrer Kutsche durch Paris fuhr und durch ihr beherztes Auftreten eine

Durchsuchung der schwedischen Gesandtschaft an der Rue du Bac verhinderte. Eric de Staël war bereits nach Schweden zurückbeordert worden. Am 3. September erhielt Germaine für sich und eine Hausangestellte die Ausreisepapiere, die ihr gestatteten, sofort nach Coppet abzufahren. Die Ausreise mag dadurch beschleunigt und vielleicht auch erleichtert worden sein, daß sie sich in anderen Umständen befand. Knapp drei Monate später wurde Albert, zweifellos ein Sohn von Narbonne, geboren, der allerdings sehr jung, im Alter von knapp 20 Jahren, verstarb.

Narbonne selbst, der in Anbetracht seiner royalistischen Vergangenheit stark gefährdet war, mußte sich ins Exil nach England begeben.»Es gibt kein Frankreich mehr für mich«, schrieb sie an den fernen Geliebten. Diesmal war aber die Trennung von ihm noch schwerer zu ertragen als diejenige von Paris. Der schöne Graf ließ seine Freundin so lange auf die ersehnte Post warten, bis die Flamme der Leidenschaft immer unruhiger brannte. Um sie neu zu beleben, mußte sich Germaine zur Reise nach England entschließen, die damals ein echtes Wagnis bedeutete. Nach Durchquerung Frankreichs, ohne das brodelnde Paris zu berühren, kam sie Anfang Januar 1793 in Dover an. In Juniper Hall traf sie mit vielen Anhängern der ehemaligen Constituante, der konstituierenden Parlamentsversammlung, darunter Narbonne, Talleyrand, Malouet und Mathieu de Montmorency, zu endlosen Debatten zusammen.

Doch das Glück mit Narbonne, den Germaine, wie sie selbst schrieb, maßlos liebte, währte nur bis zum Mai. Necker und Baron de Staël hatten sich verbündet, um sie zur Rückkehr in die Schweiz zu bewegen. Sie brachte das Opfer, das ihr schwerfiel, um ihres Vaters und der Kinder willen. Diesmal reiste sie den Rhein entlang nach Basel und von dort aus nach Genf. Allein, die Revolution machte auch vor Genf nicht halt. Nachdem die alte Verfassung abgeschafft war, verfiel die Rhônestadt während zwei Jahren der völligen Anarchie. Kurz zuvor hatte Germaine noch geschrieben:»... Ferner muß

Benjamin Constant

man sich sehr aristokratisch zeigen. Die Genfer, die Berner und die französischen Emigranten sind in dieser Beziehung unvorstellbar blasiert; ich glaube fast, daß ich Jakobinerin würde, könnte ich meinen Widerwillen wegen ihres unwürdigen Verhaltens gegen meinen Vater vergessen.«[4] Aber schon 1794 hieß es: »Diese infamen Genfer morden auf französische Art ... mein armer Onkel (Louis) ist noch nicht freigelassen, und täglich wird ein neues Opfer ausgesucht. Man beruhigt uns über ihn, aber darf man das Verbrechen in Stufen ablaufen lassen?«[5]

In diesen schweren Zeiten unternahm Germaine mit Einwilligung Neckers große persönliche und finanzielle Anstrengungen, um ihre zahlreichen, in Frankreich verfolgten und mit dem Tode bedrohten Freunde in die Schweiz zu bringen. Sie soll mindestens 40 000 Livres dafür eingesetzt haben. Es wurde ein erfolgreiches System ausgeklügelt, nach welchem Schweizer, die in Alter und Aussehen den Auswanderungswilligen ähnlich sahen, nach Frankreich geschickt wurden, wo sie ihre Papiere den Flüchtlingen aushändigten, die hierdurch relativ leicht über eine andere schweizerische Grenze ins Land kamen. Die wirklichen Schweizer hatten indessen keine große Mühe, wieder in ihre Heimat zu gelangen. Nach einem Intermezzo mit einem neuen Liebhaber, dem schwedischen Grafen Adolf Ribbing, kam dann endlich auch Louis de Narbonne in die Schweiz. Die beiden Grafen begegneten sich mit großer Eifersucht, während sich Baron de Staël passiv verhielt. Narbonne und Ribbing zögerten aber, die ihnen zugedachte Rolle eines Figaros zu übernehmen.

Als Germaine im Jahre 1794 allmählich einsah, daß weder Narbonne noch Ribbing ihren Wünschen voll entsprachen, da ging mit Benjamin Constant[6] bereits der nächste große Stern, man darf wohl sagen Planet, an ihrem Himmel auf. Will man Necker als Jupiter und Narbonne als Mars bezeichnen, dann wirkte Benjamin Constant sozusagen als Merkur, als Götterbote, in ihrem Leben. Benjamin Constant, der übrigens in seinem Leben alles andere als konstant war, wird als ihr idealer Partner beschrieben, von welchem Charles Simonde de Sismondi[7] sagte: »Er allein vermochte durch seinen ihr ebenbürtigen Geist ihren ganzen Verstand zu entfalten, ihn durch den Wettkampf zu stärken, eine Eloquenz, Gedanken- und Seelenkraft zu wecken, die sich niemals im gleichen Glanze zeigten wie ihm gegenüber; ebenso wie auch er nie ganz er selbst war außer in Coppet.«[8]

Am 27. Juli 1794, dem 9. Thermidor nach dem französischen Revolutionskalender, war Frankreich durch den Sturz und die Hinrichtung Robespierres an einem politischen Wendepunkt angelangt. Die Revolution hatte ihre Kinder, wenigstens die rabiatesten, gefressen. Mit dem Nationalkonvent unter einer gemäßigten Mehrheit, durch welche die Jakobinerclubs geschlossen wurden, sowie durch das Direktorium, welches im Jahre 1795 den General Bonaparte an die Spitze der Truppen stellte, erfolgte der Umbruch. Auch im Hause Necker in Coppet hatte eine große Wandlung stattgefunden. Nach dem Tod ihrer Mutter und nach dem Sieg Benjamin Constants über seine sämtlichen Konkurrenten waren auch dort friedlichere Zeiten eingezogen. Endlich konnte Germaine ihren sehnlichen Wunsch erfüllen, nach Frankreich zurückzukehren.

Da man Schwierigkeiten in Paris vorausgesehen hatte, zumal Baron de Staël in den Ruhestand versetzt worden war, kaufte Constant mit 50 000 Livres, wovon ihm Necker 34 000 Livres geliehen hatte, die alte Abtei von Hérivaux, nicht weit von Paris, als zunächst provisorische Wohnung. Dort kann Germaine ihre Freunde empfangen, wenn ihre Hofhaltung auch nicht mit der Rue du Bac oder mit Coppet vergleichbar ist, sie kann sogar, unterstützt von Constant, erfolgreich in die Politik eingreifen. Mit Talleyrand, der soeben aus Amerika zurückgekehrt war, setzte sie zweifellos auf das richtige Pferd. Viel Dankbarkeit konnte sie freilich von diesem schlauen Fuchs nicht erwarten, vor allem später, als er sich im Schlepptau Napoleons befand. Immerhin ermöglichte er es Benjamin Constant, eine Zeitlang »Tribun« unter dem Konsulat Napoleons zu sein, nachdem er selbst im Sommer 1797 französischer Außenminister geworden war. Die Bewunderung, die Barras, ein maßgebliches Mitglied des Direktoriums, für Germaine hegte, hatte Talleyrand[9] entscheidend gefördert; sie genügte aber nicht, das Mißtrauen des Ersten Konsuls zu zerstreuen.

Immerhin, einstweilen schien sich der Himmel für Germaine zu lichten, außerdem war sie selbst wieder in froher Erwartung. Der bissige General von Montesquiou meinte dazu in einem Briefe, »er habe von der Schwangerschaft der Dame gehört, die in jeder Beziehung gleich fruchtbar sei ...«[10]. Am 6. Juni 1797 kam ihre Tochter Albertine zur Welt, die später als Herzogin von Broglie Eintritt in den französischen Hochadel finden sollte.

Mit der Rückkehr Napoleons aus Ägypten begann ein neuer Zeitabschnitt, der sich in eindrücklicher und lebendiger Weise im Briefwechsel zwischen Necker und seiner Tochter niederschlug. Es zeigt sich darin, daß Necker trotz aller zärtlichen Gefühle für Minette seinen klaren, ruhigen Blick nie durch das unstete und aufbrausende Temperament seiner Tochter beirren ließ. So schrieb er ihr zunächst nach Paris.»Meine liebe Minette, ich wünsche Dir (in Paris) nur Freudiges. Ich liebe Dich in dem vermehrten Maße, in dem man einander liebt, wenn man das Meer auf einem Kahn überquert hat. Adieu, adieu.«[11] In einem Brief vom 28. Brumaire (18. November 1799) schrieb er dann:»Man wird viele Rücksichten auf einen Konsul nehmen, der allein durch seine Militärgewalt die angekündigte Verfassung schützt, denn ich glaube noch nicht an die Sicherheit allein durch die Verfassung.«[12] Und im Dezember:»Alles basiert leider auf seinem Leben, aber er ist jung, und sein Glück wird ihn uns bewahren. Die Generäle werden die Funktionen des alten Adels übernehmen. Unangenehm ist, daß sie den Krieg brauchen, um ihr Ansehen aufrechtzuerhalten …«[13] Danach schrieb er am 27. Frimaire (17. Dezember), nachdem die neue Verfassung endgültig festlag:»Voilà bien du bric-broc. Ein Werk, auf Jahrhunderte angelegt, ist auf eine einzige Persönlichkeit zugeschnitten, die seine außerordentliche Begabung nicht daran hindert, sterblich zu sein. Und Ihr seid alle wie verzaubert. Ich gratuliere Euch nicht zu so viel Verstand, sondern zu so viel Glück. Ich hoffe gleichzeitig, daß kein Ereignis diesen Glückszustand stören möge. Man dreht sich rasch im Schwungrad dieser Trunkenheit. Es lebe die Republik. Sagt man das noch immer? Dein Enthusiasmus für Bonaparte gefällt mir besser, und ich gratuliere Dir, weil sein Ruhm Dich glücklich macht und weil er lange dauern wird … Versuche trotzdem, nicht ganz für den Augenblick zu leben, auch nicht für das Glück, denn es geht vorbei.«[14]

Bereits die ersten Monate des Jahres 1800 enttäuschten die Anhänger eines liberalen Regimes, die von Napoleon eine verfassungsmäßige Regierung erwartet hatten: Nicht seine republikanische Gesinnung, sondern sein cäsarenhaftes Gebaren trat immer mehr in Erscheinung. Necker erkennt ganz richtig und warnt seine Tochter

Napoleon als Erster Konsul

vor der Abhängigkeit, der sie sich durch ihren Aufenthalt in Paris aussetze: »Vergesse nie, daß Du durch Deine Vorliebe für Paris – bei Deiner Jugend und Deinem Geschmack sehr verständlich – abhängig bist. Von dieser Wahrheit sollst Du Dich leiten lassen.«[15]

Napoleons Abneigung gegen Germaine de Staël steigerte sich in dem Maße, in welchem sie selbst gegen den Imperator Partei nahm, nachdem er Benjamin Constant als Tribun abgesetzt hatte. Nun war es ihr Vater, der zur Vorsicht mahnte. Am 28. Nivôse (17. Januar) des Jahres IX des Revolutionskalenders (1800) schrieb Necker am Ende eines Briefes, in dem er seine Minette zu trösten versuchte:

»Sollte Dich die Melancholie ganz überwältigen, dann bitte ich Dich, zu kommen und inmitten der Liebe Deines Sohnes, Deiner Tochter und Deines Vaters die Ruhe zu suchen, deren Du bedarfst. Ich fürchte wirklich, daß Du erkrankst, liebe Minette.«[16] Im Mai jenes Jahres, kurz vor dem überwältigenden Sieg Napoleons in Marengo, reiste Germaine tatsächlich nach Coppet. Vater und Tochter bewerteten Napoleon damals ziemlich positiv. Necker begrüßte die Absicht Bonapartes, der Schweiz eine föderalistische Verfassung zu geben, an deren Spitze kein einzelner Regierungschef stehen sollte. »Es soll nur einen Konsul in der Welt geben, ebenso wie es nur einen Bonaparte gibt«, fügte er hinzu.[17]

Trotz dieser Annäherung blieb Necker in seinem Urteil zurückhaltend, weit vorsichtiger als Germaine, die sich im folgenden Winter mit großen Hoffnungen erneut in die Höhle des Löwen begab. Von ihrer starken Selbstsicherheit geleitet, glaubte sie tatsächlich, Napoleon bekehren oder wenigstens beeinflussen zu können. Allein, was ihr bei vielen Geistesgrößen, ja sogar bei Goethe gelingen sollte, die Eroberung, sie blieb ihr beim Cäsar versagt. Nachdem Napoleon das Tribunat »gereinigt« – Germaine meinte: »Den Rahm abgeschöpft hatte« –, beseitigte er die Pressefreiheit und die Parlamentsopposition.

Als 1802 die Streitigkeiten zwischen Madame de Staël und dem Diktator ausbrachen, hoffte sie zunächst, ihren Vater bewegen zu können, mit ihr nach Paris zu kommen und sie dort zu unterstützen. Abgesehen von ihren literarischen Ambitionen hatte sie zwei wichtige, praktische Aufgaben im Sinne: die weitere Erziehung ihrer Kinder und die Rückforderung der zwei Millionen Livres, die Necker auf dem Schatzamt deponiert hatte. Germaine ging davon aus, daß Necker in Paris seine Popularität wiedergewinnen, daß die öffentliche Meinung ihn wieder auf ihren Schild heben und ihm »das Lehramt der Wahrheit« verleihen werde.

Ein anderer Mensch als Necker hätte sich durch einen solchen Appell geschmeichelt gefühlt und etwaige Zweifel am Erfolg seiner

Bemühungen zurücktreten lassen. Als Realist, der er immer war, machte Necker zunächst Bilanz, durch welche er das Pro und das Contra eines Aufenthalts in Paris sorgfältig abwog.[18]

Das Pro faßt Necker wie folgt zusammen:»Meine Tochter sehnt sich heftig nach meiner Anwesenheit in Paris. Dieser Wunsch ist verständlich. Erstens geht es um die Gefühle, die uns verbinden, und um den Halt, den ich ihr durch meine Ratschläge gebe. Außerdem ist für sie, wie für mich, jede dieser Trennungen schmerzlich.« Die Vorteile seines Aufenthalts in Paris für Germaine sieht er darin, daß er ihr abgesehen von den Trennungen die jährlichen Reisen nach Coppet ersparen, den Kreis ihrer Beziehungen weiten, dadurch den Glanz ihres Salons mehren, sie vor der Feindschaft gewisser mächtiger Leute schützen und, schließlich, daß er vielleicht bessere Bedingungen für die Rückforderung der in Paris deponierten zwei Millionen erhalten und sich intensiver mit seiner Vermögensverwaltung befassen könnte.

Das Contra, das er diesen Argumenten entgegensetzt, fiel jedoch schwerer ins Gewicht. Necker war sich klar über den Haß, den sowohl die Royalisten, die ihn als einen Urheber der Revolution ansahen, wie die Jakobiner, die er sowohl während seines letzten Ministeriums wie in seinen Werken bekämpft hatte, gegen ihn hegten. Als gutes Beispiel für den Haß der Royalisten mag die Schilderung dienen, die Graf Espinchal von einer zufälligen Begegnung mit Necker in Coppet machte:»Eine vierspännige Kutsche und grünlivrierte Leute ließen mich die Rückkehr des Herrn von Coppet von einer Ausfahrt erkennen. Ich kann die Abscheu nicht ausdrücken, die ich beim Anblick dieses Bösewichts empfand, dessen Verbrechen mir augenblicklich ins Gedächtnis kamen.«[19] Der Haß von seiten der Jakobiner bedarf keiner weiteren Erwähnung. Dieser war zwar allmählich verblaßt, doch wäre er durch Neckers Anwesenheit in Paris sicher wieder aufgelodert und auf Germaine zurückgefallen.

Was seine Schutzfunktion oder seine mögliche Stellung als Mentor des Konsuls betraf, machte sich Necker keine Illusionen. Er sagte sich wohl zutreffend:»Dies wäre nicht die rechte Rolle eines (früheren) Ministers des Königs, selbst dann, wenn er keinen stolzen und ehrbaren Charakter gehabt hätte.« Die Rückkehr nach Paris würde sein Ansehen nicht heben, sondern vermindern. Er wäre ein Monument der Vergangenheit. Auch durch sein Aussehen, seine Korpulenz, seine gepuderte und gelockte Frisur, die er immer trug, würde er wie ein Geist aus alten Zeiten erscheinen. Abgesehen von diesen Erwägungen würde es ihm auch schwerfallen, sich vom Grab seiner Frau zu entfernen.

Entscheidend waren aber für ihn die noblen Gedanken, mit denen er diese Bilanz beschloß:[20] »Ich hänge an meiner Retraite, bei der ich das Gefühl einer Besserung empfinde. Ich habe Betrachtungen über die Welt, über mich selbst, über die anderen, über die Beziehungen des Menschen zu seinem Urgrund angestellt, welche meinen Charakter gebessert und meinen Ehrgeiz gereinigt haben. Welcher Gegensatz zu Paris, zum Paris, wie es geblieben ist, welcher Kontrast zu einem Leben, das sich seinem Ende zuneigt, zu einer Zeit, wenn man Gefühle braucht, die uns über unseren Verfall trösten und uns auf den Tod vorbereiten sollen! In meiner Retraite habe ich die Meilensteine des Weges gesetzt, der mir noch verbleibt. Was würde daraus werden, wenn ich mich wieder inmitten des Trubels begäbe?«

Schweren Herzens, weil er seiner Tochter eigentlich keinen Wunsch abschlagen mochte, verzichtete Necker darauf, sie in Paris zu besuchen. So machte sich denn Germaine im Mai 1802 wieder auf die Reise von Paris nach Coppet, diesmal in Begleitung des von Krankheit und Schulden gebeugten Eric de Staël. Seine Geliebte, die Schauspielerin Clairon sowie andere Gläubiger, hatten ihn schwer unter Druck gesetzt. Unterwegs erlitt er einen ersten Schlaganfall, kurz darauf während der Übernachtung in Poligny folgte ein weiterer, dem er erlag. Dieser Todesfall auf Reisen bewegte Madame de Staël vermutlich mehr, als es sonst der Fall gewesen wäre. Ihren Brief, in welchem sie für das Beileid des bekannten Genfers Pictet de

Rochemont dankte, beendete sie mit den Worten:»Adieu, adieu. Wie schwankt doch die Erde unter unseren Schritten! Welch erbärmlicher Traum wäre sie doch, gäbe es kein anderes Leben!«[21] Als Germaine in Coppet ankam, hatte Necker intensiv an seinem politischen Testament gearbeitet, das er als seine»Dernières vues de politique et de finance«[22] bezeichnete. Napoleon behauptete, Madame de Staël sei für das Buch mitverantwortlich, weil sie ihren Vater von Frankreich aus falsch informiert habe. Dieser Vorwurf scheint aber unzutreffend zu sein, weil Necker auf eine solche Unterrichtung gar nicht angewiesen war und weil das Manuskript bereits druckreif vorlag, als sie in Coppet eintraf. Es ist aber gut verständlich, daß die Veröffentlichung dieses Buches bei Napoleon großen Ärger hervorrufen mußte, obschon Necker ihn darin als den Mann der Vorsehung (»l'homme nécessaire«) bezeichnet hatte. Doch trotz seiner genialen Fähigkeiten blieb Bonaparte zeitlebens ein Machtmensch, der es nicht ertragen konnte, daß man ihn durchschaute. Denn Necker sah in seiner Schrift bereits die Errichtung einer neuen Monarchie in Frankreich voraus, deren Haupt Napoleon und deren Adel seine Schöpfungen sein würden. Bonaparte wollte ein solches Projekt geheimhalten, um vor seiner Verwirklichung eine mögliche Diskussion zu vermeiden. Doch der Baron von Coppet machte ihm einen Strich durch die Rechnung. Bonaparte bezeichnete Necker im Gegenzug dazu als einen Urheber der Französischen Revolution, weil er wußte, daß dieser Vorwurf Necker kränken würde. Auch Germaine ließ er fortan sein starkes Ressentiment spüren, das sich späterhin nachteilig für sie auswirken sollte.

Neckers Voraussagen trafen ein. So hieß es in den»Dernières vues«:»Ausschließlich die Regierung soll berechtigt sein, (dem Parlament) Gesetze vorzuschlagen. Die Engländer würden sich nicht als freie Menschen fühlen, wenn dieses Recht ihrem Parlament genommen, wenn ihnen die wichtigste zivilrechtliche Prärogative vorenthalten wäre.«[23] Der Gegensatz zwischen Parlaments- und Konsularregierung wurde offensichtlich. Necker glaubte nicht, daß

Bonaparte trotz seines Genies und seiner Macht eine gemäßigte erbliche Monarchie würde errichten können.[24] Er berief sich bei dieser Voraussage auf die römische Geschichte. Die großen Herrschernaturen stützten sich immer auf das Militär, auf die Prätorianer, auf die Armeen des Ostens und des Westens. »Gott schütze Frankreich vor einem solchen Schicksal!« rief er aus.[25]

Man begreift Napoleons Wut über Necker, der es wagte, den Vorhang einer Bühne aufzureißen, die bis zum Spielbeginn verschlossen bleiben sollte. Doch abgesehen von den politischen Wahrheiten machte Necker auch Bemerkungen in finanzieller Hinsicht, die dem Konsul mißfielen. So sprach er davon, daß sich Napoleon in einer viel besseren Lage befände als Ludwig XVI., weil das größere Territorium, das er beherrschte, die Einnahmen vermehre, die Schuldenstreichung die Ausgaben vermindere und die Steuern ergiebiger flössen, weil die Zehnten und die Feudallasten abgeschafft seien. Die Gläubiger hatten jetzt wieder Vertrauen gefaßt. Es seien aber vor allem die ausländischen Kontributionen und Erträge, die Beträge einbrächten, die sonst nicht erzielbar gewesen wären. Aus Neckers Schrift geht hervor, daß er die französische Verfassung von 1800 nicht als dauerhafte Basis ansah. Frankreich werde wählen müssen zwischen einer Monarchie nach englischem Vorbild und einer zentralistischen, unteilbaren Republik. An eine dritte Möglichkeit, eine bundesstaatliche Verfassung nach dem Vorbild der Vereinigten Staaten von Amerika, glaubte er bei den in Frankreich gegebenen sozialen und politischen Verhältnissen überhaupt nicht.

Da Necker nicht bedachte, daß seine Schrift Napoleon mißfallen könnte, sandte er dem Zweiten Konsul Lebrun, zu dem er gute Beziehungen unterhielt, ein Exemplar mit einem freundlichen Begleitbrief. Lebrun reagierte ziemlich verärgert darauf, doch weder Necker noch Madame de Staël fanden sich damit ab, daß die Abneigung Napoleons gegen sie unüberwindlich geworden war. Im Herbst 1803 schrieb Germaine einen langen Brief an den Ersten Konsul, aus dem die Spannungen zwischen ihnen verständlich werden.[26] Napoleon ließ sich durch den bewegten Appell dieses Briefes veranlassen, Germaines Aufenthalt einige Meilen von Paris entfernt auf Zeit zu gestatten. Ihr brennender Wunsch, nach Frankreich zurückzukehren, wurde dadurch erfüllt. Sie konnte in einem Hause in Maffliers (Département Seine-et-Oise) wohnen, das ihrem Notar gehörte.

Am 13. September 1803 fand die Abreise von Madame de Staël von Coppet statt, die allen Beteiligten schwerfiel. Germaine nahm ihren ältesten Sohn, den zwölfjährigen August, an dem Necker besonders hing, sowie ihre Tochter Albertine mit sich, während Albert bei seinem Großvater zurückblieb.

Nun begann die intensive Korrespondenz zwischen Madame de Staël und ihrem Vater aufs neue. Im Vordergrund standen die Versuche, den durch Neckers letzte Publikation aufgebrachten Ersten Konsul mittels Fürsprache durch dessen Bruder Joseph gnädiger zu stimmen. In jenem Briefwechsel befinden sich interessante Bemerkungen über die napoleonische Machtentfaltung. Sein System wird auch von Germaine schonungslos aufgedeckt, die auf den Luxus verweist, der von Bonapartes »Kreaturen« getrieben wird, und bekannte Beispiele dafür zitiert.[27] Sie betont, daß das Regime zwar oft kritisiert werde, weil es die Freiheit einschränke, daß die Leute aber noch mehr schimpften über »die Erniedrigung, welche die Engländer uns zufügen wollen, diese Freibeuter, diese Piraten, diese Schurken ... Allerorts eine Volkswut, welche die Konversation der Franzosen ebenso anstrengend macht wie die von Verrückten«[28]. Man sieht daraus, daß trotz des Friedens von Amiens die Niederlage der französischen Flotte bei Abukir noch nicht vergessen war. Außerdem brachte das Jahr 1803 auf der anderen Seite des Ärmelkanals die Rückkehr von Premierminister William Pitt. Madame de Staël schien über alle Vorgänge und viele Intrigen am Hofe Napoleons bestens orientiert zu sein. Kein Wunder, daß sie dem großen Diktator unbequem wurde.

Bald stellte sich heraus, daß das Haus des Notars in Maffliers, in

Madame de Staël

dem Germaine und ihre Kinder wohnten, feucht und daher für den Winter ungeeignet war. Sie schrieb schon am 2. Oktober an ihren Vater, daß sie sich nach Saint-Ouen sehne. Aber statt näher an Paris herankommen zu können, muß sie täglich den Besuch eines Polizisten fürchten. Nur allmählich sieht sie ein, daß das Warten auf eine bessere Laune des Konsuls vergebens ist. Anfang Oktober klagt sie in einem Brief an Joseph darüber, daß ihre Kinder des regelmäßigen Unterrichts entbehrten, und beschwert sich darüber, daß sie und ihr Vater sogar in einem Pariser Kabarett verspottet würden.[29]

Madame de Staël befand sich in einem Gewissenskonflikt: Einerseits bewunderten sie und ihr Vater den Ersten Konsul, andererseits beurteilten sie die weitere Entwicklung jetzt ganz nüchtern. In diesem Widerstreit der Gefühle entschloß sie sich, dem Konsul nochmals zu schreiben, um ihn zu bitten, das Haus ihres Vaters in Saint-Ouen bewohnen zu dürfen.[30] Am Ende dieses bewegenden

Appells heißt es:»Herr Konsul, es gibt keinen Grund, der Sie veranlassen könnte, eine Frau und zwei Kinder zu verfolgen; es ist unmöglich, daß ein Held nicht Beschützer der Schwachen sei. Ich beschwöre Sie nochmals, gewähren Sie mir Ihre Gnade; lassen Sie mich friedlich im Hause meines Vaters in Saint-Ouen leben! Zum Abschluß, Bürger Konsul, bedenken Sie kurz, ehe Sie ein schutzloses Geschöpf in solche Leiden stürzen: durch einen einfachen Akt der Gerechtigkeit werden Sie mehr Dankbarkeit in mir wachrufen, als andere Ihnen vielleicht entgegenbringen, die Sie mit Gunstbeweisen überhäufen.«

Doch dieser zweite Appell vermochte den Konsul nicht zu erweichen. Vielleicht erhöhte sogar der darin enthaltene moralische Druck die Abneigung Napoleons gegen Madame de Staël. Andererseits soll er sich, wie Germaine selbst ihrem Vater später mitteilte, keineswegs abfällig gegen sie ausgesprochen haben.»Ich habe nichts gegen sie, aber sie verdreht den Leuten die Köpfe. Wer mich liebt, interessiert sich auch für sie, obwohl man weiß, daß sie mich nicht leiden kann«,[31] so soll er sich gegenüber seinem Bruder, gegenüber General Junot und anderen Fürsprechern Germaines geäußert haben.

Am 15. Oktober, während sie sich in Maffliers befand und mit einigen Freunden bei Tisch saß, erschien an ihrer Gartenpforte ein graugekleideter Herr zu Pferd, der sich als Polizeikommandant von Versailles vorstellte. Er habe, wie er sagte, keine Uniform angezogen, um sie nicht zu erschrecken. Der Befehl des Ersten Konsuls, den er vorwies, schrieb ihr vor, sich innerhalb von 24 Stunden auf 40 Meilen Entfernung von Paris zu begeben, fügte aber hinzu, daß sie mit allen Rücksichten zu behandeln sei, die einer Dame mit einem bekannten Namen zukämen.

Germaine, die sich rasch gefaßt hatte, meinte daraufhin, daß ein Marschbefehl binnen 24 Stunden wohl für einen Rekruten, aber nicht für eine Frau mit zwei Kindern in Frage käme. Sie schlug dem Polizeioffizier Gaudriot vor, sie nach Paris zu begleiten, wo sie drei

Tage benötige, um ihre Reisevorbereitungen zu treffen. Leutnant Gaudriot, den man »comme le plus littéraire des gendarmes« ausgewählt hatte, wie Germaine ihrem Vater schrieb, und der Verständnis für sie hatte, willigte in den Vorschlag ein. Der Leutnant machte ihr unterwegs sogar Komplimente über ihre Schriften. »Sie sehen, mein Herr« sagte sie daraufhin, »wohin es führt, eine geistreiche Frau zu sein, raten Sie Ihrer Familie von der Schriftstellerei ab, wenn Sie Gelegenheit dazu haben.«[32]

Am 17. Oktober schrieb sie Necker: »Der Schlag, der mich traf, hat mich fast, ja, ohne Dich hätte er mich bestimmt getötet.« Nachdem sie die Reden zitiert hatte, die man in Napoleons Umgebung über sie halte, fügte sie hinzu, man habe ihr viele lächerliche Verleumdungen nachgesagt: »Späße über seine Regierung; so zum Beispiel, daß sich die Damen seiner Familie die Schleppen ihrer Gewänder verlängern ließen, daß die Staatsräte dies zwar akzeptierten, aber daß die Lakaien es ablehnten, sie zu tragen; ein törichter Spaß, den ich nie sagte, der mir aber von sechs Personen erzählt wurde, was beweist, wie man lebt.« Die Briefe Madame de Staëls waren übrigens, in wichtigeren Fällen, oft stark verschlüsselt, da sie befürchten mußte, daß sie von Spitzeln und Zensoren geöffnet wurden. Meist wurden nur Personennamen ausgewechselt oder einfach mit Buchstaben versehen.

Nachdem die Demarchen von Joseph Bonaparte und anderer Freunde ergebnislos verliefen, traf am 24. Oktober der definitive Ausweisungsbefehl ein. Napoleon zeigte sich unerbittlich; er wiederholte immer nur dasselbe gegenüber seinen Freunden: »Ich hasse Madame de Staël nicht; haßte ich sie, würde ich sie besser zu treffen wissen. Sie verdreht den Leuten die Köpfe, ich will sie nicht in Paris … sie kann ins Ausland gehen.« Er empfand ganz richtig, daß sie für ihn gefährlich war, weil sie Einfluß in seiner Umgebung hatte. Eine Literatin von ihrer Statur konnte man nicht fassen, schon gar nicht mit den Waffen. Daher mußte sie ins Exil.

Am 25. Oktober fuhr die Kutsche mit Germaine, ihren Kindern

August und Albertine, Benjamin Constant und zwei Dienstboten ab in Richtung Metz. »Jeder Hufschlag schmerzte mich«, schrieb sie in ihrem Erinnerungsband »Zehn Jahre Exil«[33]. Ohne es zu wollen, hatte Napoleon Madame de Staël und der französischen Literatur einen großen Dienst erwiesen, als er sie ins Ausland »beurlaubte«. Er konnte kaum wissen, daß sie in Deutschland einen Siegeszug erleben würde, der seine eigenen Siege auf anderer Ebene vielleicht noch übertraf. Durch sie sollte nicht nur die neue deutsche Literatur, sondern der Geist der Romantik in Frankreich bekannt werden.

In späteren Jahren und in dem Maße, in welchem sich ihr Exil verlängerte, steigerte sich Germaines Erbitterung gegen Bonaparte zur heftigen Feindschaft. »Ich war die erste Frau, die von Bonaparte ins Exil geschickt wurde«,[34] rief sie in ihrem monumentalen Werk über die Französische Revolution (»Considérations sur la Révolution française«) aus und erwähnte als nächste Opfer die Herzogin von Chevreuse und Madame de Récamier. »Die schönste Frau von Frankreich (Madame de Récamier), eine Dame, die allein aus dem Grunde überall Verteidiger gefunden hätte, wurde verbannt, weil sie in das Schloß einer Freundin, 150 Meilen von Paris entfernt (Coppet!), gekommen war. Diese Koalition von zwei Frauen an den Ufern des Genfer Sees schien dem Meister der Welt allzu gefährlich. Er gab sich die Blöße, sie zu verfolgen. Aber er hatte gesagt: ›Die Gewalt ist niemals lächerlich‹; und diese Maxime hat er genügend ausprobiert.«[35] Immer wieder rüttelte Madame de Staël mit ihren Geistesblitzen oder mit epischen Tiraden an Napoleons ehernen Thron. »Würde Bonaparte nur die erhabene Rolle des großen Generals und des ersten Magistraten der Republik gespielt haben, dann hätte sein hohes Genie über den kleinen Streitereien der Salongeister geschwebt. Mit seinem Plan, als Parvenu, als Bürger Edelmann auf den Thron zu steigen, setzte er sich dagegen der Verhöhnung aus, die er nicht unterdrücken konnte, es sei denn durch Spionage und Terror.«[36]

Nach einem langen Aufenthalt in Metz fuhr Madame de Staël mit ihrer Reisegesellschaft über Karlsruhe nach Frankfurt, wo sie am 13. November ankam. Sie benützte jede sich bietende Gelegenheit, um ihrem Vater zu schreiben. Über ihre ersten Eindrücke aus Deutschland gibt es anschauliche, aber ziemlich ungünstige Berichte.[37] In Weimar sollte sich das Bild jedoch ändern. Der glänzende Empfang, den Herzog Karl August und die dortige Dichterkolonie Madame de Staël bereiteten, entschädigte sie für das zuvor erlittene Ungemach. Im deutschen Arkadien fühlte sie sich zu Hause, kam mit den großen Dichtern gut ins Gespräch und »eroberte« sogar Goethe, der sich zunächst sehr reserviert verhalten, später aber vorwiegend positiv über diesen zugleich anregenden und aufregenden Besuch geäußert hat.[38]

Während sich der Aufenthalt Germaines in Deutschland länger als beabsichtigt hinzog und sie in Berlin mit August Wilhelm Schlegel, dem berühmten Romantiker und Übersetzer der Werke Shakespeares verhandelte, um ihn zum Privatlehrer ihrer Kinder und zum literarischen Berater zu machen, trafen plötzlich schlechte Nachrichten aus Coppet ein. Am 18. April 1804 wurde ihr bei einer Einladung im Hause der Prinzessin Radziwill eine Botschaft ausgehändigt, wonach ihr Vater schwer erkrankt sei. Die Zeit reichte gerade noch aus, Schlegel, ihre vielleicht wichtigste »Erwerbung« in Deutschland, am anderen Morgen mit dem Reisewagen abzuholen, ein Impuls des Augenblicks, der über Schlegels weitere Zukunft entschied. Schwer lasteten die Vorahnungen auf Germaine. Tatsächlich war Necker bereits am 9. April gestorben, aber Benjamin Constant, der von Lausanne aus sogleich nach Coppet geeilt war, wollte ihr die Nachricht nicht brieflich, sondern persönlich mitteilen.

Um den Winter angenehmer zu verbringen, hatte sich Necker in Genf eingemietet, wo er sich am 30. März mit Fieber zu Bett legen mußte. Er war an einer schweren Form entzündlicher Hautrose (Erysipel) erkrankt, die seinen starken Organismus innerhalb von zehn Tagen schwächte. Infolge des hohen Fiebers war Necker rasch in Agonie gefallen. Wenn er dazwischen zu klarem Bewußtsein kam, dachte er an seine Minette. Er wollte sie nicht aus Berlin wegrufen lassen: Es sei an ihm, darüber zu bestimmen. Zu Madame Rilliet-Huber, die ihn abwechselnd mit Madame Necker de Saussure ständig betreute, sprach er den Wunsch aus:»Sagen Sie meiner Tochter, sie solle keine Schuldgefühle haben, denn wenn sie hiergewesen wäre, hätte sie nichts geändert. Ich weiß, daß sie mich sehr geliebt hat, sehr geliebt hat.«[39] In der Nacht vom 9. zum 10. April 1804 sagte er ein letztes Gebet, danach schien er einzuschlafen.

Der Schmerz erschütterte Germaine in den Grundfesten ihres Wesens, als sie am 19. Mai in Coppet eintraf. Trotzdem begann sie schon bald, die Papiere ihres Vaters zu ordnen, da dies zweifellos in seinem Sinne war. In ihrem Buch»Du charactère de Monsieur Nekker et de sa vie privée« (Vom Charakter und vom Privatleben des Herrn Necker) hat sie ihm ein bleibendes Denkmal geschaffen, welches ebenso wie seine eigenen Werke und die Erinnerungen seiner Zeitgenossen dazu beitrug, das Bild seiner Persönlichkeit für alle Zeiten zu bewahren.

Neckers Persönlichkeit und Werk

»Er war mein Bruder, mein Kind, mein Gemahl, er war einfach alles für mich …«, sagte Germaine de Staël zu den erstaunten Besuchern, die ihr in Weimar kondolierten, nachdem sie am 22. April 1804 Kenntnis von Neckers Tod erhalten hatte. Nur ein Schlag, der mit elementarer Wucht, obwohl nicht ganz unvorbereitet, auf sie niederging, erklärt diese Verwirrung der Gefühle. Germaines Gemütsstimmungen unterlagen gewaltigen Spannungen und Schwankungen – »sie dachte wie ein Mann, aber fühlte wie eine Frau«, sagten ihre nächsten Freunde –, aber für ihren Vater behielt sie durch alle Stürme hindurch die unveränderten Gefühle der Bewunderung, der Hochachtung, der selbstlosen Liebe, die sich in dessen letzten zehn Lebensjahren nach dem Tod ihrer Mutter noch verstärkten.

Das Bild, das Germaine von Necker entwarf, übertraf alle übrigen an Leuchtkraft. Wie das Porträt von Rembrandts Hand neben demjenigen vieler anderer Meister, wirkt es weniger durch seine technische Perfektion als durch ein von innen her strahlendes Licht. Man hat Neckers Eigenschaften in die verschiedensten Worte zu fassen gesucht – und, wahrhaftig, es fehlte den Franzosen nie an Reichtum der Ausdrucksformen. Prädikate vom »Finanzmagier« bis zum »Auge des Genies« (»œil du génie«) wurden ihm zugeschrieben, aber nirgends erscheint er so stark im Geist, so reich in seinen Gefühlen, so lebendig insgesamt wie in den Schilderungen seiner Tochter. Das lag sicher nicht nur am unvergleichlichen Schliff ihrer Feder, sondern ebenso an den Realitäten seines Charakters, an seiner herausragenden Persönlichkeit.

»Das Auge des Genies«

So schrieb sie in gleichsam allegorischer Manier: »Ist es nicht bei-
spiellos, daß der erste Rechenmeister mit seiner hohen Autorität in
Finanzsachen den Glanz und die Macht einer Imagination verbindet, die ihn zu einem der besten französischen Schriftsteller
machte? Diese Verbindung gegensätzlicher Eigenschaften findet
sich häufig in Neckers Charakter: Man kann darin das Haupt-
merkmal finden, das ein höheres Wesen auszeichnet. Die Eigenschaften, die sich auf Kosten anderer heranbilden, prägen keine
wirkliche moralische Größe, ein schwacher Baum kann seine Kraft

in einen (einzigen) Ast lenken, aber die Eiche steht in der vollen Kraft aller ihrer Zweige und wächst in der offenen Lichtung des Waldes.«[1]

Wieso konnte das Vaterbild bei einer frühzeitig selbständigen und selbstsicheren Frau, wie Germaine de Staël, so übermächtig werden? Wieso hatte es nicht, wie oft sonst, negative, sondern eher positive Auswirkungen? Germaine hatte das Glück, daß ihr Vater bis zu ihrem 38. Jahr am Leben blieb. Er war während der ganzen Entwicklung ihrer Persönlichkeit immer anwesend, im Gegensatz zur Mutter, die frühzeitig kränkelte und dann zehn Jahre vor ihrem Mann verstarb. Außerdem behinderten die Spannungen zwischen Suzanne und Germaine einen günstigen Einfluß von seiten der Mutter.

Das Vaterbild wurde und blieb dadurch bestimmend. Necker wurde mehr und mehr zum Beichtvater seiner Tochter. Für dieses Amt schien er prädestiniert durch seine Güte, Empfindsamkeit, Verständnisfähigkeit, Verschwiegenheit, diplomatische Geschicklichkeit, aber auch durch seinen durchdringenden Blick, seinen kritischen Sinn und seinen Realismus. Von keinem ihrer auch noch so bedeutenden Liebhaber ließ sie sich soviel sagen wie von ihrem Vater. Sicher überragte das Vaterbild, das sich Germaine von Necker machte, seine wirkliche Gestalt, doch ist dieser Feststellung entgegenzuhalten, daß Germaine, ebenso wie Suzanne, ihn viel besser kannte als seine übrigen Zeitgenossen, deren Urteil notgedrungen Stückwerk blieb, die außerdem meist voreingenommen oder von persönlichen Interessen geleitet waren.

Als Necker definitiv aus Frankreich wegziehen mußte, stand er im Alter von 58 Jahren. Als dann Suzanne starb, hatte er das 62. Lebensjahr erreicht, ein Alter, das bereits erheblich über der durchschnittlichen Lebenserwartung der damaligen Zeit lag. Obwohl die Revolutionsjahre 1789 und 1790 der Gesundheit des Barons von Coppet so zugesetzt hatten, daß er unter Kreislauf- und Schlafstörungen litt, behielt seine starke Konstitution die Oberhand. Nach dem Tode seiner Frau, die er aufopfernd umsorgt hatte, übernahm jedoch bald darauf Germaine die Aufgaben der Hausherrin. Sie verstand es noch besser als Suzanne, interessante und hochgebildete Freunde anzulocken, die des Schlosses etwas verblichenen Glanz wieder aufpolierten.

Gäste wie Benjamin Constant, Simonde de Sismondi, Viktor von Bonstetten, August Wilhelm Schlegel, Madame Récamier, die Saussures, um nur die bedeutendsten zu nennen, ließen höchstens Aufregung, aber niemals Langeweile aufkommen. Die geistige Beweglichkeit, die sich Necker durch seine schriftstellerische Tätigkeit bis zum Lebensende bewahrte, wurde durch die gesellschaftliche Abwechslung, auf die seine Tochter den größten Wert legte, gelockert und angeregt. All diese Gäste hatten ein hohes Urteil von Necker, nicht nur, weil sie während längerer Zeit seine Gäste sein durften, sondern weil sie seinen Charakter und seine Geisteskraft schätzten.

Am 25. Februar 1805 schrieb Benjamin Constant, der Necker aufrichtig geliebt hatte, als Antwort auf Zeitungspamphlete, die in Paris das Andenken des Barons von Coppet beschmutzten: »Nicht alle Menschen sind befähigt, die natürlichsten und heiligsten Pflichten zu erfüllen. Zu allen Zeiten hat eine Meute mit ihrem Lärm die Bestattungen umgeben und gestört. Die Tochter von M. Necker mußte es erwarten. Sie ist die letzte Überbleibende einer einstmals berühmten Familie. Diese Frau muß nun den Preis des Ruhms den Verächtern jeglichen Ruhms, den Feinden jeglicher Tugend abgelten. Die Gelegenheit ist günstig: Der Vater ist tot, die Tochter weit entfernt. Zeigt also her eure Kräfte! Ja, solch Unternehmen ist eures Mutes würdig! Es schickt sich wahrhaftig, ein Grabmal, das von einer Frau verteidigt wird, anzugreifen. Allez donc, Messieurs ... verstreuet in alle Winde die Asche eines Freundes Frankreichs, der Menschheit und der Moral, und kehrt zurück im Triumph, Sieger über den Schatten eines aufrechten Menschen.«[2]

An einer anderen Stelle ihres »Vaterbildes« schreibt Madame de Staël: »Man sagt gewöhnlich, daß es für jene, die sie aus nächster

Nähe kennen, keine Helden gibt: Das heißt, daß die meisten Menschen, die eine große politische Rolle spielten, nicht die guten Eigenschaften eines Privatmannes hatten. Wenn man dagegen den einfachen Menschen im hohen Herrn, den gerechten in einer mächtigen, den guten in einer genialen und den gefühlvollen in einer illustren Persönlichkeit findet, je mehr man ihn aus der Nähe sieht, dann bewundert man ihn desto mehr, dann zeigt sich das Werk der Vorsehung, die nicht nur den Sternenhimmel lenkt, sondern die Lilien auf dem Felde schmückt und keinen einzigen Sperling vergißt.«[3]

Freilich machte man Suzanne und Germaine Vorwürfe, weil sie so überschwenglich über Necker schrieben. Darauf entgegnete Madame de Staël:»In den Schriften seiner Gattin und in den meinigen wurde mein Vater oft gelobt, obwohl es für uns beide leichter gewesen wäre, die gegenseitige Bescheidenheit zu wahren, die man sich üblicherweise in der Familie auferlegt … (doch) von Dankbarkeit und Liebe durchdrungen, mußten unsere aufrichtigen Empfindungen jede eitle Selbstbespiegelung aufheben.«[4] Als einen Hauptbeweis seiner Charakterstärke führt sie Neckers unerschütterliches Pflichtbewußtsein an. In seinem Entlassungsbrief vom 11. Juli 1789 verlangte Ludwig XVI., daß sich Necker»geräuschlos« von der Bühne entferne und ins Ausland begebe. Die geringste Abweichung hätte genügt, diese Bestimmung undurchführbar zu machen und Necker im Triumph nach Paris zu bringen. 200 000 Menschen warteten darauf, ihm zuzujubeln. Statt dessen unterwarf er sich gewissenhaft der königlichen Anordnung. Wie spärlich gesät sind die Politiker, deren Opferbereitschaft über den persönlichen Ehrgeiz siegt!

Bereits in den frühen 80er Jahren hatte die Zarin Katharina die Große in ihrem Briefwechsel mit Grimm sehr günstig über Necker geurteilt. Sie schrieb am 10. Juli 1781:»Endlich ist Herr Necker von seinem Posten. Das war ein schöner Traum, den Frankreich träumte, und ein großer Sieg für seine Feinde. In zwei Werken muß man den Charakter dieses seltenen Mannes bewundern; denn eins (Le

316

mémoire sur les assemblees provinciales) hat eben soviel Wert als das andere (Le compte rendu). Der König von Frankreich hätte gar leicht einen großen Ruhm erhaschen können; aber das wird so bald nicht wiederkommen. Herr Necker bedurfte eines Meisterkopfes, der seinen Schritten folgte.« Und am 11. Juli 1791: »Der Brief, den Sie von Herrn Necker erhalten haben, hat mir viel Vergnügen gemacht. Es verdrießt mich nur, daß er nicht mehr auf seinem Posten ist. Er ist ein Mann, dem der Himmel unstreitig in Betreff des Ruhms die erste Stelle in Europa bestimmte. Er muß leben, muß eine Menge seiner Zeitgenossen überleben, und dann wird diesem Gestirn kein anderes zu vergleichen sein, und seine Zeitgenossen werden weit hinter ihm zurückbleiben.«

Es gab neben den Lobeshymnen auch zahlreiche andere, negative Urteile. Immer wieder wurden ihm Scharlatanerie und Quacksalberei vorgeworfen, nicht nur von den bekannten Demagogen wie Mirabeau und Marat, sondern auch von vielen Fachleuten aus Politik, Wirtschaft und Wissenschaft, wie etwa von Talleyrand und Abbé Veri[5], die Neckers Finanzpolitik, den Versuch, alle zusätzlichen Ausgaben durch Anleihen statt wenigstens teilweise durch neue Steuern zu decken, heftig kritisierten. Man warf ihm Führungsschwäche vor, die in Verbindung mit der Schaukelpolitik Ludwigs XVI. als besonders nachteilig und gefährlich bezeichnet wurde. So sagte sein Freund Malouet[6], der ehemalige Präsident der Nationalversammlung, in seinen Memoiren:»Seine Geistesschärfe und sein so umstrittenes moralisches Empfinden waren mir zwar bekannt, aber ich hatte nie Gelegenheit, das Schwanken seines Charakters kennenzulernen. Die übermäßige Meinung, die er von seinem Einfluß auf seine Umwelt hatte, konnte ich nicht voraussehen. Seine Selbstsicherheit war gehemmt, denn sein Reichtum und seine Berühmtheit ließen ihn stets fürchten, sich mit der öffentlichen Meinung zu überwerfen. Er konnte nicht mehr regieren, wenn ihm die öffentliche Meinung entgegentrat.«[7]

Hier zeigte sich die negative Wirkung einer Politik, die zu viele Rücksichten nahm. Vielleicht war es die Kehrseite seines rigorosen Pflichtgefühls gegenüber dem König, vielleicht die Reserve, die er sich als Ausländer auferlegte, jedenfalls ließ er es in entscheidenden Momenten, so bei der Durchführung mancher seiner Reformen und vor allem am 5. und 6. Oktober 1789, an politischer Durchschlagskraft fehlen.

Unter den scharfen Beobachtern jener Zeit gebührt auch dem nachmaligen Außenminister Charles-Maurice de Talleyrand ein wichtiger Platz, der trotz seiner guten Beziehungen zu Germaine de Staël in seinen Memoiren[8] ein negatives Urteil über Necker fällte. Das wird verständlich, wenn man weiß, daß Talleyrand häufigen Umgang mit Mirabeau, Panchaud und später auch mit Clavière pflegte. Es gelang der gewaltigen Überzeugungskraft Mirabeaus und den geschickten Finanzakrobaten Panchaud und Clavière, sogar einen so ungewöhnlich klugen Mann wie Talleyrand in ihrem Sinne zu beeinflussen. Die Kritik Talleyrands an Necker trifft sicher in manchen Punkten zu, vor allem, wo sie sich mit der Einberufung und der Vorbereitung der Generalstände befaßt.

Zwar muß einschränkend gesagt werden, daß Talleyrand den Verdiensten Neckers, aufs Ganze gesehen, nicht sehr gerecht wird, weil er sie nicht gründlich prüft, sondern nur sehr oberflächlich in seine Memoiren einflicht. Talleyrand hätte wenigstens das erste Ministerium des Genfers von den beiden späteren trennen müssen, welche unter völlig anderen Voraussetzungen standen. Dann wäre er zumindest für das erste Ministerium zu einem positiveren Urteil gekommen. Andererseits beanstandet Talleyrand vor allem den Wahlmodus für die Ständeversammlung, worin er, von royalistischen Erwägungen ausgehend, sicher recht hatte. Entweder hätte es nur so wenig Standesvertreter geben dürfen, daß man sie kontrollieren konnte, oder man hätte anstelle der drei Stände ein Zweikammersystem einführen sollen: ein vom Volk gewähltes »Unterhaus« und ein aus dem Hochadel und dem Episkopat bestehendes

»Oberhaus«. »Man hätte«, so Talleyrand, »und das wäre das weitaus beste Mittel gewesen, aus den beiden ersten Ständen eine Kammer, bestehend aus den Mitgliedern des Episkopates und aus den
Oberhäuptern der ältesten, reichsten und glänzendsten Adelsfami-
lien machen und die Wahlen auf den dritten Stand beschränken
können.«[9]
 Etwas ähnliches schwebte ja auch Necker vor, wenn er immer wieder auf das englische Zweikammersystem hinwies. Doch warum hat
er es nicht stärker verfochten? Warum hat er nicht 1788 die Annahme seines Amtes von dieser Forderung abhängig gemacht? Hier besteht tatsächlich Grund zu schwerer Kritik. Es scheint, als ob Necker
sich als Ausländer in einer ausgesprochen französischen Entscheidung nicht massiv engagieren wollte. Außerdem seien, meint Talleyrand, Neckers Eitelkeit und sein Selbstgefühl so stark gewesen,
daß er glaubte, die Abgeordneten auf jeden Fall in seinem Sinne lenken zu können. Man muß heute sagen, daß Necker hier tatsächlich
irrte, indem er seinen Einfluß erheblich überschätzte und vor allem
die Gefahren der politischen Radikalisierung nicht ernst genug
nahm. Als der Zug abfuhr, hatte Necker die Weichen zwar gelegt,
aber nicht richtig gestellt.
 Bei Talleyrand, dem schlauen Fuchs, überwog ein grenzenloser
Opportunismus alle anderen Empfindungen. Seine Gedanken standen zwar im Grunde genommen den Auffassungen Neckers hinsichtlich der Reformbedürftigkeit des französischen Staates gar
nicht so fern, wie man glauben mochte, aber man konnte nie genau
wissen, wo dieser raffinierte Politiker eigentlich stand. Es gelang
ihm, in sämtlichen Regierungen von Napoleon bis Ludwig XVIII.
eine wichtige Rolle zu spielen, ohne sich auf ideologische Prinzipi-
en festzulegen. Was Wunder, daß er Necker ablehnte, der mächtig
auf die Moral als Triebfeder seines Handelns pochte.
 Diese Ablehnung führte jedoch zu keiner direkten Konfrontati-
on der beiden Minister, weil die Regierungszeit des Genfers bereits
zu Ende ging, als Talleyrand 1788 zunächst als Abbé zum Bischof

von Autun ernannt, im folgenden Jahre in den ersten Stand der Generalstände gewählt wurde. Als Geistlicher beanstandete er natürlich nicht, daß Necker sich auf die Moral berief, behauptete hingegen, daß es sich hierbei um eine Maske handle, hinter der sich anderes verberge. Mit dieser Unterstellung stand Talleyrand keineswegs allein. In seinen Memoiren ging er dann freilich weiter als die meisten anderen Autoren, indem er hinzufügte, daß die Ruhmessucht schlechthin eine der verhängnisvollsten Eigenschaften des französischen Geistes sei: Sie habe nicht nur zum Mißerfolg Neckers, sondern zum Schiffbruch der Französischen Revolution geführt.

Talleyrand hatte recht, wenn er den starken Einfluß der Eitelkeit Neckers hervorhob. Es genügt, eine Anzahl Bilder des Ministers miteinander zu vergleichen, um auf gewisse Eigenschaften, wie die Rednerpose, in der er sich unweigerlich zur Schau stellte, ebenso wie die etwas antiquierte Frisur, auf die er großen Wert legte, zu stoßen. Eitelkeit, aber auch schauspielerische Fähigkeiten waren ihm nicht fremd. Von vielen Autoren wurde Necker ein übertriebener Stolz, »l'orgueil«, was man auch als »Ehrgeiz« und »Ruhmessucht« bezeichnet hat, nachgesagt. Immer wieder heißt es, seine Ruhmessucht habe alles andere übertroffen. Nachdem Germaine de Staël daran erinnert hatte, daß sich Necker nach den Anschuldigungen Calonnes aus dem Jahre 1787 sogar über das königliche Verbot einer Replik hinwegsetzte, schreibt sie: »Ich habe es bereits gesagt, daß das stärkste Gefühl, welches meinen Vater mit weltlichen Interessen verband, die Suche nach Anerkennung und nach Ruhm gewesen ist; dieses Gefühl konnte er nur der Lauterkeit zum Opfer bringen, aber niemals Erwägungen anderer Art.«[10] In diesem Punkt stand also, wie Germaine selbst bestätigt, seine »Liebe zum Ruhm« noch über seinem Pflichtgefühl gegenüber dem König doch nicht um eines kleinlichen, selbstgefälligen Ehrgeizes willen, sondern weil er glaubte, dies seinem Ansehen als moralische Persönlichkeit schuldig zu sein.

An anderer Stelle schrieb Germaine de Staël: »Er sagte mir oftmals, daß er ein riesiges Vermögen erworben hätte, wenn er nicht frühzeitig die Geschäfte aufgegeben hätte oder von der Idee geleitet worden wäre, daß ein so großer Reichtum ihn glücklich gemacht hätte … Mein Vater besaß die Seelengröße, nicht hemmungslos den Gütern dieser Welt nachzujagen; er liebte nur den Ruhm. In diesem Ruhm ist etwas Geistiges, er bildet sozusagen ein Bindeglied zwischen Himmel und Erde.«[11]

Ob der Ehrgeiz Neckers so rein und edel war wie von Germaine dargestellt, ist unter den Historikern umstritten. Tatsache bleibt immerhin, daß der Minister seine Tätigkeit nie für parteiliche oder persönliche Vorteile ausnützte, sondern sich immer von einer absoluten Integrität leiten ließ. Auch heute noch läßt uns unter den Charaktereigenschaften Neckers seine unantastbare Integrität besonders aufhorchen. Als Bankier war es seine Aufgabe, Gewinne zu machen, denn ein Bankier, der sich nicht bereichert, wäre ein schlechter Bankier gewesen. Als Minister verzichtete er jedoch auf sämtliche finanziellen Bezüge: Ein Minister, der sich bereichert, wäre ihm selbst suspekt erschienen. Er selbst bemerkte dazu:»Es wäre peinlich gewesen, bei dem Genuß von Bezügen von zwei- bis dreihunderttausend Livres ständig von Mäßigung sprechen zu müssen, welche durch die Umstände und die Prinzipien eines neuen Systems unentbehrlich wurden.«[12]

William Rappard, der bedeutende Genfer Wirtschaftshistoriker, der diesen Aspekt klar herausgearbeitet hat, sieht darin eine logische Konsequenz der calvinistischen Ethik.[13] Das Arbeitsethos Calvins verlangte an jedem Platz den vollen Einsatz und betrachtete das Ergebnis, das im Rahmen seiner moralischen und sozialen Ordnung erzielt wurde, als gottgefällig. Es lag also kein Widerspruch darin, sich als Bankier zu bereichern und als Minister persönlichen Verzicht zu üben. Im Gegenteil, dieses Verhalten entsprach vollkommen der calvinistischen Moral.

Während man sich bei der Beurteilung der Persönlichkeit Neckers auf seine Zeitgenossen und auf spätere Historiker stützen kann, bedarf die Analyse seines Werkes neuere Betrachtungsweisen, wobei man sich fragen muß, welche Leistungen Neckers letztlich Bestand hatten. Innerhalb seiner Reformen waren es vor allem drei Hauptanliegen, die ihn beschäftigten: die Errichtung der Provinzialversammlungen, die Öffentlichkeit des Rechnungs- und Finanzwesens und die Propagierung des Zweikammersystems. Neckers Projekte der Provinzialverwaltung hatten ihren Schwerpunkt in den Reformen der Besteuerung. Hierdurch wurde aber zugleich ein wichtiges Element der Dezentralisierung in den französischen Zentralstaat eingebracht, welches praktische Ansätze zu einer allgemeinen Verwaltungsreform enthielt. Der straffen Zentralisierung, die seit den Zeiten Ludwigs XIV. den königlichen Absolutismus begleitete, sollte die Spitze gebrochen werden. Bevor das geheime Memorandum Neckers bekannt wurde und dessen Vorschläge in ganz Frankreich anzuwenden waren, mußten sie ihre Feuerprobe in den kleinen und relativ rückständigen Provinzen Berry und Haute-Guyenne bestehen. Für die allgemeine Anwendung der Reformen wurde ein langsamer, pragmatischer Fahrplan aufgestellt. Es kann folglich bezweifelt werden, ob der Abbau der Ungerechtigkeiten des Steuersystems bei der Schwerfälligkeit des damaligen Verwaltungsapparates und gegen den Widerstand der Privilegierten und der Parlamente bis zum Jahre 1789 genügt haben würde, um der Revolution rechtzeitig den Wind aus den Segeln zu nehmen.

Immer wieder verweist Necker auf die Gefahren von Versailles. »Der ständige Aufenthalt in Versailles schwächt in einem Finanzverwalter den Einsatz und den Eifer für große Aufgaben: Er sieht, daß der Eitelkeit, den Spielen der Intrige und des Ehrgeizes so viel Bedeutung beigemessen wird, daß er, ohne es zu merken, das rechte Maß der Werte verliert«, schreibt er in seiner Einleitung zu der »Administration des finances«[14]. Er hat den Mut, mit dem Zeigefinger auf Versailles zu weisen, dorthin, »wo die Eitelkeit zu Hause ist«, wobei er dann noch sehr treffend hinzufügt, daß die Gefahren für das Ministerium des Äußern, des Krieges und der Marine weniger groß seien als für die Verwaltung. Die Quintessenz seiner Reformvorschläge ist daher die Dezentralisierung, deren Vorteile er in geschickter Weise vorführt.[15]

Als Napoleon seine strengen Zensurmaßnahmen ergriff, blieb Necker der Appell an die Öffentlichkeit, den er früher mit Erfolg angewandt hatte, verwehrt. Heute wissen wir allerdings, daß sich Necker nicht täuschte, sondern nur seiner Zeit voraus war, als er in der öffentlichen Meinung eine Großmacht sah. Diese Erkenntnis gehört zu den unbestrittenen großen Leistungen, die den Platz Neckers in der französischen Geschichte bestimmen. In der Offenlegung der Finanzen und in der Öffentlichkeit aller Regierungsmaßnahmen, soweit sie nach reiflicher Beratung zu Beschluß kamen, sah er die Voraussetzung seiner Politik. Bis 1781 glich das französische Finanzwesen einem Buch mit sieben Siegeln. Niemand kannte sich richtig darin aus. Das war nicht immer, aber meistens ein großer Nachteil, weil das Vertrauen in das staatliche Finanzwesen darunter litt. Die Öffentlichkeit mußte annehmen, daß für eine solche Geheimhaltung triftige Gründe vorlägen. Wahrscheinlich, so wurde vermutet, war die Finanzlage so schlecht, daß man die Hülle des Schweigens über sie ausbreiten mußte. Kein Wunder, daß unter solchen Umständen der französische Kapitalmarkt austrocknete, während England und Holland sowohl eigenes wie fremdes Kapital anzogen.

Außerdem erkannte Necker frühzeitig die Bedeutung der öffentlichen Meinung in der zunehmenden Verbreitung politischer Druckschriften und im Einfluß der zahlreichen neugegründeten Clubs. Der Salon von Madame Necker, wo namhafte Schriftsteller und sonstige Persönlichkeiten verkehrten, spielte dabei eine wichtige Rolle. Die Salons und Clubs können durchaus als eine Vorstufe zu der »Großmacht« Presse und den heutigen Massenmedien bei der Bildung der öffentlichen Meinung angesehen werden. Die allgemeine Staatspolitik blieb zwar in ihre Geheimsphäre gehüllt, solange sich die absolute Monarchie an der Macht hielt, aber die öffentliche Rechnungslegung der Finanzen wurde seit Neckers »Compte rendu« auch in Frankreich zur Selbstverständlichkeit, und andere Länder folgten nach, je mehr sich die Wirtschaft von der staatlichen Bevormundung befreite. Necker deutete die Zeichen der Zeit also richtig, wenn er die Zahlen des Staatshaushalts der Öffentlichkeit vorzulegen wünschte.

Die »Öffentlichkeit« des 18. Jahrhunderts, an die Necker appellierte, entsprach allerdings keineswegs unserem heutigen Begriff von Öffentlichkeit. Neckers Popularität stützte sich weniger auf die großen Volksmassen als auf Literaten, Philosophen, Künstler und Journalisten, durch deren Urteil eine Reputation aufgerichtet oder zerstört werden konnte. Necker ritt tatsächlich auf einer Welle der Popularität, eine seltene Erscheinung in jener Zeit, in der die breiten Massen noch keine Macht besaßen. Sie basierte nicht auf Volkstümlichkeit im heutigen Sinne, sondern auf seinem Ansehen als Finanzmagier und als Reformator der Verwaltung. Seine mutige Haltung bei den Auseinandersetzungen von Versailles im Juni 1789 trug dazu bei, ihn als Sprachrohr des Bürgertums bekannt zu machen.

Sodann war das Zweikammersystem nach englischem Vorbild ein weiteres wesentliches Anliegen des Ministers. Das Parlament sollte den Ausgleich zwischen der unteren Kammer, deren Mitglieder durch direkte Wahl das Volk und deren obere Kammer den hohen Adel vertrat, herstellen, also aus einem Unter- und einem Oberhaus bestehen. Allein die Tatsache, daß dieses Beispiel aus England kam, wurde seiner Anwendung in Frankreich zum Verhängnis. Es war sicher ein Zeichen französischen Vorurteils, vielfach bedingt durch die Erinnerungen an den Hundertjährigen Krieg und an die häufigen späteren Kämpfe mit England, gleich alles zu verdammen, was von der Insel auf den europäischen Kontinent hinüberlangte. Necker litt während seinen verschiedenen Regierungsperioden sehr unter dieser engen Gesinnung, die in Frankreich großen Schaden anrichtete.

Das Zweikammersystem war freilich nur ein Teil von Neckers Staatsgedanken. Dem Parlament sollte eine starke Exekutivgewalt gegenüberstehen, deren Grenzen jedoch durch die Gewaltenteilung zwischen Exekutive, Legislative und Justiz gezogen wurden. Neckers Staatsbegriff wirkt sehr modern, weil er zwar von den Rechtsverhältnissen ausgeht, jedoch das Sozialgefüge in den Mittelpunkt seiner Betrachtungen stellt. Wichtige Sozialmaßnahmen, wie der Ausbau der Krankenhäuser, die Gründung der staatlichen Pfandleihanstalten in Paris, die endgültige Abschaffung von Knechtschaft und Fronarbeit zeigen, wie stark dabei das soziale Gewissen des Finanzministers schlug. Trotzdem stand natürlich im Zentrum aller seiner Bemühungen die Finanzierung des Staatshaushalts.

Dabei sah er sich immer wieder mit der Frage konfrontiert, inwieweit die Steuern und inwieweit die Anleihen dem Volk und der Wirtschaft gegenüber zu rechtfertigen waren. Sollte sich der Staat mit den Steuern als Einnahmequelle begnügen, oder sollte er selbst als Unternehmer auftreten? Diese Frage führt zu den Wurzeln von Neckers Gedanken über die Gesellschaftsordnung. Kann Necker aufgrund der Befugnisse, die er der Regierung zuteilt, und aufgrund seiner Sozialpolitik als ein Vorläufer des Sozialismus oder als ein Vertreter des Interventionismus bezeichnet werden?

Die meisten modernen Autoren rechnen Necker zu den Vorläufern eines aufgeschlossenen, undogmatischen Liberalismus, weil er die persönlichen Freiheiten, das Eigentumsrecht und die Privatinitiative zum Ausgangspunkt seiner Lehren machte. Es ist wichtig, daran zu erinnern, daß im gleichen Jahr, in welchem Nordamerika seine Unabhängigkeit von England erklärte und in welchem Necker das Finanzministerium in Frankreich übernahm, Adam Smiths berühmtes Werk über den Wohlstand der Nationen[16] herauskam, worin der liberale Zeitgeist seinen bislang wirksamsten Ausdruck fand. Auch Necker war auf diesen Geist verpflichtet. Sein eigener Beitrag lag jedoch in der Untersuchung der sozialen Beziehungen zwischen den Gliedern der Bevölkerung, man darf wohl sagen in den sozialpolitischen Aufgaben des Staates. Man hat sein System unter den Sammelbegriff des Interventionismus eingereiht, ohne ihm dabei die ihm gebührende eigenständige Position einzuräumen. In seiner politischen Vorstellung hatte der Staat jedoch die Verpflichtung einzugreifen, um das Lebenshaltungsminimum zu garantieren, das damals allerdings ein Existenzminimum war. Hier liegt, historisch gesehen, das Merkmal, das ihn vom integralen Liberalismus unterscheidet. Eine weitere, wesentliche Erkenntnis, die er sich als Bankier aneignete, die aber sicher ganz allgemein zutrifft, bezieht sich auf das Vertrauen der Öffentlichkeit als Voraussetzung einer gesunden staatlichen Ordnung. Um dieses Vertrauen zu erringen, müssen die Dekrete der Regierung dauerhaft und unwiderruflich sein. Besondere Notlagen können Ausnahmen zwar rechtfertigen, aber das Vertrauen in den Staat darf dadurch nicht aufgehoben werden. Dabei betrachtete er die Steuern als notwendiges Übel.

Der Pragmatismus prägte Neckers Einstellung zum Merkantilismus, denn der Genfer redete keineswegs einem allgemeinen Staatsinterventionismus das Wort, sondern beschränkte sich auf Einzelfälle, wo seines Erachtens der Staat einzugreifen hatte. In diesem Sinne glaubte er den Getreidehandel deswegen kontrollieren zu müssen, weil er die Basis der Nahrungsmittelversorgung darstellte. Das Existenzminimum des Volkes sollte auf jeden Fall sichergestellt werden. In diesem Zusammenhang erkannte Necker auch das sogenannte »eherne Lohngesetz«, das darin besteht, daß der Lohn in einem freien Markt die Tendenz hat, auf das Existenzminimum abzusinken, ein Gesetz, das heute infolge der Macht der Gewerkschaften und der sozialen Maßnahmen des Staates seine Brisanz verloren hat. Um so wichtiger war ihm deshalb eine vernünftige Getreidehandelspolitik zur Sicherung des Existenzminimums, das ihm auch mehr bedeutete als jede abstrakte Definition der Menschenrechte. In den Anmerkungen zu seinem »Éloge de Colbert« schreibt er:»Die bessere Stellung der englischen Lohnempfänger besteht zwar wirklich, widerspricht aber nicht dem allgemeinen Prinzip, weil es in England durch besondere Verhältnisse beeinflußt wird. Das dortige Volk besitzt gewisse Vorrechte, durch welche es die Macht des Reichtums mäßigt. Dieses Vorrecht besteht im Wahlgesetz, durch welches ein Abgeordneter ins Parlament gewählt werden kann oder nicht. Dieser glücklichen Prärogative entspricht die Verbesserung der physischen Existenz der Engländer. Sie sind das einzige Volk Europas, das dieses besondere Glück kennt. Ferner vermindert das Ausmaß des Handels und der Kolonien Englands die Konkurrenz der Lohnempfänger, infolge der zahlreichen Arbeitsmöglichkeiten, die sich den Engländern überall bieten.«

Dieser häufige Vergleich mit England wurde Necker indessen übel ausgelegt. Seine ausländische Herkunft ist ihm viel weniger vorgeworfen worden als seine Anglophilie, sein Versuch, das Beispiel Englands zur Nachahmung zu empfehlen. In dieser Feststellung liegt vielleicht ein Schlüssel zum Verständnis sowohl von Neckers beispielloser Laufbahn wie seines politischen Schiffbruchs. Die Zugehörigkeit zum französischen Volkstum wird weniger durch das Blut als durch den Geist, den Geist der französischen Zivilisation, bestimmt. Es ist daher durchaus verständlich, daß Necker als Genfer, als Bürger einer frankophonen Stadt, trotz aller Hindernisse, die ihm im Wege standen, zum Amt eines Ersten Ministers aufsteigen konnte. Dagegen wurde ihm zum Verhängnis, daß er Frankreich mit seinen englischen Vorbildern kurieren wollte. Da bäumte sich der Stolz, der Hochmut, ja man darf bereits sagen, der Nationalismus, gegen ihn auf. Es bedurfte nur noch der geschickten Fallenstellung durch einige Demagogen, um die Popularität zu zerstören, die Necker bis dahin genossen hatte. Da nützte es ihm nichts zu beteuern, daß es nur um pragmatische Erfahrungen gehe und daß er keineswegs England gegenüber Frankreich bevorzuge. Er kam in die Defensive, und diese Defensive wurde durch seine Gegner rücksichtslos ausgenützt.

Neckers Klugheit, seine Tapferkeit, sein Gerechtigkeitssinn, aber ebenso seine Güte und seine Liebe erlauben uns, von einer »Tugendhaftigkeit« im klassischen Sinne zu sprechen. Diese Eigenschaften, die in seiner Lebensgeschichte immer wieder zum Ausdruck kommen, haben seine Zeitgenossen zu Recht beeindruckt. Man denke nur an sein ergreifendes Plädoyer für Ludwig XVI., das stärker war als die Rechtfertigung durch irgendeinen anderen Verteidiger, weil es von einem Manne kam, der am eigenen Leibe unter der Schwäche und dem Undank des Monarchen gelitten hatte. War es denn nicht ein Zeichen echter Seelengröße, daß ein Minister, der zu Recht enttäuscht und sogar verbittert sein durfte über die ihm zugefügte Behandlung, seine loyale Gesinnung bis zuletzt beibehielt?

Necker hat später den Schauprozeß gegen den armen König, der nach dem gescheiteren Fluchtversuch von Varennes nur noch ein Schattendasein fristete, mit schneidendem Scharfsinn gegeißelt: »Ist es nicht die Schuld dieser Verfassung, wenn es nur noch dem Scheine nach einen König gab; wenn die Monarchie selbst fehl am Platze war; wenn das Haupt der Exekutive nicht unterscheiden konnte, was er war und was er sein sollte; wenn er getäuscht wurde durch die Worte und durch den verschiedenartigen Sinn, den man ihnen geben konnte; er, ein König ohne jede Macht, ein Inhaber des Thrones ohne Respekt; im Besitz der Befehlsgewalt, aber ohne die Mittel, sich Gehorsam zu verschaffen; aufgrund der schwankenden Meinung einer gesetzgebenden Versammlung einmal ein einfacher Beamter und ein anderes Mal der erbrechtliche Repräsentant der Nation. Wie kann man von einem König, der ganz plötzlich in die Fangarme eines ebenso dunklen wie bizarren politischen Systems geraten und schließlich verfemt durch die Abgeordneten der Nation, wie kann man von ihm verlangen, sich inmitten eines dauernden Wechsels der Ideen als einziger folgerichtig zu verhalten?«[17]

Necker und Madame de Staël fanden keine Ruhe angesichts der ungeheuerlichen Dissonanzen der Französischen Revolution. Wie konnten im Namen von Freiheit, Gleichheit und Brüderlichkeit derartige Untaten stattfinden wie der Prozeß gegen Ludwig XVI., gegen Königin Marie Antoinette und gegen Tausende, die durch die

Guillotine fielen? Auf diesen Louis Capet, dem keine Demütigung erspart blieb, dem der Präsident des Konvents zurief:»Louis, vous pouvez vous asseoir!«(»Ludwig, Sie können sich setzen!«), auf diesen armen Menschen ging der Gewittersturm nieder, der sich während Jahrhunderten über dem Königsthron zusammengebraut hatte. Er hatte sein Land und seine Familie aufrichtig geliebt. Wie tragisch und wie heldenhaft zugleich war der Abschied von seiner Familie! Erst in diesem letzten Abschnitt seines Lebens war Ludwig XVI. in die Maße hineingewachsen, die man an einen König zu legen pflegt.

Necker, den zeitlebens gute Sterne geführt hatten, fühlte sich vom Schicksal Ludwigs XVI. mit betroffen. Zwar blieb es Necker erspart, die schwersten Zeiten, den Königsmord und die Schreckensherrschaft, in Frankreich mitzuerleben, aber diese Erkenntnis, dieser Glücksfall genügte ihm nicht, das Vergangene *ad acta* zu legen. Im Jahre 1793, als die Schreckensherrschaft ihrem Höhepunkt zustrebte, standen die drei Revolutionsführer Danton, Marat und Robespierre an der Spitze der Jakobiner. Das Dreigespann bestand sowohl in charakterlicher wie in politischer Beziehung aus sehr verschiedenartigen Persönlichkeiten. Danton, der kraftstrotzende Hüne, Marat, der rücksichtslose, aber vielleicht konsequenteste Scharfmacher, und Robespierre, der spitzfindige Jurist, hatten große Mühe, einen einheitlichen Kurs zu steuern.

In seinem tiefsinnigen Revolutionsbild, das er»Quatrevingttreize« betitelte, schilderte Victor Hugo ein langes Gespräch zwischen den dreien, bei welchem Marat, der vor nichts zurückschreckt, schließlich obenaufschwingt.»Die Gefahr kommt weder aus London, wie Robespierre glaubt, noch aus Berlin, wie Danton glaubt, sondern sie lauert in Paris. Sie liegt im Mangel an Einigkeit, am Recht, das jeder an sich reißt, ihr inbegriffen, Robespierre und Danton, in der Zersplitterung …«[18] Die Zersplitterung wurde ihnen zum Verhängnis. Sie konnten die Geister nicht mehr beherrschen, die sie gerufen hatten. Statt dessen erklang der Ruf nach einer echten Autorität, die dann schließlich von Napoleon wiederaufgerichtet wurde. Aber auch hierin sah Necker bekanntlich wenig Gutes, sosehr er auch die Wiedererrichtung der staatlichen Autorität herbeiwünschte.

Wie konnte Necker diese langen, schweren Jahre durchstehen? Ein tief religiöser Glaube bildete die Grundlage seiner Charakterstärke und seiner Seelengröße, doch sprach er nur wenig über sein persönliches Bekenntnis. Immer wieder betonte er die Wichtigkeit der Religion für den Staat, für die Gesellschaft und für den einzelnen. Vor allem müsse der Staat für die Respektierung der Kirchen sorgen.»Es genügt nicht, daß die Regierungen überzeugt sind vom Einfluß der Religionen auf die Moral und das Lebensglück der Menschen: Sie müssen die bestgeeigneten Mittel auswählen, um deren heilsame Wirkungen zu verstärken; und unter diesem Blickwinkel erlangen alle öffentlichen Kulthandlungen die größte Wichtigkeit«.[19] »Die Moral ist nicht die Nachfolgerin der Religion, sondern deren Schwester. Beide sind sie Mütter der Gesellschaft und der sozialen Ordnung«, antwortet er auf die häufigen Einwände, welche annehmen, Moral könne ohne Religion auskommen. Dieses schöne Bild der Schwesternschaft von Religion und Moral zeigt erneut, auch auf rein geistigem Gebiet, die Stärke von Neckers Imagination. Wenn er manchmal von seinen Spöttern »Monsieur de l'Enveloppe« oder »le banquier sentimental« genannt wurde, dann konnte er selbst darüber lächeln.

Obwohl sich der Baron von Coppet im Gespräch über Glaubensfragen eher zurückhielt, griff er in seiner letzten Lebensspanne zweimal zur Feder, um sein religiöses und moralisches Bekenntnis vorzutragen. Im Jahre 1788, kurz vor der Französischen Revolution, erschien sein umfangreiches Buch »De l'importance des opinions religieuses« (Von der Bedeutung der religiösen Meinungen) und noch später, 1800, sein »Cours de morale religieuse« (Abhandlung der religiösen Moral). Man erkennt in diesem doppelten Aufgebot, daß Religion und Moral für Necker keine abstrakten Begriffe, sondern lebendige Anliegen waren, die er mit dem Bilde der ebenbürtigen Schwestern versah.

Das Jahr 1788 war mit einer längst überfälligen Maßnahme eingeleitet worden, welche den französischen Protestanten, die nach der Aufhebung des Edikts von Nantes im Jahre 1685 nur noch ein Schattendasein führten, zwar nicht die volle Religionsfreiheit gewährte, aber wenigstens gewisse Rechte wie jenes der kirchlichen Eheschließung einräumte. Necker, der standhaft an seinem protestantischen Glauben festgehalten hatte, ergriff die Gelegenheit, um ein Buch zu veröffentlichen, das ihm in manchen katholischen Kreisen half, restliche Vorurteile gegen die Protestanten abzubauen. Von anderer Seite wurde es jedoch heftig angegriffen. Bereits dessen Titel zeigt nämlich, daß es Necker weniger um den Glauben als um den Nutzen der Religionen für den Staat und für die Gesellschaft ging. Es hieß nicht ganz zu Unrecht, es handle sich da um die Religion eines Bankiers.

Ausgangspunkt des Werkes ist Neckers fester Glaube an Gott, doch ohne die Einfügung in die starren Dogmen einer Konfession. Man könnte sein Credo eher einem philosophischen Deismus oder Quietismus zuordnen als etwa dem harten Calvinismus. Es ging ihm weit weniger um die Glaubenssätze einer ewig gültigen Offenbarung, auch nicht um ein unerschütterliches Lehrgebäude, als vielmehr um eine Philosophie, die den Zeitbedürfnissen entsprach. Necker betrachtete die Religion als gleichermaßen notwendig für arm und reich: Für die Armen, weil ihnen durch Gottes ausgleichende Gerechtigkeit eine Entschädigung für alle irdische Misere verheißen wurde, und für die Reichen, weil Thron und Altar ihren Besitzstand absicherten. Viel schwerer tat sich Necker dagegen in der Entscheidung zwischen Katholizismus und Protestantismus. Für sich persönlich hielt er dem Protestantismus, der zu seinen Genfer Traditionen gehörte, die Treue. Aber was galt für Frankreich, seine Wahlheimat? Nach häufig erprobter Weisheit ließ er sich vom alten Prinzip der Anerkennung der bestehenden Ordnung leiten, des »cujus regio, eius religio«[20], obschon er darüber hinaus Toleranz für die religiösen Minoritäten forderte.

In Erwartung des Jüngsten Gerichts, durch welches dereinst eine endgültige Gerechtigkeit hergestellt wird, müsse sich der Mensch mit dem Los abfinden, das ihm Gott aufgegeben hat. Hieraus folgt in seinen Augen keine fatalistische Lebenslehre, sondern die Verpflichtung der Reichen, den Armen auch dort zu helfen, wo eine freiheitliche Gesetzgebung nichts auszurichten vermag. Durch Wohltaten, so Necker, erfülle der Reiche nicht nur seine Pflichten, sondern begründe sein eigenes Seelenheil, ganz abgesehen davon, daß er dadurch zur Festigung des Sozialgefüges beitrage. Der Staat seinerseits müsse für die Respektierung der Kirchen und des Kultus sorgen.

Necker verstand es, seine Bücher im richtigen Moment herauszugeben, dann nämlich, wenn ein Thema heftig diskutiert und um so mehr gelesen wurde. So auch die Schrift über die religiöse Moral, das heißt über die Religionspolitik, die kurz nach der Französischen Revolution erschien; sie löste gleichzeitig breite Zustimmung und erbitterte Kritik aus. Sicher gehört sie nicht zu seinen Hauptwerken, deren Stärke auf dem Gebiet der Wirtschaft und der Verwaltung lagen. Den Schwung der Begeisterung oder die gedankliche Originalität der Kirchenväter und der Reformatoren darf man hier nicht erwarten. Trotzdem trug auch dieses Buch zum schriftstellerischen Erfolg des Autors bei, dem es stets gelang, die schwierigsten Probleme auf einen einfachen Nenner zu bringen und in äußerst gewandtem Stil vorzutragen.

Nicht anders auch in seinem Werk über die religiösen Meinungen, in dem er sich mit den wichtigsten Beweisen für die Existenz Gottes und der Unsterblichkeit der Seele befaßte. Abgesehen von den ontologischen Beweisen legte er den größten Wert auf die Feststellung, daß die Menschen Gott brauchen und der Religion bedürfen. Gott und die Unsterblichkeit der Seele leugnen hieße das Wesen des Menschen in wichtigen Belangen völlig abwerten. In diesem Zusammenhang muß auch Neckers Auseinandersetzung und Abrechnung mit dem Materialismus gesehen werden.[21]

Nach Necker liegen die Wurzeln des Materialismus sowohl im Sensualismus, der die Seele zu einem materiellen Instrument »degradiert«, wie im Atheismus, der uns einer blinden Natur ausliefert. Beide Quellen des Materialismus sind gleichermaßen gefährlich, weil sie den Menschen seines geistigen Fundaments berauben. Er warnt davor, nur für die Gegenwart und nicht zugleich für eine fernere Zukunft zu leben, in welcher jeder momentane Vorteil des Menschen verblaßt und nur dessen Persönlichkeit, dessen geistiger Gehalt zählen wird. Die materialistischen Anschauungen sind für Necker um so verwerflicher, als er davon ausgeht, daß der Mensch als verstandesbegabtes Wesen fähig ist, die Wahrheit zu erkennen. Er bezeichnet die Religion dabei als Wegweiserin auf dem Pfade der Wahrheit. Es geht dem Baron von Coppet aber nicht nur um die Religion als Hüterin von Wahrheit und Glauben, sondern ebenfalls um ihre Fähigkeit, als Helferin in Zeiten des Unglücks und der Verzweiflung zu wirken. Nach dem Tode seiner Gattin und nach der Schreckensherrschaft der Jakobiner handelte es sich dabei um Fragen, die ihn persönlich, aber auch seine Zeitgenossen erschütterten. Glaube und Religion wurden für ihn die einzigen Trösterinnen, die es ihm möglich machten, solche Schmerzen zu ertragen.

Es ist sehr aufschlußreich, noch einer anderen Eigenschaft nachzugehen, die Neckers Erfolge förderte, nämlich seinem »Timing«, der Erfassung des richtigen Zeitpunkts seiner Entscheidungen. Das zeigt sich sehr deutlich im Rhythmus seiner Publikationen. Neckers Preisschrift über Colbert, die im Jahre 1773, kurz vor Beginn der Regierung Ludwigs XVI., herauskam, bildete den Auftakt zu seiner politischen Laufbahn. Sein Memorandum über die Provinzialversammlungen, das er 1777 dem König streng vertraulich übergab, enthielt die Hauptpunkte seines politischen Programms. Noch kurz vor seinem ersten Rücktritt ließ er durch die Veröffentlichung seines Rechenschaftsberichts eine Bombe zünden, die große Wirkungen haben sollte. Wie die warmen Semmeln beim Bäcker, so wurde dieser Bericht den Druckern aus den Händen gerissen.

Danach verstand es der ehemalige Minister trotz des Exils, in dem er sich befand, durch sein Standardwerk von 1784, die »Administration des finances«, dessen Erfolg die kühnsten Erwartungen übertraf, die sonst so vergeßliche und undankbare Öffentlichkeit erneut auf sich aufmerksam zu machen. Selbst Calonnes Anklagen nutzte er zu seinen Gunsten, indem er den Spieß einfach umdrehte und den Wind der öffentlichen Kritik wieder in seine Segel trieb. In Neckers letzten Lebensjahren folgten seine Rechtfertigung und sein politisches Testament. In kurzem Abstand erschien sein Werk über die Französische Revolution (1796), die Schrift über die religiösen Lehrmeinungen, sein geistiges Vermächtnis (1798) und zuletzt »Les dernières vues«, als ob er 1802 gewußt hätte, daß ihm nur noch wenig Zeit für ein Schlußwort vergönnt sein würde.

Über »Glück« und »Unglück« in der Weltgeschichte ist viel geschrieben worden. Jakob Burckhardt fand die Bezeichnung »Glück« und »Unglück« unangemessen für weltgeschichtliche Betrachtungen. Etwas anderes ist aber das »Timing«, die richtige Wahl des Zeitpunkts einer Entscheidung. Dieses Gefühl war früher sicher mindestens ebenso wichtig wie heute, im Zeitalter der elektronischen Uhr. Keine Uhr kann das menschliche Gespür ersetzen. Ohne Zweifel ist die historische Laufbahn Neckers, der in langsamer Gangart, aber mit nahezu nachtwandlerischer Sicherheit die Stufenleiter vom Banklehrling zum ersten Minister Frankreichs emporstieg, im richtigen Zeittakt abgelaufen, obschon seine eigene Uhr mit derjenigen Frankreichs während des ausgehenden 18. Jahrhunderts und zu Beginn des 19. Jahrhunderts nicht mehr übereinstimmte.

Woher hatte Necker diesen Zeittakt? Woher stammte der Kompaß, von dem Madame de Staël meinte, ihr Vater habe davon die Schwingungen seiner Weltenreise abgelesen? Wir wissen von vielen großen Schlachtenlenkern und führenden Wissenschaftlern, daß ihre Erfolge einerseits auf frühzeitige Informationen, andererseits auf das Erkennen der Bedeutung einer Information zurückgingen. Aber gleichzeitig türmen sich auch immer mehr Hindernisse und Schwierigkeiten auf. Wenn ein Mensch als Politiker höher und höher steigt, dann wird es für ihn immer schwerer, gleichzeitig seinen eigenen Sternen und den Landesgestirnen zu folgen. Es gibt zahlreiche Aspekte, die den Erfolg eines Staatsmannes bestimmen. Im Falle Neckers kann man sich fragen, ob mit dem richtig gewählten Zeitpunkt seiner Publikationen eine entsprechende zeitliche Abstimmung seiner Aktionen einherging. Richtige Ideen und richtiges Handeln müssen nicht immer übereinstimmen.

Bei Necker aber war dies der Fall. Seine Maßnahmen entsprachen stets den Erfordernissen seiner Zeit, ja waren in besonders guter Weise darauf abgestimmt. Er ging dabei stets nur an die Grenze des Erreichbaren, nie ins dunkle Unbekannte oder in die Fallen der gesellschaftlichen Umstürzer. Da er den Anbruch eines neuen Zeitalters klar erkannte, bemühte er sich ernsthaft, das Ancien régime möglichst schmerzlos in eine neue Ordnung überzuleiten. Man täte ihm Unrecht, wollte man ihm vorwerfen, er habe es zu Grabe getragen. Er vermied den Hauptfehler des französischen Adels, am damals Überlebten festzuhalten. In geistiger Hinsicht war er seiner Zeit weit voraus: Seine Verfassungsvorschläge wurden von Ludwig XVIII. aufgegriffen, aber erst unter dem Bürgerkönig Louis Philippe führten seine Reformen wirklich zum Erfolg. Trotz all dieser Qualitäten zeigte sich jedoch, daß es ihm in entscheidenden Momenten an der Konsequenz und vor allem an der Durchsetzungskraft fehlte, die den großen Staatsmann auszeichnen. Ohne sein Scheitern wäre Neckers Bild unvollständig.

Neckers Realitätssinn optierte eher für Voltaire als für Rousseau, weil er, auch aufgrund seiner calvinischen Grundhaltung, den Gedanken ablehnte, daß der Mensch von Natur aus gut sei. Ebenso wie Voltaire sträubte er sich dagegen, in unserer Welt »die beste aller Welten« zu sehen. Er hielt zwar den Menschen für besserungsfähig und besserungswürdig, aber dabei mußte man bedächtig vorgehen und sich auf frühere Erfahrungen stützen. Zum nüchternen Urteil gesellte sich auch seine echt schweizerische Zähigkeit, »sa tenacité

helvétique«, wie man sie nannte, welche sicher zu seinem außergewöhnlichen Aufstieg beitrug. Man darf dabei natürlich nicht die el-
terlichen Erbanlagen vergessen, wie seine typische französische Bravour, der ökonomische Sinn seiner provenzalischen Vorfahren wie
auch seine preußische Gründlichkeit und Pflichterfüllung, die sein
Gesamtbild mitprägten. Aber ausgehend von diesem vielfältig zu-
sammengesetzten Bild gelangt man zu der Frage: Wen und was
repräsentierte er eigentlich zu seiner Zeit und für uns selbst, 200 Jahre nach seiner Regierungszeit?

Necker repräsentiert nicht den französischen Zeitgeist, weder
des Ancien régime noch der Revolution. Als Vertreter des aufstei-
genden Bürgertums, das sich immer mehr durchsetzte, wurde er
zum Wegweiser in neue Gebiete der Wirtschafts- und Sozialpolitik,
zu einem Leuchtturm in der Sturmflut der damaligen Zeit. Seine in-
tuitiven Fähigkeiten, sein Sinn für die Stimmungen und Schwingungen, die ihn umgaben, ließen ihn entscheidende Entwicklungen
vorausfühlen. Selbst am Ende seiner politischen Laufbahn, im Jahre 1790, sah er nicht nur den weiteren Verlauf der Ereignisse klar voraus, sondern zog daraus die nötigen Konsequenzen, die ihn vor der
sonst unvermeidlichen Guillotine retteten und seine Familie vor
einem tragischen Schicksal bewahrte. Obschon er nur ungern einen
Platz räumte, der ihm vorbestimmt erschien, fügte er sich ohne Widerstand einer höheren Macht, als er erkannte, daß der richtige Zeitpunkt gekommen war. Auch die Fähigkeit, sich rechtzeitig zurückzuziehen, gehört zum Rüstzeug des Staatsmannes.

Um ein abgerundetes Bild Neckers zu gewinnen, muß man zum
Zentrum seiner Persönlichkeit vorstoßen. Wie ließen sich sonst die
Widersprüche erklären, die an vielen Stellen seines Lebenslaufes offen oder versteckt zutage traten? Es zeigt sich dann, daß Necker nicht
so sicher, nicht so stark war, wie er nach außen scheinen wollte. Er
war nicht der Typus des Siegers, des Helden, sondern ein Mann, der
durch die Gunst der Umstände zum Erfolg gelangte. Seine Mitbürger, geführt von einer Anzahl einflußreicher Intellektueller, ver-

mochten es, ihn auf seine hohe Position zu hieven. Dabei verhalf ihm sein biedermännisches Auftreten, das eine solide Glaub- und Kreditwürdigkeit ausstrahlte, zum unaufhaltsam scheinenden Aufstieg. Erst zum Zeitpunkt, als diese Attribute nicht mehr genügten, brach das Gebäude zusammen, das ihm seine Anhänger errichtet hatten. Da zeigte sich die Tragik, daß inmitten der Not der Französischen Revolution weder der gute Wille noch alle anderen zuvor ausreichenden Fähigkeiten genügten, um das schwankende Staatsschiff in einen rettenden Hafen zu steuern. Weder die volksverführenden Demagogen noch der Bankier im Mantel des Biedermannes vermochten es, diese große Aufgabe zu bewältigen.

Anmerkungen

Einleitung

1 Der erfolgreiche Arzt François Quesnay (1694–1774), der zum Leibarzt des Königs Ludwig XV. und der Marquise de Pompadour aufstieg, machte sich einen bedeutenden Namen durch seine wissenschaftliche Mitarbeit an der *Encyclopédie Française*. Er beschränkte seine Forschungen nicht nur auf das Gebiet der Medizin, sondern formulierte bahnbrechende Ideen im Bereich der Landwirtschaft und der ganzen Volkswirtschaft. Um seine Theorie der alleinigen Produktivität der Landwirtschaft plausibel zu machen, entwarf er seinen »Tableau économique«, das Modell einer volkswirtschaftlichen Distributionslehre, die zwar in der Annahme der ausschließlichen Produktivität der Urproduktion fehlging, jedoch einen großen Einfluß auf die Entwicklung der Nationalökonomie haben sollte. Quesnay begründete die Schule der Physiokraten, in Frankreich schlechthin »l'école économique« genannt, die bedeutende Anhänger und großes Ansehen gewann.

2 Die physiokratische Lehre, ein ökonomisches System, das von der alleinigen Produktivität der Landwirtschaft ausging. Vgl. die vorstehende Anmerkung über François Quesnay.

3 Assignaten: vom französischen Staat erlassene Schuldverschreibungen, deren Wert durch den Verkauf der Kirchengüter abgesichert war. Sie sollten zunächst nur dem Finanzministerium als Finanzierungsmittel dienen, wurden aber bald darauf durch die Verleihung des Zwangskurses mit dem Geldumlauf in Beziehung gesetzt und als Zahlungsmittel gebraucht.

4 Guillotine: Fallbeil, das der Arzt Dr. Guillotin konstruiert hatte, um die während der Französischen Revolution immer häufigeren Todesurteile auf eine »menschlichere Weise«, das heißt rascher und schmerzloser, zu vollstrecken.

5 J. Herrmann, Zur Geschichte der Familie Necker, Berlin 1886, bisher die einzige deutschsprachige Geschichte des Hauses Necker

6 H. Lüthy, La Banque Protestante en France, 2 vols., Paris 1959–1961

7 Um die gestraffte Form der Einleitung zu wahren, werden hier nur die Namen der ersten großen Historiker der Französischen Revolution erwähnt, während wir auf deren Werke sowie auf andere Werke neueren Datums im Text und im Literaturverzeichnis zurückkommen werden.

Der Schwanengesang des Ancien régime

1 Hippolyte Taine (1828–1893) war einer der bedeutendsten französischen Historiker. Als Anhänger und Nachfolger von Sainte-Beuve verstand er es ausgezeichnet, geschichtliche und literarische Ereignisse in den allgemeinen zeit- und milieubedingten Zusammenhang einzuordnen. So solide wie der Inhalt, so brillant war der Stil seiner Untersuchungen.

2 »Revolutionen sind gemacht, bevor sie ausbrechen.« (Ch. Maurras)

3 »Ce droit ne vient point de la nature; il est donc fondé sur des conventions.« Jean-Jacques Rousseau, Du contrat social, Paris 1978, S. 160

4 Jean-Jacques Rousseau, Du contrat social, S. 187

5 Jean-Jacques Rousseau, Discours sur les sciences et les arts, Paris 1971

6 Jean-Jacques Rousseau, Discours sur l'origine et les fondements de l'inégalité parmi les hommes, Paris 1971

7 Jean-François Bergier, Une histoire du sel, Fribourg 1982

8 »Der König regiert aus eigener Macht.« Doch bekannter ist der Ludwig XIV. zugeschriebene Satz »L'État c'est moi«.

9 John Law (1671–1729), der schottische Finanzakrobat und Stammvater des Papiergeldes, hatte in Frankreich zunächst mit viel Erfolg die »Mississippi Compagnie« gegründet und eine Privatbank errichtet, die dann zur Staatsbank umgewandelt wurde. Als letztere immer neues Papiergeld druckte, kam der Höhenflug der Aktien des Instituts allmählich zum Stillstand. Das Vertrauen schwand, worauf das ganze Unternehmen kläglich zusammenbrach. Vgl. Charles Rist, Geschichte der Geld- und Kredittheorien, S. 24 ff. – H. Lüthy, La banque protestante, I, S. 287 ff., sowie Edgar Faures und Paul Harsins Biographien über John Law.

10 Jeanne-Antoinette Poisson (1721–1764), die Geliebte Ludwigs XV. und nachmalige Marquise de Pompadour, übte einen starken Einfluß auf den König aus. Berühmte Zeitgenossen wie Voltaire und Diderot lobten sie, weil sie die Künste und Wissenschaften im allgemeinen gefördert und viele diplomatische Erfolge für Frankreich errungen habe.

11 »Süß ist die Rache – laßt's euch sagen,
des Meisters, den ihr so verkannt,
denn seine Brücke hat getragen,
die schwerste Last vom ganzen Land.«
(Übersetzung von Wolfgang Oppenheimer)

12 Arthur Young, Reisetagebücher; siehe Literaturverzeichnis.

13 Anne-Robert-Jaques Turgot (1727–1781), Physiokrat, Finanzminister von 1774 bis 1775

14 Arthur Young, a. a. O., Band II, S. 784 ff.

Necker und Genf

1 Im Jahre 1797 waren es genau 20 513 Seelen laut Rudolf Braun: Das ausgehende Ancien Régime in der Schweiz, Aufriß einer Sozial- und Wirtschaftsgeschichte des 18. Jahrhunderts, Göttingen 1984

2 J. Herrmann, Zur Geschichte der Familie Necker, S. 4 ff.

3 Jacques Cœur, Geburtsdatum umstritten, gestorben 1456, Finanzminister Karls VII., Jacques Cœur verkörperte bereits im frühen 15. Jahrhundert den für jene Zeit äußerst seltenen Typus des Selfmade-Mannes. Von einem Kürschner in Bourges im heutigen Département Cher abstammend, heiratete er eine Tochter des dortigen Münzmeisters, dessen Betrieb er schon in jungen Jahren in Pacht nehmen konnte. Sodann handelte er in großem Stil mit dem Vorderen Orient fast mit allem, von Früchten und Gewürzen über Stoffe und Waffen bis zu Silber und Gold. Dank Cœurs Reichtum wurde König Karl VII., der in Bourges residierte, auf ihn aufmerksam und ernannte ihn zu seinem Berater und Finanzminister. Als Cœur dem König und seinem Hofe so viel Geld geliehen hatte, daß an eine Rückzahlung nicht mehr zu denken war, wurde ihm ein langwieriger Prozeß wegen Falschmünzerei und Betrugs angehängt, an dessen Ende er mit der Beschlagnahmung seines Vermögens und zur Verbannung verurteilt wurde. Er starb 1456 in Chios (Peloppones), wo er zum Kommandanten der Päpstlichen Flotte avanciert war.

4 Isaac Vernet, Kaufmann in Marseille, dann Bankier in Paris

5 Die *Livre tournois* war die französische Rechnungseinheit.

6 J. J. Rilliet, Bankier in Paris, wo er 1776 verstarb

Necker als Bankier

1 Schnee, Heinrich, Die Hoffinanz und der moderne Staat, Geschichte und System der Hoffaktoren im Zeitalter des Absolutismus, Berlin 1963

2 Siehe Kapitel »Schwanengesang des Ancien régime«, Anm. 9.

3 Jean-Robert Tronchin. Vgl. H. Lüthy, La Banque Protestante en France, Paris 1961, Band II, S. 205 u. S. 853

4 Die Familie Mallet brachte zahlreiche bedeutende Bankiers hervor. Vgl. H. Lüthy, a. a. O., Band II, S. 832–833. Vgl. ferner die Festschrift zum 250. Jubiläum der Bank Mallet Frères & Cie. (1713–1963). Die Bank besteht auch heute, in fusionierter Form, weiter unter dem Namen de Neuflize, Schlumberger, Mallet.

5 Die Bank Vernet gehörte zu den ältesten französischen Banken. Vgl. H. Lüthy, a. a. O., Band II, S. 856

6 Jean-Baptiste Colbert (1619–1683), Minister Ludwigs XIV. von 1663 bis 1683. Zur Erinnerung an Colberts 300. Todestag fand 1983 im Pariser Palais de la Monnaie eine große Gedenkausstellung statt, deren Katalog mit besonderer Sorgfalt erstellt und als Nachschlagewerk über alle Stationen seines Lebens und Wirkens gebraucht werden kann.

7 H. Lüthy, La Banque Protestante, Band II, S. 777
8 Ghislain de Diesbach, Necker, Paris 1978, S. 31
9 H. Lüthy, a. a. O., Band II, S. 27
10 H. Lüthy, a. a. O., S. 343
11 H. Lüthy, a. a. O., S. 221
12 H. Lüthy, a. a. O., S. 224 ff.
13 H. Lüthy, a. a. O., S. 215
14 H. Lüthy, a. a. O., S. 227
15 Vgl. Steven L. Kaplan, Le complot de famine. Histoire d'une rumeur au 18ᵉ siècle, Paris 1982
16 H. Lüthy, a. a. O., Band II, S. 223
17 H. Lüthy, a. a. O., Band II, S. 374 f.
18 Affidavit ist eine Bescheinigung, die auf einer eidesstattlichen Aussage beruht.
19 Vgl. G. de Diesbach, Necker, S. 36 ff.
20 H. Lüthy, a. a. O., Band II, S. 217
21 H. Lüthy, a. a. O., S. 218 f., sowie G. Soloveytchik, Leu & Cie. von 1755 bis 1955, Festschrift zum 200. Jubiläum, Zürich 1955

Suzanne Curchod. Von Cressier bis Versailles

1 H. Lüthy, a. a. O., Band II, S. 373
2 Graf Fedor Golowkin, Lettres diverses recueillies en Suisse, Genève 1821
3 E. Gibbon, The Autobiographies, Band II, S. 259
4 Suzanne spielte ihrem Gatten diesen Brief zu.
5 Jean-François Marmontel (1723–1799), Historiker und Schriftsteller
6 G. de Diesbach, a. a. O., S. 60, zitiert O. d'Haussonville, Le Salon de Madame Necker, Band I, S. 113

Einstieg in die Politik

1 Etienne Maynon d'Invau versah das Amt des *controlleur général*. Vgl. H. Lüthy, a. a. O., Band II, S. 388 ff.
2 Etienne-François Duc de Choiseul (1719–1785), französischer Außen- und Premierminister
3 »Er ist stark, dick und munter, und wenn wir sein Bild im Staatsrat gehabt hätten, so wäre ich nie abgefahren.« Zit. bei O. d'Haussonville, Le Salon de Madame Necker, Band II, S. 93
4 H. Lüthy, a. a. O., Band II, S. 403. Aus dem Inventar des verstorbenen Partners Neckers, George-Tobie de Thellusson, vom 17. Februar 1777 (A. N., Min., Etude LXXIII, 981) geht hervor, daß der Bankier zum Zeitpunkt seines Todes ein Guthaben von zirka fünf Millionen Livres bei der Bank Germany, Girardot & Cie. besaß. Insgesamt betrug Thellussons Vermögen 7 105 560 Livres.

5 H. Taine, a. a. O., Band I, S. 117 ff.
6 H. Taine, a. a. O., Band I, S. 146 ff.
7 H. Lüthy, a. a. O., Band II, S. 399
8 H. Lüthy, a. a. O.
9 H. Lüthy, a. a. O.
10 Die berühmte Schrift J.-J. Rousseaus wurde allerdings bereits am 9. Juli 1750 preisgekrönt.
11 Sébastien Le Prestre, Marquis de Vauban (1633–1707), berühmter Festungsbaumeister und französischer Marschall seit 1703, beeinflußte den Festungsbau und den Festungskrieg bis in die Mitte des 19. Jahrhunderts in maßgeblicher Weise. Er trat auch als Volkswirtschaftler hervor, indem er den Merkantilismus in die physiokratische Lehre überleitete, weil er der Landwirtschaft den ihr zukommenden Platz einräumte.
12 Abbé Ferdinand Galiani (1728–1782), Literat und Ökonom, war kein »économiste« im Wortgebrauch des 18. Jahrhunderts, sondern ein Gegner der Physiokraten und ein weit über seine Zeit hinausblickender Sozialökonom.
13 E. Faure, La Disgrace de Turgot, Paris 1961, S. 170
14 H. Grange, Les idées de Necker, Paris 1974, S. 30
15 Jean de Pange, Necker en Angleterre, in »La Revue des deux mondes«, Paris, 1. April 1948
16 E. Gibbon, Miscellaneous works, London 1814, zitiert bei Jean de Pange, a. a. O., S. 485
17 H. Lüthy, a. a. O., Band II, S. 414 ff.

Neckers erstes Ministerium

1 H. Taine, a. a. O., Band I, S. 118
2 H. Taine, a. a. O., Band I, S. 119 mit Zitat aus J. Necker, Sur l'Administration des finances. Œuvres complètes, Band II, S. 119
3 H. Taine, a. a. O., Band I, S. 117 mit Zitat aus François-Auguste de Châteaubriand, Mémoires, Band I, S. 221
4 H. Taine, a. a. O., Band I, S. 143
5 G. de Diesbach, Necker, S. 147, mit Zitat aus Sayous, Mémoires et correspondances de Mallet du Pan, Band II, S. 461
6 H. Lüthy, a. a. O., Band II, S. 496–497
7 Leibrenten können auf einen oder zwei Köpfe, aber auch auf 30 Köpfe abgeschlossen werden, wobei dann die Renten bis zum Tode des letzten Beteiligten laufen.
8 Korrespondenzen des Grafen Mercy-Argenteau; siehe Literaturverzeichnis.
9 Thomas Jefferson (1743–1809), amerikanischer Präsident
10 J. Necker, Präambel vom 2. November 1777, vgl. R. Stourm, Les Finances de l'Ancien régime er de la Révolution, Band I, S. 241 ff. Gemäß der Präambel Neckers handelte es sich um »die Früchte der Arbeit und des Verstandes, die nie

gerecht veranlagt werden könnten, es sei denn mit Hilfe einer so unbeschränkten Inquisition, daß sogar eine willkürliche Einschätzung vorzuziehen gewesen wäre«.

11 R. Stourm, Les Finances de l'Ancien régime et de la Révolution, Band I, S. 65
12 J. Necker, A. P., Band III (Ausgabe Heubach)
13 J. Necker, a. a. O., S. 153
14 J. Necker, a. a. O., S. 156
15 J. Necker, a. a. O., S. 157
16 J. Necker, a. a. O., S. 158
17 Robert D. Harris, Necker, Reform statesman of the Ancien Régime, London 1979, S. 176 ff.
18 Die in der Haute-Guyenne erarbeiteten Steuerprinzipien brauchten lange Zeit, bis sie sich in diesen ländlichen Gebieten durchsetzten. In solchen Erziehungsmethoden lag ein Hauptverdienst der Provinzialversammlungen. Die Provinz Berry stützte sich auf die Erfahrungen der Haute-Guyenne, die sie von 1783 an auf ihre Gemeinden anwandte. Während der Amtszeit Neckers wurden auch in Moulins und in der Dauphiné Provinzialversammlungen einberufen, wobei die Ergebnisse der Haute-Guyenne und von Berry einen starken und bleibenden Einfluß hatten. Ein besonders wichtiges Steuerprinzip, das von Berry ausging und später in ganz Frankreich Gültigkeit erlangte, besagte, daß der Grundbesitz nur am Ort, wo er sich befindet, besteuerbar ist.
19 Eine personelle Straffung empfahl sich nicht nur bei den Kassierern, sondern ebenfalls bei den Hauptsteuereinnehmern, die von 48 auf zwölf Personen abgebaut wurden. Die Aufblähung der Finanzverwaltung hatte große Mißstände verursacht. Vielfach griffen die Steuerpächter zu unkorrekten Mitteln, um ihre Ämter zu kaufen und um die Beträge aufzubringen, die sie zum Kauf brauchten. Besonders ärgerlich und schädlich waren die »croupes«, eine Art Kommission, mit welcher sich Drittpersonen am Kauf beteiligten und die dann aus dem Steuerertrag zurückbezahlt werden mußte. Necker unterstrich die Vorteile des öffentlichen Betriebs anstelle der Steuerpacht, wozu es großen Mut brauchte, denn die reichen Pächter verfügten über viel Einfluß am Hof, den sie ungeniert gegen Necker ausspielten. Necker wehrte sich mit dem Hinweis auf die finanziellen Vorteile seiner Reformen. Die Reorganisation des Systems, speziell die Verminderung der Kassen, führte zu einer Verbesserung der Liquidität des Schatzamtes. Dieses Argument hatte zweifellos eine starke Wirkung auf den König, der, im Grunde genommen ein sparsamer Hausvater, die Verschwendung beklagte, welche unter seinen Augen geschah und das Land in den Ruin führte. Allzu viele Interessenten betrachteten den Staat und dessen Souverän, den König, als »Sesam, öffne dich!«, eine unerschöpfliche Quelle von Zuwendungen und Subsidien.
20 Siehe dazu Tabelle I, S. 321 ff.: Neckers Rechenschaftsbericht »Le compte rendu au Roi«.
21 Necker erwähnt die Vorzüge und Nachteile dieses Finanzinstruments. Einerseits ist es für die Gläubiger nützlich, auch kurzfristig Termineinlagen machen zu können. Anderseits besteht die Gefahr, daß der Staat große Beträge an Antizipa-

343

tionen ausgibt, statt die bestehenden zu konsolidieren, was inflationäre Folgen haben könnte. In dieser Situation war bislang der Hofbankier als Vermittler aufgetreten. Er kam zu einer großen Machtstellung, weil sich der Finanzminister keinen Finanzskandal leisten konnte, und noch weniger der König. Necker empfiehlt, Antizipationen auszugeben, aber deren Umlauf zu begrenzen und statt einem mehrere Bankiers einzuschalten, um jede Monopolstellung auszuschließen. Er selbst windet sich einen Lorbeerkranz, weil es ihm gelang, den Zins der Antizipationen inklusive Spesen bei sechs Prozent zu halten, obwohl der nordamerikanische Krieg ihn gezwungen hatte, größere Beträge aufzunehmen, als er zuvor beabsichtigt hatte. Diese Vorschüsse, die Necker nicht unter die Passiven des Haushaltes aufnahm, sollten später zu großen Diskussionen über die Höhe des französischen Defizits führen.

22 Der Kriegsausbruch führte damals zu einer Unterbrechung des englisch-französischen Handels.

23 J. F. Bosher, French Finances, S. 260

24 In seinen Ausführungen zur Handels- und Währungspolitik finden sich aufschlußreiche Bemerkungen, die zeigen, daß Necker nicht einfach als Merkantilist bezeichnet werden darf. Er weiß genau, daß es primär die Arbeit und der Handel und nicht die Metalle sind, worauf sich der Wohlstand gründet. Hierdurch, und nicht durch die Kunst irgendwelcher Agenten, komme das Edelmetall in die Wirtschaft. »Gold und Silber werden nur durch die Kraft des Außenhandels ins Land gebracht.« (»Compte rendu«, Ausgabe Heubach, Band III, S. 69) »Hierzu ist die Arbeit, die Herstellung guter Produkte, die Voraussetzung. Der reichste Financier«, so heißt es weiter, »der geschickteste Bankier vermöchte in dieser Beziehung weniger als ein kleiner Tuchfabrikant.« Diese Meinung galt in einer Zeit, in welcher das Produktivkapital noch nicht ausgebildet war. Im 19. Jahrhundert wurde erkannt, daß der Kapitalimport dem Güterexport insofern gleichkommt, wie er die Produktivkraft des Landes erhöht.

25 Die landwirtschaftliche Ertragssteuer, die Taille, war die wichtigste direkte Steuerquelle. Necker hatte im Raum von Paris Versuche gemacht, um die Verteilung der Taille auf die einzelnen Steuerpflichtigen durch die genaue Vermessung der landwirtschaftlichen Nutzflächen und die Berücksichtigung der Qualität des Bodens gerechter zu machen. Vor allem die Provinzialversammlungen sollten diesem Zwecke dienen. Necker bedauert im »Compte rendu« (Ausgabe Heubach, Band III, S. 85), daß der Krieg so viele seiner Anregungen und Versuche vereitelt habe. Die wichtigste indirekte Steuer war hingegen die weithin verpönte Salzsteuer, die Gabelle, auf die Necker nicht verzichten konnte, da sie immerhin 54 Millionen Livres einbrachte. Die Salzkarte (Carte des Gabelles, S. 19) zeigt, in wie viele Hauptregionen Frankreich zerfiel, wenn es sich um die Erhebung der Salzsteuer handelte. Kein Wunder, daß der Salzschmuggel blühte, weil diese Regionen in ganz unterschiedlicher Weise belastet wurden.
Necker unterstrich die Wünschbarkeit eines Gleichgewichts zwischen den direkten und den indirekten Steuern. Als guter Ökonom erkannte er, daß die Last der Steuer auf die Produktion *und* auf den Konsum zu verteilen ist (»Compte

rendu«, Band III, S. 107), wobei er von den Preisen der Lebensmittel ausging: Bei einer großen Ernte und entsprechenden Preisrückgängen kann der Konsument leichter bezahlen, während bei hohen landwirtschaftlichen Preisen der Produzent stärker herangezogen werden soll. Um den Schmuggel zu bekämpfen, drang Necker auf die Festsetzung eines einheitlichen Salzpreises. Das Salzmonopol könne ruhig bestehen bleiben, aber es sollte von königlichen Beamten kontrolliert werden. Er empfahl einen Finanzausgleich zwischen den französischen Regionen. Bei der Zollpolitik mußten die Außen- und die Binnenzölle unterschieden werden. Prinzipiell trat der Finanzminister energisch für die Abschaffung aller Binnenzölle ein, schon allein deshalb, weil deren Einzugskosten im Verhältnis zu deren Ertrag viel zu hoch waren. Es schien ihm wesentlich, zunächst die richtigen Außenzölle zu ermitteln und auszuhandeln, worauf dann als zweite Stufe die Binnenzölle aufzuheben wären.

26 Die Fron war jene besonders unbeliebte Last, die in Form persönlicher Dienstleistungen oder Naturalabgaben entrichtet werden mußte. Turgot hatte sie abgeschafft, aber sein Nachfolger Clugny beeilte sich, diese grobe Ungerechtigkeit wieder aufleben zu lassen. Necker geißelte sie mit harten Worten, glaubte aber in den Kriegsjahren, in welchen eigentlich neue Steuern erforderlich gewesen wären, zumindest die alten beibehalten zu müssen. Als Ausweg erteilte er den Intendanten strenge Weisungen, um vor der neuerlichen Abschaffung wenigstens für eine gerechtere Verteilung der Fron zu sorgen (»Compte rendu«, Band III, S. 85).

27 Robert D. Harris, a. a. O., S. 155–159

Wohltätigkeit oder Sozialpolitik?

1 J. Necker, Band III (Ausgabe Heubach) »Éloge de Colbert«, S. 238 ff.
2 Siehe Kapitel »Einstieg in die Politik«, Anm. 12.
3 W. Sombart, Der moderne Kapitalismus, Band I, 2, S. 817
4 W. Sombart, a. a. O., S. 818
5 W. Sombart, a. a. O.
6 C. Bloch, L'assistance et l'État en France à la veille de la Révolution, S. 211 ff.
7 Jambert et al., Recueil général des anciennes lois, XXXVI., S. 257–262, zitiert bei R. D. Harris, a. a. O., S. 163
8 J. Necker, Band V, Ausgabe A. de Staël, S. 405
9 R. D. Harris, a. a. O., S. 165
10 R. D. Harris, a. a. O., S. 164
11 C. Bloch, a. a. O., S. 233
12 R. D. Harris, a. a. O., S. 166

Neckers Abgang

1 Lescure, Correspondance secrète, Band I, S. 236, zitiert bei G. de Diesbach, Necker, S. 172
2 H. Lüthy, a. a. O., Band II, S. 464 ff.
3 Baron de Besenval, Mémoires, Paris 1821
4 Moreau, Mes souvenirs, Band II, S. 141, zitiert bei G. de Diesbach, a. a. O., S. 216
5 G. de Diesbach, a. a. O., S. 222
6 Pierre Marquis de Ségur, Au couchant de la monarchie, Band II, Paris 1914, S. 411
7 P. de Ségur, Band II, S. 415
8 G. de Diesbach, a. a. O., S. 224
9 J. Egret, Necker, S. 179, zitiert bei G. de Diesbach, a. a. O., S. 224

Intermezzo

1 G. de Diesbach, Necker, S. 226
2 »rentrée de l'ambition«
3 Chr. Herold, Madame de Staël, S. 45
4 Chr. Herold, a. a. O., S. 40
5 Chr. Herold, a. a. O.
6 Ch. Sainte-Beuve, Literarische Porträts, Band II, S. 155
7 »Nach uns die Sintflut«
8 J. Egret, Necker, Paris 1975, S. 180

Neckers Rückkehr nach Versailles

1 J. Necker, Sur l'Administration des finances, Band II (Ausg. Heubach), S. 142 ff.
2 J. Necker, a. a. O., S. 144
3 J. Necker, a. a. O., S. 146
4 J. Necker, a. a. O., S. 152 ff.
5 Es besteht ein gewisser Widerspruch zwischen Neckers Bevölkerungspolitik und seiner pessimistischen Lohntheorie, durch welche er das sogenannte eherne Lohngesetz vorwegnahm, das später durch Lassalle und Marx formuliert werden sollte. Während Necker im Fahrwasser der Merkantilisten eine zahlreiche Bevölkerung begrüßt, weist er auf der anderen Seite auf den Lohndruck hin, der von der Bevölkerungszunahme ausgeht.
6 J. Necker, Sur l'Administration des finances, Band II (Ausg. Heubach), S. 229
7 J. Necker, a. a. O., Band III (Ausg. Heubach), S. 289
8 J. Necker, a. a. O., (Ausg. Heubach), S. 290
9 John Law, vgl. frühere Kapitel.
10 J. Necker, Sur l'Administration des finances, Band III (Ausg. Heubach), S. 298

11 J. Necker, Le compte rendu (Ausg. Paris 1788), S. 324
12 Robert D. Harris, Necker, an verschiedenen Stellen
13 Mathon de la Cour, Collection de comptes rendus, pièces authentiques, états et tableaux concernant les finances de France depuis 1758 jusqu'en 1787, Lausanne 1788, S. 177 f.
14 J. Necker, Sur l'Administration des finances, Band II (Ausg. Heubach), S. 205
15 Mirabeau, Graf Honoré de Riquetti, »Lettres du Comte de Mirabeau sur l'administration de M. N.«, 19.3.1887, B. N., Lb 39/366
16 F.-C. Mercy-Argenteau, Comte de, Correspondances secrètes
17 F.-C. Mercy-Argenteau, Comte de, a. a. O., S. 211

Das Schicksalsjahr 1789

1 W Oppenheimer, Prinz Eugen, München 1979, S. 103
2 J. Egret, Necker, S. 231 ff.
3 Sol = Sou
4 E. et J. Goncourt, Histoire de la Société française pendant la Révolution, S. 57
5 E. et J. Goncourt, a. a. O., S. 58 ff.
6 Mémoire instructif remis de la part du Roi au Comité des subsistances des États généraux par le Directeur général des Finances (»Gazette de France«, 10.7.1789, S. 283)
7 H. Taine, Les origines de la France contemporaine, Paris 1904
8 A. Cochin, L'Esprit du jacobinisme, Paris 1979
9 A. Cochin, a. a. O., S. 58
10 E. et J. de Goncourt, a. a. O., S. 29
11 E. et J. de Goncourt, a. a. O., S. 30
12 E. et J. de Goncourt, a. a. O., S. 31
13 J. Necker, Sur l'administration de M. Necker par lui-même, S. 41
14 G. de Staël, Considérations sur la Révolution française, S. 92
15 Baillages
16 Da seit 1614 keine Generalversammlungen der französischen Stände stattgefunden hatten, waren viele der damaligen Bestimmungen durch die Entwicklung überholt und nicht mehr anwendbar.
17 La France de 1789 d'après les cahiers de doléances, Musée de l'Histoire de France, Archives Nationales, Paris 1978
18 J. Necker, Compte rendu, Band III (Ausg. Heubach), S. 74
19 Im Originaltext heißt es: »Dans ce siècle de philosophie.«
20 Necker erkannte sehr klar die Gefahren der abstrakten Ideen und der Ideologien, die den Sieg erringen sollten.
21 J. Necker, Sur l'administration de M. Necker par lui-même, S. 253
22 Der Originaltext des Gedichts von Camille Desmoulins lautet:

»Qu'entends-je? Quels cirs d'allégresse
retentissent de tous parts?
D'où nait cette subite ivresse?
et des infants er des veillards?
Necker descend de la montagne;
La raison seule l'accompagne;
En lui le peuple espère encore.
Lois saintes, lois à jamais stables!
Dans ses mains il tient les deux tables!
Il va renverses le veau d'or.«
Zitiert von Ch. Sainte-Beuve, Literarische Porträts, S. 197

23 »Qui mettriez-vous à sa place?« Titel einer Broschüre des Jahres 1789
24 M. Grimm, Paris zündet die Lichter an, S. 502 ff.
25 J. Necker, Histoire de la Révolution française. Œuvres complètes vol. 1, S.197
26 Joseph-Emanuel Sieyès (1748–1836). Als Geistlicher, der nicht mehr als Priester
   amtete, hatte Sieyès Mühe, als Pariser Vertreter des dritten Standes gewählt zu
   werden, weil die Wahlbestimmungen vorsahen, daß die Vertreter eines Standes
   aus den eigenen Reihen hervorgehen sollten.
27 Das »Hôtel des menus plaisirs«, ein Gebäude, das heute nicht mehr besteht, lag
   an der Avenue de Paris in Versailles.
28 J. Michelet, Histoire de la Révolution française, Band I, S. 107
29 Als »Parti autrichien« wurde die »Partei« Marie Antoinettes von deren Feinden
   bezeichnet.
30 J. P. Marat, Dénonciation, Paris 1789, B. N., Lb 39/2701
31 Barentin, Mémoire autographe, S. 178 f. und S. 182 f., sowie G. Lefebvre, Recueil
   de documents, Band I (2), S. 18 ff. Zitiert bei Egret, a. a. O., S. 290
32 J. Necker, Histoire de la Révolution française, S. 233 ff.
33 J. Necker, a. a. O., S. 253
34 Salle du Jeu de Paume (Saal der Ballspiele)
35 J. Necker, Histoire de la Révolution française, S. 239
36 »Es war eine große Dummheit«, so heißt es in Neckers Histoire de la Révolution
   française, S. 240
37 J. Necker, Sur l'administration de M. Necker par lui-même, S. 121
38 J. Necker, Histoire de la Révolution française, S. 271 f.
39 J. S. Bailly, Mémoires, Band I, S. 266–267. Zitiert bei Egret, Necker, S. 303
40 Archives Nationales, Paris, C. 185 (123 /l) (9)
41 Archives Nationales, Paris, C. 185 (123/8)

Neckers drittes Ministerium

1 Das Bankhaus Hope & Cie. wurde 1762 in Amsterdam gegründet. Heute, nach
   mehreren Fusionen, firmiert es als Bank Mees & Hope N. V., Amsterdam.
2 J. Michelet, a. a. O., Band I, S. 185

3 Louis-Auguste le Tonnelier, Baron de Breteuil, war französischer Gesandter in Wien und Staatssekretär für die Verwaltung des königlichen Hauses.

4 G. de Staël, Considérations sur la Révolution française, S. 112

5 G. de Diesbach, Necker, S. 328

6 G. de Diesbach zitiert Montlosier, Mémoires, Band II, S. 39

7 O. d'Haussonville, Le Salon de Madame Necker, Band II, S. 212

8 J. Egret, Necker, S. 316

9 François-Emmanuel Guignard Comte de Saint-Priest, Mémoires, 2 vol., Paris 1929, Band II, S. 84

10 J. Necker, Histoire de la Révolution française, Band II, S. 42 f.

11 Archives parlementaires, Band VIII, S. 362–363. Zitiert von Egret, a. a. O., S. 341

12 Rede Neckers vom 24. September 1789. Zitiert von Egret, a. a. O., S. 345

13 J. Michelet, a. a. O., Band I, S. 273

14 Ch. Sainte-Beuve, Literarische Porträts, S. 355, mit Zitat aus G. de Staël, Considérations sur la Révolution française, S. 181–182

Die Assignaten als Schrittmacher der Revolution

1 Die Publikation erfolgte am 20. Oktober 1789 in der »Gazette de France«.

2 G. de Staël, Du caractère de M. Necker, S. 27

3 G. de Staël, a. a. O., S. 27

4 »Gazette de France«, 1789. Zitiert bei J. Egret, Necker, S. 376

5 F. Braesch, L'année cruciale 1789, S. 194, mit Hinweis auf R. Schnerb, Les contributions directes à l'époque de la Révolution dans le Département du Puy-de-Dôme, Paris 1933

6 F. Braesch, a. a. O., S. 181

7 F. Braesch, a. a. O., S. 200

8 1 Ecu = 3 Livres

9 J. Necker, Sur l'Administration des finances, Band III (Ausg. Heubach), S. 59 ff., sowie A. Young, a. a. O., Band I, S. 581–582

10 Siehe dazu Tabelle II, S. 324 ff.: Gesamtrechnung der Einnahmen und Ausgaben des Staates vom 1. Mai 1789 bis zum 30. April 1790

11 M. Marion, Histoire monétaire de la France depuis 1715, Band I, S. 99

12 Man errechnet diese Prozentsätze durch die Addition der Positionen 1, 2, 7, 9, 11–13, 16, 17 im Haushalt 1781 und der Positionen 2 (netto), 14–17 und 30–33 im Haushalt 1789/90, bezugnehmend auf die Tabellen I und II.

13 J. F. Bosher, French Finances, S. 257 ff.

14 Brief von Friedrich dem Großen an Voltaire. Zitiert von J. et E. Goncourt, a. a. O., S. 130

15 »Caisse de l'extraordinaire«

16 J. Michelet, Histoire de la Révolution française, Band I, S. 309 ff.

17 J. Michelet, a. a. O., S. 311. In diesem Zusammenhang ist auf die großen Unterschiede im Einkommen der Geistlichkeit hinzuweisen. Vgl. Henri Sée, La vie économique et les classes sociales en France au 18e siècle.

18 »bedeckt von den Tränen und vom Blut unserer Väter«
19 J. Morini-Comby, Les assignats, Révolution et inflation, Figure I, Paris 1925 (siehe Tabelle S. 314)
20 1770 lag der Brotpreis noch bei zwei Sous.
21 20 Sous (oder Sols) = 1 Livre
22 Diese kurzen Angaben für den Beginn der Revolutionszeit stützen sich auf die gut informierten Brüder Goncourt sowie auf neuere Publikationen der Wirtschaftsgeschichte.
23 J. et E. Goncourt, a. a. O., S. 120

Rien ne va plus

1 Georges Jacques Danton (1759–1794), Rechtsanwalt, Volkstribun, Revolutionsführer
2 Maximilien Marie Isidore de Robespierre (1758–1794), Rechtsanwalt, Hoher Priester der Jakobiner, Revolutionsführer
3 Marie Anne Charlotte de Corday (1768–1793), Urenkelin des Dichters Corneille, Girondistin, Einzelgängerin, die den Revolutionsführer Marat in der Badewanne erdolchte
4 Jean Paul Marat, Dénonciation, Paris 1789, B. N., L 39 b, 2701
5 Die meisten Publikationen der anonymen Pamphletisten sind gemeine Anwürfe und Entstellungen der Tatsachen, die keine Beachtung verdienen. Sie sind aufgeführt in der Bibliothèque Nationale unter »Biographies individuelles«, Chapitre VI, S.474 ff. (Nos. 24 478 ff.). Ein gewisses Interesse verdient A. Bourboulon, der Schatzmeister des Grafen von Artois, zufolge der hohen Protektion, die ihn abschirmte. Ein gewisser J. J. Rutledge verfaßte unter dem Pseudonym Rutofle de Lode zahlreiche Schmähschriften, die von Gemeinheiten und Fehlern geradezu strotzen. Der wirkliche Name des Autors blieb jedoch unbekannt.
6 Armand Gaston Camus (1740–1804), hervorragender Jurist, Archivar der Revolutionsakten, Begründer des französischen Nationalarchivs
7 G. de Diesbach, a. a. O., S. 364
8 La taille
9 Livre rouge (Originalausgabe B. N.), S. 4
10 Observations de M. Necker sur l'avant-propos du Livre rouge, B. N., (W) Lb 39/3191
11 a. a. O., S. 4
12 a. a. O., S. 7
13 a. a. O., S. 9
14 Vgl. Tabelle I
15 Bibliothèque Nationale, Lb 39/3587
16 Bibliothèque Nationale, Le 29/876
17 Bibliothèque Nationale, Le 29/876, S. 4

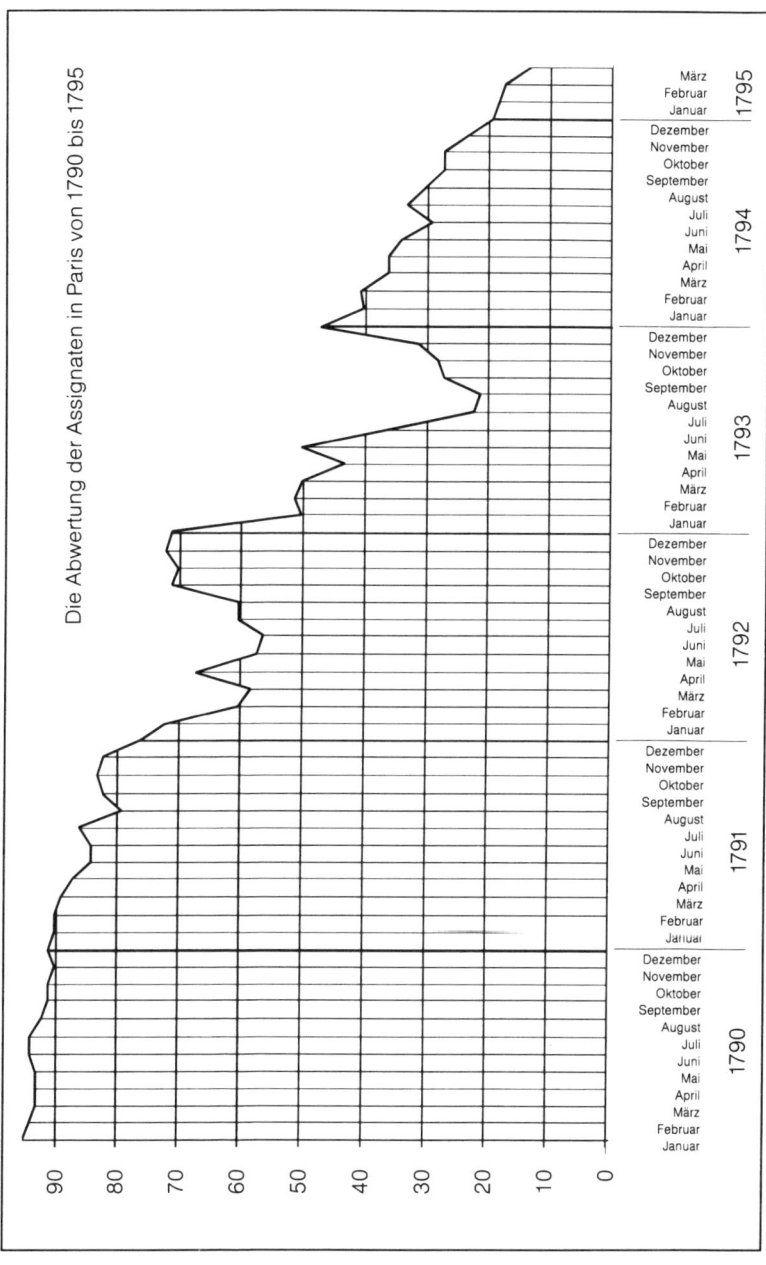

18 Bibliothèque Nationale, Le 29/876, S. 11
19 Bibliothèque Nationale, Le 29/876, S. 14–15
20 J. Michelet, a. a. O., Band I, S. 443 ff.

Coppet

1 d'Andlau, a. a. O., S. 67
2 d'Andlau, a. a. O., Brief an Onkel Louis, S. 73 ff.
3 Geoffroy, Le comte de Fersen et la Cour de France, Band I. Zitiert bei de Diesbach, a. a. O., S. 375
4 Stammbaum (Anhang)
5 Graf Othenin d'Haussonville, Madame de Staël et M. Necker, Paris 1925
6 O. d'Haussonville, a. a. O., S. 60
7 O. d'Haussonville, a. a. O., S. 61
8 P. Kohler, Madame de Staël à Coppet, Lausanne 1929, S. 44 ff.
9 Charles Simonde de Sismondi, Historiker und Sozialökonom (1737–1842)

Necker und Madame de Staël

1 Graf Othenin d'Haussonville heiratete eine Großenkelin von Germaine de Staël. Er publizierte 1925 den Briefwechsel zwischen Necker und Germaine de Staël.
2 Der 9. Thermidor, das heißt der 27. Juli 1794, das Ende der Schreckensherrschaft
3 O. d'Haussonville, Madame de Staël et M. Necker, S. 11
4 O. d'Haussonville, a. a. O., S. 21
5 O. d'Haussonville, a. a. O., S. 24
6 Benjamin Constant, Schriftsteller und Politiker (1767–1830)
7 Charles Simonde de Sismondi, Historiker und Sozialökonom (1737–1842)
8 Zitat aus G. de Diesbach, Germaine de Staël, S. 380
9 Charles Maurice de Talleyrand-Périgord (1754–1838), Bischof von Autun, Abgeordneter des ersten Standes der Nationalversammlung und der Konstituante. Außenminister unter Napoleon und Ludwig XVIII.
10 Zitat aus G. de Diesbach, Germaine de Staël, S. 190
11 O. d'Haussonville, Madame de Staël et M. Necker, S. 102
12 O. d'Haussonville, a. a. O., S. 103
13 O. d'Haussonville, a. a. O., S. 108
14 O. d'Haussonville, a. a. O., S. 110
15 O. d'Haussonville, a. a. O., S. 121
16 O. d'Haussonville, a. a. O., S. 125
17 O. d'Haussonville, a. a. O., S. 150
18 O. d'Haussonville, a. a. O., S. 196 ff.
19 O. d'Haussonville, a. a. O., S. 35
20 O. d'Haussonville, a. a. O., S. 202
21 O. d'Haussonville, a. a. O., S. 209

22 J. Necker, Dernières vues de Politique er de Finance, offerte à la Nation Française (1802)

23–25 Zitate aus J. Necker, Dernières vues de Politique et de Finance

26 O. d'Haussonville, Madame de Staël et M. Necker S. 244 ff.

»Citoyen Premier Consul,
da ich während des vergangenen Winters Kenntnis hatte, daß mein Aufenthalt Ihnen nicht angenehm wäre, habe ich mich, ohne direkten Befehl von Ihnen, dazu gezwungen, 18 Monate im Exil zu verbringen. Einige gütige Worte, die Sie seither über mich aussprachen und welche mir zugetragen wurden, haben mich überzeugt, daß Ihnen dieses Exil lang genug erschienen ist und daß Sie meine familiären Interessen wohlwollend erwägen würden, welche meine Rückkehr nach Paris unbedingt erforderlich machen. Ich werde mich jedoch auf dem Lande, zehn Meilen von Paris entfernt, aufhalten, da ich mir nicht gestatte, dort anzukommen, ohne Ihre Anordnung zu kennen. Würde ich (die Art) des Vorwurfes kennen, womit meine Feinde versucht haben, mich bei Ihnen anzuschwärzen, so wüßte ich mich zu rechtfertigen, aber (jetzt) beschränke ich mich, Ihnen zu versichern, daß ich während meines Aufenthaltes in Frankreich kein Wort über die öffentlichen Angelegenheiten sagen oder schreiben werde. Ich weiß nicht, ob ich, wiewohl in Paris geboren (und) überall in Frankreich ehrenvolle Spuren des öffentlichen Wirkens meines Vaters und der wohltätigen Einrichtungen meiner Mutter antreffend, als Ausländerin betrachtet werden kann. Aber ich weiß, daß mein Aufenthalt in Frankreich nur von Ihrem Willen abhängt. Wenn ich Sie bitte, meinen Aufenthalt zu gestatten, so würde ich mich erniedrigen, wenn ich nicht die Bedingungen treulich erfüllte, welche die Folge einer Gunstbezeugung wären, auch wenn ich nur zwei Monate auf dem Lande, zehn Meilen von Paris entfernt, verbringen dürfte, damit sich meine Kinder erholen und um mit den Gläubigern von Herrn de Staël eine Regelung zu treffen, die es mir erlaubt, sein Andenken zu ehren, ohne meine Kinder zu ruinieren. Ich hoffe, daß Ihre Güte und, wenn ich so sagen darf, Ihr Gerechtigkeitssinn sich nicht auf diese zwei Monate beschränken werden. Warum würden Sie das Schicksal einer Frau umstürzen, die in ihrem Leben niemandem etwas Böses angetan hat? Warum würden Sie eine Mutter zwingen, die zur Erziehung ihrer Kinder notwendigen Quellen anderswo zu suchen als in ihrer Heimat? Warum sollten Sie schließlich, von der Höhe, auf der Sie stehen, Ihren Blick auf mich richten, es sei denn mit dem Wunsch zur Beschützung und mit Wohlwollen? Genehmigen Sie, Herr Konsul, den Ausdruck meines Respektes.«

27 »Lefebvre, ein Quästor des Senats, bezieht über 100 000 Livres Gehalt und verfügt über 16 Leibgardisten, während sein Amt darin besteht, den Senat und den umliegenden Garten sauberzuhalten. Dieser ganze Luxus wäre unmöglich durchzuhalten, wäre nicht ganz Europa tributpflichtig. Dafür, daß man es sozusagen in Frieden läßt, muß es diesen Luxus bezahlen.« (O. d'Haussonville, a. a. O., S. 277)

28 O. d'Haussonville, a. a. O., S. 278

29 O. d'Haussonville, a. a. O., S. 296

30 O. d'Haussonville, a. a. O., S. 310

31 O. d'Haussonville, a. a. O., S. 331
32 O. d'Haussonville, a. a. O., S. 317
33 O. d'Haussonville, a. a. O., S. 375
34–37 Die folgenden Zitate sind Chr. Herold, Madame de Staël, entnommen.
38 J. W. v. Goethe, Gesammelte Werke (Tempel-Ausgabe), Band XV, Annalen, S. 120 ff.: »Mit entschiedenem Andrang verfolgte sie ihre Absicht, unsere Zustände kennenzulernen, sie ihren Begriffen ein- und unterzuordnen, sich nach dem einzelnen soviel als möglich zu erkundigen, als Weltfrau sich die geselligen Verhältnisse klarzumachen, in ihrer geistreichen Weiblichkeit die allgemeineren Vorstellungsarten, und was man Philosophie nennt, zu durchdringen und zu durchschauen […] Die großen Vorzüge dieser hochdenkenden und empfindenden Schriftstellerin liegen jedermann vor Augen, und die Resultate ihrer Reise durch Deutschland zeigen genugsam, wie wohl sie ihre Zeit angewendet.

Ihre Zwecke waren vielfach: Sie wollte das sittliche, gesellige, literarische Weimar kennenlernen und sich über alles genau unterrichten; dann aber wollte auch sie gekannt sein und suchte daher ihre Ansichten ebenso geltend zu machen, als es ihr darum zu tun schien, unsere Denkweise zu erforschen. Allein dabei konnte sie es nicht lassen: Auch wirken wollte sie auf die Sinne, aufs Gefühl, auf den Geist, sie wollte zu einer gewissen Tätigkeit aufregen, deren Mangel sie uns vorwarf.

Da sie keinen Begriff hatte von dem, was Pflicht heißt, und zu welcher stillen, gefaßten Lage sich derjenige, der sie übernimmt, entschließen muß, so sollte immerfort eingegriffen, augenblicklich gewirkt sowie in der Gesellschaft immer gesprochen und verhandelt werden.

Die Weimarer sind gewiß eines Enthusiasmus fähig, vielleicht gelegentlich auch eines falschen, aber das französische Auflodern ließ sich nicht von ihnen erwarten, am wenigsten zu einer Zeit, wo die französische Übergewalt so allseitig drohte und stillkluge Menschen das unausweichliche Unheil voraussahen, das uns im nächsten Jahre an den Rand der Vernichtung führen sollte.

Auch vorlesend und deklamierend wollte Frau von Staël sich Kränze erwerben. Ich entschuldigte mich von einem Abend, wo sie Phädra vortrug und wo ihr der mäßige deutsche Beifall keineswegs genug tat.

Philosophieren in der Gesellschaft heißt sich über unauflösliche Probleme lebhaft unterhalten. Dies war ihre eigentliche Lust und Leidenschaft. Natürlicherweise trieb sie es in Reden und Wechselreden gewöhnlich bis zu den Angelegenheiten des Denkens und Empfindens, die eigentlich nur zwischen Gott und dem einzelnen zur Sprache kommen sollten. Dabei hatte sie, als Frau und Französin, immer die Art, auf Hauptstellen positiv zu verharren und eigentlich nicht genau zu hören, was der andere sagte.

Durch alles dieses war der böse Genius in mir aufgeregt, daß ich nicht anders als widersprechend, dialektisch und problematisch alles Vorkommende behandelte und sie durch hartnäckige Gegensätze oft zur Verzweiflung brachte, wo sie aber erst recht liebenswürdig ward und ihre Gewandtheit im Denken und Erwidern auf die glänzendste Weise dartat.

Noch hatte ich mehrmals unter vier Augen folgerechte Gespräche mit ihr, wobei sie jedoch auch nach ihrer Weise lästig war, indem sie über die bedeutendsten Vor-

kommenheiten nicht einen Augenblick stilles Nachdenken erlaubte, sondern leidenschaftlich verlangte, man solle bei dringenden Angelegenheiten, bei den wichtigsten Gegenständen ebenso schnell bei der Hand sein, als wenn man einen Federball aufzufangen hätte … (mehrere Abschnitte ausgelassen) Was man jedoch von solchen Verhältnissen hinterher denken und sagen mag, so ist immer zu bekennen, daß sie von großer Bedeutung und Einfluß auf die Folge gewesen. Jenes Werk über Deutschland, welches seinen Ursprung dergleichen geselligen Unterhaltungen verdankte, ist als ein mächtiges Rüstzeug anzusehen, das in die chinesische Mauer antiquierter Vorurteile, die uns von Frankreich trennte, sogleich eine breite Lücke durchbrach, so daß man über dem Rhein und, in Gefolge dessen, über dem Kanal endlich von uns nähere Kenntnis nahm, wodurch wir nicht anders als lebendigen Einfluß auf den ferneren Westen zu gewinnen hatten. Segnen wollen wir also jenes Unbequeme und den Konflikt nationaler Eigentümlichkeiten, die uns damals ungelegen kamen und keineswegs förderlich erscheinen wollten. Ebenso hätten wir dankbar der Gegenwart Herrn Benjamin Constants zu gedenken.«
39 Chr. Herold, a. a. O., S. 275

Neckers Persönlichkeit und Werk

1 G. de Staël, Du caractère de M. Necker et de sa vie privée, S. 6
2 Zitat aus G. de Diesbach, a. a.O., S. 463
3 G. de Staël, a. a. O., S. 53
4 G. de Staël, a. a. O., S. 53 f.
5 R. Harris, a. a. O., S. 206
6 Pierre Victor Malouet (1740–1814), Abgeordneter des dritten Standes und führender Kopf der monarchistischen Partei
7 Zitat aus G. de Diesbach, a. a. O., S. 467
8 Ch. M. Talleyrand, Mémoires, Paris 1957
9 Ch. M. Talleyrand, S. 148–149
10 G. de Staël, a. a. O., S. 40
11 G. de Staël, Œuvres complètes, édition Paris 1821, Band XVII, S. 8
12 J. Necker, Ausg. Heubach, Band I, A. F., S. 15
13 W. Rappard, Necker financier, S. 22
14 J. Necker, Ausg. Heubach, Einleitung, S. 2–3, A. F.
15 J. Necker, Ausg. Heubach, A. F., S. 37–38
16 Adam Smith, Wealth of Nations, erschienen 1776, war Necker höchstwahrscheinlich bekannt, obwohl das Buch bei ihm nirgends ausdrücklich erwähnt wird
17 J. Necker, Œuvres complètes, La défense de Louis XVI
18 Victor Hugo, Quatrevingt-treize. Œuvres complètes, vol. I, Paris 1898, S.143
19 J. Necker, De l'importance des opinions religieuses. Œuvres complètes, Band XII, S.197
20 Cuius regio, eius religio: Wessen das Land, dessen die Religion
21 Frank P. Bowman, Jacques et Suzanne Necker réinterpretés, Cahiers Staëliens, Paris 1985, Nr. 36, S. 30 ff.

Genealogische Tafel

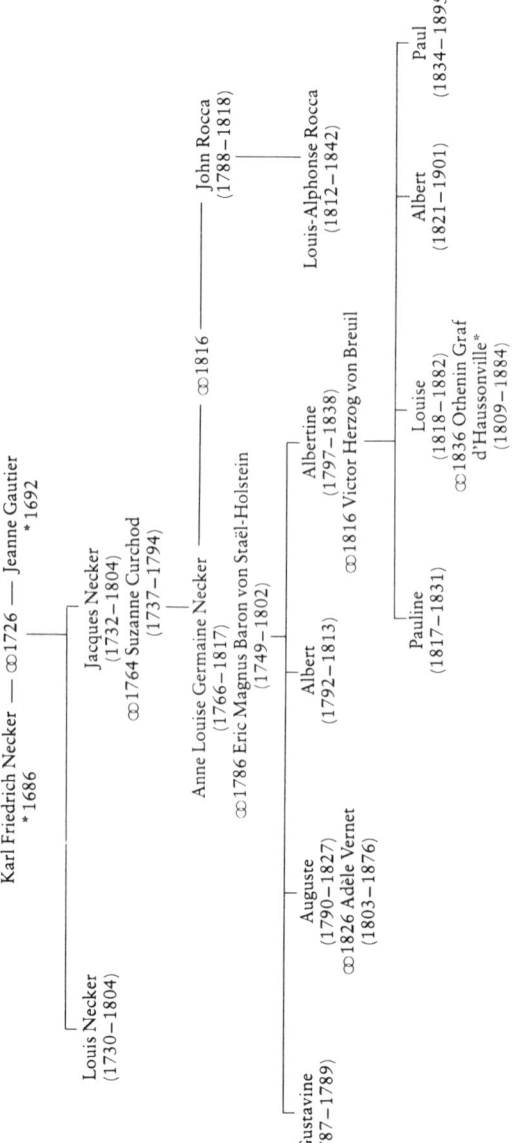

Karl Friedrich Necker — ∞1726 — Jeanne Gautier
* 1686   * 1692

Louis Necker
(1730–1804)

Jacques Necker
(1732–1804)
∞1764 Suzanne Curchod
(1737–1794)

Anne Louise Germaine Necker ———————— ∞1816 ———————— John Rocca
(1766–1817)   (1788–1818)
∞1786 Eric Magnus Baron von Staël-Holstein
(1749–1802)

Gustavine
(1787–1789)

Auguste
(1790–1827)
∞1826 Adèle Vernet
(1803–1876)

Albert
(1792–1813)

Albertine
(1797–1838)
∞1816 Victor Herzog von Breuil

Louis-Alphonse Rocca
(1812–1842)

Pauline
(1817–1831)

Louise
(1818–1882)
∞1836 Othenin Graf
d'Haussonville*
(1809–1884)

Albert
(1821–1901)

Paul
(1834–1895)

* Die Nachkommen Neckers enden nicht mit diesem Grafen Othenin d'Haussonville. Der Ehe entstammten mehrere Kinder, deren letzter Nachkomme den Namen d'Haussonville wieder angenommen hat und den Nachlaß von Necker und von Madame de Staël betreut.

Quelle: Arnaud Chaffanjon, Madame de Staël et sa descendance, Paris 1969

Tabelle 1
Neckers Rechenschaftsbericht
»Le compte rendu au Roi«

Einnahmen (Livres)

1. Einnahmen durch die General-Steuereinnehmer, nach Abzug
   von deren Unkosten (zirka 20 Prozent), netto 119 540 000
2. Einnahmen durch die Steuerpächter, nach Abzug von deren
   Unkosten (zirka 65 Prozent), netto 48 427 000
3. Königliche Bodenrechte (Domaines d'Occident) 4 100 000
4. Allgemeine Regieeinnahmen 8 903 000
5. Domänen und Wälder 38 100 000
6. Post- und Meldewesen 9 012 000
7. Steuern der Stadt Paris 5 745 000
8. Pulver und Salpeter 800 000
9. Zehnte für Tilgungen 1 182 000
10. Gelegenheitseingänge 3 928 000
11. Steuern der Staatsprovinzen (Pays d'État) abzüglich Zinsen
    und Tilgungszahlungen etc. 8 215 000
12. Einnahmen aus Roussillon 338 000
13. Durchschnittlicher jährlicher Beitrag des Klerus (»don gratuit«) 3 400 000
14. Münzertrag 500 000
15. Pachtertrag von Sceaux und Poissy 350 000
16. Anteil des Königs am Gewinn der Pächter und der Regie
    (Schätzung) 1 200 000
17. Erhöhung des »vingtième« 990 000
18. Gewinn der königlichen Landeslotterie 7 000 000
19. Laufende Beendigungen von Leibrenten (durch Todesfälle)
    sowie von Zinsen (durch Tilgungen) 1 850 000
20. Diverse Einnahmen 574 000

    Einnahmen total 264 154 000

357

Ausgaben (Livres)

1.	Kriegskosten (außerordentliche Rechnung)	65 200 000
2.	Rüstungskosten (ordentliche Rechnung)	7 681 000
3.	Artillerie und Genie	9 200 000
4.	Straßenanlagen	3 575 000
5.	Marine und Kolonien	29 200 000
6.	Außenministerium (inklusive Schweizer Liga, aber ohne Pensionen)	8 525 000
7.	Gesamtkosten der Haushaltungen des Königs, der Königin, der Kronprinzessin, der Schwester, der Tanten des Königs und des betreffenden Hofstaates	25 700 000
8.	Gesamtkosten der Haushaltungen der Brüder des Königs	8 040 000
9.	Rentenzahlungen (caisse des arrérages)	20 820 000
10.	Pensionen	28 000 000
11.	Brücken und Straßen	5 000 000
12.	Königliche Fonds zur Abschaffung des Bettlertums	900 000
13.	Indische Kompanie	4 600 000
14.	Tilgung auf Reskriptionen	3 000 000
15.	Zinsen auf verbliebene Reskriptionen	2 084 000
16.	Zinsen auf Antizipationen	5 500 000
17.	Zinsen auf Anleihe von sechs Millionen von der Stadt Genua ..	300 000
18.	Zinsen auf andere Anleihe von Genua	70 000
19.	Zinsen auf Pariser Anleihe	600 000
20.	Zinsen an den Orden des Heiligen Geistes	470 000
21.	Zinsen an die Inhaber von aufgehobenen Ämtern	2 367 000
22.	Zinsen auf die Lotterieanleihen von 1777 und 1780	3 000 000
23.	Rückzahlung für die »Îles de France et de Bourbon« (bis 1784)	1 000 000
24.	Rückzahlung an den Prinz von Conti (bis 1784)	553 000
25.	Rückzahlung an die Ämter für Papier und Karton (bis 1787) ..	68 000
26.	Gagen für Ehrenämter	275 000
27.	Honorare für den Staatsrat	1 379 000
28.	Besondere Vergütungen	664 000
29.	Zinsen für Zahlungsrückstände bei Lieferanten etc.	1 172 000
30.	Zahlungen für die Gagen der sogenannten Landesstaaten Bretagne, Languedoc, Bourgogne, Bresse, Bugey, Gex, Provence, Navarre, Béarn und Foix	993 000
31.	Zuschlag für die Verwaltungskosten der Insel Korsika	250 000
32.	Subventionen für verschiedene Akademien und Literaten	269 000
33.	Königliche Bibliothek	89 000
34.	Königliche Druckerei (Schätzung)	100 000
35.	Königlicher Garten und naturwissenschaftliches Museum	72 000
36.	Kehrichtabfuhr, Feuerwehr, Polizei und Beleuchtung von Paris	1 400 000

37.	Schutztruppe von Paris	660 000
38.	Straßenzollämter der Île de France	195 000
39.	Diverse Gagen von Beamten in Paris und in der Provinz etc. . .	2 990 000
40.	Gefangene	82 000
41.	Unterstützung für Hospitäler, Klöster für die Jesuiten etc.	800 000
42.–46.	Diverse Unterstützungen und Beiträge	1 684 000
47.	Anstellung und Gagen der köngilichen Gouverneure und Garnisonskommandanten sowie Offiziere	1 527 000
48.	Subventionen an die »Pays d'Ètats«	800 000
49.	Fonds für Unvorhergesehenes	3 000 000

Ausgaben total	253 954 000

Einnahmen	264 154 000
Ausgaben	253 954 000

Einnahmenüberschuß	10 200 000

Tabelle II
Gesamtrechnung der Einnahmen
und Ausgaben des Staates vom
1. Mai 1789 bis zum 30. April 1790

Einnahmen (Livres)

1. Kassenbestand am 30. April 1789
   (enthaltend Münzen, Kassenschuldscheine, Schuldscheine
   auf einen Monat: 16 927 063 Livres; Schuldscheine mit diversen
   Laufzeiten: 41 612 016 Livres) 58 539 079
2. Generalpacht 126 895 086
3. Postverpachtung 10 958 754
4. Meldewesen 661 162
5. Pachtertrag von Sceaux und Poissy 780 000
6. Ertrag aus Rechten in Flandern 822 219
7. Generalregie 31 501 938
8. Domänen und Wälder 49 644 573
9. Gewinn der königlichen Lotterie 12 710 855
10. Diverse Regieerträgnisse 1 157 447
11. Eichrechte 760 889
12. Pulver- und Salpeterregie 303 184
13. Allgemeine Finanzeinnahmen ohne Berücksichtigung der
    Antizipationen auf die Jahre 1790 und 1791 .... 27 238 524
14. Steuern der Staatsprovinzen mit Sonderstatut
    Languedoc 9 723 697
    Bretagne 6 223 801
    Bourgogne 4 071 180
    Provence 2 465 061
    Pau, Bayonne und Foix 1 364 522
15. Kopfsteuern und fixe Zwanzigste (»Abonnements«) 1 213 505
16. Kopfsteuern und Zehnte (Zuschläge) 592 503
17. Städtische Beiträge an Festungsanlagen 676 399
18. Ertrag aus dem Münzregal 824 301
19. Ertrag aus Handelsrechten 305 418

20.	Rückzahlung des Marinedepartements für die königlichen Gießereien	401 702
21.	Zinsen für Darlehen an die Vereinigten Staaten von Amerika	P. M.
22.	Zinsen für diverse Guthaben	539 700
23.	Diverse Verkäufe	257 000
24.	Diverse Einkünfte	1 366 415
25.	Diverse Rückzahlungen	2 291 860
26.	Diverse Rückzahlungen	240 262
27.	Akontozahlung der Stadt Toulouse	200 000
28.	Anleihensertägnisse	31 717 577
29.	Anleihe der Stadt Genua	432 732
30.	Nationales Notopfer: Spenden an die Münzstätten (Hôtels des Monnaies)	14 256 040
31.	Vorauszahlungen an das Schatzamt	573 600
32.	Nationalspende	361 587
33.	Nationales Notopfer	9 721 085
34.	Verkaufskontrakte von Kirchengütern	309 000
35.	Verkaufskontrakt zu Lasten der Provinz Languedoc	100 000
36.	Umbuchung zu Lasten des Marinedepartements	90 492
37.	Zweites Viertel des Betrages von 1,8 Millionen Livres des freiwilligen Beitrages des Klerus vom Jahr 1788	450 000
38.	Zahlungen für die Ämter von Generalsteuereinnehmern und Finanzbeamten	1 696 000
39.	Rückzahlungen des Kriegsdepartements	200 000
40.	Garantiestellung von Verwaltungen und Beamten	1 697 752
41.	Vorschüsse der Diskontbank	190 000 000
42.	Antizipationen auf Steuereinnahmen (Reskriptionen von April 1790 bis März 1791 bezogen auf die allgemeinen direkten Steuern, die vereinigte Steuerpacht)	213 351 637
43.	Reskriptionen auf die Postverwaltung, die allgemeine und die Domänenregie	7 420 415
	Einnahmen total	827 109 003

Ausgaben (Livres)

1.	Königlicher Haushalt	17 764 056
2.	Haushalt des Prinzen von Provence	3 101 866
3.	Haushalt des Prinzen von Artois	3 573 922
4.	Außenministerium	7 380 000
5.	Kriegsministerium	104 159 275
6.	Marine- und Kolonialministerium	60 545 612
7.	Straßen- und Brückenbau	6 906 761
8.	Harasse	450 308
9.	Ewige Renten und Leibrenten	102 361 677
10.	Zinsen auf öffentliche Anleihen	36 821 293
11.	Gagen (Gehälter) von Steuereinnehmern	7 736 014
12.	Zinsen und Spesen auf Antizipationen	10 358 538
13.	Zinsen auf Bauvorschüsse	360 759
14.	Entschädigungen	1 793 654
15.	Pensionen	15 463 068
16.	Gagen und Vergütungen an den Königlichen Rat, die Minister und die Justiz	1 323 011
17.	Gagen und Vergütungen an andere Personen	385 529
18.	Provinzintendanten und deren Ämter	985 092
19.	Kosten der Pariser Polizei	1 781 387
20.	Pariser Garde (vor Aufstellung der Nationalgarde)	537 993
21.	Nationalgarde von Paris	3 682 192
22.	Straßenbau der Île de France	263 160
23.	Straßenbau in Paris	1 288 186
24.	Umgebungsarbeiten	346 920
25.	Diverse Justizkosten	120 784
26.	Prägungsrechte (Kosten)	5 700
27.	Rückzahlung auf das Münzregal (vgl. Posten 18 der Einnahmen)	156 252
28.	Rückzahlungen von Steuern	5 933 576
29.	Gagen und Gehaltsaufschläge der Postmeister	311 161
30.	Gagen der Verwalter, der Büros und der Beamten des Schatzamtes in den Provinzen	1 726 380
30a.	Gagen und Spesen der Steuereinnehmer, Pächter und Generalregiebeamten	18 265 414
31.	Ämter der Hauptverwaltung (inklusive königliche Druckerei)	2 484 212
32.	Kosten der Ämter für Handel, Minen, der Münzverwaltung und der vormaligen »Indischen Compagnie«	846 971
33.	Fonds für Angestellte von Hilfswerken	26 085
34.	Hilfe für holländische Flüchtlinge	831 935
35.	Klöster- und Ordensbeiträge	1 209 073
36.	Hilfsleistungen aller Art, Kranken- und Findelhäuser	3 038 804
37.	Arbeitsbeschaffung in Paris und in den Provinzen	3 877 920

77. Kosten der Notablenversammlung des Jahres 1788	59 730
78. Kosten der Nationalversammlung	5 687 763
79. Zurückgezahlte Vorschüsse (Antizipationen)	159 067 945
80. Rechnungsfehler	33 984
	731 122 250
abzüglich Berichtigungsposten Kassenscheine	2 728 249
Ausgaben total	728 394 001

Gesamtposition

Einnahmen total	827 109 003
Ausgaben total	728 394 001
Kassenbestand am 30. April 1790 (abends)	98 715 002
davon in bar	14 861 641
Kassenschuldscheine fällig 1790/91	83 853 342

Literaturverzeichnis

Almeras, H. de: Marie-Antoinette d'après les pamphlets, Paris 1961

Andlau, B. de: La jeunesse de Madame de Staël, Paris 1970

Aulard, François Alphonse: Histoire politique de la Révolution française, Paris 1901

Bailly, Jean-Silvain: Mémoires d'un témoin de la Révolution, 3 vols., Paris 1821–1822

Barthou, Louis: Mirabeau, Paris 1913

Ders.: Danton, Paris 1932

Bartsch, Rudolf: Vom sterbenden Rokoko, Leipzig 1913

Barz, Paul: Die Menschen von Versailles, München 1973

Bergier, Jean-François: Une histoire du sel, Fribourg 1982

Ders.: Hermès et Clio. Essais d'histoire économique, Lausanne 1984

Ders.: Les agents de la République, les autorités des Cantons et l'activité subversive des émigrés en Suisse, 1792–1797

Bertin, Claude: Les grands procès de l'histoire de France, Genève 1973

Besenval, Baron Pierre de: Mémoires, 2 vols., Paris 1821

Bessand-Massenet, P.: Robespierre, Paris 1961

Bloch, Camille: L'assistance et l'état en France à la veille de la Révolution, Paris 1908

Bosher, J. F.: French Finances 1770–1795, Cambridge 1970

Bouchary, Jean: Le marché des changes à Paris à la fin du 18e siècle, Paris 1937

Ders.: Les manieurs d'argent à Paris à la fin du 18e siècle, 2 vols., Paris 1939/1943

Ders.: Les compagnies financières à Paris à la fin du 18e siècle, Paris 1945

Bowman, Frank P.: Jacques et Suzanne Necker réinterpretés. Cahiers Staëliens Nr. 36, Paris 1985

Burke, Edmond: Über die französische Revolution, Zürich 1986

Castries, Armand Charles, Duc de: Le maréchal de Castries, Paris 1975

Ders.: La France et l'indépendance américaine, Paris 1975

Chaffanjon, Arnaud: Madame de Staël et sa descendance, Paris 1969

Chapuisat, Edouard: Histoire économique de Genève, Genf 1939

Ders.: Necker, Paris 1948

Champigneule, Bernard: Versailles und Fontainebleau, Passau 1971

Cochin, Augustin: L'esprit du Jacobinisme, Paris 1979

Constant, Benjamin: Œuvres complètes, Paris 1957

Crouzet, François: De la superiorité de l'Angleterre sur la France, Paris 1985

Diesbach, Ghislain de: Necker ou la faillite de la vertu, Paris 1978

Ders.: Madame de Staël, Paris 1984

Egret, Jean: Necker, Paris 1975

Ders.: La Prérévolution française, Paris 1962

Faure, Edgar: La disgrace de Turgot, Paris 1961

Ferrières, Marquis Charles de: Mémoires, Paris 1821

Fleischmann, Hector: Marat er sa maîtresse, Paris 1919

Furet, François: Penser la Révolution française, Paris 1978

Ders. und Richet, Denis: Histoire de la Révolution française, Paris 1965

Galiardi, Ernst: Die Geschichte der Schweiz, 3 Bände, Zürich 1934

Gaxotte, Pierre: Ludwig XV., München 1951

Gibbon, Edward: The Autobiographies of Edward Gibbon, London 1897

Godechot, Jacques: Les institutions de la France sous la Révolution et l'Empire, Paris 1951

Godechot, Jacques: La Contre-révolution 1789–1804, Paris 1961

Goethe, J. W. von: Annalen, aus: Sämtliche Werke, Band XV, Leipzig 1913

Gomel, Charles: Les causes financières de la Révolution française, 2 vols., Paris 1892

Goncourt, Edmond et Jules: Histoire de la société française pendant la Révolution, Paris 1864

Grange, Henri: Les idées de Necker, Paris 1974

Grimm, Melchior: Paris zündet die Lichter an, München 1977

Gruber, V. R.: The royal provincial intendants, a governing elite in 18th century France, New-York 1968

Guignard, François-Emmanuel Comte de Saint-Priest: Mémoires, 2 vols., Paris 1929

Harris, Robert D.: Necker, Reform statesman of the Ancien régime, London 1979

Harris, Seymour E.: The assignats, Cambridge 1930

Harsin, Paul: La théorie fiscale des physiocrates, Revue Hist. et soc. 1958

Haussonville, Othénin Comite d': Le salon de Madame Necker, 2 vols., Paris 1882

Ders.: Madame de Staël et M. Necker, Paris 1925

Herold, Christopher: Madame de Staël, München 1960

Herrmann, J.: Zur Geschichte der Familie Necker, Berlin 1889

Hugo, Victor: Quatrevingt-treize, Œuvres Complètes, Vol. I, Paris 1898

Jambert et alii: Recueil général des anciennes lois françaises, 29 vols., Paris 1822–1827

Jolly, Pierre: Necker, Paris 1947

Ders.: Turgot, Paris 1944

Kaplan, Steven L.: Le complot de famine. Histoire d'une rumeur au 18e siècle, Paris 1982

King, Norman et Candaux, Jean Daniel: La correspondance de Benjamin Constant et de Sismondi (1801–1830), Genève 1980

Kircheisen, Friedrich: Napoleon I., München/Leipzig 1914

Kenyon, F. W.: Karussell des Lebens, Lebensroman Ludwigs XV., Bern 1955

Kohler, Pierre: Madame de Staël à Coppet, Lausanne 1929

Krauss, Bertha: Das ökonomische Denken Neckers, Wien 1925

Kropotkin, Peter: Die französische Revolution, Leipzig 1910

Labrousse, Ernest: Esquisse du mouvement des prix et des revenus en France au 18e siècle, Paris 1932

Ders.: La crise de l'économie française à la fin de l'Ancien Régime et au début de la Révolution, Paris 1944

Lavaquery, Abbé E.: Necker, fourier de la Révolution française, Paris 1933

Lavisse, Ernest: Histoire de France depuis les origines jusqu'à la Révolution, Paris 1903–1911

Lefebvre, Georges: Quatrevingt-neuf, Paris 1939

Ders.: La révolution française, Neuausgabe, Paris 1963

Ders. und Terroine, Anne: Recueil des documents relatifs aux séances des États Généraux mai-juin 1789, Paris 1962

Levis, Duc de: Souvenirs et Portraits, Paris 1813

Levron, Jacques: Madame de Pompadour, l'amour et la politique, Paris 1975

Levy-Leboyer, M.: Les banques européennes et l'industrialisation internationale, Paris 1964

Loiseau, Ivan: Les aristocrates complices de la Révolution, Vichy 1980

Lüthy, Herbert: La banque protestante en France, 2 vols., Paris 1959–1961

Ders.: Frankreichs Uhren gehen anders, Zürich 1954

Ders.: Necker et la »Compagnie des Indes«, Artikel in der Zeitschrift A.E.S.C. (Annales, Economies, Sociétés, Civilisations) no. 15, 1960 (S. 852–881)

MacNair, Wilson: Madame Thermidor, Berlin 1935

Malouet, Pierre Victor: Mémoires, Paris 1868

Marat, Jean-Pierre: Dénonciation faite au Tribunal du Public contre M. Necker, Paris 1789 (Lb 39/2701)

Marion, Marcel: Histoire monétaire de la France depuis 1715, 6 vols., Paris 1914–1931

Ders.: L'impôt sur le revenu au 18e siècle, Genf 1974

Ders.: La vente des biens nationaux pendant la Révolution, Genf 1974

Mathiez, Albert: La Révolution française, Paris 1964

Mathon de la Cour, Charles-Joseph: Collection de comptes rendus: pièces authentiques, états er tableaux, concernant les finances de France, 1758–1787, 2e édition, Lausanne 1788

Maurras, Charles: Réflexions sur la Révolution française en 1789, Paris 1964

Meister, Jacques Henri: Sur M. Necker, correspondances complètes, 2 vols., Paris 1865

Mercy-Argenteau, François-Claude Comte de: Correspondence secrète avec l'Empereur Joseph II et le prince Kaunitz, 2 vols., Paris 1889–1891

Meunier, Dauphin: La vie intime et amoureuse de Mirabeau, Paris 1930

Michelet, Jules: Histoire de la Révolution française, Edition commentée par Gérard Walter, Paris 1952

Mirabeau, Victor Riquetti Marquis de: L'ami des hommes, Avignon 1796, Neuausgabe, Aalen 1970

Ders.: Lettres du comte de Mirabeau sur l'administration de M. Necker, éd. 1787

Mitford, Nancy: Madame de Pompadour, New York 1954

Morini-Comby, Jean: Les Assignats, Révolution et inflation, Paris 1925

Necker, Jacques: Œuvres de M. Necker, 4 vols., Edition Heubach, Lausanne 1786

Ders.: Œuvres complètes de M. Necker (o. c.), publiées par M. le Baron (Auguste) de Staël, son petit fils, 15 vols., Paris 1820/21

Ders.: »Sur le compte rendu au Roi«, Edition Paris 1786

Ders.: »Sur le compte rendu au Roi«, Edition Paris 1788

O'Hara, Patrick: Geneva in the 18th Century. Archivausgabe. Archives d'État, Genève

Oppenheimer, Wolfgang: Eugen von Savoyen, München 1979

Orieux, Jean: Voltaire, Paris 1966

Pange, Pauline Jean Comtesse de: Necker en Angleterre, Revue des deux Mondes, 1948, S. 480–499

Ders.: Le rêve anglais de Madame de Staël, Actes et colloques sur Madame de Staël et l'Europe, Colloque de Coppet 18–24 juillet 1966

Piuz, Anne-Marie: Affaires et Politique, recherches sur le commerce de Genève au 17ᵉ siècle, Genève 1964

Dies.: A Genève et autour de Genève aux 17ᵉ et 18ᵉ siècles, études d'histoire économique, Lausanne 1985

Quesnay, François: La Physiocratie, 2 vols., Neuausgabe, Paris 1958

Rappard, William: Necker financier, in: »Journal de Statistique et Revue économique suisse«, no. 69, Band I, 1933

Rist, Charles: Geschichte der Geld- und Kredittheorien, Bern 1947

Rousseau, Jean-Jacques: Discours sur les sciences et les arts, Paris 1971

Ders.: Discours sur l'origine et les fondements de l'inégalité parmi les hommes, Paris 1971

Ders.: Du contract social, Paris 1978

Ders.: Bekenntnisse. Dt. Ausgabe Berlin 1907

Rutledge, Jean-Jacques: L'astuce dévoilée, Paris 1790

Sainte-Beuve, Charles: Literarische Porträts (hrsg. von Stefan Zweig), Frankfurt/M. 1930

Salis, Jean-Rodolphe de: Sismondi, 1773–1842, Paris 1932

Sayous, André: Les placements de fortune à Genève depuis le 15ᵉ jusqu'à la fin du 16ᵉ siècle, Bruxelles 1935

Schnerb, René: Les contributions directes à l'époque de la Révolution dans le Département du Puy-de-Dôme, Paris 1933

Sée, Henri: La vie économique et les classes sociales en France au 18ᵉ siècle, Paris 1924

Ders.: Histoire économique de France, Paris 1939

Ségur, Comte de: Mémoires, Paris 1859

Ségur, Pierre, Marquis de: Au couchant de la monarchie. Louis XVI. et Necker, Paris 1914

Sieburg, Friedrich: Gott in Frankreich, Frankfurt/M. 1932

Sieburg, Heinz-Otto: Napoleon, Napoleon-Legende und politische Gruppenbildung, in: Napoleon und die Staatenwelt seiner Zeit, Freiburg 1969

Sinanyi, Tibor: Madame de Pompadour, Düsseldorf 1979

Soboul, Albert: Précis d'histoire de la Révolution française, Paris 1962

Ders.: La France à la veille de la Révolution, 2 vols., Paris 1968

Ders.: Comprendre la Révolution française, Paris 1981

Sombart, Werner: Der moderne Kapitalismus, 6 Bände, München/Leipzig ³1919

Staël Germaine de: Œuvres complètes de Madame la Baronne de Staël, publiées par M. le Baron (Auguste) de Staël, 17 vols., Paris 1820/21 (o. c.)

Dies.: Œuvres inédites de Madame la Baronne de Staël, 3 vols., Paris 1820/21

Dies.: Dix années d'exil, Edition Paul Gautier, Paris 1904

Dies.: Neckers Charakter und Privatleben nebst seinen nachgelassenen Handschriften (aus dem Französischen übersetzt), Leipzig und Rostock 1806

Stoltzenberg, Erika: Sismondi und Necker, Diss., Heidelberg 1956

Stourm, René: Les Finances de l'Ancien Régime et de la Révolution, Paris 1885/ New York 1968

Sybel, Heinrich von: Geschichte der Revolutionszeit 1789–1800, 5 Bände, Düsseldorf 1877

Taine, Hippolyte: Les origines de la France contemporaine: L'Ancien Régime et la Révolution, Paris 1904

Talleyrand-Périgord, Charles Maurice de: Mémoires, Paris 1957

Taxis-Bordogna, Olga: Madame de Staël, Olten 1949

Tocqueville, Alexis de: De la démocratie en Amérique, Paris 1981

Ders.: L'antico regime e la Rivoluzione (edizione italiana), Milano 1981

Véri, Abbé de: Journal, 2 vols., Paris 1933

Weber, Henri: La compagnie française des Indes, Paris 1904

Weulersee, Georges: Le mouvement physiocratique en France de 1756 à 1770, Paris 1968

Ders.: La physiocratie sous les ministères de Turgot et de Necker, Paris 1950

Young, Arthur: Voyages en France entre 1787 et 1789, traduit par Henri Sée, 3 vols., Paris 1931, nach der englischen Ausgabe »Travels in France during 1787–1789«, London 1889

Personenverzeichnis

Georg II. 42
Gibbon, Edward, engl. Historiker 62,
 66, 75, 93, 280
Girault, Jean-Louis, Notar 63
Goethe, Johann Wolfgang v. 300
Golowkin, Fedor, Graf 65 f.
Goncourt, Brüder, Edmond Huot u.
 Jules Huot de, franz. Schriftsteller
 256 f.
Gorani, Graf 49
Grimm, Melchior, deutscher Schrift-
 steller u. Kritiker 71 f.
Guillotin, Joseph-Ignace, franz. Arzt u.
 Erfinder der Guillotine 236
Guines, Graf v., franz. Gesandter in
 London 94 f.
Gustav III., König v. Schweden 291

Hallwyl, Franz Joseph v., Oberst 64
Harris, Robert D., amerik. Historiker
 115, 122, 132
Haussonville, Othenin d', Graf 284 f.,
 289
Hennin, Mitglied des Genfer Kleinen
 Rats 79
Herrmann, Max, Literaturhistoriker
 39
Honoré, Graf 261
Houdetot, Elisabeth, Comtesse d' 70
Huber, Jean-Jacques Clément, Abbé
 52
Hugo, Victor, franz. Schriftsteller 329

Jefferson, Thomas, 3. Präsident der
 USA 40, 108
Joly de Fleury, Jean-François, franz.
 Finanzminister 147, 149, 250
Joseph II., Kaiser v. Österreich 107, 178
Junot, Andoche, franz. General 307

Karl August, Herzog 310
Karl I., König v. England 231
Karl IV., König v. Spanien 242
Katharina II., die Große, Zarin 316

Labhard, Daniel, Bankier 42, 52
Labhard, Jean-Henri, Bankier 41
Laborde, Jean-Joseph de, Bankier 70
La Fayette, Marie-Joseph, Marquis de,
 franz. General u. Staatsmann 224, 234,
 237 f., 240 f., 244, 259, 261, 278, 282
La Luzerne, Graf de, franz. Staats-
 sekretär 207, 214, 217, 227
La Marck, Graf de 259, 261
Lamballe, Marie-Thérèse-Louise de,
 Prinzessin u. Freundin Marie
 Antoinettes 82 f.
Lassonne de, Arzt 129
La Tour du Pin Paulin, Graf de 227
Launey, Bernard-René, Marquis de,
 Vorsteher der Bastille 217
Lavater, Johann Kaspar, Physiognom,
 Freund Goethes 219
Laverdy, franz. Minister 56
Law, John of Lauriston, engl. Financier
 u. Abenteurer 27, 36, 246, 254
Lebrun, Charles-François, franz.
 Staatsmann 304
Ledoux, Claude-Nicolas, franz. Bau-
 meister 19
Le Franc de Pompignan, Erzbischof
 227
Leu, Jean-Jacques, Zürcher Schatz-
 meister 59
Liancourt, Herzog v. 218
Limon de, franz. Publizist 199
Louis, Sohn v. Karl Friedrich 40
Ludwig XIV., »der Sonnenkönig« 12,
 20, 24, 26 f., 36, 38, 50, 74 f., 82, 86,
 100, 107, 119, 182, 322
Ludwig XV., König v. Frankreich 12, 20,
 27, 45, 50 f., 80, 82 f., 97 f., 119, 135
Ludwig XVI., König v. Frankreich 12 f.,
 17 f., 20, 30 f., 45, 88, 94, 96, 98 f.,
 103, 112, 114, 127, 134 f., 138, 141,
 143, 146, 149, 164, 172 f., 175, 180,
 182, 184, 206, 208 f., 211, 214, 217,
 226, 232, 240, 258, 264, 266 f., 278,
 282, 291, 329, 333

Bildquellennachweis

Archives Nationales, Paris: S. 212, 213
Archiv für Kunst und Geschichte, Berlin: S. 31, 47, 65, 69, 191, 201
Bibliothèque Nationale, Paris: S. 27, 30, 118, 179, 221, 252, 260, 263, 313
Bildarchiv Deutsche Verlags-Anstalt, Stuttgart: S. 295
Bildarchiv Preußischer Kulturbesitz, Berlin: S. 62, 89
Librairie Hachette, Paris: S. 203, 223
Musée des Beaux Arts, Lüttich: S. 299
Musées nationaux, Paris: S. 28
Photographie Giraudon, Paris: S. 98, 99, 239
Schloß Coppet: S. 150, 154, 155, 161, 306
Staatsbibliothek Berlin: S. 281, 292

Polignac 205
Harelt
Crusion
Bibliographie